ARCHAIOS 3

Ralph Edenhofer

Archaios

Teil 3:

Blutfehde

Ralph Edenhofer

Inhalt

Archaios

Teil 1: Monster in der Dunkelheit
Teil 2: Schatten der Vergangenheit
Teil 3: Blutfehde

Um keine Neuerscheinung aus der Feder von Ralph Edenhofer zu verpassen, gibt's hier die Anmeldung zum Newsletter: http://eepurl.com/hKnuUH.

Was bisher geschah

Archaios, Teil 1: Monster in der Dunkelheit

Mein Name ist Leonard von Montesaro. Ich bin das, was man landläufig einen Vampir nennt, auch wenn diese Bezeichnung unter meinesgleichen nicht gern verwendet wird.

Seit nunmehr neun Jahrhunderten wandele ich über die Welt. Als Sterblicher habe ich am ersten Kreuzzug teilgenommen und Jerusalem für die Christenheit erobert.

Doch die Alte Welt habe ich schon lang hinter mir gelassen. Seit zwei Jahrhunderten lebe ich in New York. Hier bin ich der Älteste meiner Art. Und der Richter. Ich sorge dafür, dass unsere Gesetze eingehalten werden, dass keiner der unseren über die Stränge schlägt. Und wer es dennoch tut – nun, die Unsterblichkeit kann schnell vorbei sein für die Unvorsichtigen.

Als ich einen marodierenden jungen Vampir zur Strecke bringe und seinen Erzeuger suche, stellt sich allerdings heraus, dass meine Herrschaft über die Stadt, die niemals schläft, infrage gestellt wird. Einer der Alten, ein Archaios – Marduk mit Namen – fordert mich heraus. Und die erste Runde in unserem Ringen geht eindeutig an ihn.

Archaios, Teil 2: Schatten der Vergangenheit

Um gegen Marduk und seine Schergen zu bestehen, benötige ich Hilfe. Mächtige Hilfe. Die einzigen, die dafür infrage kommen, sind die Archaioi der Alten Welt, meine einstigen Todfeinde. Also reise ich nach Europa und begebe mich auf die Suche nach Vitus, dem Römer.

Vor langer Zeit hat er mich zu dem gemacht, was ich bin. Und keine List war ihm zu hinterhältig, um den gottesfürchtigen Tempelritter, der ich damals war, dazu zu bringen, sich freiwillig in seine Dienste zu begeben. Mein ewiger Hass ist ihm gewiss für die Heimtücke, mit der er mich in die Falle gelockt hat. Doch ich habe keine Wahl. Ohne ihn bin ich verloren.

Über Paris, wo ich nach zwei Jahrhunderten ehemaligen Weggefährten wieder begegne, gelange ich schließlich zu meinem Erzeuger. Und zu meiner Blutschwester Constantia, die ich einst geliebt habe wie keine andere Frau zuvor oder danach. Kein einfaches Wiedersehen. Doch der schwerste Schlag kommt, als Vitus mir eröffnet, dass ich selbst längst zu einem der Archaioi geworden bin, einem Herrscher über die Unsterblichen. Nur wenn ich das akzeptiere und mich entsprechend verhalte, würde ich gegen Marduk eine Chance haben.

Tolle Aussichten …

Teil 3:

Blutfehde

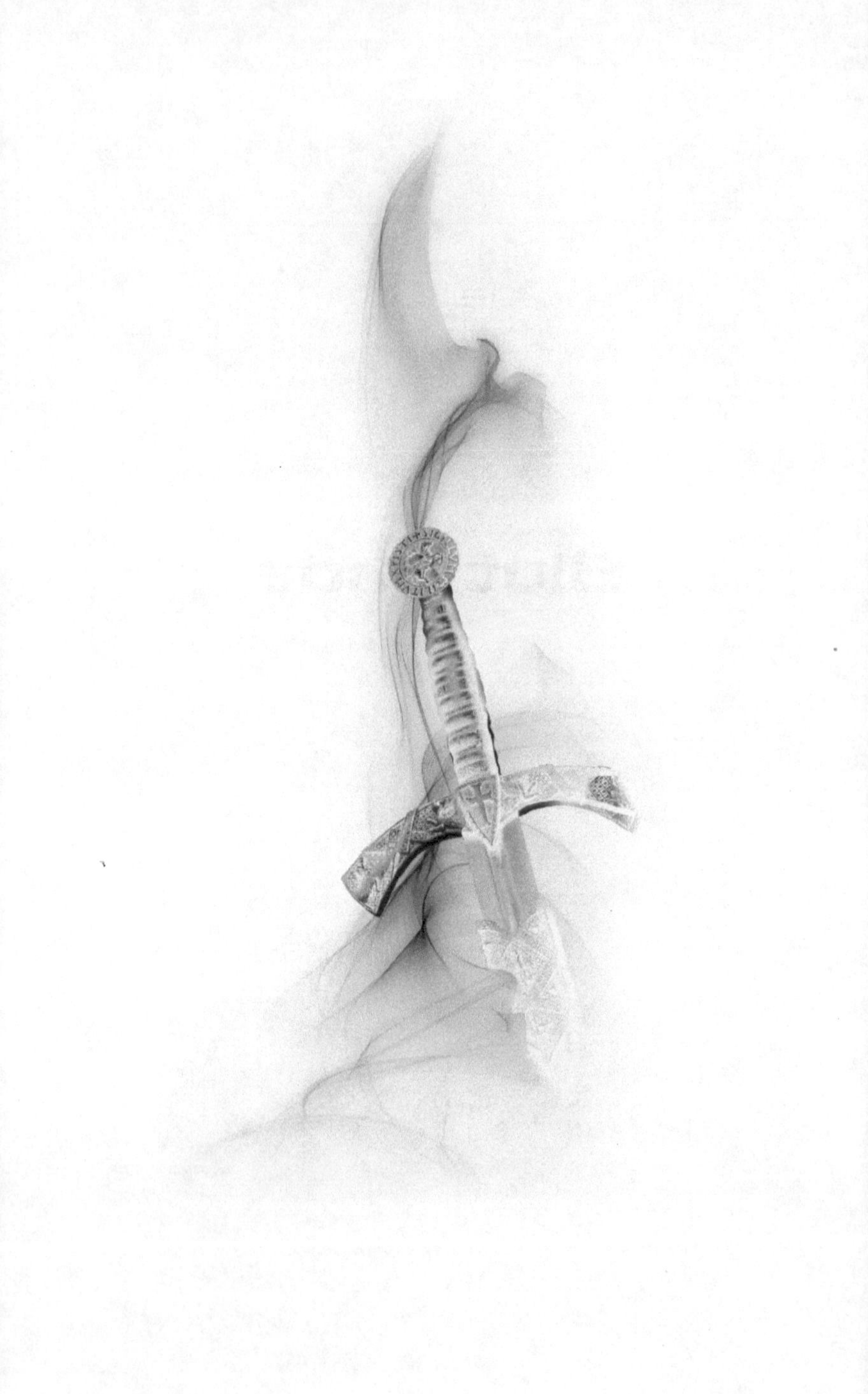

Mittwoch, 25. Mai 2005, über dem Atlantik

Wie ein Ozean aus silbernem Samt erstreckt sich die mondbeschienene Wolkendecke unter dem Flugzeug. Seit Stunden starre ich gebannt durch das bullaugengleiche Fenster des Minijets, den Constantia mir für die Rückreise nach New York zur Verfügung gestellt hat. Die Unabhängigkeit des Privatjets von Flugplänen sowie die Flugrichtung entgegen der Drehung der Erde ermöglichen es, dem Tageslicht über die gesamte Dauer der Reise zu entgehen. So muss ich mich im Gegensatz zum Hinflug vor einer knappen Woche nicht in einem Sarg verbergen. Die ganze Zeit kann ich aus dem Fenster sehen und den zweiten Transatlantikflug meines Lebens in voller Länge genießen. Die anfängliche Flugangst ist vollständig der Faszination gewichen.

Zu Beginn war ich ein wenig enttäuscht, dass der Himmel über Europa fast durchgehend bedeckt war und sich kaum eine Lücke geboten hat, durch die ich die Lichtsprenkel der Städte sehen konnte. Erst über dem Atlantik sind die Wolken aufgerissen und haben den Blick auf den höchst unspektakulären schwarzen Ozean freigegeben. Doch seit der Mond aufgegangen ist und die Wolkenfelder unter dem Flugzeug sich nach und nach wieder zu einer geschlossenen Fläche vereinigt haben, bietet sich mir ein geradezu unwirklicher Anblick, an dessen entrückter Schönheit ich mich kaum sattsehen kann.

Während meine Augen jedes Detail des silbernen Wolkenmeeres begierig aufnehmen, drehen meine Gedanken sich um die Erlebnisse der letzten Tage. Insbesondere um das gestrige Treffen mit meinem Erzeuger und die ungeheuerlichen Eröffnungen, die er geäußert hat.

Ich sei ein Archaios. Einer der alten Herrscher des ehrwürdigen Geschlechts der Unsterblichen. Ein Monarch der nächtlichen Raubtiere, der seine Stellung durch jahrhundertelange Erfahrung, ein fein gesponnenes Netz von Gefolgsleuten und Verbündeten, vielfach verschachtelte Intrigen sowie die überlegenen Kräfte des Blutes sichert.

Ein geradezu lächerlicher Gedanke.

Mir ist durchaus bewusst, dass Vitus mir das nur aus dem Grund erzählt hat, weil es ihm von Nutzen ist, wenn ich es erfahre, unabhängig davon, ob es wahr ist oder nicht. Er will, dass ich mich Marduk gegenüber für ebenbürtig halte, damit ich gegen ihn antrete. Auf wessen Sieg mein alter Herr dabei setzt, möchte ich gar nicht wissen. Vermutlich ist es ihm sogar egal, denn wer auch immer aus diesem Kampf als Gewinner hervorgeht, wird geschwächt sein. Ich bin fast sicher, dass Vitus mit dem Gedanken spielt, die Chance zu nutzen, um seine Finger nach der Neuen Welt auszustrecken. Seine Erzählungen sind nur Mittel zum Zweck, um mich dazu zu bringen, das zu tun, was er will.

Und dennoch … Je länger ich über seine Worte nachdenke, umso mehr gelange ich zu der Ansicht, dass er tatsächlich recht haben könnte. Erfahrungen habe ich reichlich gemacht in den neun Jahrhunderten meines Daseins auf der Erde. Zumeist bittere Erfahrungen. Doch sie helfen mir, meine Entscheidungen so zu treffen, dass ich die Fehler der Vergangenheit nicht wiederhole. Zwar hat die Welt sich seit der Zeit der Kreuzzüge in einer Weise verändert, die damals niemand auch nur im Entferntesten für möglich gehalten hätte. Aber es gibt eine ganze Reihe von Konstanten, deren Gültigkeit sich seit den Tagen meines sterblichen Daseins erhalten hat. Insbesondere der Umgang der Menschen – und in noch höherem Maß der Nocturni – untereinander hat sich im Grunde kaum weiterentwickelt.

Was die Gefolgsleute betrifft, kann ich mit Vitus' und Constantias Dienerschaft bei Weitem nicht mithalten. Doch in New York verfüge ich in der Tat über Verbindungen zu einer ganzen

Reihe einflussreicher Gruppierungen. Zuvorderst wären dabei die Polizei und das organisierte Verbrechen zu nennen. Mit deren Hilfe habe ich seit Antritt des Amtes als Richter meine Macht gemehrt und meine Feinde in ihre Schranken gewiesen. Und ich habe vor, das weiterhin zu tun.

Ob ich zu den Meistern der Intrige unter meinesgleichen gehöre, sei dahingestellt. Aber ich muss zugeben, dass ich in der Vergangenheit mehr als nur einmal Sterbliche wie Unsterbliche dazu benutzt habe, meine eigenen Interessen zu fördern. Sei es Etienne in Paris oder Veronica in New York. Mit Sicherheit sind meine Verdienste auf diesem Feld mitleiderregend im Vergleich zu den Archaioi der Alten Welt. Aber letztendlich habe ich mich dabei durchaus erfolgreich betätigt.

Bei den Kräften des Blutes hingegen besteht nicht der geringste Zweifel meiner Überlegenheit gegenüber den anderen Unsterblichen in New York und der näheren Umgebung. Zwar sind in einzelnen Gebieten andere Nocturni besser als ich wie zum Beispiel Gianna Linaro in der Kunst des Gedankenlesens, doch beim Bösen Blick ist mir meines Wissens niemand ebenbürtig. Und was die schiere Kampfeskraft anbelangt, kann sich mit Sicherheit keiner mit mir messen – Marduk natürlich ausgenommen.

Ob diese Errungenschaften insgesamt ausreichen, mich für die Mitgliedschaft im elitären Zirkel der Archaioi zu qualifizieren, ist mehr als fraglich. Doch ich muss zugeben, dass mir zumindest kein Grund einfällt, der Vitus' Aussage grundsätzlich widersprechen würde. Wirklich überzeugt bin ich allerdings noch nicht davon, was mein Blutsvater in mir zu sehen vorgibt. Und selbst wenn es so wäre, würde allein die Erkenntnis, einer der Alten zu sein, etwas an der Situation in New York ändern? Verglichen mit Marduks Macht und Erfahrung sind meine Möglichkeiten lächerlich gering, Archaios hin oder her. Ich kann mir nicht vorstellen, dass er die Stadt verlässt, sobald ich mich vor ihn hinstelle und verkünde, so wie er einer der Alten zu sein. Vielleicht würde der resultierende Lachanfall ihn kurzzeitig ablenken. Aber wahrscheinlicher ist, dass sein Sinn für Humor dafür nicht ausgeprägt genug ist und er mich einfach hinwegfegt.

Nein, Marduk ist nicht der Adressat für die Nachricht, dass ich ein Archaios bin. Der wichtigste Empfänger dieser Botschaft bin ich selbst.

So wie Vitus gesagt hat, liegt es an mir, mein Verhalten der Situation anzupassen und bei der Verteidigung meiner Domäne wie einer der Alten zu handeln. Diese Erkenntnis ist unabhängig davon, ob ich wirklich einer der Archaioi bin oder ob Vitus mir lediglich einen üblen Streich gespielt hat. Die Strategien der Alten zu übernehmen, ist in jedem Fall ein Schritt in die richtige Richtung. Und da es in Amerika, abgesehen von Marduk, keine weiteren Archaioi gibt, kann ich niemandem außer meinen ohnehin schon erklärten Feinden auf die Füße treten, wenn ich mir das Verhalten der unsterblichen Herrscher der Alten Welt zum Vorbild nehme.

Ganz ohne Opfer würde der Sinneswandel allerdings nicht bleiben. Ich müsste aufhören, meine ohnehin nicht allzu zahlreichen Verbündeten als schützenswerte Freunde anzusehen. Stattdessen sollte ich sie als Schachfiguren betrachten, die im Zweifelsfall geopfert werden, wenn die Situation es erfordert. Eine derart veränderte Sichtweise wäre sicherlich ein nicht unerheblicher strategischer Vorteil. Doch bin ich bereit, diesen Schritt auf dem Weg meiner eigenen Entmenschlichung zu gehen? Bin ich bereit, das zu tun, was ich Vitus all die Jahre vorgeworfen habe und wofür ich ihn zeit meines unsterblichen Daseins gehasst habe? Bin ich bereit, so zu werden wie er? Ein Monster, dessen Ähnlichkeit mit dem Menschen, der es einmal war, auf reine Äußerlichkeiten beschränkt ist? Kann ich den letzten Rest von Moral und Ehre, der mir noch geblieben ist, aufgeben, nur um meine Existenz fortzuführen? Oder gibt es höhere Ziele jenseits meines nackten Überlebens, die derartige Maßnahmen rechtfertigen würden?

Als ich zu meiner Reise in die Alte Welt angetreten bin, habe ich mir eingeredet, ich müsste meine Heimat New York vor dem Übel bewahren, das Marduk zweifellos über sie bringen würde. Doch sollte ich tatsächlich siegreich aus dem Duell mit dem Babylonier hervorgehen, indem ich zu einem unmenschlichen Monster werde, wäre ich dann auch nur einen Deut besser als er? Wäre die Herrschaft des Templers das kleinere Übel für die Stadt, die mir so ans Herz gewachsen ist, dass ich in Erwägung ziehe, endgültig meine Menschlichkeit für sie zu opfern? Ist es möglich, den einmal eingeschlagenen Weg der Bestie wieder zu verlassen, wenn meine Feinde besiegt sind?

Unendlich viele Fragen, auf die ich keine Antworten weiß. Und dennoch muss ich eine Entscheidung treffen.

Beinahe fange ich an zu lachen, als mir in den Sinn kommt, dass Vitus und die anderen Archaioi möglicherweise einst vor derselben Wahl standen. Vielleicht haben auch sie mit den besten Vorsätzen gehandelt, als sie die letzten Bande zu ihrem sterblichen Leben gekappt und sich den scheinbar unausweichlichen Notwendigkeiten ergeben haben. Wie heißt es so passend? Der Weg in die Hölle ist gepflastert mit guten Absichten.

Aber habe ich überhaupt eine Wahl?

Wenn ich nichts unternehme und Marduk das Feld überlasse, werden New York und bald danach vermutlich ganz Nordamerika unweigerlich in die Hände eines monströsen unsterblichen Potentaten fallen. Noch dazu einer, der nicht einmal die Ewigen Gesetze anerkennt, die den Archaioi der Alten Welt zumindest dem äußeren Schein nach heilig sind.

Sollte ich mich ihm entgegenstellen, hat die Stadt wenigstens die Chance, einen etwas wohltätigeren Herrscher zu bekommen. Sofern ich ihn bezwinge und dabei nicht so werde wie er. Nicht gerade übermäßig wahrscheinlich, aber immerhin eine Möglichkeit.

Und sollte ich im Kampf untergehen, würde die Frage meiner eigenen Menschlichkeit sowieso hinfällig. Mein Seelenheil habe ich schon lang aufgegeben. Was also habe ich zu verlieren abgesehen von der Existenz, die ich ohnehin verfluche, seit Vitus mich zu dem gemacht hat, was ich bin?

Scheint, als wäre die Entscheidung gefallen. Ich werde ein Archaios.

Eine Lücke in der seidig glänzenden Wolkenschicht unter mir offenbart fahle Lichter und die Ahnung von Strukturen. Wir haben den Atlantik hinter uns gelassen. Es wird nicht mehr lang dauern, bis wir meine Heimatstadt erreichen. Mit der Ankunft wird mein Dasein in eine neue Phase eintreten. Wenn ich mich ungeschickt anstelle, wird es eine sehr kurze Phase sein, die unmittelbar mit dem endgültigen Tod endet. Doch selbst falls ich siegen sollte, wird nichts mehr so sein, wie es vorher war. Das Beispiel meines Ahnherren und der anderen Archaioi führt mir allzu deutlich vor Augen, dass es kein Zurück gibt, sobald man den Weg der Alten einmal gewählt hat.

Furcht beschleicht mich. Legt ihren eisigen Griff Finger für Finger um mein schweigendes Herz.

Ich bin nach Europa gereist und habe Vitus aufgesucht, damit alles wieder so wird, wie es war, bevor Marduk nach New York gekommen ist. Nun erkenne ich, dass dies unmöglich ist, egal, wie der Kampf ausgeht. Es wird nie mehr so sein, wie es war.

Diese Erkenntnis ist schon für Sterbliche oft erschreckend. Für die Nocturni ist diese Aussicht noch ungleich beängstigender. In ihrer ewig scheinenden Existenz suchen sie verzweifelt nach Ankerpunkten und Konstanten, an denen sie sich in einer sich ständig wandelnden Welt festhalten können und Orientierung finden. Ich bin da keine Ausnahme.

Doch für das, was mir nun bevorsteht, kann ich mir keine Zweifel und kein Zögern leisten. Ich muss die Angst besiegen, sonst wird sie mir permanent im Weg stehen und meine Entscheidungen unmöglich machen. Ich muss den Pfad gehen, der mir als einziges geblieben ist, egal welche Opfer er von mir verlangt.

Ich konzentriere mich auf das, was als Nächstes zu tun ist, wenn ich angekommen bin. Nicht nur, weil mir wenig Zeit bleibt, einen Plan zu entwerfen, sondern auch oder sogar vordringlich, um die Furcht aus meinen Gedanken zu verdrängen.

Vitus hat mir noch mehr mitgeteilt als seine offen ausgesprochenen Ratschläge. Ob beabsichtigt oder nicht, hat er mir eine mögliche Schwäche meines Gegners aufgezeigt, die ich auszunutzen gedenke. Vitus ist von der modernen Welt vollkommen entfremdet. Der Geist der Zeit hat ihn abgehängt und weit hinter sich gelassen. Er ist auf seine jüngeren Ratgeber wie Constantia angewiesen, um die Macht und den Einfluss zu erhalten, die ihm geblieben sind. Marduk ist noch wesentlich älter als mein Erzeuger. Darüber hinaus hat er mehr als zwei Jahrtausende in tiefem Schlummer verbracht und sich einen ihm nicht vertrauten Kontinent als neue Domäne erwählt. Für ihn muss die Entfremdung viel schlimmer sein.

Zwar habe auch ich meine Schwierigkeiten in der Welt von Mobiltelefonen und Internet. Doch ich gehe davon aus, dass es mir noch besser gelingt, mich darin zurechtzufinden, als meinem antiken Gegenspieler. Meine Strategie sollte also darauf abzielen, zuerst seine Helfer und Berater auszuschalten, um ihn seiner Verbindung zur modernen Welt zu berauben. Auf diese Weise führe ich möglicherweise eine Situation herbei, in der ich es wagen kann, ihn direkt anzugehen.

Dafür muss ich allerdings erst einmal herausfinden, wer seine Helfer sind. Der einzige, den ich kenne, ist Massoud. Soweit ich weiß, hält er sich, wenn er nicht unterwegs ist, in unmittelbarer Nähe zu seinem Meister auf. Zumindest war er bei meinem kurzen Besuch in Marduks Wohnstatt dort anwesend. Das macht es schwierig, ihn allein aufzuspüren. Sollte er noch über eine weitere Zuflucht verfügen, ist mir dies nicht bekannt.

Die vier anderen Gefolgsleute, die ich in Marduks Penthouse gesehen habe, waren Sterbliche, von denen ich nicht einmal die unter den Kapuzen verborgenen Gesichter erkennen konnte.

Darüber hinaus ist noch Gianna Linaro zu nennen. Offiziell hat sie sich zwar bei unserem letzten Treffen im Cauchemar zur Neutralität bekannt, doch auf diese Erklärung sollte ich besser nicht allzu viel Hoffnung setzen. Sie hat sich zuvor zu sehr auf Marduks Seite gestellt, um nun untätig zusehen zu können, ob ihr Favorit als Sieger aus dem Kampf hervorgeht. Ihr Lippenbekenntnis verhindert allerdings, dass ich direkt gegen sie vorgehe. Denn wenn ich das täte, würde ich die Absprache brechen, was mir sicherlich wenig Sympathien einbringt. Insofern ist sie vorerst tabu.

Ich muss herausfinden, ob es weitere Vasallen oder wichtige Vertraute gibt, auf die Marduk sich stützt, und wo sie sich aufhalten.

Mir kommt ein Gedanke. In Bruce Randalls Wohnung haben wir neben der Adresse in der New Yorker East Side, unter der wir Marduks Zuflucht gefunden haben, noch eine zweite in Washington D.C. entdeckt. Möglicherweise halten sich dort noch mehr seiner Diener auf. Sollte es so sein, gehe ich davon aus, dass sie im Augenblick nicht mit meinem Erscheinen rechnen. Das könnte mir bei einem Überraschungsbesuch zum Vorteil gereichen.

Der Nachteil von Washington ist natürlich, dass ich dort über keinerlei Vertraute oder sonstige Unterstützung verfüge. Auf fremdem Terrain ohne jegliche Hilfe gegen einen Feind unbekannter Stärke vorzugehen, ist ein nicht unerhebliches Risiko. Aber ist es größer als bei einer spontanen Reise nach Europa auf der Suche nach einem der Alten, der weiß, dass ich ihm ewige Rache geschworen habe? Mein kurzer Abstecher in die Alte Welt hat mir gezeigt, dass ich mich in brenzligen Situationen auf meine Fähigkeiten und insbesondere meine Kampfeskraft verlassen kann. Wenn in Washington nicht ein Unsterblicher von ähnlicher Macht wie Marduk selbst auf mich wartet, sollte ich eine reelle Chance haben, mit allem fertig zu werden, was mich dort erwartet.

Je länger ich darüber nachdenke, umso mehr komme ich zu dem Entschluss, dass ich vor meiner Rückkehr nach New York der Hauptstadt der Vereinigten Staaten einen Besuch abstatten sollte.

Ich erhebe mich von meinem Sitz. Nasir, der mich wieder auf meinem Flug begleitet, sieht fragend zu mir auf.

»Ich würde gerne eine kleine Anpassung unseres Flugzieles vornehmen«, erkläre ich ihm.

Sein Gesichtsausdruck lässt keinen Zweifel daran, dass er von meinem spontanen Beschluss wenig begeistert ist. »Wohin?«

»Washington D.C. Wäre das möglich?«

Er atmet tief durch. Vermutlich geht ihm Constantias letzter Befehl durch den Kopf, den sie ihm bei unserem Abschied am Flughafen von Wien gegeben hat: ›Sorge dafür, dass es unserem Gast an nichts mangelt, und folge seinen Anweisungen!‹

»Ich werde sehen, was der Pilot dazu sagt.«

Mit einem kaum hörbaren Stöhnen steht er auf und arbeitet sich ins Cockpit vor. Im Gegensatz zu unserem letzten Flug von Paris nach Wien ist die Kabine diesmal nicht mit Särgen vollgestellt. Nur mein eigener, in dem ich bereits die Reise nach Europa angetreten habe, blockiert sperrig den hinteren der beiden Ausstiege. Zusätzlich zu den anderen Zolldokumenten hat meine Blutschwester vorsorglich noch Überführungspapiere für einen Leichnam besorgt, falls das Flugzeug durchsucht wird.

Nachdem Nasir mehr als zwanzig Minuten lang nicht zurückkehrt, begebe auch ich mich ins Cockpit.

Vorn angekommen drehen sich der Pilot, ein ergrauter Endvierziger mit Schnurrbart, und Nasir, der zwischen den beiden Sitzen steht, synchron um und schauen mich an. Der Copilot ist in eine lebhafte Diskussion mit der blechernen Stimme aus dem Funkgerät verwickelt. Offensichtlich gestaltet sich die Änderung des Flugplanes nicht ganz unproblematisch. Nasirs genervter Gesichtsausdruck bestätigt meine Vermutung. Er sieht es nicht als notwendig an, die Situation mir gegenüber zu kommentieren, und wendet seinen Blick wieder nach vorn.

Auch ich schaue durch das Cockpitfenster und genieße den Ausblick, der noch weitaus spektakulärer ist als durch die Bullaugen der Kabine. Unzählige Lichter kleiner und größerer Siedlungen markieren die Küstenlinie, der das Flugzeug folgt. Der Vergleich mit den Landkarten aus meiner Erinnerung lässt mich vermuten, dass wir uns über Connecticut befinden. In der Ferne kann ich Long Island erkennen. Das südliche Ende der Insel, an dem sich New York befindet, ist leider unter Wolken verborgen.

Schließlich beendet der Copilot das Gespräch und verkündet mit starkem wienerischen Akzent: »Wir müssen zuerst nach

New York. Nach Washington werden wir erst tagsüber weiterfliegen können.«

Sieht so aus, als würde ich den Sarg doch noch benötigen.

»Dann machen Sie es so!«

Nasir ist offenkundig erleichtert, dass ich mich der Situation so einfach beuge, statt eine wilde Diskussion zu beginnen. Möglicherweise nimmt sein Herr es im Allgemeinen nicht so klaglos hin, wenn seine Pläne nicht umgehend umgesetzt werden. Aber auf einen Tag mehr oder weniger wird es hoffentlich nicht ankommen.

Die Reise nach Europa hat sich ohnehin kürzer und letztlich unproblematischer gestaltet, als ich ursprünglich befürchtet hatte. Außerdem darf ich nicht vergessen, dass ich trotz Constantias ausdrücklicher Anweisungen nur ein Gast bin und Nasir nicht besonders begeistert davon ist, dass er sich um mich kümmern soll. Insbesondere angesichts dessen, was ich Otto, seinem Herrn angetan habe. Als ich Nasir am Flughafen von Wien wieder getroffen habe, war ich einerseits etwas enttäuscht, als er auf meine Anfrage hin berichtet hat, dass sein Herr sich zügig von den Verwundungen erholt, die ich ihm zugefügt habe, und es ihm schon wieder recht gut gehe. Dem ehemaligen SS-Mann hätte ich von Herzen gewünscht, noch lange die Andenken an unsere Begegnung mit sich herum zu tragen. Andererseits bin ich dankbar für die Hilfe, die Vitus und Constantia mir durch die Überlassung des Jets zukommen lassen, was möglicherweise darin begründet ist, dass ich das Leben der Todesboten verschont habe. Für Nasirs Kooperation ist es in jedem Fall hilfreich, dass ich mich Otto gegenüber gnädig erwiesen habe. Ich bin zwar davon überzeugt, dass er die Schmach seines Herrn mit allergrößter Freude rächen würde. Doch seine Rachegelüste sind offenbar nicht stark genug, dass er sich den Anweisungen meiner Schwester widersetzt.

Ohne weiteren Kommentar kehre ich in die Kabine zurück und lasse mich wieder auf meinem Sitz nieder. Eigentlich kommt mir eine Zwischenlandung in New York recht gut zupass. Ich beschließe, den ungeplanten Aufenthalt zu nutzen, um mich über den Stand der Dinge zu erkundigen. Vermutlich haben meine Gegner die Tage, an denen ich weg war, ebenfalls nicht untätig verbracht.

Auch Nasir kehrt aus dem Cockpit zurück und gesellt sich mit mürrischer Miene zu mir. Ich schätze, er ist ungehalten über die spontane Erweiterung der Reise. Ich kann ihm nicht verdenken, dass er meiner Gesellschaft so schnell wie möglich entkommen will. Unsere kurze Bekanntschaft kann man nicht gerade als ungetrübt bezeichnen. Aber er beugt sich stoisch den Umständen. Als langjähriger Vertrauter eines Unsterblichen ist er sicherlich gewohnt, dass nicht immer alles so läuft, wie er es sich vorstellt.

Die verbliebene Zeit des Fluges über genieße ich die Aussicht auf die ostamerikanische Küste. Leider bleiben weite Teile des Landes unter Wolken verborgen. Über Long Island beginnt der Pilot den Landeanflug und das Flugzeug taucht in das weiße Wattemeer ein. Als wir die Wolken schließlich über uns zurücklassen, bietet sich mir ein grandioser Ausblick. Das Lichtermeer von New York stellt alle Städte, die ich in Europa aus der Vogelperspektive gesehen habe, bei weitem in den Schatten. Die leuchtenden Umrisse von Manhattan zeichnen sich deutlich gegen den Hudson und East River ab, die es mit dunklen Fingern einrahmen. Brooklyn und Queens erhellen das südliche Ende von Long Island bis zur Küste des Atlantiks, dessen Schwärze sich nach Osten und Süden hin bis zum Horizont erstreckt. Und in Richtung Westen verliert sich der Glanz von New Jersey allmählich in den Weiten des amerikanischen Festlandes.

Das unbestreitbare Prunkstück des funkelnden Juwelenkästchens unter mir ist jedoch Manhattan. Viele der großen Wolkenkratzer sind selbst aus dieser Höhe unschwer zu identifizieren, allen voran das Empire State Building mit seiner bunt erleuchteten Spitze – meine langjährige Heimstatt. Ich kann mich kaum satt sehen an der Pracht der vertrauten Stadt, die mir aus dieser Perspektive bislang nur von Fotografien bekannt war. Immer mehr Details kommen zum Vorschein – Chrysler

Building, Rockefeller Center, weiter im Süden das Woolworth Building –, während das Flugzeug immer tiefer hinabsinkt und schließlich auf dem La Guardia Flughafen zur Landung ansetzt. Die glitzernde Skyline von Manhattan weicht den Signalleuchten der Landebahn, auf der der Pilot die Maschine butterweich aufsetzt.

Willkommen zu Hause.

Ein Blick auf die Uhr zeigt mir, dass ich noch knapp zwei Stunden bis zum Sonnenaufgang habe. Zu wenig für ausgedehnte Exkursionen. Aber für ein paar Telefonate wird es reichen. Nasirs Mobiltelefon wäre die einfachste Wahl. Auch wenn er vermutlich nicht erfreut darüber wäre, würde er es mir wohl überlassen, sollte ich ihn darum bitten. Doch wer weiß, wer da sonst noch mithört. Wenn man von der modernen Technik so wenig versteht wie ich, muss man Vorsicht walten lassen, insbesondere, wenn man anderer Leute Gerätschaften verwendet. Also verlasse ich das Flugzeug, sobald es auf dem Rollfeld zum Stillstand gekommen ist, und marschiere geradewegs auf das Terminalgebäude zu. Die Formalitäten bezüglich Landung, Einreise und Zoll überlasse ich meinem unfreiwilligen Begleiter.

Die Kunst, sich mit der Sicherheit und Selbstverständlichkeit von jemandem zu bewegen, der ›dazugehört‹ und vor niemandem etwas zu verbergen hat, beherrsche ich mit Bravour. Und wo die natürliche Autorität, die ich mir in jahrhundertelanger Übung angeeignet habe, versagt, reicht üblicherweise schon die Andeutung des Bösen Blickes, jedweden Zweifel an meinen Befugnissen im Keim zu ersticken. Auf diese Weise fällt es mir nicht schwer, das Gebäude zu betreten und den Sicherheitsposten und sonstigen Beschäftigten mit einem kurzen Kopfnicken zu demonstrieren, dass alles in Ordnung ist. In einer abgeschiedenen Ecke der Empfangshalle finde ich mein Ziel: einen öffentlichen Fernsprecher. Auch wenn ich selbst kein Mobiltelefon besitze, kommt mir deren weite Verbreitung dennoch zugute. Kaum jemand benutzt noch öffentliche Geräte, so dass ich meist darauf verzichten kann, vor mir in der Warteschlange stehende Leute davon zu überzeugen, dass ihr Gespräch gar nicht so wichtig ist. Auch hier im Flughafen sind die Telefone verwaist. Ich füttere den Apparat mit ein paar Münzen und wähle zuerst Silvios Nummer.

Nach wenigen Sekunden erklingt das vertraute »Pronto!«

»Hallo Silvio.«

Er erkennt meine Stimme sofort. »Mr. Smith. Gut, von Ihnen zu hören.«

Die offenkundige Erleichterung, die in seinen Worten mitschwingt, beunruhigt mich. Für gewöhnlich ist der Mafioso stets nüchtern und pragmatisch.

Ich versuche, mir meine Besorgnis nicht anmerken zu lassen. »Wie ist die Lage? Ist irgendetwas passiert seit meiner Abreise?«

»Nun …« Er stockt. Kein gutes Zeichen. »Es ist wegen Ver… Miss Masters.«

»Was ist mit ihr?«

»Nun … Sie … Sagen wir, ich war ein wenig beschäftigt mit der Entsorgung ihrer Hinterlassenschaften.«

Nicht gut. Meine schlimmsten Befürchtungen bezüglich meines Zöglings scheinen sich zu bewahrheiten.

»Wo ist sie?«

»Ich … Ähm … Ich weiß es nicht. Ich habe sie vor drei Tagen das letzte Mal gesehen. Seitdem ist sie verschwunden.«

Gar nicht gut.

»Hat sie irgendetwas gesagt oder angedeutet, wo sie hin will?«

»Nun ja. Sie hat einen Namen erwähnt. Mike. Mehr nicht. Keine Ahnung, wen sie damit gemeint hat. Aber sie hat … Also ihr Zustand war ein wenig besorgniserregend. Sie schien nicht mehr wirklich Herr ihrer selbst zu sein.«

Ich habe eine grobe Vorstellung, welches Bild sich meinem Vertrauten geboten hat. Ein Vampir, der die Kontrolle über sein Handeln verliert, ist vermutlich selbst für Berufsverbrecher wie Silvio gewöhnungsbedürftig. Es ist kein schöner Anblick, wenn ein zuvor recht umgänglicher Mensch sich Schritt für Schritt in ein blutrünstiges Monster verwandelt, wie es der Reißwolf gewesen ist, und dem nicht endenden Blutrausch anheimfällt. Falls Veronica noch so viel Geistesgegenwart besessen hat, Mike aufzusuchen, ist möglicherweise nicht alles verloren. Aber selbst für meinen gottesfürchtigen, menschenblutverachtenden Freund stellt es eine nicht unbeträchtliche Aufgabe dar, sie vor dem Abgrund zu bewahren. Auf der anderen Seite … Wenn es jemand schaffen könnte, ihr zu helfen, dann wohl Mike. Vermutlich ist sie bei ihm sogar besser aufgehoben als bei mir. Ich befürchte allerdings, ich bin nicht ganz unschuldig daran, dass es überhaupt so weit gekommen ist. Ihr Schicksal stand auf Messers Schneide, als ich sie für meine Reise nach Europa verlassen habe. Die Zeichen ihres Abdriftens in die Bestialität waren unübersehbar. Ich hätte sie nicht allein lassen dürfen.

»Hast du in den Nachrichten und Zeitungen verfolgt, ob irgendwelche Berichte über … Vorfälle gemeldet wurden, die mit ihrem Zustand in Verbindung stehen können?« Heißt im Klartext: ›Gab es seit ihrem Verschwinden blutige Massaker in der Stadt?‹

Silvio fragt nicht nach, was ich meine. Er versteht, was ich impliziere. »Nein. Nichts Ungewöhnliches.«

Stellt sich die Frage, was auch immer für einen Moloch wie New York als gewöhnlich einzustufen ist. Aber die Spur, die ein marodierender Vampir hinterlässt, sticht üblicherweise sogar aus dem blutigen Grundrauschen der durchaus beeindruckenden New Yorker Verbrechensrate markant hervor.

»Halte die Augen offen!«, weise ich Silvio an. »Und wenn du etwas Verdächtiges entdeckst, geh der Sache nach!«

»Geht klar.« Seine Stimme klingt wieder geschäftsmäßig. »Und was soll ich tun, wenn ich etwas entdecke und sie damit zu tun hat?«

Die korrekte Antwort wäre: ›Lauf weg, so schnell du kannst!‹ Aber das wäre nicht förderlich.

»Versuche, es zu beenden! Aber sei vorsichtig! Wenn sie Amok läuft, wird sie nur schwer aufzuhalten sein. Benutze schwere Geschütze und halte möglichst viel Abstand!«

»Verstanden.«

Die Zuversicht in seiner Antwort ist definitiv fehl am Platz. Sollte er ihr wirklich begegnen, wenn sie sich im dauerhaften Blutrausch befindet, hat er nur geringe Überlebenschancen. Ich hoffe, es kommt gar nicht erst dazu. Gerade jetzt kann ich es mir nicht leisten, einen so wertvollen und zuverlässigen Diener wie Silvio zu verlieren. Aber die Vorstellung eines unkontrolliert kreuz und quer durch die Stadt mordenden Vampirs ist noch beängstigender.

»Hast du etwas von Ludovicz gehört?«, setze ich die Fragestunde fort.

»Nein. Nicht direkt. Aber über einen anderen Kontakt bei der Polizei habe ich erfahren, dass es da neuerdings ein paar interne Querelen gibt. Die Dienstaufsicht ist wohl aktiv geworden und mischt den Laden auf. Angeblich auf Druck der Stadtverwaltung. Aber Genaueres weiß ich nicht.«

Gianna Linaro hat Kontakte zur Stadtverwaltung. Kein gutes Zeichen. Sie weiß, dass ich Verbündete bei der Polizei habe. Sollte die Angelegenheit tatsächlich von ihr angezettelt worden sein, hoffe ich, dass Ludovicz sich aus der Schusslinie gebracht hat.

»Halte auch diesbezüglich Augen und Ohren offen!«

»Mach ich.«

»Also dann.«

Ich will das Gespräch gerade beenden, als Silvio noch einmal nachhakt: »Wann darf ich Sie wieder hier erwarten?«

»Ich habe noch ein paar Dinge zu erledigen.«

Präziser möchte ich nicht werden. Für den Fall, dass das Telefonat doch irgendwie abgehört wird oder Silvio in die Fänge meiner Gegner gerät, wäre das eine Information, die ich ungern in den falschen Händen wüsste.

Er gibt sich damit zufrieden. »Okay. Verstanden.«

Ich lege auf.

Kurz spiele ich mit dem Gedanken, auch Ludovicz anzurufen. Doch falls er beobachtet wird, ist nicht auszuschließen, dass sein Telefon überwacht wird. Ich werde ihn persönlich aufsuchen, wenn ich endgültig wieder zurück bin. Bis dahin muss er ohne meine Hilfe auskommen. Er ist zweifellos gut darin, sich gegen die interne Dienstaufsicht zur Wehr zu setzen. Er hatte in der Vergangenheit mehr als genug Gelegenheit, diesbezüglich Erfahrung zu sammeln. Ich hoffe nur, dass er nicht mit Gianna persönlich oder anderen Unsterblichen zu tun hatte. Ihren Kräften wäre auch er machtlos ausgeliefert.

Insgesamt keine wirklich guten Nachrichten. Zumindest sieht es so aus, als wären noch nicht alle meine Verbündeten kaltgestellt. Dennoch sollte ich mich möglichst bald wieder zurückmelden.

Insbesondere Veronica geht mir durch den Kopf, während ich mich auf den Rückweg zum Flugzeug mache. Ich hätte sie nicht allein lassen dürfen. Im schlimmsten Fall hat meine Reise zur Folge, dass ich sie verliere. Und das auf die unangenehmste Weise, die ich mir vorstellen kann. Wenn alles schief läuft, werde ich gezwungen sein, das Versprechen einzulösen, das ich ihr einst gegeben habe. Ihrem Dasein ein Ende setzen, bevor sie sich endgültig in ein Monster verwandelt. Allein der Gedanke, sie eigenhändig töten zu müssen, lässt meine Eingeweide verkrampfen. Ich verspüre das dringende Bedürfnis, auf der Stelle den Flughafen zu verlassen und in die Stadt zu gehen, um sie zu suchen. Ihr im Kampf gegen das Dunkel beizustehen, das sich in ihren Adern eingenistet hat und nach Blut verlangt.

Ich will bei ihr sein.

Mitten auf dem Rollfeld bleibe ich unvermittelt stehen. Am östlichen Horizont zeichnen sich die ersten hellen Streifen zwischen den Wolken ab und künden von der nahenden Morgendämmerung. In dieser Nacht werde ich sie sicherlich nicht mehr finden. Dafür ist zu wenig Zeit. Aber bis Manhattan würde ich es vermutlich noch schaffen.

Doch wäre das vernünftig?

Die zurückliegenden Stunden habe ich zu großen Teilen mit den Gedanken daran verbracht, wie ich Vitus' Ratschläge umsetzen soll. Das Ergebnis war, dass ich weniger Rücksicht auf die Beziehungen zu den Personen in meinem Umfeld nehmen muss, als ich das in der Vergangenheit getan habe. Und nun, kaum dass ich mit den ersten Problemen konfrontiert werde, scheinen alle meine Vorsätze bereits wieder dahin zu sein. Allerdings ist Veronica kein gewöhnlicher Freund oder Vertrauter. Schon vor meiner Abreise habe ich gewusst, dass sie mir so viel bedeutet, wie es seit langer Zeit niemandem mehr gelungen ist. Meine Begegnung mit Constantia hat daran nichts verändert. Ganz im Gegenteil.

Das Wiedersehen mit meiner einstigen Gefährtin, der großen Liebe meiner Vergangenheit, hat mir die Aussichtslosigkeit jeglicher Hoffnung, dieses Glück jemals wiederbeleben zu können, deutlich vor Augen geführt. Damit ist das Hemmnis, das mich seit der Trennung von meiner Blutschwester stets gehindert hat, mich voll und ganz auf neue Liebschaften einzulassen, beseitigt. Nun endlich hätte ich die Chance, ein neues Glück aufzubauen. Vielleicht hat mein Unterbewusstsein bereits Pläne geschmiedet, dies mit Veronica in die Tat umzusetzen. All dies ist natürlich vergebens, wenn die liebevolle junge Frau dem Monster weicht, das der Reißwolf in ihr erweckt hat.

Und dennoch: Ich werde es nicht tun.

Ich setze mich wieder in Bewegung und halte mit strammem Schritt auf das Flugzeug zu, das mich nach Washington bringen soll. Ich werde meine persönlichen Bedürfnisse nach Liebe und Freundschaft hinten anstellen. Mein Überleben, die Zukunft von New York und meine Rolle in dieser Zukunft müssen im Augenblick die höchste Priorität in meinem Tun einnehmen.

Die Entscheidung ist getroffen. Ich werde selbst zu einem der Monster, die ich so lange Zeit bekämpft habe. Von deren Einfluss ich mich unter größten Mühen freigekämpft hatte. Die ich mehr als alles auf der Welt verachte.

Ich werde ein Archaios.

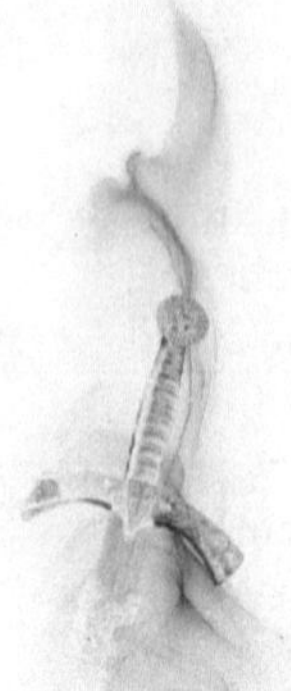

Herbst 1529, Wien, Heiliges Römisches Reich

Der Anblick vor mir weckte unweigerlich Erinnerungen an die letzten Tage des christlichen Jerusalem. Wie damals stand ich auf den Mauern einer Stadt und ließ den Blick in die Ferne schweifen. Keine einzige Wolke verdeckte die Sicht auf die funkelnden Sterne und die silberne Sichel des Mondes. Man konnte es wohl kaum als gutes Omen deuten, dass hoch am Firmament das Feldzeichen unserer Feinde prangte.

Meine Augen senkten sich. Sahen über das Land vor der Stadt, das von Fackeln und Lagerfeuern übersät war, so weit der Blick reichte, an Zahl den Sternen gleich, so schien es.

Wie damals die Heilige Stadt war wiederum eine lächerlich geringe Zahl von Verteidigern eingeschlossen von einer unüberwindlich erscheinenden Streitmacht. Wie damals wehten die Banner der Moslems über den Zelten der Belagerer. Mit ihrer schieren Menge drohten sie, die Kreuze, die auf den Kirchtürmen innerhalb der Stadtmauern ehrfürchtig dem Himmel entgegen strebten, zu ersticken.

Mehr als drei Jahrhunderte waren vergangen, seit Saladin die Kapitale des Königreichs Jerusalem erobert hatte. Drei Jahrhunderte, in denen sich viel ereignet und die Welt sich gewandelt hatte. Drei Jahrhunderte, in denen ich ein Sklave des übermächtigen Willens meines Erzeugers gewesen war. Drei Jahrhunderte, in denen ich die Liebe kennengelernt hatte, als Constantia in mein tristes Dasein getreten war und die Sklaverei, in der ich mich befand, so weit versüßte, dass ich tatsächlich bereit war, mein Schicksal hinzunehmen. Drei Jahrhunderte, in denen Vitus, Constantia und ich darum gerungen hatten, die Macht, die Vitus einst über das sterbende Reich von Konstantinopel ausgeübt hatte, in den Ländern Westeuropas gegen den Widerstand der alteingesessenen Nocturni zu erneuern. Drei Jahrhunderte, in denen ich gelernt hatte, dass alles, was mühevoll erworben worden war, mit einem beiläufigen Handstreich wieder hinweggefegt werden konnte.

Die Liebe zu Constantia verlor ich im Wettstreit um die Gunst unseres Erzeugers. Ein Wettstreit, aus dem ich als Verlierer hervorging. Nun war es meine Schwester, die in Vitus' Auftrag die Welt der Menschen manipulierte, um uns Macht und Wohlstand zu sichern. Zumindest an dem Wohlstand hatte ich noch eine Weile teilhaben dürfen. Doch auch der war nun dahin.

Den Niedergang des Herzogtums Burgund hatten wir recht gut überstanden. Der Großteil der burgundischen Besitztümer war bei der Hochzeit seiner letzten Erbin Maria mit Kronprinz Maximilian von Habsburg mit dem Familienbesitz der Dynastie aus Wien vereint worden. Sozusagen als Mitgift. Den Rest hatte sich der bei der Brautwerbung unterlegene König von Frankreich in einem langwierigen Krieg einverleibt. Auch die einstige Hauptstadt Dijon war dabei an Frankreich und damit in den Einflussbereich von Vitus' Erzrivalen Laurent von Paris gefallen. Um endlosen Übergriffen seiner Handlanger aus dem Weg zu gehen, mussten wir wieder einmal eine neue Bleibe suchen. So gingen wir zunächst in die burgundischen Niederlande nach Brüssel. Doch unser Besuch belastete das Verhältnis zu unseren flämischen Verbündeten. Durch Vitus' bloße Anwesenheit fühlten sie sich in ihrer Freiheit beeinträchtigt – möglicherweise nicht ganz zu unrecht. Außerdem suchte mein Erzeuger stets die Nähe zum Sitz der sterblichen Herrscher des Landes, das er bewohnte. Das war nunmehr Wien in den habsburgischen Stammlanden des Erzherzogtums Österreich.

Natürlich gab es auch in der Stadt an der Donau einige der Unsrigen. Doch ebenso wie in Flandern war keiner der Alten darunter. Dennoch gingen wir davon aus, dort nicht mit offenen Armen empfangen zu werden. Obwohl schon mehr als ein

Jahrhundert in der Vergangenheit, war den langlebigen Nocturni noch sehr wohl im Bewusstsein, wie Vitus und Constantia in Burgund die einstige Herrscherin des Landes von ihrem angestammten Platz verdrängt hatten. Von daher stand zu befürchten, dass die Unsterblichen Wiens sich vehement dagegen wehren würden, wenn Constantia versuchte, in der Stadt Gefolgsleute und Verbündete zu gewinnen. Also wählte mein Meister dieses Mal eine andere Taktik.

Anstatt meine Schwester vorzuschicken und zunächst Informationen über die lokalen Machthaber und Verhältnisse zu sammeln, reisten wir alle zusammen nach Österreich. Wir verbargen uns im Gefolge einer Delegation burgundischer und flämischer Adliger, in der sich ein großer Teil unserer wichtigsten Gefolgsleute befand. Es war ein Wagnis, sich ohne umfassendes Wissen über unsere Gegner direkt in ihre Domäne zu begeben. Doch Vitus vertraute auf unsere Fähigkeiten, darunter insbesondere seine Meisterschaft im Bösen Blick, mit dem er so gut wie jeden Willen zu brechen vermochte.

In Wien angekommen, verzichteten wir auf jegliche Subtilität und hinterließen für jeden der Unsrigen eindeutige Spuren unserer Anwesenheit in Form ausgebluteter Leichen. Es dauerte nicht lang, bis der Richter der Stadt uns fand. Doch statt wie erwartet auf eine Horde junger Streuner, die wie überall seit der großen Pestilenz auch hier ihr Unwesen trieben, traf er auf meinen Erzeuger. Vitus hatte trotz der unzweifelhaften Befähigung des Würdenträgers wenig Mühe, ihn zu überwältigen. Mit seinem Blut nahm er auch das Wissen über viele andere Nocturni der Stadt und ihre Zufluchten in sich auf.

Von diesem Moment an stand der Ausgang des Kräftemessens fest. Wir mussten nur ein oder zwei Exempel statuieren, bevor die restlichen Unsterblichen ihren Widerstand aufgaben und sich als Freunde oder Vasallen anbiederten. Durch diese Bündnisse wahrten wir gegenüber Außenstehenden den Anschein, es hätte sich bei unserer Umsiedlung um eine freundschaftliche Aufnahme gehandelt. Vermutlich schenkte niemand dieser Behauptung Glauben, obwohl Constantia sehr überzeugend sein konnte. Doch auf diese Weise hatten alle, die einer Auseinandersetzung mit Vitus aus dem Weg gehen wollten, eine Ausrede, warum sie uns gewähren ließen. Und angesichts unseres Rufes sowie der Macht, die wir in jenen Tagen angehäuft hatten, waren sämtliche Nocturni mit einem gesunden Selbsterhaltungstrieb nur allzu gewillt, über die eine oder andere Verfehlung hinwegzusehen.

Lediglich mit einer alteingesessenen Blutlinie in Böhmen gab es hier und da Auseinandersetzungen. Doch nach einigen kleinen Machtdemonstrationen durch Vitus' Kräfte und mein Schwert hatte Constantia genug Argumente, um auch diesen Zwist friedlich beizulegen.

So schien es endlich, als hätte mein Herr sein Ziel erreicht. Er war dem Untergang von Byzanz, den er schon nach dem vierten Kreuzzug vorhergesehen hatte, entronnen und hatte ein neues aufstrebendes Herrschergeschlecht gefunden, in dessen Schatten er seine Machtspiele vollführen konnte. Die Habsburger erwiesen sich als würdige Objekte seiner Ambitionen, auch die Welt der Sterblichen nach seinen Wünschen zu gestalten, so wie er es einst in Rom getan hatte. Zwar war es selbst für Constantia, die in der Kunst der Einflüsterung und verdeckten Einflussnahme ihresgleichen suchte, unmöglich, über alle Angehörigen des weit verstreuten Herrschergeschlechtes Kontrolle auszuüben. Doch es gelang ihr, der Stimme ihres Blutsvaters in ganz Europa Gehör zu verschaffen und bedeutende Reichtümer aus dem riesigen Reich zu sammeln. So hatten wir uns in Wien schnell eingelebt und mussten dem Luxus, an den wir uns in Burgund gewöhnt hatten, auch hier nicht entsagen.

Unsere einzige wirkliche Niederlage war, dass sich Kaiser Karl V meist in Spanien und den burgundischen Niederlanden aufhielt, wodurch der mächtigste Vertreter der Habsburger sich unserem Einfluss nahezu vollständig entzog. Ob eine der spanischen Blutlinien der Nocturni oder unsere einstigen flämischen Verbündeten bei dieser Entscheidung nachgeholfen hatte oder der Kaiser seine Wahl unabhängig von unsterblicher Einflussnahme traf, konnte nicht einmal Constantia in Erfahrung bringen. Mir selbst fiel es nicht schwer, diesen Verlust hinzunehmen, schmälerte er unser Wohlergehen in der neuen Heimat doch nicht wesentlich. Meine Schwester jedoch vermochte ihre Unzufriedenheit über den Misserfolg nur schwerlich zu verbergen, insbesondere nicht mir gegenüber. Ich kannte sie schon von frühester Kindheit an und konnte ihre Launen trotz ihrer unzweifelhaften Fähigkeit, ihre wahren Absichten und Motive zu verheimlichen, wohl erkennen.

Ihre Niederlage gab mir in unserem Ringen um Vitus' Gunst ein wenig Auftrieb. Nachdem ich mich einige Jahre kaum noch an der Gestaltung unserer Zukunft beteiligt hatte und nur Vitus' Befehle ausführte, wagte ich nun wieder, meine Meinung zu äußern. Zu meinem Erstaunen gab Constantia mir sogar mehrmals recht und unterstützte meine Vorschläge. Fast schien es, als würde in unserer Familie wieder Frieden einkehren. Doch es war nicht mehr als ein Waffenstillstand, der so lange währte, wie unser Dasein nicht vor ernsthafte Herausforderungen gestellt wurde.

Die Herausforderung, die den Frieden beendete, erwuchs uns in Form einer neuen aufstrebenden Macht in der Welt der Sterblichen. Die langjährige Heimstatt meines Blutsvaters, Konstantinopel, und mit ihr das Byzantinische Reich, hatten nach der Eroberung durch die Kreuzfahrer einen langsamen, aber stetigen Niedergang erlebt. Zwar war es den Byzantinern gelungen, die fränkischen Herrscher wieder vom Bosporus zu vertreiben. Doch der unirdisch scheinende Glanz der Metropole, der mich so geblendet hatte, als ich einst erstmals durch ihre Tore geschritten war, war unwiderruflich verloren.

Im Jahre des Herrn 1453 endete die vormals so stolze Herrschaft der Erben Roms endgültig. Nachdem die Osmanen den Großteil des Byzantinischen Reiches bereits zuvor erobert hatten, überwanden sie schließlich auch die Mauern Konstantinopels. Doch die Türken hielten nach dem Fall der ehemals strahlendsten Stadt der Christenheit nicht in ihrem Eroberungsdrang inne. Sie drängten weiter voran in Richtung Westen und unterwarfen ein Reich nach dem anderen. Nur wenigen ihrer

Gegner gelang es, den Vormarsch der Osmanen und ihrer Elitetruppen, der Janitscharen, zumindest zeitweise aufzuhalten.

Einer, der eine gewisse Berühmtheit für seinen Widerstand erlangte, war der walachische Fürst Vlad Tepes, den man den Pfähler nannte. Viel später sollte er unter dem Namen Dracula der unter den Menschen bekannteste Vertreter der Unsterblichen werden. Ich glaube allerdings nicht einmal, dass er überhaupt einer der Unsrigen gewesen ist, sondern vermutlich eher ein Unhold. Ich selbst bin weder ihm noch seinem Herrn, so er denn tatsächlich der sterbliche Diener eines Nocturnus war, jemals begegnet.

Letztlich konnte aber auch er das Vordringen der Türken nicht beenden. Scheinbar unaufhaltsam eroberten sie den größten Teil des Königreichs Ungarn und wurden damit zu einer unmittelbaren Bedrohung für die habsburgischen Erblande.

Unter den Unsterblichen erregte der Vormarsch der Türken auf dem Balkan nicht weniger Unbehagen als bei den Menschen. Niemand wusste, ob sich auch in ihren Reihen Nocturni verbargen, so wie es in jenen Tagen in den Königreichen Europas üblich war. Noch schwerer wog, dass von den bekannten Blutlinien der Länder, die unter osmanische Herrschaft fielen, keine Nachricht mehr an die Höfe der nächtlichen Fürsten drang. So fürchteten nicht wenige der Unsrigen um ihre nackte Existenz, wenn die Meldung vom Nahen der Türken zu ihren Zufluchten gelangte.

Als Sultan Süleyman der Prächtige seine Armeen schließlich gegen Wien sandte, ging es uns nicht anders. Ich erinnere mich noch gut an die Worte meines sonst so unerschütterlichen Blutsvaters, als er Constantia und mich zu sich rief: »Diese Bedrohung sollten wir nicht unterschätzen. Die Geschwindigkeit, mit der die Türken ein Königreich nach dem anderen einnehmen, ist erstaunlich. Auf dem Balkan und in Ungarn gab es mächtige Blutlinien der Unsrigen. Ich kann mir nicht vorstellen, dass sie sich dem Sultan freiwillig ergeben haben.«

Auch meine Blutschwester war ernstlich besorgt. »Heißt das, unter den Türken sind noch mächtigere Nocturni?«

»Entweder das«, erklärte Vitus, »oder ihre sterblichen Krieger wissen, wie man unsereins besiegen kann.«

Ich sah noch eine weitere Möglichkeit: »Oder sie sind derart effizient in der Erweiterung und Verwaltung ihres Reiches, dass alle Bemühungen der Unsrigen, ihre Herrscher und Amtsträger zu beeinflussen, wirkungslos verpuffen.«

Vitus' Blick zeigte Zweifel. »Das ist nicht einmal den Sterblichen in Rom und Byzanz gelungen. Und ich kenne keine Reiche mit einer effizienteren Verwaltung als diese beiden.«

»Bis jetzt«, wandte ich ein.

Ihm war anzumerken, dass er sich meinem Gedankengang nicht anschloss. Doch ehe er mir widersprach, meldete Constantia sich zu Wort: »Es ist unerheblich, aus welchem dieser Gründe die Türken ein Königreich nach dem anderen besiegen und unterwerfen. Sie sind eine ernstzunehmende Gefahr und sie rücken auf Wien vor. Und das angeblich mit mehr als hunderttausend Kämpfern. Der Kaiser führt in Italien Krieg gegen die Franzosen und wird uns kaum die notwendigen Truppen schicken, um uns gegen einen derart starken Gegner zur Wehr zu setzen. Wir müssen Wien verlassen.«

»Schon wieder fliehen?« Ich ereiferte mich zusehends. »In Dijon haben wir vor den Franzosen den Schwanz eingezogen und sind hierher gekommen. Jetzt haben wir uns gerade in Wien eingerichtet, da willst du schon wieder weg.«

»Manchmal ist ein strategischer Rückzug das Gebot der Stunde«, hielt sie mir entgegen. »Du denkst zu viel mit deinem Schwertarm. Benutze stattdessen vielleicht mal deinen Kopf!« Sie tippte mir an die Stirn.

»Und du gehst jedem Kampf aus dem Weg. Ich bin davon überzeugt, wir hätten Dijon gegen Laurent und seine Getreuen halten können, wenn wir in der Stadt geblieben wären.«

»So wie wir die Tempelritter gegen ihn verteidigt haben?«

Ich ballte die Fäuste. Sie wusste nur zu gut, wie sie mich zur Weißglut bringen konnte. Die Erwähnung der Templer und ihres Untergangs war dafür auch nach mehr als zwei Jahrhunderten noch eine sichere Methode.

Vitus' Intervention hielt mich davon ab, handgreiflich zu werden. »Wenn wir wüssten, welche Gefahr genau auf uns zukommt, und einen Plan hätten, ihr zu begegnen, dann wäre es sicherlich klug zu bleiben und die Verteidiger zu unterstützen. Aber das ist nicht der Fall.«

»Also überlassen wir die Stadt ihrem Schicksal?« Noch war ich nicht bereit, mich zu fügen.

Constantia fixierte mich mit verschränkten Armen. »Denkst du denn, du könntest einen nennenswerten Beitrag zur Verteidigung Wiens leisten?«

»Natürlich. Zeig mir den Sterblichen, der meinem Schwert widersteht! Selbst mit ihren Arkebusen und Musketen können sie mir nicht standhalten. Und meinen beiden Nachkommen und unseren Unholden ebenso wenig. Jeder von ihnen kann es mit einer Übermacht von Gegnern aufnehmen. Egal, ob unter den Angreifern Nocturni sind oder nur Janitscharen, ich werde ihnen zeigen, dass zumindest noch ein Templer übrig ist, der den Muselmanen Einhalt gebietet.«

Sie wiegte den Kopf hin und her. »Vielleicht hast du recht. Wien ist zu wertvoll, um es leichtfertig aufzugeben. Wenn du tatsächlich glaubst, mit deiner Unterstützung für die Verteidiger könnten die Türken aufgehalten werden, dann sollten wir das in Betracht ziehen.«

In mir focht die Aussicht auf einen argumentativen Sieg gegen das wachsende Misstrauen angesichts ihrer Zustimmung. Und kaum redete sie weiter, wurden meine Zweifel bestätigt.

»Vitus als Oberhaupt unserer Blutlinie sollte sich allerdings in Sicherheit begeben. Ich werde ihn begleiten. Sobald die Türken vertrieben sind, kehren wir zurück.«

In Anbetracht dieses Manövers musste ich mich zusammenreißen, ihr nicht auf der Stelle das tote Herz aus dem Leib zu reißen. Meine letzte Hoffnung war, dass Vitus ihr widersprach, doch zu meinem Entsetzen stimmte er ihr zu: »Du hast recht, Constantia. Wir sollten jede Möglichkeit nutzen, uns Wien als Heimstatt zu erhalten. Aber es ist zu gefährlich hierzubleiben, solange wir nicht mehr über die Türken wissen. Wir machen es so, wie du gesagt hast. Leonard bleibt mit seinen Nachkommen hier und steht den Verteidigern bei. Wir gehen vorerst zurück nach Flandern und warten dort, bis der Spuk vorbei ist.«

»Ja, Herr.« Sie wandte sich wieder mir zu und legte die Hand auf meine Schulter. »Aber du, Leonard, musst mir versprechen, dass du dich ebenfalls zurückziehst, sobald du merkst, dass die Stadt trotz aller Anstrengungen nicht mehr zu halten ist. Ich könnte es nicht ertragen, dass du dich hier in höchste Gefahr begibst, während wir in der Ferne ausharren.«

Ich starrte sie an. Wollte ihr ins wunderschöne Antlitz brüllen, sie sollte mir ihre Heucheleien ersparen. Mir stattdessen ins Gesicht sagen, dass sie hoffte, die Türken würden mich vernichten und ihr auf diese Weise endgültig den Sieg im Kampf um die Gunst unseres Blutsvaters sichern. Doch ich blieb stumm. Nickte nur und fügte mich meinem Schicksal.

Bereits in der folgenden Nacht begaben die beiden sich mit dem Großteil unserer Dienerschaft auf die Reise. Lang sah ich den Kutschen hinterher und rang mit der Entscheidung, was ich tun sollte. Doch letztlich hatte ich gar keine Wahl. Mein Herr und Meister hatte mir unzweifelhafte Anweisungen gegeben und ich war nicht in der Lage, mich dagegen aufzulehnen. Nicht einmal, nachdem er weg war.

Also blieb ich in Wien zurück und beobachtete Nacht für Nacht, wie die Feinde näher rückten und die Stadt in den Würgegriff der Belagerung nahmen. Zum Glück führten sie nur leichte Kanonen mit sich, denen die alten Wehrmauern mehr schlecht als recht standhielten. Doch unter den Osmanen befanden sich Spezialisten, die in den modernsten Belagerungstechniken bewandert waren. Sie gruben Tunnel unter die Fundamente der Befestigungen, in denen sie große Mengen Schießpulver einlagerten und zur Explosion brachten. Die einzig mögliche Abwehr gegen diese Strategie bestand darin, dass die Verteidiger ihrerseits unterirdische Gänge aushoben und versuchten, die Stollen der türkischen Mineure aufzuspüren. Auf diese Weise entbrannte unter den Mauern Wiens ein Krieg im Dunkeln, der tags wie nachts mit unerbittlicher Härte geführt wurde.

Sobald einer der Tunnel der Belagerer aufgespürt wurde, drangen die kaiserlichen Soldaten schwer bewaffnet hinein und machten jeden Gegner erbarmungslos nieder. Mir und meinen beiden Nachkommen ermöglichte diese Form der Kriegführung, unmittelbar am Kampfgeschehen teilzuhaben. So waren wir nicht gezwungen, ohnmächtig mit ansehen zu müssen, wie die Schlachten des Tages ausgegangen waren. Wir waren wie geschaffen für die Kämpfe in der Finsternis. Zusammen mit unseren Unholden standen wir an der vordersten Front, gruben, fochten und labten uns im Dunkel der Tunnel am Blut unserer Feinde.

Zwar hatte ich mir in den vergangenen Jahren die Bedienung der neuen Feuerwaffen angeeignet, doch meine Stärke lag unzweifelhaft im Kampf mit der Klinge. In den Tunneln konnte ich meine Fertigkeiten voll ausschöpfen. Da die Türken Unmengen von Schießpulver in die Gänge brachten, wagten weder Freund noch Feind, hier unten eine Pistole oder Arkebuse abzufeuern.

Wir merkten jedoch bald, dass wir nicht die einzigen unserer Art waren, die an dem Krieg teilnahmen. Mehrfach trafen wir auf Unholde unter den Janitscharen, die die Stollen und Minen erbittert gegen unsere Stoßtrupps verteidigten. Damit wurde Gewissheit, was wir die ganze Zeit befürchtet hatten: Unter den Osmanen befanden sich ebenfalls Nocturni.

Für die Sterblichen, die mit und gegen uns fochten, war es die Hölle. Als ob es nicht schlimm genug gewesen wäre, in den engen Stollen gegen menschliche Gegner antreten zu müssen. Nun wurden sie zusätzlich von bluttrinkenden Monstern gejagt, deren Kampfeskraft kaum einer von ihnen auch nur annähernd gewachsen war. Doch auch wir mussten Verluste hinnehmen. Wenige Nächte, nachdem einer meiner beiden verbliebenen Nachkommen nicht aus den Tunneln zurückgekehrt war, musste ich mit ansehen, wie sein Blutsbruder von feindlichen Unholden in Stücke gerissen wurde. Ich rächte ihn umgehend. Doch seinen arg geschundenen Leib vermochte auch mein Blut nicht mehr zu heilen.

So stand ich nun allein auf dem Wehrgang. Mein Blick fiel auf die Breschen, die die Türken bereits in die Mauern gesprengt hatten. Hinter improvisierten Palisaden hielten mehrere Pikeniere Wache. Bislang hatten die Verteidiger es geschafft, die Löcher in den Wällen erfolgreich gegen alle Angriffe zu halten. Hierbei konnte ich ihnen nicht zu Hilfe kommen, denn die oberirdischen Attacken der Janitscharen fanden stets tagsüber statt. Ich musste mich auf das beschränken, was in meiner Macht stand. Die Türken daran hindern, weitere Teile der Stadtmauern zum Einsturz zu bringen.

Ich rückte mein Kettenhemd zurecht, zog die Sturmhaube auf den Kopf und zurrte meinen Waffengurt fest. Warf einen letzten Blick über die von unzähligen Lagerfeuern gesprenkelte Zeltstadt, die sich auf den Feldern vor Wien erstreckte. Dann stieg ich vom Wehrgang hinab und ging zum Eingang des Stollens in die Tiefe. Ludwig, mein treuer Diener und einzig Verbliebener meiner Unholde, erwartete mich bereits. Seine beiden Äxte waren noch befleckt vom getrockneten Blut der Gegner, die er in der letzten Nacht in Stücke gehauen hatte. Wortlos hielt er mir seinen leeren Becher hin. Ich biss mir in die Hand und füllte das Gefäß zur Hälfte mit meinem Blut. Ludwig grinste und entblößte dabei seine fauligen Zähne, bevor er den Becher mit einem einzigen gierigen Zug leerte. Kein Tropfen entging seiner fleckigen Zunge, mit der er sich ausgiebig über die Lippen leckte. Dann nickte er mir zu, packte seine Äxte und ging voraus in die Dunkelheit.

Der Kampf konnte beginnen.

Donnerstag, 26. Mai 2005, Washington DC, USA

Das Gewicht der Schwertscheide, die unter dem gepanzerten Mantel des Todesboten an meiner Seite hängt, beruhigt mich ein wenig, während ich wieder einmal durch unvertrautes Territorium wandere.

Ich habe zwar amerikanischen Boden betreten. Doch Washington D.C. ist mir nahezu ebenso fremd wie die modernen Metropolen Europas. Legt man die vorherrschende Architektur als Maßstab an, dann würde die Hauptstadt der Vereinigten Staaten ohnehin besser in die Alte Welt passen als nach Amerika. Aufgrund eines Gesetzes, das es allen Bauherren der Stadt verbietet, mit ihren Werken die Kuppel des altehrwürdigen Kapitols aus der Zeit des Bürgerkrieges zu überragen, entbehrt Washington jeglicher Wolkenkratzer. Das einzige Bauwerk der Stadt, das noch höher in dem Himmel ragt, ist das Washington Monument. Es steht in der Mitte der ›The Mall‹ genannten Parkanlage zwischen dem Weißen Haus, dem Lincoln Memorial und eben dem Kapitol, dessen herausragende Stellung in der Skyline gesetzlich geschützt ist. Zu nächtlicher Stunde feierlich erleuchtet markiert der gewaltige Obelisk, der seine ägyptischen Vorbilder bei Weitem überragt, das Zentrum der Stadt und war schon während der Taxifahrt vom Flughafen hierher weithin zu sehen.

Der Taxifahrer hat mich ein paar Blocks entfernt von der Adresse abgesetzt, die wir in Bruce Randalls Akten gefunden hatten. Die verbliebene Strecke lege ich zu Fuß zurück. Auf diese Weise hoffe ich, etwas weniger Aufsehen zu erregen. Oder zumindest, den Zeitpunkt, ab dem ich Aufsehen erregen werde, hinauszuzögern. Ich gehe nicht davon aus, dass mein Besuch friedlich verlaufen wird.

Dass ich keine Ahnung habe, was mich an meinem Ziel erwartet, steigert nicht gerade meine Zuversicht. Seit ich bei Sonnenuntergang in meinem Sarg in der Kabine des Businessjets aufgewacht bin, ist mir mehrmals der Gedanke gekommen, dass mein Besuch hier eigentlich reiner Wahnsinn ist. Meinem Vorsatz, mich von nun an der Strategien der Archaioi zu bedienen, läuft er jedenfalls arg zuwider. Übermäßige Risikobereitschaft hat sicherlich bei keinem Nocturnus zur Erlangung eines herausragenden Alters beigetragen. Auf der anderen Seite gibt es wenige von uns, die sich mit mir im direkten Zweikampf messen können, so dass ich das eine oder andere Wagnis wohl eingehen kann. Meine Kampfeskraft und die Klinge an meiner Seite sind in jedem Fall hilfreich, aus eventuellen brenzligen Situationen wieder herauszukommen.

Ich bin nicht allein auf meinem Streifzug. Die frühsommerlich laue Nacht lockt zahlreiche Nachtschwärmer auf die Straßen. Ich versuche, sie im Auge zu behalten, ohne allzu aufdringlich um mich zu blicken. Nicht auszuschließen, dass ich nicht der einzige Unsterbliche bin, der sich unter den Spaziergängern verbirgt. Als Eindringling in fremdes Territorium ist es überlebenswichtig, mögliche Gegner auszumachen, bevor man selbst entdeckt wird. Doch alle Passanten wirken unverdächtig.

Als ich in die Straße einbiege, in der sich mein Ziel befindet, erhöhe ich meine Wachsamkeit erneut. Falls sich hinter der Adresse tatsächlich eine Zuflucht meiner Feinde verbirgt, muss ich spätestens jetzt mit Gegenwehr rechnen.

Die schwarze Limousine mit den getönten Scheiben, die im Licht einer Straßenlaterne parkt, ist nicht zu übersehen und versetzt mich in höchste Alarmbereitschaft. Fußgänger kann ich keine ausmachen. Dafür entdecke ich in dem Kombi auf der Straßenseite gegenüber zwei Personen. Sich dem Eingang ungesehen zu nähern, ist aussichtslos.

In der Hoffnung, noch nicht entdeckt zu sein, ducke ich mich hinter eines der am Straßenrand geparkten Autos und überblicke die Straße. Die Häuser stehen dicht an dicht, aber sie haben zumeist nur ein oder zwei Stockwerke. Zu niedrig, um über die Dächer zu klettern, ohne von den beiden Beobachtern gesehen zu werden. Der Bürgersteig ist von einzelnen Bäumen und weiteren Fahrzeugen gesäumt. Aus meiner Deckung heraus versuche ich zu ergründen, wie weit ich mich ebenerdig an meine mutmaßlichen Gegner heranschleichen kann, und lege mir im Geiste eine Strecke zurecht. Gebückt beginne ich, mich von Deckung zu Deckung voranzuarbeiten. Ich halte dabei stets Ausschau nach Beobachtern in Autos oder hinter den Fenstern der Reihenhäuser, entdecke jedoch niemanden.

Bis auf weniger als zehn Meter komme ich an die Limousine heran. Aus dieser Entfernung erahne ich hinter den dunklen Scheiben die schemenhaften Umrisse einer weiteren Person. Macht zusammen drei Gegner. Und ich habe keine Ahnung, wie viele sich noch im Inneren des Hauses befinden.

Es wird Zeit herauszufinden, wie überlegen meine Fähigkeiten wirklich sind.

Aus der Hocke heraus sprinte ich geduckt zu der Seite der Limousine, die den Hauseingängen zugewandt ist. Ich warte nicht auf eine Reaktion meiner Gegner, sondern packe den Türgriff des Wagens und zerre mit aller Kraft daran, während ich mich mit dem Fuß abstütze. Wie erwartet ist das Fahrzeug gepanzert und verfügt über verstärkte Schlösser. Doch unter der rohen Gewalt meiner übermenschlichen Muskeln gibt die Tür langsam nach, bis sie schließlich ausreißt und mir mit Schwung entgegenkommt. Ich finde zügig mein Gleichgewicht wieder und stürze mich in das nun offenstehende Innere des Wagens. Der in einen schwarzen Maßanzug gekleidete Mann auf dem Fahrersitz stiert mich vollkommen entgeistert an. Ich rieche seine Panik, seinen Schweiß, höre sein Herz wild pumpen. Ein Sterblicher. Er wird mir nicht widerstehen können.

»Aussteigen! Lauf so schnell und weit du kannst!«

Ich habe den Befehl kaum ausgesprochen, da entriegelt er bereits die Fahrertür, stemmt sie auf und stolpert hektisch über die Straße davon. Wenn meine Anordnung den persönlichen

Wünschen meines Opfers entgegenkommt, ist der Böse Blick immer besonders effektiv.

Bleiben noch zwei.

Ich erhebe mich und spähe über das Dach der leeren Limousine. Die Männer in dem Kombi auf der anderen Straßenseite springen gerade aus den Türen. Beide ziehen Pistolen. Sie tragen einfache Straßenkleidung und Lederjacken. Am Gürtel desjenigen, der mir entgegenkommt, entdecke ich eine Dienstmarke der Polizei. Vermutlich ebenfalls Sterbliche.

Nachdem die Zivilpolizisten kurz dem wild flüchtenden Fahrer der Limousine hinterher gegafft haben, wenden sich beide nahezu gleichzeitig mir zu.

Ich deute auf den Fliehenden. »Ihm nach!«

Einer der Beamten setzt sich sofort in Bewegung. Dem anderen bedeute ich mit einer Kopfbewegung, sich seinem Kollegen anzuschließen. Ich kann in seinem Gesicht sehen, wie der Widerstand schmilzt. Dann läuft auch er los.

Das wäre erledigt. Bis hierhin sogar ohne Blutvergießen.

Eilig schaue ich mich um, ob sich weitere Gegner zu erkennen geben, die ich vorher noch nicht entdeckt habe. Aber abgesehen von den drei sich schnell entfernenden Männern bleibt die Straße leer.

Ohne Zeit zu verlieren, wende ich mich dem Haus zu. Zwei Stockwerke. Reiche Stuckverzierungen rund um Türen und Fenster. Vermutlich spätes neunzehntes Jahrhundert. Die Nummer entspricht der Adresse aus Bruce Randalls Akten. Ich bin am Ziel.

Im ersten Stock schiebt jemand den Vorhang zur Seite und sieht zu mir hinunter. Eine Frau. Schätzungsweise um die vierzig Jahre alt. Schulterlange hellblonde Haare. Lange Fangzähne. Eine von uns.

Unsere Blicke treffen sich. Ihre Augen verengen sich zu Schlitzen. Ich neige den Kopf zum Gruß und zwinge ein Lächeln auf meine Lippen. Höflichkeit muss sein.

Ohne ihre Reaktion abzuwarten, setze ich mich in Bewegung und sprinte der Haustür entgegen. Die Treppen zum Eingang hinauf beschleunige ich weiter und ramme mit voller Wucht die massive Tür. Holz splittert mit lautem Krachen und Metall verbiegt sich ächzend, als sie aus den Angeln springt und mit Schwung einige Meter ins Innere des Treppenhauses fliegt.

Noch bevor die Tür zur Ruhe kommt, bin ich über sie hinweggehechtet und stürme die Treppen hinauf. Im ersten Stock befinden sich nur zwei Türen. Ich wähle die zu der Seite, auf der ich die Frau am Fenster gesehen habe, und werfe mich erneut aus vollem Lauf dagegen. Der Widerstand ist größer als bei der Haustür. Doch schon mein erster Stoß hat feine Risse in dem Metall hinterlassen. Ich nehme so viel Anlauf, wie das enge Treppenhaus zulässt, und stürze ein weiteres Mal mit aller Kraft gegen das Hindernis. Die drei Riegel brechen nacheinander aus dem Rahmen und mehrere Glieder der Sicherheitskette zerreißen gleichzeitig. Dann fällt die Tür flach auf den Boden und gibt den Weg frei. Unmittelbar vor mir steht aufrecht die blonde Vampirin. Noch im selben Augenblick höre ich die Schüsse, die sie in schneller Folge aus der mit beiden Händen auf mich gerichteten Pistole abgibt.

Die Projektile treffen mich frontal. Ein rundes Dutzend schlägt auf den gepanzerten Mantel des Todesboten ein. Zwei erwischen mein ungeschütztes Gesicht. Das Knacken zerschmetterter Knochen dringt dumpf an meine Ohren. Mein rechtes Auge versagt den Dienst. Die Welt um mich herum verschwimmt zu einem Kaleidoskop wirbelnder Farben.

Ich habe Mühe, mich aufrecht zu halten, und wanke ein paar Schritte zurück. Als ich mich wieder orientieren kann, höre ich ein helles Klicken. Mein verletztes Gehirn benötigt einen Augenblick, um zu identifizieren, was es mit dem Geräusch auf sich hat. Dann realisiere ich, dass das Magazin der Pistole leer ist.

Zeit zum Handeln.

Meine Fangzähne ragen weit aus dem Kiefer und dürsten danach, sich in Fleisch zu bohren. Meine Finger krümmen sich zu Klauen, bereit, Leiber aufzureißen und Knochen zu brechen. Mein ganzer Körper möchte sich auf der Stelle auf meine Gegnerin stürzen. Der Blutrausch verlangt, die Kontrolle zu übernehmen. Doch ich bin nicht willens, mich ihm hinzugeben.

Unter Aufbringung aller Willenskraft zwinge ich meine rechte Hand zum Schwertgriff unter dem Mantel. Die Finger schließen sich um die Waffe und ziehen sie aus der Scheide. Das vertraute Gewicht des Stahls weckt lang antrainierte Reflexe und hilft mir, den Drang zu bekämpfen, mich mit bloßen Händen in den Kampf zu stürzen.

Ich öffne mein verbliebenes Auge. In meinem Körper befindet sich fast nur noch Menschenblut. Die Heilung ist zu langsam, als dass die Schussverletzungen in meinem Kopf sich schon geschlossen hätten. Doch ein Auge ist ausreichend, um meine Gegnerin zu fixieren. Erst jetzt erkenne ich, dass sie vollkommen nackt ist. Aber das ist im Augenblick unerheblich.

Mit einem wilden Kampfschrei stürme ich auf sie zu, das Schwert zum Hieb erhoben. Sie lässt die leer geschossene Pistole fallen und stürzt mir mit hassverzerrter Fratze entgegen. Ich bremse ab und stoße mit der Klinge zu. Sie schlägt sie im Lauf mit der bloßen Hand zur Seite und rammt die ausgestreckten Finger der anderen Hand in Richtung meines verbliebenen Auges. Ich kann mich gerade eben so weit ducken, dass ihre Klauen nur meine Schläfe treffen und meinen durch die Schüsse bereits arg ramponierten Schädel noch weiter in Mitleidenschaft ziehen.

Sie ist verdammt schnell.

Mal sehen, ob sie schnell genug ist, um es mit dem Templer aufzunehmen.

Im Gefolge der krallenbewehrten Hand rast ihr Körper mir mit voller Wucht entgegen. Um meine Körperachse wirbelnd, sorge ich dafür, dass sie nur leicht meinen Rücken streift, und tauche unter ihrem Arm ab. Mit einer weiteren halben Drehung wende ich mich ihr wieder frontal zu. Sie stoppt ihren Lauf am Rahmen der Tür, die ich aus den Angeln gehoben habe. Falls sie fliehen wollte, stünde ihr nun der Weg ins Treppenhaus offen, doch der Blutrausch hat sie fest im Griff und drängt sie zurück in den Kampf. Ein Fehler, den sie bald bereuen wird.

Mit ausgestreckten Armen stürzt sie mir erneut entgegen. Ich weiche einen Schritt zurück in die Wohnung, so dass sie mehr Anlauf nehmen kann. Das Schwert halte ich hinter meinem Körper. Erst unmittelbar, bevor sie herangekommen ist, schwinge ich die Waffe nach vorn. Dieses Mal verbleibt ihr keine Zeit, die Klinge wegzuschlagen. Sie versucht, zur Seite auszuweichen, doch ihr Schwung trägt sie genau auf die Spitze zu. Mit einem sauberen Schnitt durchtrennt das Schwert knapp neben dem Nabel ihre Haut. Die Wucht ihres Angriffes rammt den Stahl geradewegs durch ihren Leib. Wäre meine Gegnerin ein Mensch, so wäre der Kampf nun beendet. Aber der Blutrausch verhindert, dass sie realisiert, wann sie verloren hat.

Obwohl aufgespießt, schlägt sie unablässig mit ihren Klauen auf mich ein. Ihre Kiefer recken sich mir entgegen, als sie mit langen Fangzähnen nach mir schnappt. Ich strecke meine Hände, die das Schwert festhalten, von mir, um sie auf Distanz zu halten. Unbeeindruckt arbeitet sie sich auf mich zu und treibt die Waffe immer tiefer in ihren Leib. Erst als die Haut ihres Bauches auf die Parierstange schlägt, kommt sie zum Stehen. Die Klinge hat sie vollständig durchbohrt und ragt einen halben Meter aus ihrem Rücken. Dies hindert sie nicht daran, weiter mit bloßen Händen auf mich einzuprügeln. Ein paar ihrer Hiebe treffen mich und reißen neue Wunden in mein Gesicht.

Es wird Zeit, die Sache zu beenden.

Ich drehe das Schwert um seine Achse. Ein unmenschliches Kreischen hallt durch den Raum. Abrupt hören die Schläge gegen mich auf. Ihre Arme fuchteln umher wie bei einem epileptischen Anfall. Eine weitere Drehung der Klinge. Sie hält still, krümmt sich in Agonie nach vorn. Jegliche Angriffslust ist aus ihrer Miene gewichen und hat reinem Schmerz Platz gemacht. Ihr Kopf hebt sich wie in Zeitlupe. Unsere Blicke treffen sich. Ihre Augen flehen um Gnade. Der Kampf ist vorbei.

Ich dränge den letzten Rest des Blutrausches aus meinem Bewusstsein. Spüre, wie die Klarheit langsam wieder in meinen Geist zurückkehrt. Wie die Wunden heilen.

Ich öffne das zweite Auge und fixiere meine Gegnerin. »Wer ist außer dir noch hier?«

Ihre Hände umfassen mein Handgelenk. Kraftlos stemmen sie sich gegen den eisernen Griff, mit dem ich das Schwert halte, das in ihrem Leib steckt. Ein weiteres Mal drehe ich die Klinge. Sie schreit. Nun, da ihr Blutrausch nachlässt, entfalten die Schmerzen ihre volle Pracht. Als ich innehalte, verebbt das Kreischen zu einem Stöhnen.

»Sprich!«, fordere ich sie auf.

Sie hat Mühe, die Worte zu formen. »Nur der Senator.«

»Wo ist er?«, will ich wissen.

Schleppend hebt sie einen Arm und deutet auf eine offene Tür, die weiter in die Wohnung hinein führt.

Ich überlege kurz, ob ich die Pein meiner Gegnerin beenden soll. Doch so lang ich nicht sicher weiß, womit ich es zu tun habe, lasse ich das Schwert da, wo es ist. Entschuldigen kann ich mich später immer noch.

Zumindest bemühe ich mich, die Klinge nicht weiter zu drehen, als ich sie zu der Tür dränge, die sie mir gewiesen hat. Sie keucht und stöhnt vor Schmerz, während sie rückwärts vor mir her stolpert. Ihre Finger krallen sich um die meinen. Verzweifelt versucht sie, das Schwert festzuhalten, so dass es sich möglichst wenig in ihrem Bauch bewegt, als wir uns gemeinsam durch den edel möblierten Raum bewegen und dabei eine dünne Blutspur auf dem Teppich hinterlassen. Ihr Erfolg ist mäßig.

»Bitte!«, fleht sie mich an, als wir zum Stillstand kommen.

Ich ignoriere sie und schiebe mit meiner freien Hand die Tür ganz auf.

Ein fetter Mann sitzt dort auf einem zerwühlten Bett und versucht gerade hektisch, in eine Hose zu schlüpfen. Der Rest seiner Kleider ist über den Boden verteilt. Der zurückgezogene Vorhang am Fenster zeigt mir, dass dies der Raum ist, von dem aus sie mich auf der Straße gesehen hat. Sieht so aus, als wäre ich wahrlich ungelegen gekommen.

Der korpulente nackte Mann, vermutlich der Senator, von dem sie gesprochen hat, hält inne, als er mich entdeckt. Seine schreckgeweiteten Augen wandern zu dem Schwert, dessen Spitze immer noch aus dem Rücken der blonden Vampirin ragt. Sein pochendes Herz und der Schweiß, der in dicken Perlen auf seiner Stirn steht, identifizieren ihn eindeutig als Sterblichen.

Ich wende mich meiner Gegnerin zu. »Ein Vertrauter?«

Sie nickt.

Ich weiß von Samantha und einigen anderen meiner Art – insbesondere Frauen – dass sie ihre Vertrauten auch sexuell an sich binden. Früher nannte man sie Sukkubi, doch der Begriff ist in den letzten Jahren aus der Mode gekommen, selbst wenn die Praxis noch recht verbreitet ist. Sieht ganz so aus, als ob dieser Senator ebenfalls das Privileg genossen hat, mit einer Unsterblichen das Bett zu teilen.

»Bleib, wo du bist!«, weise ich ihn an.

Eifrig nickt er. Auch von dieser Seite ist wohl kein Widerstand mehr zu erwarten.

Die aufgespießte Vampirin stöhnt erneut auf, als ich zur Türklinke greife und sie zuziehe.

»Lass los!« Ich versuche, die Schärfe aus meiner Stimme zu nehmen.

Widerstrebend lässt sie mich ihre Finger vom Heft des Schwerts entfernen. Mit einem Ruck ziehe ich die Klinge aus ihrem Körper heraus. Ein Schwall Blut folgt dem Stahl und ergießt sich über den Teppich. Endlich von dem Spieß in ihren Eingeweiden befreit, sinkt die Frau keuchend auf die Knie und presst ihre Hände auf den Bauch. Langsam versiegt der rote Strom, als sich die Wunde schließt. Ich kämpfe mit aller Macht gegen den Drang an, mich an ihrem Blut zu laben. Das Heilen der Einschusslöcher in meinem Kopf hat mich durstig gemacht. Doch die Gefahr, dem Blutrausch anheimzufallen, ist zu groß.

Der Drang lässt nach, als frische rosige Haut sich über der Stelle an ihrem Leib spannt, wo kurz zuvor noch das Schwert gesteckt hat. Sie atmet tief durch. Eine Angewohnheit aus sterblichen Tagen. Für mich ein Indiz, dass sie weit jünger ist als ich oder gar Marduk.

Ich betrachte die blutbefleckte Klinge in meiner Hand. Vielleicht sollte ich doch eine Kostprobe nehmen. Immerhin bin ich hierher gekommen, um Informationen über meine Feinde zu erlangen. Das Blut, das den Stahl hinab rinnt, enthält möglicherweise, was ich begehre. Auf diese Weise kann ich auf umständliche Verhöre verzichten und sicher sein, dass ich nicht belogen werde.

Die Verlockung des schillernden Rots siegt. Ich vergewissere mich noch einmal, dass meine geschlagene Gegnerin mit sich selbst und der Heilung des Loches in ihrem Bauch beschäftigt ist. Dann führe ich die Klinge an meinen Mund und liebkose den blutigen Stahl mit meiner Zunge.

Welch eine Köstlichkeit.

Mein eben wieder hergestelltes Denkvermögen weicht dem Genuss frischen Vampirblutes. Alle Härchen meines Körpers stellen sich vor Erregung auf. Wohlige Schauer laufen durch meine Gliedmaßen.

Ich will mehr!

Mit der freien Hand packe ich meine geschlagene Gegnerin an den Haaren. Ich ignoriere ihre kraftlosen Hiebe, ziehe ihren Kopf zurück, so dass der Hals weit gestreckt vor mir liegt und vergrabe meine Fangzähne in das nackte Fleisch. Unbeschreibliche Lust erfüllt mich. Ich fühle, wie die Kraft in meinen Körper zurückkehrt. Vampirblut. Mein Nektar. Wie konnte ich mich nur so lang mit Menschenblut zufriedengeben, wenn solch wundervolle Leckerbissen auf mich warten? Die gesamte Welt reduziert sich auf die Flüssigkeit, an der ich mich labe. Ich will mehr.

Ein spontaner Gedanke stört meine Hingabe. Auf irgendetwas musste ich achtgeben. Etwas jenseits des Universums aus Blut, in das ich eingetaucht bin.

Ich öffne die Augen. Betrachte desorientiert den nackten Frauenkörper in meinen Armen. Folge den Blutstropfen, die aus den beiden Löchern im Hals der Frau über ihre Haut rinnen. Nach und nach nehme ich den Raum um mich herum wieder wahr. Zwinge mein Bewusstsein in die Realität zurück. Genau das hatte ich vermeiden wollen.

Ich weiß nicht, wie lang ich mich dem Blutdurst hingegeben habe. Im Schlafzimmer nebenan höre ich raschelnde Geräusche. Der Senator kämpft immer noch mit seiner Kleidung. Es können nur ein paar Sekunden gewesen sein. Höchstens eine Minute. Ziemlich viel angesichts der prekären Situation, in der ich mich befinde, inmitten einer fremden Stadt, umgeben von Feinden.

Entsetzt zucke ich zusammen und hebe abwehrend die Arme, als plötzlich ein fangzahnbewehrter Totenschädel mein Blickfeld ausfüllt und nach mir schnappt.

Im nächsten Augenblick ist er wieder weg.

Der Leib der Frau, von der ich getrunken habe, plumpst auf den Boden und bleibt reglos neben meinem Schwert liegen.

Ich schaue mich verwirrt um. Abgesehen von dem Körper zu meinen Füßen ist niemand zu sehen.

Dann begreife ich. Ihre Erinnerungen dringen in meinen Geist. Genau das, was ich jetzt brauche! Was für eine dumme Idee, von ihr zu trinken. Ich bin schlicht und einfach meiner Blutgier verfallen und habe mir selbst Argumente ausgedacht, um mich meinem Verlangen hinzugeben.

Dann wieder eine Vision.

Ein enger fensterloser Raum, erhellt nur von einer kleinen Lampe, die irgendwo auf dem Boden liegt. Über mir ein paar rote Augen, die mich fest im Blick halten. Darunter zwei bluttriefende Fangzähne in einem fleischlosen Gesicht, nur von einer papierdünnen Hautschicht bedeckt. Es ist mein Blut, das an den Zähnen der Kreatur klebt. Mein Blut, das das Monster mir vollständig aus dem Leib gesaugt hat. Mein Herz tut einen letzten verzweifelten Schlag, doch es gibt nichts mehr, was es pumpen könnte.

Das unwirkliche Geschöpf über mir spricht. Es sind kehlige Laute, die ich nicht verstehe. Dann ein vertrautes Wort: »Trink!«

Das Monster hält mir etwas über den Kopf. Es zappelt unkontrolliert, gibt unartikuliertes Grunzen von sich. Ich kenne es. Es war einmal ein Mensch.

Ein Name kommt mir in den Sinn: Hausman. Corporal Hausman. Doch die Ähnlichkeit, die das Ding über mir mit dem US-Soldaten hat, ist rein äußerlich. Der attraktive junge Mann ist tot. Etwas anderes, Furchtbares, Böses hat von ihm Besitz ergriffen und droht, ihn von innen heraus zu zerreißen.

Ich spüre warme Flüssigkeit auf meinen Lippen. Sie fließt in meinen Mund. Sie stammt von dem Ding, das einmal Corporal Hausman gewesen ist. Strömt aus einem riesigen Loch in seiner Kehle. Das Böse, das ihn beherrscht, wohnt der Flüssigkeit inne, geht mit ihr auch auf mich über. Doch ich kann mich nicht dagegen wehren. Es rinnt meinen Rachen hinab, kribbelt, brennt. Dann explodiert gleißender Schmerz in meinem Innersten.

Ich reiße die Augen auf. Das Monster ist weg. Ebenso der Mann namens Hausman. Ein Nachhall des Schmerzes durchdringt meinen Körper und verklingt schließlich. Die Vision verschwindet.

Ich konzentriere mich auf meine Umgebung. Die blutigen Flecken auf dem Boden, die sich wie eine imaginäre Landkarte über das Muster des Teppichs ausbreiten. Mein Schwert, achtlos fallengelassen. Die nackte, reglos vor mir liegende Frau, meine Feindin, deren Blut ich getrunken habe. Deren Tod und Wiedergeburt als Vampir ich in den Trugbildern erblickt habe.

Verzweifelt versuche ich, mich im Hier und Jetzt festzukrallen. Nicht wieder abzugleiten in ihre Erinnerungen. Ihre Erinnerungen an Marduk. Sie war es. Sie ist die Grabräuberin, die ihn gefunden und wiedererweckt hat. Das war es, was ich gerade gesehen habe: das Erwachen meines Widersachers.

Sieht so aus, als hätte ich bei der Suche nach Informationen über meinen Gegner einen Volltreffer gelandet. Wer, wenn nicht sie, kann mir berichten, was Marduk plant? Ich brauche sie lebend. Muss mit ihr reden. Die Visionen sind zu unzuverlässig, zu bruchstückhaft. Ich kann mich nicht darauf verlassen, dass ich aus ihrem Blut alles erfahre, was ich wissen will. Ich muss sie mitnehmen.

Noch benommen von den fremden Bildfetzen in meinem Kopf rappele ich mich auf.

Die Frau – der Name Ireen dringt aus ihren Erinnerungen in mein Bewusstsein – ist fast blutleer, aber noch nicht vernichtet, sonst würde sie bereits erste Anzeichen des Zerfalls aufweisen. Sie benötigt nur ein wenig Blut, um wieder auf die Beine zu kommen.

Mein Blick fällt auf die Schlafzimmertür. Ich hebe mein Schwert auf und gehe dort hin. Als ich die Tür öffne und hineinsehe, glotzt der Senator auf dem Bett mich panisch an. Er erkennt, das mein Erscheinen nichts Gutes für ihn bedeutet. Er hat die Zeit genutzt, seine verstreuten Kleidungsstücke vom Boden aufzusammeln, und knöpft gerade sein Hemd zu. Ohne ein Wort zu verlieren, eile ich zu ihm, packe ihn am Kragen und zerre ihn aus dem Zimmer. Er hat Mühe, seine Beine schnell genug zu bewegen, um mir zu folgen. Mehr schleife ich ihn hinter mir her, als dass er selbst geht. Unverständliche Laute des Stöhnens, Klagens und Flehens dringen aus seinem Mund. Ich ignoriere sie.

Mit dem Fuß drehe ich seine wie tot daliegende Herrin auf den Rücken. Als er sie so sieht, verfällt er endgültig in Todesangst und beginnt, unkontrolliert herumzuzappeln. Gegen meine Hände, die ihn, gestärkt von Ireens Blut, wie ein Schraubstock festhalten, hat er jedoch keine Chance. Mit geübtem Griff packe ich seinen Kopf und halte ihm dabei gleichzeitig den Mund zu, damit sein Schreien gedämpft wird. Ich überstrecke seinen Hals und beiße hinein. Gutes, gesundes Blut, aber kein Vergleich zu dem, was derzeit in meinen Adern zirkuliert. Es fällt mir nicht schwer, den Biss zu lösen und das Blut aus den beiden offenen Wunden rinnen zu lassen. Ohne sein klägliches Wimmern zu beachten, das mittlerweile eine fast kindliche Tonlage angenommen hat, lenke ich die Tropfen über Ireens Mund. Auf der Stelle regt sich wieder Leben in ihrem Leib, zuerst ein verhaltenes Zucken, dann straffen sich ihre Muskeln und sie öffnet die Augen. Der unbändige Durst, verursacht durch ihren beinahe blutleeren Körper, führt sie unweigerlich in den Blutrausch. Hätte sie genug Kraft, würde sie hochspringen und ihre Reißzähne in den Hals des Senators versenken. Sie reckt ihr aufgerissenes Maul dem Blut entgegen, so weit sie sich vom Boden erheben kann. Mit jedem Schluck stemmen ihre Glieder sie ein wenig höher, bis sie schließlich aufsteht und sich auf ihren Vertrauten stürzen will. Sein schrilles Kreischen wäre bis auf die Straße zu hören, würde es nicht durch meine Hand gedämpft.

Doch seine Befürchtungen sind unbegründet. Es liegt nicht in meiner Absicht, ihn dem Wüten seiner Herrin zu überlassen. Ich stoße ihn weg, hebe das Schwert und halte es drohend vor das Gesicht der rasenden Vampirin. Sie versucht, es zur Seite zu schlagen, aber sie hat noch nicht genug Kraft, um gegen mich zu bestehen. Die Spitze der Klinge tanzt weiter vor ihren Augen. Sie faucht und funkelt mich hasserfüllt an.

»Komm zu dir!«, herrsche ich sie an. »Kämpfe gegen den Blutrausch an! Sonst wirst du sterben.«

Nach und nach wird sie friedlicher. Ihr Blick wechselt immer wieder gehetzt zwischen dem Senator hinter mir und der Klinge vor ihr hin und her.

Ich senke meine Stimme. »Ruhig!«

Es funktioniert. Ich kann erkennen, wie der Verstand in ihr Antlitz zurückkehrt und die Instinkte verdrängt. Ihr Blick wird steter und richtet sich auf mich. Ihre Muskeln entspannen sich. Dennoch bleibe ich alarmbereit.

»Wirst du tun, was ich dir sage?«, frage ich.

Sie sieht mich an. Dann die blutbefleckte Waffe in meiner Hand.

»Deine einzige Alternative ist der Tod«, erkläre ich mit ruhiger Stimme.

Wortlos nickt sie.

»Gut. Die Limousine draußen auf der Straße gehört dem Senator?« Ich deute mit dem Schwert in Richtung des Schlafzimmers.

Nicken.

»Die beiden Polizisten in dem anderen Wagen gehören auch zu ihm?«

Wieder Nicken.

»Hast du weitere Diener hier?«

Kopfschütteln.

»Du lügst.«

Ihre Augen wenden sich erschrocken dem Schwert zu. Als ich die Klinge nicht bewege, sieht sie mich an. »Da sind noch zwei Vertraute«, berichtet sie mit schnellen Worten. »Ich habe sie heute Nacht fortgeschickt. Sie werden nicht vor den frühen Morgenstunden zurückkommen.«

»Gibt es weitere Vampire?«

»Nicht hier.«

Ich glaube ihr.

Als ich das Schwert hebe, zuckt sie sofort wieder zusammen. »Bitte nicht. Ich tue, was Sie wollen. Ehrlich!«

Ihr Blick entspannt sich, als sie sieht, dass ich die Waffe wegstecke. »Wenn du kooperierst, hast du vielleicht eine Chance, hier in einem Stück herauszukommen«, erkläre ich ruhig. »Wenn nicht, wirst du feststellen, dass die Unsterblichkeit sehr schnell zu Ende sein kann.«

Sie nickt eifrig. »Verstanden.«

Entweder hat sie sich ihrem Schicksal wirklich ergeben oder sie ist eine verdammt gute Schauspielerin. In jedem Fall zeigt sie keine Neigung zum Heldentum.

»Wie heißt du?«

»Ireen. Ireen Fowler.«

Die Übereinstimmung mit dem Namen, den ich aus ihrem Blut in Erfahrung gebracht habe, bestärkt mich in dem Glauben, dass sie die Wahrheit sagt.

»Also gut, Ireen. Ich befürchte, unser Treffen könnte ein wenig Aufmerksamkeit erregt haben.« Eine vorsichtige Umschreibung für eingetretene Türen und leer geschossene Pistolenmagazine. »Zieh dir was an! Dann gehen wir irgendwo hin, wo wir uns in Ruhe unterhalten können.«

Erneut nickt sie schweigend.

Ich deute auf den Senator, der immer noch blutend in der Ecke liegt, in die ich ihn geworfen habe, und die Hand auf seinen Hals presst. »Kümmere dich um ihn!«

Ohne zu zögern, gehorcht sie.

Als sie zu ihm geht, nehme ich ihren nackten Körper in Augenschein. Ihre Haut zeigt erste Anzeichen, die Straffheit der Jugend zu verlieren. Aber die entscheidenden Stellen sind durchaus wohlgeformt und sie ist offensichtlich durchtrainiert. Ihr etwas unsicherer Gang offenbart ihre Schwäche. Sie hat gerade genug Blut im Leib, um sich aufrecht zu halten. In diesem Zustand ist sie für mich kaum gefährlicher als ein gewöhnlicher Sterblicher.

Sie bückt sich und nimmt behutsam die Hände des Senators von seinem Hals. Sein gehetzter Blick beruhigt sich angesichts der liebevollen Berührung seiner Herrin. Mit einem Fangzahn ritzt sie ihren Zeigefinger und betupft seine Wunden mit ihrem Blut, bis die Haut sich schließt. Sie ist sehr sparsam. Hätte sie mehr genommen, wäre von der Verletzung keine Spur geblieben. So werden zwei kleine Narben ihn zieren.

Nicht mein Problem.

Während sie beruhigend auf ihn einredet, hilft sie ihm auf und führt ihn zurück ins Schlafzimmer. Ich folge ihnen.

Der dicke Mann setzt sich auf die Bettkante und fährt zögerlich fort, sich anzukleiden. Ireen öffnet einen der Schränke. Mit einem kurzen Blick vergewissere ich mich, dass sich keine unangenehmen Überraschungen wie beispielsweise weitere Pistolen darin befinden. Zielstrebig zieht sie Jeans, T-Shirt und Pullover hervor. Während sie sich ankleidet, schenke ich dem Senator noch ein Lächeln, das ihm neue Schweißperlen auf die Stirn treibt.

»Was geschieht mit ihm?«, fragt sie, nachdem sie den Pullover übergestreift hat.

Ich antworte mit einer Gegenfrage: »Wird er schweigen?«

»Ja.«

Der Senator, über den wir uns in seiner Anwesenheit unterhalten, setzt an, sich ebenfalls zu äußern. Doch im letzten

Augenblick entscheidet er sich, lieber den Mund zu halten. Sie geht zu ihm und sieht ihm tief in die Augen. »Geh und sprich mit niemandem ein Wort darüber, was hier gerade passiert ist!«

Ich weiß nicht, ob sie den Bösen Blick beherrscht, aber der Angesprochene bestätigt eifrig nickend zu tun, was man ihm aufträgt.

»Und erklär deinen Begleitern, dass auch sie besser kein Wort über die Vorkommnisse dieser Nacht verlieren!« Mag sein, dass sie noch nicht sehr alt ist, doch in jeden Fall versteht sie es, ihre Diener auf Linie zu halten. »Und jetzt raus!«

Das lässt er sich kein zweites Mal sagen. Er greift nach der Krawatte auf dem Bett und macht sich eilig aus dem Staub.

Ireen vollendet ihre Bekleidung mit einem Paar abgetragener Armeestiefel. In ihrer vollkommen schmucklosen Straßenkleidung sieht sie überhaupt nicht aus wie eine der Sukkubi, die meiner Erfahrung nach dazu neigen, in jeder Situation ihre Reize offensiv zur Schau zu stellen.

Mit einer auffordenden Geste bedeute ich ihr vorzugehen. Sie gehorcht und steigt über die flach auf dem Boden liegende Tür. Ich folge ihr durch das Treppenhaus, verberge die Schwertscheide unter dem Mantel mit den Einschusslöchern und trete über die zweite eingetretene Tür hinweg ins Freie.

Abgesehen von dem Senator ist die Straße immer noch leer. Er ruckelt an der abgeschlossenen Tür der Limousine, hält ergebnislos Ausschau nach dem Chauffeur und eilt schließlich zu Fuß davon. Ich horche nach Polizeisirenen, kann aber nichts dergleichen über dem monotonen Hintergrundrauschen des städtischen Lebens erkennen.

Mit dem Kopf deute ich in die Richtung, aus der ich hierhergekommen bin. Ireen setzt sich in Bewegung. Ich bleibe unmittelbar hinter ihr. Ihr Gang ist immer noch schleppend, aber nicht verdächtig.

Ich höre Schritte. Meine Hand fährt zum Griff der Waffe unter meinem Mantel. Zwischen den geparkten Autos am Straßenrand treten drei Gestalten hervor. Die Polizisten, die ich davongejagt habe, sind nicht darunter.

Der Mann in der Mitte ist seinem Gebaren nach zu urteilen der Anführer. Er ist mittleren Alters und trägt einen Geschäftsanzug. Seine Krawatte ist gelockert. Die streng zurückgegelten Haare erinnern mich an die Yuppies aus der Wall-Street, doch seinen Augen fehlt der typische gehetzt überhebliche Ausdruck der Broker. Stattdessen starrt er mich an wie ein Wolf, der seine Beute taxiert. Sein Brustkorb hebt und senkt sich kein bisschen.

Er ist einer von uns, ebenso wie seine beiden Begleiter. Der eine von oben bis unten in Leder gekleidet, mit kurz geschorenen Haaren und Tätowierungen am Hals, die aus dem hochgestellten Kragen seiner Jacke hervorlugen. Vervollständigt wird das Trio von einer Frau in einem hochgeschlossenen, dunklen Hosenanzug. Sie sieht aus wie Mitte zwanzig, aber das will bekanntermaßen nichts heißen.

Keiner von ihnen trägt offensichtliche Waffen. Doch ihre Haltung ist Drohung genug, als sie sich unmittelbar vor uns aufbauen. Aus dem Augenwinkel sehe ich, dass auch Ireen angespannt wirkt. Die drei sind nicht ihre Freunde.

»Immer mit der Ruhe!« Die Stimme des mutmaßlichen Anführers ist tief und volltönend. Sein Blick ruht kurz auf meiner Hand unter dem Mantel. »Wenn Euch daran gelegen ist, die Angelegenheit friedlich zu regeln, sollten wir die Waffen außen vor lassen.«

Langsam ziehe ich die Hand zurück und zeige meine leeren Handflächen. »Ich suche keinen Streit mit Euch. Ich habe nur mit ihr zu tun.« Ich deute auf Ireen, die neben mir steht.

Der Anzugträger schaut uns an. »Was wollt Ihr von ihr?«

»Sie ist eine Verbündete meiner Feinde in New York. Zwischen ihrer Blutlinie und der meinem herrscht eine offen erklärte Blutfehde. Ich erbitte Eure Erlaubnis, die Fehde hier austragen zu dürfen.«

»Eine Fehde der Blutlinien? Welcher Linie gehört Ihr an?«

»Ich bin direkter Nachkomme von Vitus dem Römer.«

Seine Miene gibt nicht zu erkennen, dass er mit dem Namen meines Erzeugers etwas anfangen könnte. Er ist offenbar mit dem Who-is-who der europäischen Archaioi nicht vertraut.

»Mein Name ist Leonard von Montesaro«, stelle ich mich schließlich vor. »Darf ich fragen, mit wem ich es zu tun habe?«

Er zögert einen Augenblick. Ich gehe davon aus, dass er ein Einheimischer ist. Als Eindringling steht es mir eigentlich nicht zu, ihm Fragen zu stellen. Doch er antwortet. Offenbar ist er wirklich um Deeskalation bemüht.

»Ich bin Dexter Guthrow. Ich bin der Richter dieser Stadt.«

Den Namen habe ich schon einmal gehört. Angeblich ein tüchtiger und traditionsbewusster Mann, der die Einhaltung der Ewigen Gesetze mit großer Strenge durchsetzt. Wenn ich ihn für mich gewinnen will, muss ich das Protokoll wahren.

»Ich bin sehr erfreut, Eure Bekanntschaft zu machen, Dexter Guthrow. Ich selbst bin Richter in New York.«

Er hustet mir ein abschätziges Lachen entgegen. »Ihr seid ein Aufschneider! Jeder weiß, dass der Templer dieses Amt innehat.«

»So ist es.« Ich schenke ihm ein gewinnendes Lächeln.

Dann begreift er. »Ihr …?«

»Ich bin der Templer.«

Die Vampire, die um mich herum stehen, schauen abwechselnd mich und sich untereinander fragend an, Ireen eingeschlossen.

Guthrows Kiefermuskeln spannen sich an. Er ist nervös. »Könnt Ihr das beweisen?«

Er hat danach gefragt. Das frische Vampirblut in meinen Venen gibt mir zusätzlich zu meiner langen Erfahrung einen weiteren Geschwindigkeitsvorteil. Schneller, als irgendjemand reagieren kann, habe ich das Schwert aus der Scheide unter dem Mantel gezogen und gehe in Angriffsstellung.

»Wer will es herausfinden?« Herausfordernd schaue ich einem nach dem anderen in die Augen. Sie alle treten ein, zwei Schritte zurück.

Lediglich Guthrow hält meinem Blick stand. »Es ist mir eine große Ehre, Euch in Washington D.C. begrüßen zu dürfen, Templer.« Er neigt den Kopf.

Ich erwidere den Gruß, senke das Schwert und verstaue es wieder in der Scheide.

»Es ist Euch gestattet, Eure Blutfehde in dieser Stadt auszutragen«, fährt er fort, »so lange niemand Unbeteiligter zu Schaden kommt und die Ewigen Gesetze gewahrt bleiben.«

»Ich achte die Gesetze«, beteuere ich. »Alle Sterblichen, die von dem Kampf berührt wurden, waren ihre Vertrauten oder deren Diener.«

»Dann liegt kein Verstoß vor.«

Das ist Auslegungssache. Ebenso wie mein Versäumnis, mich bei den lokalen Machthabern vorzustellen, bevor ich gegen meine Feinde vorgehe. Mein Amtskollege ist sehr bemüht, den Frieden zu wahren und sich nicht mit mir anzulegen. Mein Ruf ist mir offenkundig vorausgeeilt. Trotz seiner zwei Gehilfen ist er nicht sicher, ob er als Sieger aus einem Kampf hervorgehen würde. Und was ist schon ein Richter wert, der die Gesetze nicht durchsetzen kann?

»Darf ich Euch eine Frage stellen, Dexter?«

»Fragt!«

»Seit wann seid Ihr mir hierher gefolgt?«

»Gar nicht. Meine Schöffen beobachten sie.« Er deutet auf Ireen, die vollkommen schicksalsergeben und in sich gekehrt unserem Gespräch folgt. »Als Ihr gewaltsam in das Haus eingedrungen seid, wurde ich hergerufen.«

Schöffen. Den alten Namen für die Helfer des Richters habe ich schon lang nicht mehr gehört. Der Mann ist wirklich ein Traditionalist.

»Hat sie sich etwas zu Schulden kommen lassen?«, hake ich nach.

Wieder zögert er und überlegt, was er mir anvertrauen kann. »Sie steht im Verdacht, unerlaubten Einfluss auf die Politik der Sterblichen zu nehmen.«

»Den Vertrauten, den ich bei ihr fand, hat sie Senator genannt.«

»Das ist er auch.«

»Reicht das nicht für eine Anklage?«

»Wir müssen sicher sein. Sie hat mächtige Verbündete.«

Die hat sie allerdings.

»Gegen die kämpfe ich«, verkünde ich.

»Als Richter?«

»Und als Herr über die Domäne Manhattan.«

Er nickt anerkennend.

Kurz bin ich versucht, ihn zu fragen, ob Ireen weitere Verbündete hier in Washington besitzt. Aber wenn er mir Auskunft gibt, könnte das als Einmischung in die Blutfehde angesehen werden. In diese Bredouille möchte ich ihn nicht bringen.

»Wie lange habt Ihr vor, Euch noch in der Stadt aufzuhalten?«, will er wissen.

»Ich denke, ich habe gefunden, was ich gesucht habe. Sofern sich keine unerwarteten Dinge ergeben, werde ich spätestens in der kommenden Nacht abreisen.«

Er nickt. Die Erleichterung, mich bald wieder los zu sein, ist ihm anzumerken.

Galant tritt er zur Seite und gibt den Weg frei. Seine Begleiter tun es ihm gleich. »Ich wünsche Euch viel Erfolg bei Eurem Kampf, Templer.«

»Ich danke Euch, Dexter Guthrow.«

Noch einmal angedeutete Verbeugungen von allen Anwesenden, dann bedeute ich Ireen weiterzugehen und folge ihr, als sie gehorsam losmarschiert.

»Sieht so aus, als wärst du hier nicht sonderlich beliebt«, flüstere ich ihr zu, als wir außer Hörweite des Richters und seiner Begleiter sind.

»Es war nicht meine Aufgabe, mich beliebt zu machen.«

»Sondern?«

Sie sieht mich an. »Das wissen Sie doch schon: Politik.«

»Marduk will also tatsächlich Einfluss auf die Regierung der Vereinigten Staaten gewinnen.«

Sie zuckt zusammen, als ich den Namen ihres Herren erwähne.

»Geh weiter!«, weise ich sie an. »Wir wollen nicht noch mehr Aufmerksamkeit erregen.«

Der Weg, den ich eingeschlagen habe, führt uns ein paar Blocks weiter an den Rand einer dicht von Bäumen bewachsenen Fläche. Wenn ich Nasirs Stadtplan richtig in Erinnerung habe, ist dies der Rock Creek Park. Wir gehen geradewegs hinein. Die Lichter der Straßenlaternen bleiben hinter uns zurück und geben nackter Finsternis Platz. Wir haben beide keine Probleme, uns in der Dunkelheit zurechtzufinden und marschieren durch das Unterholz, bis wir eine kleine verlassene Lichtung erreichen. Nicht weit entfernt bahnt sich ein Bach seinen Weg durch die grüne Oase inmitten der Stadt. Sein leises Plätschern hebt sich wohltuend vom gedämpften Hintergrundrauschen des niemals gänzlich ruhenden Straßenverkehrs ab.

Ich lehne mich gegen einen Baumstamm. Ireen reckt den Kopf nach oben und inhaliert die frische Nachtluft.

»Du hast ihn also aus seinem Grab geholt.« Meine Feststellung beendet die Stille.

»Ja.« Ihr Blick geht an mir vorbei. »Wir haben geglaubt, wir hätten einen sensationellen Fund gemacht. Aber er war noch etwas sensationeller als erwartet.«

Sie spricht vollkommen ruhig. Keine Spur von Angst schwingt in ihren Worten mit. Entweder hat sie ein unbekanntes Ass im Ärmel oder sie hat sich schlicht und einfach ihrem Schicksal ergeben. Ich vermute Zweiteres.

»Wir?«, frage ich.

»Corporal Hausman und ich. Wir haben das Grab gemeinsam nach Schätzen durchsucht.«

Ich erinnere mich an ein Gesicht. Ich habe es in ihren Erinnerungen gesehen. Meine Meinung über illegale Grabräuberei behalte ich für mich und konzentriere mich stattdessen auf das Wesentliche. »Was ist mit ihm geschehen?«

»Nachdem er uns beide ausgesaugt hatte, gab er Hausman von seinem Blut.« Ihre Betonung des Wortes ›er‹ legt nahe, dass sie damit Marduk meint. Offensichtlich spricht sie den Namen nicht gern aus. »Dann hat er Hausmans Blut mir und anschließend Massoud eingeflößt.«

Sieh an. Noch mehr alte Bekannte.

»Wer ist Massoud?«

»Er war ein einheimischer Helfer. Ein irakischer Wanderarbeiter. Eigentlich ein netter Kerl, aber ...« Sie stockt.

»Aber?«

»Er hat sich vollkommen verändert, nachdem er zu einem ... nachdem er sich verwandelt hatte. Er genoss die Macht, die er nun hatte und wurde zu einem ...«

»Monster?«, werfe ich ein, als sie erneut innehält.

Sie dreht ihren Kopf und sieht mir in die Augen. »Ja.«

»Und du bist kein Monster geworden?«

Meine Frage verunsichert sie sichtlich. »Ich ... Zumindest habe ich versucht ...«

»Ich verstehe schon. Wir alle kämpfen mit dem, was wir sind. Wenigstens diejenigen von uns, die sich nicht damit abfinden wollen, Monster zu werden.«

»Sie ... Ihr denn auch?«

»Ich bemühe mich. Aber es gelingt nicht immer.«

Sie nickt verstehend.

Wie sie so vor mir steht, schicksalsergeben, traurig, und feststellt, dass ihr Feind sich mit den selben Problemen herumschlägt wie sie, ist sie mir fast sympathisch. Wären wir uns unter anderen Umständen begegnet, hätten wir vielleicht sogar Freunde werden können. Ich ermahne mich, ihr emotional nicht zu nahe zu kommen. Sie ist nach wie vor eine enge Verbündete meines ärgsten Widersachers. Die Erinnerungen und Gefühle, die ich mit ihrem Blut in mich aufgenommen habe, verstärken den Eindruck der Vertrautheit. Ich muss aufpassen, keinen Fehler zu machen, egal wie aufrichtig sie wirkt.

Da ich in der Kunst des Gedankenlesens nicht so bewandert bin wie andere von uns, muss ich mir etwas einfallen lassen, um sicherzustellen, dass sie mich nicht belügt und mit falschen Informationen in die Irre führt. Ich bin zwar geneigt, ihr zu glauben, aber ich möchte das Risiko so gering halten wie möglich. Selbst wenn das bedeutet, ein paar Dinge zu tun, die ich zutiefst verabscheue.

»Warum erzählst du mir das alles so bereitwillig?«, beende ich den kurzen Moment der Stille. »Fürchtest du nicht, dass ich das Wissen, das du mir preisgibst, gegen deinen Herrn nutze?«

»Und wenn schon.« Der Trotz in ihrer Stimme ist unverkennbar. »Ich bin doch sowieso tot. Warum noch eine quälende Folter über sich ergehen lassen.«

»Wie kommst du darauf, dass ich dich foltern würde?«

Das nassforsche Schmunzeln auf ihren Lippen ist fast schon eine Herausforderung. »Ich bin vielleicht nicht so alt wie Sie, aber ich hatte genug Gelegenheit, um herauszufinden, wie die Dinge hier laufen.«

Ich kann nicht umhin, auch ihr ein anerkennendes Lächeln zu schenken. Ich mag sie und ihre direkte Art. Was es mir umso schwerer macht, ihr weh zu tun.

»Und wenn ich dich doch leben lasse?«

»Dann würde er nachholen, was Sie versäumen. Ich habe gesehen, wie er mit denen verfährt, die in seinen Augen versagt haben.«

»Es sei denn, ich besiege ihn vorher.«

Ihr Lächeln verschwindet. Sie versucht, in meinem Gesicht zu lesen, ob ich es ernst meine.

»Du hältst nicht viel von deinem Herrn, nicht wahr?«, bohre ich nach.

Einen Moment überlegt sie, wie ihre Optionen sind, bevor sie antwortet: »Nicht übermäßig.«

Kluges Mädchen. Zeit für ein wenig Offenheit.

»Hör mir zu, Ireen! Ich weiß, wie es ist, einem Herrn zu dienen, den man aus tiefster Seele hasst. Ich kenne das Gefühl der Ohnmacht, sich seinem Willen nicht widersetzen zu können. Ich habe das viele Jahrhunderte lang mitgemacht.«

»Und? Haben Sie es geschafft, sich zu befreien?«

»Ja, das habe ich.«

Auch wenn Vitus etwas anderes behauptet. Doch das halte ich für eine Lüge.

»Es war alles andere als leicht«, fahre ich fort, »und ich habe es nicht allein hinbekommen. Aber es ist möglich. Vermutlich ist es einfacher, wenn der Meister vernichtet ist. Von daher haben wir, wenn du dich von ihm befreien willst, möglicherweise gemeinsame Interessen. Aber ich muss dir wohl nicht sagen, dass Marduk ein harter Brocken ist. Ich könnte ein wenig Hilfe brauchen.«

»Was kann ich tun?« Hoffnung klingt aus ihren Worten.

»Du wirst mir keine Hilfe in einer direkten Konfrontation sein. Aber jede Information, die du mir gibst, kann mir helfen, ihn zu bezwingen.«

»Was wollen Sie wissen?«

Mein Plan scheint zu funktionieren. Oder sie ist eine bessere Schauspielerin, als ich denke. Aber das halte ich für unwahrscheinlich.

»Was ist mit Corporal Hausman geschehen?«, setze ich die Befragung fort.

Ihre Kiefer zucken. Ihr Blick wendet sich zum Boden. »Nachdem er mich und danach Massoud ausgesaugt und uns von Hausmans Blut gegeben hatte, ist Hausman vollkommen ausgerastet. Ich war selber kurz nach der Verwandlung wie von Sinnen und habe nicht alles mitgekriegt. Aber ich erinnere mich noch daran, dass er zuckend und schreiend durch den Raum gerannt und ihm Blut aus sämtlichen Körperöffnungen geflossen ist. Dann hat er ihn genommen, ausgesaugt und in eine Ecke geworfen, wo er still liegengeblieben ist. Dort haben wir ihn zurückgelassen.« Sie sieht wieder zu mir. »Ich habe bis heute nicht verstanden, was mit Hausman passiert ist.«

Ich habe so eine Ahnung. »Je älter wir werden, umso schwieriger wird es für uns, Nachkommen zu erschaffen. Das Blut wird mit zunehmendem Alter immer stärker, machtvoller und zerstörerischer für diejenigen, die es in sich aufnehmen.«

Fast bin ich versucht, ihr zu berichten, dass auch mein letzter Nachkomme – der dann Mike gezeugt hat – dem Wahnsinn anheimgefallen ist. Aber das ist eine Information, die meine Feinde nichts angeht, egal wie nett sie sind.

»Bei jemandem, der so alt ist wie dein Meister, ist es wohl unmöglich, dass ein direktes Kind lang überlebt«, erkläre ich. »Hausman war dem Tode bereits unweigerlich geweiht, als Marduk ihm sein Blut gegeben hat. Die Zeit hat vermutlich gerade noch ausgereicht, dir und Massoud sein Blut weiterzugeben, bevor es ihn von innen heraus zerrissen hat. So seid ihr zu Marduks Kindeskindern geworden.«

Sie seufzt. »So sieht's aus.«

»Was ist danach geschehen?«

»Er hat den zweiten Grabungshelfer in die Höhle gelockt und uns zum ... Trinken vorgeworfen. Nachts sind wir dann raus und haben ein nahes Dorf überfallen. Ich kann mich nicht mehr an Details erinnern, aber ich denke, keiner der Bewohner hat überlebt.«

»Und danach hat Marduk erst einmal alte Rechnungen beglichen.«

Erstaunen zeigt sich in ihrem Gesicht. Die überschaubaren Wissensbrocken, die ich von Vitus erhalten habe, gaukeln vor, ich hätte umfangreiche Kenntnisse über Marduks Machenschaften.

»Als er erfahren hat, dass noch alte Feinde die Zeit überdauert haben, die er eingesperrt gewesen ist, hat er sich ihrer angenommen und sich ihre Domänen und ihr Wissen angeeignet.«

»Aber das war ihm nicht genug.«

»Nein. Er wollte mehr. Die Alten des Nahen Ostens hassen die Amerikaner genau so, wie die Sterblichen es tun. Er hingegen hat in ihnen die mächtigste Nation der Welt gesehen und wollte an dieser Macht teilhaben.«

»Deswegen ist er hierher übergesiedelt.«

Sie nickt. »Zuerst haben wir Verbündete bei den amerikanischen Truppen im Irak gewonnen. Mit deren Hilfe sind wir hergekommen.«

»Wie seid ihr an Gianna Linaro geraten?«

»Einer ihrer Vertrauten hat Geschäfte im Irak gemacht. Auf unserer Suche nach Verbündeten haben wir ihn getroffen. Ich weiß nicht wie, aber er erkennt jeden, der Kontakt zu den unseren hat, schon von Weitem.«

Das ist interessant. Diese Fähigkeit besitzt meines Wissens nicht einmal Vitus. Ich werde aufpassen müssen, wenn ich meine Leute gegen Marduk in den Kampf schicke.

»Und Gianna Linaro war kooperativ?«

»Zunächst nicht übermäßig. Als Erstes bin ich in die Staaten gereist und habe mich mit ihren Dienern getroffen. Wir haben ein paar Geschäfte gemacht. Mehr nicht.«

»Zum Beispiel Immobilien erworben.«

»Ja, das Haus hier in Washington und eine Residenz in New York.«

»Hat Bruce Randall die Geschäfte abgeschlossen?«

Erneut ein Aufblitzen des Überraschens in ihrer Miene. Wieder ein Treffer. Langsam fügt sich das Bild zusammen.

»Er war nur ein gewöhnlicher Mensch, so weit ich weiß. Nicht mehr als ein Sachbearbeiter oder etwas in der Art. Aber er war nicht dumm. Er hat schnell herausgefunden, dass sowohl mit uns als auch mit seinen eigenen Vorgesetzten etwas nicht stimmt. Massoud wollte, dass Gianna sich darum kümmert. Ich weiß nicht, was daraus geworden ist.«

Ich schon. Massoud hat sich der Angelegenheit selbst angenommen und versucht, Randall zu einem der unseren zu machen. Aber der Neugeborene hat den Verstand verloren und wurde zu der Bestie, die ich getötet habe. Auch das ist ein Detail, das ich nicht weitergeben muss.

»Aber das Verhältnis zu Gianna Linaro ist dann besser geworden?«

»Als er in New York angekommen ist, haben wir uns mit ihr getroffen. Seitdem war sie um einiges zugänglicher. Aber mehr weiß ich darüber nicht. Er hat mich bald danach nach Washington geschickt, um unsere Kontakte zum Militär weiter zu pflegen.«

»Und auf die Politik auszuweiten.«

»Das ist nicht so schwer, wenn man die richtigen Leute im Pentagon kennt.«

Wird aber von den alteingesessenen Nocturni nicht gern gesehen, wie ich vorhin vom lokalen Richter erfahren habe. Nun ja, in Kürze wird das ohnehin der Vergangenheit angehören.

Einen Moment schweigen wir uns an. Wind kommt auf und lässt die Baumwipfel über uns rauschen.

»Massoud und du«, frage ich weiter, »ihr seid die einzigen direkten Nachkommen, zumindest über einen Zwischenschritt, also Hausman?«

»So weit ich weiß, ja.«

»Gibt es weitere Nachkommen? Von dir oder Massoud?«

»Ich habe keinen gezeugt. Massoud schon. Zwei, von denen ich weiß. Einer ist im Irak und sieht dort nach dem rechten. Der andere ist nach New York mitgegangen.«

Den habe ich noch nicht kennengelernt.

»Wer sind die beiden?«

»Der im Irak ist ein Captain der US Army. Greg Hartman. Gilt offiziell als gefallen. Der andere ist ein Geschäftsmann. Richard O'Hara. Nach außen hin ein Spediteur. Macht aber verdeckt in Waffen und sonstigen illegalen und halblegalen Waren. War auch im Irak unterwegs.«

Militärs und Waffenhändler. Das erklärt die Ausstattung meiner Gegner mit großkalibrigen Gewehren und Flammenwerfern.

»Gibt es weitere?«, will ich wissen.

»Nicht dass ich wüsste. Natürlich eine ganze Reihe sterblicher Diener und Vertraute.«

»Und Unholde.«

»Ja, die auch.«

»Und hier in Washington?«

»Nur zwei Vertraute, wie ich vorhin schon gesagt habe. Dazu ein paar Sterbliche. Den Senator haben Sie ja kennengelernt. Einige Militärs noch. Das war's.«

»Kein weiterer von uns?«

»Nein. Die Einheimischen sind schon misstrauisch genug. Sie haben Guthrow ja gehört. Ich stehe unter Beobachtung.«

»Weiß Guthrow von Marduk?«

»Nein. Nicht direkt.

»Hast du ein Mobiltelefon?«

»Ja.« Sie zückt ein kleines Gerät aus ihrer Hosentasche.

»Ruf deine Vertrauten an und sag ihnen, du wärst mir entkommen, müsstest aber einige Zeit untertauchen. Sie sollen sich keine Sorgen machen und den Kopf unten halten.«

»Okay.«

Sie tippt auf der Tastatur des Telefons herum und hält es sich ans Ohr. Es dauert nicht lang, bis sich jemand meldet, den Ireen mit ›Judy‹ anspricht. Was ich von dem Gespräch mitkriege, entspricht ziemlich genau meinen Vorstellungen. Ich kann keine geheimen Botschaften in Ireens Mitteilung entdecken. Sie schließt mit dem Hinweis, Judy solle auch Pete und den anderen Bescheid sagen.

Dann beendet sie das Gespräch. »So, das war's.«

»Gut.«

»Und jetzt?«, fragt sie.

»Jetzt werde ich dich töten.«

Alle Hoffnung schwindet innerhalb eines Augenblickes, nicht nur aus ihrem Gesicht. Ihr gesamter Körper erschlafft und fällt geradezu in sich zusammen. »Aber …«

»Es tut mir leid. Ich kann kein Risiko eingehen. Du weißt zu viel über mich. Wenn Marduk das erfährt, wird er es gegen mich benutzen.«

»Ich werde ihm nichts verraten«, fleht sie.

»Ich weiß, dass du das ehrlich meinst. Aber solltest du ihm gegenüberstehen, ist dein Wille bedeutungslos. Dann wirst du tun, was er sagt, egal, ob du das willst oder nicht. Ich weiß, wie schwer es ist, ihm zu trotzen. Und da sein Blut in deinen Adern fließt, kannst du ihm noch weniger widerstehen als ich.«

Sie schluckt. »Können Sie mich nicht irgendwie gefangen setzen, bis alles vorbei ist?«

»Ich wüsste kein Gefängnis, aus dem er dich nicht befreien könnte.«

»Aber wenn er gar nicht weiß, wo ich bin?«

»Ich habe keine Ahnung, über was für Fähigkeiten er verfügt. Es gibt alte Nocturni, die geistig mit ihren Nachkommen verbunden sind. Es tut mir leid, aber ich sehe keine Alternative.«

»Verstehe.« Sie strafft sich wieder. »Also dann. Bringen wir's hinter uns!«

Diese Frau ringt mir weiterhin pure Bewunderung ab.

»Ich mache es so schmerzlos wie möglich.«

»Danke. Und noch etwas.«

»Ja?«

»Machen Sie Marduk fertig!« Sie spuckt den Namen fast aus.

»Ich tue mein Bestes.« Ich ziehe das Schwert.

Sie nickt mir auffordernd zu. Ich erwidere den Gruß. Anschließend hebe ich die Klinge und lasse sie waagrecht auf Höhe ihres Halses durch die Luft kreisen.

Einen Augenblick bleibt Ireen aufrecht stehen. Dann klappen ihre Beine zusammen. Der restliche Körper folgt unmittelbar darauf. Erst im Fall trennt sich der abgeschlagene Kopf vom Rumpf. Es spritzt kaum Blut aus der Wunde. Sie hatte nicht mehr viel davon in ihrem Leib.

Ich halte ihren Kopf mit dem Fuß fest, um zu verhindern, dass er in den Bach hinab rollt, stecke das Schwert in die Scheide und hebe den abgetrennten Schädel auf. Schon breiten sich schwarze Streifen über das Gesicht aus. In weniger als einer Stunde wird nur noch Staub von ihr übrig sein. Ich entkleide den langsam zerfallenden Torso, zerre ihn ins Unterholz und lege den Kopf sorgsam dazu. Die Kleider schlage ich zu einem kleinen Bündel zusammen. Dann streue ich ein paar herumliegende Äste über die Leiche. Kein besonders gutes Versteck, aber es muss nur so lang unentdeckt bleiben, bis nichts mehr darauf hindeutet, dass es sich einmal um einen menschlichen Körper gehandelt hat.

Ich werfe noch einen letzten Blick auf das ›Grab‹. Denke an die aufrechte Frau, die ich gerade umgebracht habe, weil wir durch unglückliche Umstände auf unterschiedlichen Seiten eines grausamen nächtlichen Krieges gelandet sind.

Ist das der Weg, den ich einschlagen will? Ihr zuerst Hoffnung machen, alles könne sich zum Guten wenden, und wenn ich habe, was ich brauche, mein Versprechen auf derart niederträchtige Weise brechen? Dies ist zweifellos der Weg der Archaioi.

Ich hasse ihn. Aber ich habe keine Wahl.

Eilig verlasse ich den Ort und stopfe das Kleiderbündel in die nächste Mülltonne, als ich über die Wanderwege des Parks marschiere. Nur das Mobiltelefon behalte ich. Wer weiß, wozu es noch gut ist.

Ein paar Schritte weiter halte ich unter den ausladenden Ästen einer alten Eiche an. Der Wind frischt auf und fährt kraftvoll durch die mächtige Baumkrone. Bald wird es anfangen zu regnen.

Ich betrachte Ireen Fowlers Telefon in meiner Hand. Wenn die Sonne aufgeht, wird außer diesem Gerät und ein paar Erinnerungen in den Köpfen derer, die sie gekannt haben, nichts mehr von ihr übrig sein. Die stolze, aufrechte Frau, die sie in ihrem sterblichen Leben und danach – soweit die Umstände es zuließen – als Nocturna war, wird verschwunden sein.

Was wäre aus ihr geworden, wäre sie nicht in die Ränke uralter Geschöpfe geraten, die die Nächte mit ihrem unendlichen Krieg überziehen? Hätte sie ihre illegale Karriere weitergeführt? Wäre sie reich geworden? Oder rechtschaffen? Hätte sie eine Familie gegründet und ihren Kindern die Wunder der Welt gezeigt? Niemand wird jemals erfahren, was passiert wäre. Denn stattdessen wurde sie von einem Monster zu seinesgleichen gemacht und versklavt. Und von einem anderen verraten und ermordet.

Hätte es vielleicht doch eine andere Möglichkeit gegeben als sie zu töten? Hätte ich das Risiko auf mich nehmen sollen, sie am Leben zu lassen und ihr eine Chance zu geben? So wie ich einst eine bekommen habe?

Noch vor wenigen Tagen hätte ich dies vermutlich getan. Bevor ich den Weg der Archaioi eingeschlagen habe. Als ich einfach nur ein alter Vampir gewesen bin, der versucht hat, einigermaßen über die Runden zu kommen und die Sterblichen von den Übelsten seiner Art zu befreien. Doch um dem Allerübelsten von ihnen beizukommen, müssen bislang ungeahnte Opfer gebracht werden. Ireen Fowler war eines davon.

Ich kann von Glück sagen, dass ich damals, als ich in die Hand meiner Feinde gelangte, nicht in die Fänge der Archaioi geraten bin. Dass ich die Chance bekommen habe, mich von den unsichtbaren Fesseln zu befreien, die Vitus mir angelegt hatte. Die Chance, mein Dasein nach meinen eigenen Vorstellungen zu führen, zumindest, so weit die Zwänge des Blutes dies zulassen. Die Chance, die ich Ireen Fowler verwehrt habe.

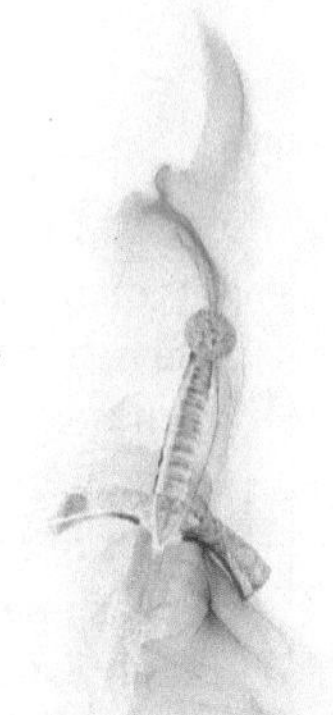

Herbst 1529, Wien, Heiliges Römisches Reich

Die Sterblichen drängten sich an die grob in die Erde gehauenen Wände der Stollen und machten Ludwig und mir bereitwillig Platz, als wir durch die stickigen Tunnel schritten. Die meisten von ihnen kannten mich mittlerweile. Sie wussten, dass sie mir besser nicht in die Quere kamen. Ebenso wussten sie, dass es besser war, wenn ich zwischen ihnen und den Türken stand, die wir hier unten aufzuspüren versuchten.

Mit einfachen Beuteln trugen die dreckbeschmierten Arbeiter das Erdreich an die Oberfläche, um die Gänge in Richtung der türkischen Minen voranzutreiben. Die meisten von ihnen hatten das Handwerk des Bergmanns erst hier während der Belagerung erlernt. Doch auf der Flucht vor den Osmanen waren auch einige Tiroler Bergleute in die Stadt gelangt, ohne deren Wissen die Arbeiten nicht möglich gewesen wären.

Am Ende des frisch ausgehobenen Tunnels wartete eine Handvoll weiterer Bewaffneter, einfache Sterbliche. In ihren Gesichtern las ich einerseits Anspannung, denn auch sie wussten, wozu ich fähig war, und andererseits Erleichterung, dass mein Zorn sich gegen unsere gemeinsamen Feinde richtete.

»Sie sind ganz nah«, machte ihr Anführer flüsternd Meldung, als ich ihn fragend ansah. Er deutete auf die wassergefüllte Schale, die auf dem nackten Fels am Boden des Stollens stand. Alle um mich herum hielten den Atem an und verharrten mucksmäuschenstill, während wir im flackernden Schein einer funzeligen Lampe auf das Wasser starrten. Das leichte Kräuseln auf der Oberfläche der Flüssigkeit war gut erkennbar.

Es wurde hervorgerufen durch die Erschütterungen der türkischen Mineure, die sich in Richtung der Stadtmauern gruben. Mit meinen übermenschlichen Sinnen konnte ich sie sogar wahrnehmen, wenn ich mich konzentrierte.

Ich neigte den Kopf zur Seite und lauschte.

Die Sterblichen versuchten ebenfalls, etwas zu hören, doch ihre Ohren waren dafür nicht empfindlich genug. Ich hingegen vernahm nach kurzer Zeit ein leises Kratzen und Scharren und erkannte, nachdem ich den Kopf ein wenig hin und herbewegt hatte, woher es in etwa kam. Ich deutete mit dem Finger auf die Tunnelwand, hinter der das Geräusch erklang. Ohne weitere Fragen machten sich die Anwesenden sofort daran, den Stollen in diese Richtung weiter in den Fels zu treiben. Sie wussten mittlerweile, dass sie sich auf meine Sinne verlassen konnten.

Die Arbeiten gingen zügig voran. Plötzlich brach unter der Spitzhacke eines Bergmannes ein großer Brocken weg und fiel in eine Höhle unterhalb unseres Stollens. Wir hatten die Mine der Osmanen gefunden.

Schon hörten wir ihre aufgeregten Rufe, während unsere Leute das Loch hektisch vergrößerten. Auf der anderen Seite der Öffnung erkannte ich den Schein von Lampen. Schatten bewegten sich darin. Metall blitzte auf. Sie bereiteten sich auf den Angriff vor.

Sobald ich mich durch das Loch hindurchzwängen konnte, zog ich mein Schwert und stieß mit Gewalt in den Tunnel der Türken. Begleitet von einem Schwall Steine und Erde, den ich bei meinem Sprung mit mir riss, sprang ich mitten unter sie und begann auf der Stelle mein blutiges Werk.

Keiner von ihnen, nicht einmal die Elitekämpfer der Janitscharen, konnten es mit mir im Nahkampf aufnehmen. Erst recht nicht auf die minimale Distanz, zu der die Kombattanten hier unten gezwungen waren. Mindestens so viele Gegner, wie durch mein Schwert umkamen, tötete ich mit Klauen und Zähnen. Innerhalb kürzester Zeit waren Staub und Dreck auf meinen Kleidern durch eine Schicht klebrigen Blutes ergänzt. Der verführerische Geruch des Lebenssaftes und die nackte

Gewalt meines Vordringens in die Reihen der Feinde benebelten meine Sinne.

So lang ich es vermochte, hielt ich mein Bewusstsein fest und klammerte mich an die bei den Tempelrittern erlernte Disziplin. Doch irgendwann forderten die Instinkte unweigerlich ihren Tribut und fegten alles Denken beiseite. Ich wurde zur Bestie, zum rasenden Raubtier, das seine Gegner wahllos niedermetzelte. Zum Dämon, der aus der Hölle emporgestiegen war und die Lebenden für ihre Sünden strafte. Ich konnte nur hoffen, dass die Meinen sich von mir fernhielten, denn ich machte keinen Unterschied zwischen Freund und Feind. Alle, die ich sah, waren nur noch Beute.

Ich folgte keinem bestimmten Pfad, während ich mich tötend vorarbeitete. Ging dahin, wo sich etwas bewegte, und vernichtete es. Der kümmerliche Rest meines Bewusstseins war auf die Rolle des Zuschauers reduziert und besaß keinerlei Gewalt über mein Tun. Ich sah, wie einer der Gegner nach einem Hieb, der ihn eigentlich hätte umbringen müssen, wieder aufstand und die Flucht ergriff. Ich hetzte ihm hinterher. Er war schneller als die anderen, kein gewöhnlicher Sterblicher. Das Wort ›Unhold‹ ging mir durch den Kopf. Doch in meinem Zustand war ich nicht in der Lage, es mit Bedeutung zu füllen.

Gefangen im Blutrausch lief ich ihm nach. Er rannte um sein Leben. Aber gestärkt von Unmengen frischen Blutes war ich ihm haushoch überlegen. Erbittert setzte er sich mit zwei Dolchen zur Wehr und fügte mir mehrere klaffende Wunden zu. Doch sie schlossen sich bereits wieder, noch während ich seinen Brustkorb aufriss und sein schlagendes Herz zwischen meinen Kiefern zermalmte.

Ein ohrenbetäubender Knall, gefolgt von einem stechenden Schmerz, ließ mich hochschrecken. Ich sah den Schützen in wenigen Schritten Entfernung stehen, eingehüllt von der Wolke aus Pulverdampf, der aus seiner Pistole gedrungen war. Ich ignorierte die Kugel in meinem Fleisch und setzte sofort zur Verfolgung an. Auch dieser Gegner war außerordentlich flink.

Dann plötzlich endete der Tunnel. Ich stürzte ins Freie, sah über mir die Sterne blinken, hörte ein gebrülltes Kommando, dessen Bedeutung ich nicht verstand. Ein Osmane senkte eine Fackel auf ein Gerät, das ich bei näherer Begutachtung als Kanone identifizieren konnte. Ich sah direkt in die schwarze Mündung des Rohres.

Eine Falle!

Alles übertönender Donner zerriss meine Trommelfelle, ein Blitz nahm mir das Augenlicht. Ich versuchte, zur Seite zu springen, doch ich merkte, wie meine Beine den Dienst versagten. Als ich wieder etwas sehen konnte, schaute ich an mir herab und stellte fest, dass dort, wo mein Bauch hätte sein sollen, nur einige lose Fetzen meines Kettenhemdes hingen. Ich betastete erstaunt das Loch, das meinen Leib beinahe in zwei Hälften teilte, während ich zu Boden ging. Noch einmal füllte der Sternenhimmel mein Blickfeld. Dann drangen Menschen auf mich ein. Ich konnte immer noch nichts hören. Spürte keinen Schmerz, obwohl ich sicher war, dass sie mir weitere Verletzungen zufügten.

Ich setzte mich nicht zur Wehr. Der Blutrausch war in weite Ferne gewichen und hatte tiefem inneren Frieden Platz gemacht. Ich war überzeugt, dies wäre mein Ende.

Endlich.

Doch dann ließ der Mob von mir ab. Die Meute um mich herum teilte sich. Beinahe war ich enttäuscht. Ein Gesicht blickte auf mich herab. Ich kannte es. Der Mann sprach zu mir. Ich konzentrierte mich darauf, das bisschen Blut, das meinen Körper noch nicht durch die klaffenden Wunden verlassen hatte, zu meinen Ohren zu lenken, bis wieder Geräusche in mein Bewusstsein drangen. Eine Stimme. Ich verstand gebrochenes Französisch.

»Seid gegrüßt, Leonard von Montesaro.«

Ich kannte die Stimme. »Salem aleikum, Ibrahim ibn Khalid«, erwiderte ich in der Hoffnung, mein Röcheln wäre als gesprochenes Wort erkennbar.

»Wir haben einst vor den Toren der Heiligen Stadt Frieden geschlossen, Templer. Sollen wir diesen Frieden weiterführen?«

»Gern.«

Angesichts meiner Situation war die einzige Alternative der Tod. Nicht, dass ich nicht bereit gewesen wäre zu sterben. Doch das unvermutete Auftauchen meines alten sarazenischen Freundes hatte meine Neugier geweckt.

Ibrahim rief den Umstehenden etwas auf Türkisch zu. Wenig später brachten sie mir einen Menschen, seinem zerlumpten Äußeren nach zu urteilen, ein Gefangener, einer meiner Verbündeten. Aber ich konnte es mir nicht leisten, wählerisch zu sein, und saugte ihn bis auf den letzten Tropfen aus. Sein Blut half mir, die schlimmsten Wunden so weit zu schließen, dass ich aus eigener Kraft aufstehen und gehen konnte. Doch ich war weiterhin in einem erbärmlichen Zustand. Und hungrig.

»Kommt, alter Freund.« Mit diesen Worten führte Ibrahim mich durch das Zeltlager, flankiert von einer Handvoll Janitscharen, die mich argwöhnisch beäugten.

Das reich ausgestattete Zelt, das wir schließlich betraten, erinnerte mich frappierend an das, in dem ich dem muslimischen Nocturnus vor mehr als drei Jahrhunderten zum ersten Mal von Angesicht zu Angesicht gegenübergestanden hatte.

»Ich lasse noch mehr Blut holen, Templer«, versprach der Sarazene mit freundlicher Stimme. »Bis dahin setzt Euch und seid mein Gast!«

»Ich danke Euch, Ibrahim, mein Freund. Ich kann mich wohl glücklich schätzen, dass ausgerechnet Ihr es seid, der mit den Türken hierher gezogen ist.«

»Das kann man sehen, wie man will, Templer. Wäre ich nicht hier, hätten Eure Blutskinder vielleicht leichteres Spiel gehabt, die Janitscharen zu überwinden. Und Ihr wärt möglicherweise gar nicht erst in diese missliche Lage gekommen.« Sein verschmitztes Grinsen war ansteckend. »Aber auch ich bin verwundert, was Allah für einen Plan verfolgt, dass er unsere Wege sich erneut hat kreuzen lassen.«

»Ihr habt bereits aus dem Blut meiner Kinder erfahren, dass ich hier bin?«

»Vor wenigen Tagen, ja. Es war nicht schwer, Euch zu erkennen. Selbst unter den Unsrigen gibt es nicht viele, die so zu kämpfen vermögen wie Ihr.«

»Aber gegen Eure List hat mir auch das nicht viel geholfen. Genau so wenig wie gegen Eure Kanone.«

»Verzeiht mir, Templer. Ich habe keinen Weg gefunden, Euch auf friedlichem Weg eine Nachricht zukommen zu lassen. Und ich war nicht sicher, ob Ihr ein Friedensangebot angenommen hättet. Außerdem wusste ich nicht, ob noch weitere von uns in der Stadt weilen.«

»Es sind keine mehr da. Nur noch ein Unhold. Er hat mich heute Nacht begleitet.«

»Ich fürchte, er ist tot. Wir haben versucht, ihn lebend gefangen zu nehmen. Doch er war rasend und nicht auf andere Weise aufzuhalten. Euer Blut ist machtvoll und von großem Zorn erfüllt, Templer.«

»Habt Dank, dass Ihr es zumindest versucht habt. Wie ist es bei Euch? Sind noch andere von uns in Eurem Heer?«

»Nein. Ich bin der Einzige. Ich habe auch keine Kinder gezeugt. Nur die Unholde unter den Janitscharen begleiten mich.«

»Gute Kämpfer.«

»Ich habe mich von Euren Tempelrittern inspirieren lassen. Die strenge Disziplin hilft ihnen, dem Blutrausch zu trotzen und auch im Kampf bei Sinnen zu bleiben.«

»Nun, die Templer sind Geschichte. Und wie Ihr gesehen habt, gibt es keine würdigen Nachfolger.«

»Für uns ist das wohl besser so. Wer weiß, ob wir gegen die Serben oder die Ungarn siegreich gewesen wären, hätten Tempelritter an ihrer Seite gefochten.«

Ein ebenso interessanter wie müßiger Gedanke. Der Orden war unwiederbringlich vernichtet. Nur ich war geblieben. Und die Legende der kämpfenden Mönche.

Ein Janitschar betrat das Zelt und stellte eine Karaffe auf den kunstvoll geschnitzten Tisch, bevor er uns schweigend wieder verließ. Ohne Ibrahims Aufforderung wagte ich nicht, von dem Blut zu trinken, dessen Duft betörend aus dem Krug in meine

Nase drang. Doch mein Gastgeber tat nichts dergleichen, sondern sah mich nur nachdenklich an.

»Wie soll es nun weitergehen, mein Freund?«, fragte er schließlich nach einer quälend langen Pause.

»Ich bin in Eurer Hand. Es liegt an Euch, dies zu entscheiden.«

»Ihr macht es Euch ziemlich einfach, würde ich sagen. Aber im Grunde habt Ihr natürlich recht. Nur leider bringt mich diese Wahl in ein Dilemma.« Erneut zögerte er, bevor er weiter sprach. »Was würdet Ihr tun, wenn ich Euch freiließe?«

Ich ging meine Optionen im Geiste durch. Das Ergebnis war so eindeutig wie unerfreulich, doch ich scheute davor zurück, den Sarazenen zu belügen.

»Wäre ich Herr meines Handelns, so würde ich das Schlachtfeld verlassen und Euch bitten, dasselbe zu tun, auf dass wir den Sterblichen ihre Kriege selbst überlassen. Genau wie damals vor Jerusalem macht unsere Anwesenheit das Schlachten nur noch grausamer. Aber diese Wahl habe ich nicht. Ich diene einem anderen der unseren, meinem Erzeuger. Er wird nicht zulassen, dass ich seine Domäne im Stich lasse. Also würde ich mich wieder gegen Euch wenden, bis entweder die Belagerung beendet ist oder ich tot bin.«

Sorgenfalten breiteten sich auf Ibrahims Gesicht aus. »Ich danke Euch für Eure Offenheit, Templer, auch wenn mir nicht gefällt, was Ihr gesagt habt.« Nach einer Pause fügte er hinzu: »Ich entnehme Euren Worten, dass Ihr Eure Rache, die Ihr damals gegen Euren Erzeuger geschworen habt, nicht erfüllt habt.«

»So ist es.« Ich seufzte innig. »Mein Herr ist alt und mächtig. Ich kann mich seines Willens nicht erwehren. Ihr seid ebenfalls von seinem Blut, wenn auch indirekt. Das wird es auch Euch schwer machen, sich ihm zu widersetzen. Sobald er erfährt, dass ich geschlagen bin, wird er sich der Angelegenheit selbst annehmen. Dagegen werdet Ihr nicht bestehen können. Er wird Euch entweder vernichten oder ebenso versklaven, wie er es mit mir getan hat.«

»Das heißt, Ihr ratet mir, mich aus dem Kampf zurückzuziehen?«

»Ja. Das tue ich.«

Eine Weile schwiegen wir uns an. Bewerteten die Optionen, die uns blieben.

»Vielleicht habt Ihr recht, Templer«, ergriff Ibrahim schließlich das Wort. »Wir sollten diesen Kampf den Sterblichen überlassen. Doch wie Ihr selbst gesagt habt, schließt dies aus, dass ich Euch wieder gehen lasse.«

Ich nickte zustimmend.

»Was also mache ich mit Euch?« Er straffte sich. Er war zu einem Entschluss gekommen. »Kommt mit mir! Verlasst Euren Herrn! Geht weit von ihm fort und entzieht Euch seiner Herrschaft!«

»Das kann ich nicht.«

»Was hindert Euch?«

»Er beherrscht meinen Geist, mein Denken. Er wird mich zu sich rufen und ich werde mich nicht dagegen wehren können.«

»Dann muss ich Euch eben daran hindern.«

Ich sah ihn an. »Was habt Ihr vor?«

Er griff nach dem Krug mit dem köstlich duftenden Blut, nahm einen kräftigen Schluck und goss den Rest achtlos auf den Boden.

Vor Entrüstung sprang ich auf angesichts der eklatanten Verschwendung. »Was tut Ihr da?«

Ibrahim blieb sitzen. Ich konnte die Anspannung in seinem Körper sehen. Er war bereit, sich mir entgegenzustellen. Doch er strahlte weiter Ruhe und den Willen zum Frieden aus.

Er sprach langsam und mit Bedacht, als er wieder das Wort ergriff: »Es gibt nur zwei Wege. Entweder töte ich Euch. Da Ihr noch durstig und geschwächt seid, sollte ich dazu in der Lage sein. Oder ich nehme Euch als Gefangenen und hindere Euch mit Gewalt daran, dem Ruf Eures Herren zu folgen. Die Zeit wird zeigen, ob Ihr es schafft, Euch seinem Willen zu entziehen.«

»Und wenn nicht?«

»Dann wird Eure Sklaverei durch Euren Tod beendet.«

Langsam setzte ich mich wieder hin.

Er meinte es ernst. Er wollte mir helfen, mich von Vitus' verderblichem Einfluss zu lösen. Oder, falls es sich als unmöglich erwies, das zu tun, wozu ich den Willen selber nicht aufbrachte: mein Dasein zu beenden.

»Seid mein Gast, Templer!« Seine Worte waren freundlich und entschlossen.

Ich war mir nicht im Klaren darüber, ob sein Vorhaben von Erfolg gekrönt sein würde. Doch ich wusste sicher, dass es kein leichtes Unterfangen war. Leid und Qual erwarteten mich. Aber als Belohnung winkte die Freiheit. Und die Möglichkeit, doch noch Rache nehmen zu können.

Ich schaute in die Augen des Sarazenen. »Ich bin bereit.«

Freitag, 27. Mai 2005, New York City, USA

Wohltuende Dunkelheit umgibt mich, als ich die Augen öffne. Wie üblich bin ich auf der Stelle hellwach. Ohne zu zögern, drücke ich den Deckel des Sarges, in dem ich den Tag verbracht habe, zur Seite. Ein kurzer Rundumblick zeigt mir, dass ich mich in dem Businessjet befinde.

Kaum bin ich aus dem Sarg gestiegen, kommt Nasir aus dem Cockpit. »Guten Abend, Herr.«

»Ist alles nach Plan verlaufen?«, frage ich, ohne seinen Gruß zu erwidern.

Er nimmt keinen Anstoß daran. Er ist es gewohnt, dass Höflichkeit nicht zum üblichen Repertoire der Nocturni im Umgang mit ihren Dienern gehört. »Ja. Wir sind am Nachmittag wieder auf La Guardia gelandet. Die Kontrolle des Flugzeuges durch die Sicherheitsbehörden lief problemlos.«

Soll heißen, niemand hat den Transport eines Sarges bemängelt. Ich nehme das Schwert, auf dem ich den ganzen Tag gelegen habe, aus der Kiste. Unter der ›Leiche‹ ist es unentdeckt geblieben.

Mit tausendfach geübten Bewegungen schnalle ich den Waffengurt um und ziehe den gepanzerten Mantel darüber. Die Einschusslöcher von Ireens Pistole sind deutlich zu sehen. Wenn jemand ein Problem damit hat, wird er sich mit dem Bösen Blick auseinandersetzen müssen.

»Hast du überprüft, ob mein Ausflug in Washington Aufmerksamkeit erregt hat?«

»Das habe ich. Nichts Auffälliges zu entdecken. Weder in den Nachrichten noch den Zeitungen. Scheint so, als hätte sich jemand darum gekümmert, die Angelegenheit still und leise zu handhaben.«

Ob ich dies der Polizei, dem Senator oder Dexter Guthrow zu verdanken habe, weiß ich nicht. Zumindest die beiden Letzteren hätten ein vitales Interesse daran, wenn nicht zu viel Staub aufgewirbelt würde.

Ich deute auf den Sarg. »Lass ihn ausladen! Ich werde mich darum kümmern, dass er abgeholt wird. Damit wären wir dann fertig.«

Nasir gelingt es nur bedingt, sich die Erleichterung nicht allzu deutlich anmerken zu lassen. »Es war mir eine Freude, Euch behilflich sein zu dürfen.«

»Richte deinem Herrn meine besten Grüße aus!« Ich steige aus dem Flugzeug und schreite über das Rollfeld.

In das Terminalgebäude zu gelangen, bereitet mir genau so wenig Mühe wie zwei Tage zuvor. Die Sicherheitsbeamten an den Kontrollschaltern lassen sich ohne nennenswerten Widerstand davon überzeugen, dass es nicht notwendig ist, meinen Ausweis zu kontrollieren.

Vor dem Eingang halte ich auf eines der wartenden Taxis zu und weise den Fahrer an, mich nach Manhattan zu bringen.

Ich bin zu Hause.

Das Taxi unterquert den East River durch den Queens Midtown Tunnel. Als wir auf der Westseite wieder an die Oberfläche gelangen, rahmen die weit in den wolkenverhangenen Himmel ragenden Fassaden der Hochhäuser und Wolkenkratzer die Straße ein. Sie vermitteln das Gefühl, in eine tiefe Schlucht zu fahren. Kurz nach Sonnenuntergang sind die Straßen noch belebt und werden immer voller, je weiter wir ins Herz von Manhattan vordringen. Nach eineinhalb Wochen Abwesenheit fällt mir die Hektik der New Yorker ins Auge. Mit schnellen Schritten und entweder einem Mobiltelefon oder Kopfhörern am Ohr eilen sie über die Gehwege. Geradezu todesmutig stürzen sie sich abseits der Ampeln auf die Straßen in der – durchaus berechtigten – Hoffnung, die Autofahrer würden schon rechtzeitig bremsen. Vermutlich werde ich mir den typischen New Yorker Eilschritt innerhalb kürzester Zeit auch wieder angewöhnt haben.

An der Ecke Broome und Bowery verlasse ich das Taxi und gehe die paar Blocks zu Silvios bevorzugtem Treffpunkt zu Fuß. Trotz der drohenden Regenwolken am Himmel sitzen noch zahlreiche Menschen an den Tischen vor den Restaurants in Little Italy, essen, trinken und unterhalten sich. Alles wirkt so wie immer. Und doch halte ich inne. Irgendetwas erscheint mir seltsam. Ich schaue mich um, aber ich entdecke nichts in meiner Umgebung, was dort nicht hingehören würde. Schließlich kommt mir der Gedanke, dass nicht etwa zu viel von etwas vorhanden wäre, sondern zu wenig. Normalerweise verlaufen die Diskussionen in der Gastronomie Little Italys ebenso laut wie gestenreich. Doch alle Menschen, die ich sehe, geben sich eher verhalten. Einige flüstern gar, statt ihre Meinung ungehemmt auf die Straße zu posaunen, wie in dieser Gegend sonst üblich. Die gesamte Stimmung wirkt gedrückt. Nicht wirklich traurig, sondern … ängstlich. Aber möglicherweise projiziere ich auch nur meine eigenen Empfindungen auf die Leute um mich herum. Ein Zeichen dafür, wie angespannt ich bin. Nicht völlig zu unrecht.

In sämtliche Richtungen halte ich Ausschau nach potentiellen Beobachtern und Spionen meiner Feinde. Dabei versuche ich, nicht allzu paranoid zu wirken, selbst wenn das sicherlich eine treffende Beschreibung meines aktuellen Gemützustandes ist. Ich habe die Stadt zehn Tage lang meinen Gegnern überlassen und weiß nicht, wie sie die Zeit genutzt haben, um ihre Herrschaft zu festigen.

Auch das Restaurant mit Silvios Mafiaversteck ist gut besucht. Als ich es betrete, tritt sofort der dicke Wirt hinter dem Tresen hervor, kommt auf mich zu und begrüßt mich freundlich, aber unaufdringlich.

»Wo ist Silvio?«, frage ich ihn so leise, dass keiner der Gäste es hören kann.

»Er ist unterwegs. Soll ich ihm Bescheid geben, dass Sie hier sind?«

»Tu das! Ich warte so lange hinten.«

Er nickt zustimmend, begleitet mich zu der Tür mit der Aufschrift ›privat‹ und führt mich hindurch. Ich nehme in dem schmucklosen Hinterzimmer Platz. Nachdem der Patron wieder nach vorn gegangen ist, leistet mir nur eine einsame Motte Gesellschaft, die rastlos die nackte Glühbirne an der Decke umschwirrt. Eine knappe halbe Stunde später öffnet sich die Tür erneut und mein Vertrauter tritt ein.

»Schön, dass Sie wieder hier sind, Mr. Smith.« Seine Freude ist echt. Sogar der unvermeidliche Zahnstocher zwischen seinen Lippen scheint ausgelassen auf und ab zu wippen.

Ich komme sofort zur Sache. »Irgendeine Spur von Veronica Masters?«

»Nein. Nichts.« Er wirkt aufrichtig betrübt. »Ich habe Ausschau nach verdächtigen Ereignissen gehalten, wie Sie gesagt haben. Hab aber nichts entdeckt, was über das normale Maß hinaus geht.«

Das werte ich erstmal als gutes Zeichen.

»Irgendetwas von Ludovicz?«

»Auch nicht.«

»Ich muss Kontakt zu ihm aufnehmen. Ich befürchte allerdings, er könnte überwacht werden. Du hast neulich am Telefon etwas von anderen Kontaktleuten bei der Polizei erwähnt. Sind sie vertrauenswürdig?«

»Ja. Einige von ihnen stehen schon lange auf unserer Gehaltsliste.«

»Gut. Weise sie an, unauffällig an Ludovicz heranzutreten! Sie sollen ihn fragen, wer ihm gerade Ärger bereitet und wo ich diese Personen finde.«

»Wird gemacht.«

»Wie viele von deinen eigenen Leuten kannst du innerhalb der nächsten Tage mobilisieren?«

Er ist überrascht. Bei meinen bisherigen Aufträgen an ihn hatte Heimlichkeit immer Vorrang. Darüber hinaus habe ich ihn stets gebeten, meine Anweisungen nach Möglichkeit persönlich auszuführen und nicht weiter zu delegieren.

»Rund ein Dutzend. Mit etwas Zeit vielleicht ein paar mehr. Darf ich fragen, was Sie vorhaben?«

»Ich werde versuchen, so lang wie möglich verdeckt gegen meine Feinde vorzugehen. Aber ich befürchte, früher oder später wird es zum offenen Schlagabtausch kommen. Ich muss wissen, auf wen ich zählen kann.«

Dem Gesicht des Mafioso ist deutlich anzusehen, dass er sich ernsthafte Sorgen macht. Er hat eine ungefähre Ahnung, wozu ich in der Lage bin. Vermutlich malt er sich gerade aus, was es bedeutet, gegen meinesgleichen in den Krieg zu ziehen.

»Ich bin an Ihrer Seite, Mr. Smith. Und meine Männer sind gut. Vielleicht kann ich den Don überzeugen, weitere Leute zur Verfügung zu stellen. Dafür wäre aber eine Gegenleistung notwendig.«

Sprich: Geld.

Eventuell kann ich den Preis ein wenig drücken, wenn ich persönlich mit dem Don verhandle. Auch er wird nicht gegen den Bösen Blick gefeit sein. Aber ich hoffe, dass es gar nicht erst so weit kommt, dass ich die gesamte New Yorker Mafia aufhetzen muss. Der Kollateralschaden wäre vermutlich beträchtlich.

»Ich werde sehen, welche Mittel zur Verfügung stehen«, stelle ich fest. »Vorerst werden deine Männer genügen.«

»Alles klar, Boss.«

»Was habt ihr für Waffen?«

»Wenn es hart auf hart kommt, können wir die Pistolen gegen Schrotflinten und MPs tauschen.«

»Gut. Bereite alles Notwendige vor! Kann sein, dass es schon in den nächsten Tagen heiß wird.«

»Klaro. Verstanden.«

»Ich werde das Versteck wieder benötigen. Das, in dem Veronica und ich vor meiner Abreise untergekommen sind.«

Silvio kramt in seinem Jackett, fingert ein paar Schlüssel heraus und reicht sie mir. Ich nehme sie an mich und stehe auf.

»Noch eines«, fahre ich mit meinen Anweisungen fort. »Lass den Sarg wieder vom Flughafen abholen! Darin findest du mein Kettenhemd. In South Brooklyn gibt es einen Schmied. Er soll es reparieren. Schnell!«

Ich gebe ihm die Adresse. Silvio notiert sie auf einen kleinen Block. Damit sind alle Anweisungen erteilt. Das Gespräch ist beendet. Wortlos verabschiede ich mich von meinem Vertrauten und verlasse das Lokal.

Es hat angefangen zu regnen. Ich schlage den Mantel fester um mich, nur um mich den anderen Passanten anzupassen, die entweder Regenschirme aufspannen oder ihre Schritte noch über das gewöhnliche New Yorker Eiltempo hinaus beschleunigen.

Zielsicher steuere ich die nächste U-Bahn-Station an und dränge mich durch die Meute hindurch, die dort dem beginnenden Wolkenbruch zu entrinnen versucht. Fernes Donnergrollen dringt an meine Ohren, während ich mich weiter in den Untergrund begebe, mein Ticket durch den Kontrollautomaten ziehe und mich auf dem Bahnsteig unter die anderen Wartenden mische.

Bis die U-Bahn endlich kommt, wird es richtig eng. Das Wetter veranlasst die Menschen, ihren abendlichen Stadtrundgang vorzeitig zu beenden. Glücklicherweise habe ich mich letzte Nacht an Ireen Fowlers Blut gütlich getan und bin nicht hungrig. In derart nahem Kontakt zu so viel verführerisch duftender Beute würde sonst meine Selbstbeherrschung erheblich auf die Probe gestellt. Trotzdem bin ich bemüht, beim Besteigen der U-Bahn und auch im Abteil möglichst wenig Körperkontakt zu den dicht gedrängten Menschen aufzunehmen. Ich würde gern vermeiden, dass irgendjemand an das Schwert stößt und neugierig wird, was für Gegenstände sich unter dem Mantel verbergen. Und außerdem könnte einem aufmerksamen Beobachter die Kälte meiner Haut auffallen. Die meisten Leute würden das zwar vermutlich für ein Zeichen schlechter Durchblutung halten. Aber es gibt genug argwöhnische Zeitgenossen, die nur zu begierig darauf sind, Hinweise für die Existenz übernatürlicher Wesen zu suchen. Und ein paar übereifrige Amateur-Vampirjäger sind so ziemlich das Letzte, was ich in meiner ohnehin prekären Situation gebrauchen kann.

Erneut beschleicht mich das unbestimmte Gefühl, die Menschen um mich herum wären stiller und in sich gekehrter als üblich. Wobei die U-Bahn selten ein Ort überschwänglicher Ausgelassenheit ist. Doch selbst die vereinzelten leisen Gespräche, die sonst die Waggons erfüllen, bleiben heute aus. Allgemeines Schweigen begleitet die Fahrt. Nun, mir soll's recht sein. Das Rappeln des Zuges ist als akustische Untermalung vollkommen ausreichend.

Auf den wenigen Stationen bis zur Fulton Street gelingt es mir einigermaßen, die Menschen auf Distanz zu halten. Dort angekommen bin ich trotzdem froh, dem Gedränge zu entkommen. Das nächste Problem wartet allerdings schon auf mich, denn die vielen Leute machen es nahezu unmöglich, ungesehen vom Bahnsteig auf die Schienen zu gelangen. Zeit für einen alten Trick.

Ich packe einen einzelnen Mann am Arm.

Erschrocken wendet er sich zu mir um. »Was?«

Seine Entrüstung schwindet innerhalb eines Augenblickes, als ich ihm tief in die Augen sehe und in seinen Geist eindringe. »Lauf!«

Sobald ich ihn loslasse, geht er ein paar Schritte rückwärts, wirft mir noch einen irritierten Blick zu, dreht sich von mir weg und beginnt zu rennen. Wie erwartet, zieht er unmittelbar die Aufmerksamkeit aller Umstehenden auf sich. Mit einem Rundumblick vergewissere ich mich, dass niemand in meine Richtung sieht, dann springe ich auf die Gleise. So schnell ich kann, verschwinde ich in den Tunnel.

Der weitere Weg zu Mikes Zuflucht in der verlassenen U-Bahn-Station verläuft unproblematisch. Den beiden Zügen, die mir vor dem Abzweig in die stillgelegte Linie begegnen, weiche ich ohne Mühe in Nischen an der Wand aus.

Auf halber Strecke gesellt sich zum feuchten Pochen fallender Wassertropfen und dem Quietschen der unzähligen Ratten mehrstimmiger Sprechgesang. Als ich näherkomme, erkenne ich die Worte. Jemand betet das Ave Maria. Mike hat mir von seinen Aktivitäten hier unten erzählt, daher hält meine Überraschung sich in Grenzen. Doch ich bin noch nie unmittelbar Zeuge seines Tuns geworden. Neugier ergreift mich.

Ein schwacher flackernder Lichtschein erhellt den von Unrat übersäten Tunnel so weit, dass ich meine Umgebung einigermaßen ausmachen kann. Ich schalte die Stifttaschenlampe aus, klettere über einen Stapel fauliger Bretter und betrete den vergessenen unterirdischen Bahnhof. Der Anblick entspricht in etwa dem, was ich erwartet habe. Dennoch bin ich absolut fasziniert von dem Geschehen.

Im Licht einer einzelnen Kerze sitzt Mike auf der Rücklehne einer morschen Wartebank. Wie üblich ist die Kapuze seines Hoodies tief über den entstellten Schädel gezogen. Er ist umringt von einem knappen Dutzend mäßig vertrauenswürdig erscheinender, in mehr oder weniger als Kleidung erkennbare Lumpen und Stofffetzen gehüllter Gestalten. Mit seiner rauen Stimme leitet er die wohl absonderlichste Gebetsrunde der ganzen Stadt. In seinen fleckigen Fingern hält er einen Rosenkranz. Er spricht weiter, als das Dunkel der Kapuze sich mir zuwendet. Ich bilde mir ein, zwei Reihen fauliger, zu einem breiten Grinsen verzogener Zähne zu erkennen.

Die Runde kommt ins Stocken, als die Betenden sich zu mir umwenden. Einige der Fratzen, die ich sehe, scheinen geradewegs einem billigen Horrorfilm entstiegen zu sein. Ich habe schon viele der Unberührbaren zu Gesicht bekommen und weiß, dass Mike längst nicht der Schrecklichste von ihnen ist. Doch eine solche Versammlung von schiefen Schädeln, schräg in den nach Verwesung stinkenden Mäulern stehenden Fangzähnen, blutunterlaufenen gelben Augen und von eitrigen Geschwüren überzogener Haut, die sich über missgestaltete Knochen spannt, ist selbst für mich ein ungewohnter Anblick. Einige der Anwesenden weisen noch ein recht menschliches Aussehen auf, wobei sie mit ihren ungewaschenen Haaren und ausgefransten Kleidern am ehesten den Pennern ähneln, von denen sie sich vermutlich ernähren. Eines der Gesichter sticht aus der Gruppe heraus. Nicht nur, weil es reine weiße Haut aufweist und von halbwegs sauberen, blonden Haaren eingerahmt wird, sondern auch, weil es mich im Gegensatz zu allen anderen mit einem freudigen Lachen anstrahlt.

Veronica.

Der Rest der Gruppe wird von Unruhe erfasst, als sie mich erkennen. »Der Templer!«, höre ich sie angstvoll tuscheln.

Demonstrativ bleibe ich stehen und hebe die leeren Handflächen, um zu zeigen, dass ich nicht hier bin, um den Paria Ärger zu bereiten.

Mike lässt sich nicht beirren und fährt mit dem Gebet fort. Seine erhobene Stimme gemahnt seine ›Gemeinde‹, den Rosenkranz ebenfalls zu Ende zu bringen.

Nervös wenden die Vampire sich ihm wieder zu und stimmen einer nach dem anderen in das Gebet ein. Nur Veronica hört nicht auf, mir verstohlene Blicke zuzuwerfen. Ihre Haut zeigt keine Anzeichen, dass sie sich wie Mike von Ungeziefer ernährt. So weit ich weiß, werden die Folgen der Rattendiät schon nach wenigen Tagen sichtbar. Von daher gehe ich davon aus, dass sie immer noch Menschen jagt.

Tiefe Erleichterung erfasst mich, sie hier in der Obhut meines hässlichen Freundes zu sehen. Meine Befürchtungen scheinen unbegründet gewesen zu sein.

Rund zehn Minuten nach meiner Ankunft beendet die Gruppe den Rosenkranz. Mike ist sichtlich bemüht, seine Schäfchen zu beruhigen, als er sich einzeln von ihnen verabschiedet. Doch es ist nicht zu übersehen, dass sie alle es eilig haben, nicht länger als unbedingt nötig in meiner Nähe zu verweilen.

Ich bemühe mich, denen, die mich im Fortgehen noch einmal misstrauisch beäugen, ein wohlwollendes Lächeln zu schenken. Nur einer von ihnen erwidert meinen Gruß. Ein besonders hässliches Exemplar nicht auszumachenden Geschlechts nickt mir kurz zu. Seine schuppige schwarze Haut scheint nur von schmutzigen Bandagen am Leib gehalten zu werden. Doch bevor ich den Paria genauer in Augenschein nehmen kann, verschwindet er im Dunkel der Tunnel.

Kaum ist das Letzte der Gemeindemitglieder verschwunden, stürmt Veronica auf mich zu und springt mich an.

»Leon! Du bist wieder da!« Ihre Arme fallen über mich her, umschlingen mich und drücken so fest zu, dass einem Sterblichen unweigerlich die Luft weggeblieben wäre. Die weiche Haut ihrer Wange legt sich an mein Gesicht.

Es fühlt sich gut an.

Ich erwidere ihre Umarmung, wenn auch etwas weniger eindringlich. »Hallo Veronica. Schön, dich wiederzusehen.«

Ihre Hände suchen tastend die Öffnung meines Mantels, kriechen darunter und beginnen, sich an meiner Hose zu vergehen. Ihre Lippen pressen sich auf die meinen und ihre Zunge verlangt fordernd Einlass in meinen Mund.

Die liebevolle, aber ungestüme Attacke trifft mich vollkommen unerwartet und ruft meine Verteidigungsinstinkte auf den Plan, ehe mein Verstand eingreifen kann. Ich packe ihren schlanken Leib und schleudere sie mit aller Kraft von mir weg. Gegen meine von Vampirblut gestärkten Muskeln kommt ihre innige Umarmung nicht an, so dass sie mehrere Meter weit fliegt und unsanft in einem Haufen Schutt landet. Ihr ebenmäßiges Gesicht verzerrt sich von einem Augenblick zum nächsten zu einer hasserfüllten Grimasse. Zwischen ihren gefletschten Fangzähnen dringt ein animalisches Grollen hervor. Es steigert sich zu einem drohenden Fauchen, als sie ohne sichtliche Anstrengung aufspringt und sich mir in geduckter Angriffsstellung gegenüberstellt.

Einen Moment befürchte ich, sie fällt mich wieder an und bereite mich auf eine Verteidigung vor, doch sie belässt es bei einem verbalen Angriff.

»Was soll das? Warum weist du mich ab? Willst du mich nicht mehr?«

Ich bin total perplex. Ihre unverhohlene Aggressivität alarmiert mich. »Nein, Veronica. Es war nur … etwas zu stürmisch.«

Langsam lockern sich ihre angespannten Muskeln. Die Fänge treten zurück in die Kiefer. Gemächlichen Schrittes kommt sie auf mich zu, legt ihre Arme sanft um meine Schultern und drückt mir ein knappes, keusches Küsschen auf den Mund. »Ist es so besser?«

»Ja. Besser.«

»Damit kommst du mir aber heute nicht davon, Liebster.« Ihre Stimme ist die pure Versuchung. Ein praller jeansumhüllter Schenkel fährt lasziv an der Innenseite meines Beines entlang und kommt kurz vor dem Schritt zur Ruhe.

»Okay«, verspreche ich. »Aber später. Lass mich zuerst mit Mike reden, in Ordnung?«

Ihr Seitenblick zu meinem Freund, der uns ungerührt beobachtet, ist fast schon feindlich. Nach einem weiteren spontanen Stimmungswechsel hüpft sie mit geradezu kindlicher Fröhlichkeit zwei Schritte von mir weg. »Dann lasse ich euch mal alleine. Ich hab sowieso Hunger. Bis später.«

Konsterniert blicke ich ihr hinterher, als sie davoneilt. Möglicherweise waren meine Befürchtungen doch nicht so fehl am Platz.

»Bist schneller zurück als erwartet, Templer.« Mikes Worte reißen mich aus meinen finsteren Gedanken. »Wie war die Reise?«

Kurz überlege ich, was ich ihm erzählen soll, und beschließe, erst einmal nichts von meiner Entscheidung zu berichten, einer der Archaioi zu werden. »Es war sehr interessant.«

»Hast du deinen alten Herrn getroffen?«

Ich bin mir ziemlich sicher, dass ich vor unserer Abreise Vitus nicht erwähnt habe, aber ich habe Mike früher von ihm erzählt. Er hat offenbar die richtigen Schlüsse gezogen, welchen der Alten ich treffen wollte.

»Ja, das habe ich.«

»Sieht so aus, als hätte er dich tatsächlich wieder laufen lassen.«

»Scheint so.«

»Und? Hat er dir geholfen?«

Ich zögere einen Augenblick, ehe ich antworte: »Ja. Er hat einige hochinteressante Geschichten von früher erzählt. Auch er hat bereits mit Marduk zu tun gehabt, als er noch ein Jungblütiger war. Da war Marduk allerdings schon einer der Alten.«

»Heilige Scheiße!«

Nicht gerade Priester-like, aber eine durchaus treffende Beschreibung der Sachlage.

Bevor er wissen will, was genau ich von Vitus darüber erfahren habe, wie unserem Feind beizukommen ist, wechsele ich das Thema: »Was ist hier passiert, während ich weg war? Hat Marduk schon die Macht übernommen?«

Das Grummeln, mit dem Mike seine Antwort einleitet, lässt mich bereits erahnen, dass mir nicht gefallen wird, was er zu berichten hat. »Er arbeitet mit Hochdruck daran. Überall kursieren Gerüchte über ihn. Immer, wenn irgendwo etwas Ungewöhnliches geschieht, wird es erst mal mit ihm in Zusammenhang gebracht. Meistens falscher Alarm, aber alle sind ziemlich angespannt. Und du weißt ja selber nur zu gut: Wenn unsereins eine kurze Lunte hat ... Früher oder später gibt das Ärger.« Seine Stimme senkt sich. »Angeblich – also, ich krieg hier unten ja alles nur indirekt mit – aber angeblich brodelt es sogar unter den Sterblichen. Die merken auch, dass sich in der Stadt was zusammenbraut.«

Ich muss an Little Italy denken. An die gedrückte Stimmung der Menschen in den Cafés und Restaurants auf der Straße. Habe ich mich doch nicht getäuscht? Ist das Marduks Einfluss? Jetzt bin ich ebenfalls alarmiert.

»Aber ein paar Geschichten über ihn sind definitiv keine Gerüchte, sondern bestätigt«, fährt Mike fort. »Vergangenen Montag hat er alle Vampire der Stadt zu einer Zusammenkunft geladen. In Saint John the Divine.«

»Die Kathedrale?«

Eins muss man ihm lassen: Er hat Stil. Die Kirche Saint John ist zwar unvollendet, aber dennoch bereits jetzt ein beeindruckendes Bauwerk. Eine der größten Kathedralen der Welt. In jedem Fall ein würdiger Rahmen für eine Zusammenkunft.

»Ja«, bestätigt Mike.

»Und? Wie viele sind gekommen?«

Er hebt die Achseln. »Ich war nicht dabei, aber angeblich nicht allzu viele. Und auch nicht unbedingt die erste Garde. Von den

Herren der Domänen war wohl nur Fragger vor Ort. Der Rest hält sich anscheinend an die vereinbarte Neutralität. Aber deine Abwesenheit lässt mehr und mehr Leute zweifeln. Es gibt Gerüchte, du hättest New York verlassen und würdest Marduk das Feld überlassen. Ich habe, so gut es ging, dagegengehalten und verbreiten lassen, dass du schon wieder zurückkommen und Marduk herausfordern wirst. Aber auf mich hört ja kaum jemand.«

»Trotzdem danke, alter Freund.«

»Angeblich soll es eine weitere Zusammenkunft geben. Zum nächsten Vollmond. Gerüchteweise spielen dieses Mal schon mehr von uns mit dem Gedanken, sich da blicken zu lassen.«

»Vollmond?« Ich schaue ihn verwundert an.

»Ja. War am Montag auch, als sie sich in Saint John getroffen haben. Keine Ahnung, ob das für Marduk eine spezielle Bedeutung hat.«

»Vielleicht irgendeine babylonische Tradition. Aber ich habe nicht vor, derartige Bräuche hier heimisch werden zu lassen. Beim nächsten Vollmond ist die Angelegenheit hoffentlich erledigt. Auf die eine oder andere Weise.«

»Du willst ihn herausfordern?«

»Natürlich. Ansonsten hätte ich auch gleich in Europa bleiben können. Ich bin zurückgekehrt, um meine Stadt zu verteidigen. Und zwar möglichst bald, ehe er hier weiter Fuß fasst. Also in jedem Fall, bevor er wieder eine Zusammenkunft einberuft.«

»Eine direkte Konfrontation?«

Ich nicke. »Es muss eine schnelle Entscheidung geben. Noch ist er nicht mit New York vertraut. Wenn ich mich auf einen langwierigen Kampf um Einfluss und Ressourcen einlasse … Das wird schiefgehen. Er ist ein Meister des Bösen Blicks. Wenn ich ihm Zeit gebe, werden seine Getreuen die meinen bald überflügeln. Nein, wenn ich eine Chance haben will, dann muss eine schnelle Entscheidung her. Unmittelbare nackte Gewalt mit Zähnen, Klauen, Schwertern und Gewehren.«

»Aber du wirst ihm doch nicht direkt gegenübertreten?« Mikes besorgter Blick fällt auf meine Klinge.

»Zumindest nicht in einem Duell eins gegen eins. Das habe ich schon einmal versucht und bin nur knapp mit dem Leben davongekommen. Nein, ich muss Verbündete finden.« Ich mustere ihn. »Wie sieht es mit dir aus? Kann ich auf dich zählen, wenn es hart auf hart kommt?«

Er zögert.

Es hätte mich auch gewundert, wenn er sich mit feurigem Elan freiwillig gemeldet hätte.

»Du weißt, dass ich mich an die zehn Gebote gebunden fühle?« Er tritt unruhig von einem Fuß auf den anderen.

»Ja. Deswegen frage ich dich.«

Er setzt sich wieder auf die Bank, auf der vor vielen Jahrzehnten Menschen auf die U-Bahn gewartet haben.

»Ich weiß nicht ...« Die Spitzen seiner knochigen Finger tippen nervös gegeneinander. »Habe ich Bedenkzeit?«

»Natürlich.«

»Danke, Leonard. Ich werde dich bald wissen lassen, wie ich mich entschieden habe.«

»Gut. Wie sieht es mit deinen Schützlingen aus?«

»Wen meinst du?«

»Die anderen Paria. Und die Aasgeier. Von mir aus auch die Greifer. Ich bin nicht wählerisch.«

»Das ist nicht dein Ernst?« Fragend schaut er zu mir auf, betrachtet meine versteinerte Miene. »Es ist dein Ernst.«

»Ich brauche jeden Verbündeten, den ich kriegen kann. Wirklich jeden.«

»Ist es das, was dein alter Herr dir in Europa geraten hat?«

»Unter anderem.«

»Was hat er dir sonst noch erzählt?«

»Das werde ich dir zu gegebener Zeit berichten.«

Er breitet die Arme aus und legt sie von sich gestreckt auf die Rücklehne der Bank. Er sagt nichts, doch der Vorwurf steht unausgesprochen zwischen uns.

»Es tut mir leid, Mike«, bemühe ich mich, ihn zu beschwichtigen, »aber ich kann dir im Augenblick nicht alles sagen. Wenn wir das hier hinter uns haben, werde ich versuchen, es zu erklären. Bis dahin muss ich dich um dein Vertrauen bitten.«

»Ist schon in Ordnung, Leonard. Du wirst deine Gründe haben. Ich vertraue dir.«

»Danke, Mike.«

»Aber hältst du es wirklich für eine gute Idee, die ganze Unterwelt da mit hinein zu ziehen? Du weißt, dass wir uns aus gutem Grund aus den Angelegenheiten da oben heraushalten. Die meisten von uns wollen einfach ihre Ruhe. Vor allem von solchen Streitereien und Machtkämpfen.«

»Mike, wenn Marduk das hier für sich entscheidet und die Herrschaft über New York antritt, wird es mit eurer Ruhe hier unten recht bald vorbei sein. Noch gibt er sich großmütig, weil er nicht alle Unsterblichen von New York gegen sich aufbringen will. Aber wenn seine Macht gefestigt ist, wird sich ein jeder entscheiden müssen, ob er ihm dient oder sich gegen ihn stellt. Marduk duldet keine Neutralität. Jeder einzelne wird wählen müssen zwischen Unterwerfung oder Feindschaft. Sag das deinen Leuten!«

»Sie sind nicht meine Leute.«

»Aber sie hören auf dich. Zumindest einige von ihnen. Ich habe euch doch vorhin gesehen. Sie vertrauen dir.«

»Ja, weil ich sie noch nie in einen Krieg mit mehr als ungewissem Ausgang geführt habe.«

»Wenn sie sich heraushalten und abwarten, ist der Ausgang gewiss. Aber das Ergebnis wird ihnen nicht gefallen.«

»Wird es ihnen besser gefallen, wenn du gewinnst, Templer? Du hast dir hier unten bisher nicht gerade einen Ruf als großmütiger Gönner erworben.«

»Sag ihnen, ich werde sie hier unten gewähren lassen! Der Untergrund gehört euch. Jeder, der hier bleibt und die Welt da oben in Ruhe lässt, wird nichts von mir zu befürchten haben. Das habe ich auch bisher meist so gehandhabt.«

»Meist …«

»In Zukunft werde ich es vollständig tun. Du hast mein Wort, ebenso wie alle anderen. Sag es ihnen, Mike! Frag sie, wer sich mir anschließt! Ich werde es niemandem vergessen, wenn er mir jetzt zur Seite steht. Ein Gefallen für einen Gefallen, so wie es üblich ist unter den unseren. Und abgesehen davon erweisen sie sich auch selbst einen Dienst, wenn sie verhindern, dass Marduk die Macht erlangt.«

Er sieht mich eindringlich an, wägt ab, was er tun soll. »Also gut. Ich werde dein Angebot weiterleiten. Aber erwarte nicht von mir, dass ich irgendjemanden zu etwas dränge. Jeder soll für sich selbst entscheiden.«

»Mehr verlange ich nicht von dir.«

Stöhnend erhebt er sich von der Bank. »Ich hoffe, du weißt, was du tust.«

»Das hoffe ich auch.«

Er gibt mir einen freundschaftlichen Klaps auf die Schulter. »Verrückte Zeiten sind das, Templer, in denen der Richter die Unberührbaren um Hilfe bittet.«

Ich erwidere sein breites Grinsen, auch wenn meines weit weniger furchteinflößend ist.

»Was anderes«, wechsele ich das Thema. »Wie ist es mit Veronica gelaufen?«

»Du hast sie gesehen. Ihr Verstand hat Mühe, ihre überbordenden Emotionen unter Kontrolle zu halten. Im einen Moment ist sie absolut freundlich und liebevoll. Und einen Wimpernschlag später musst du Angst haben, dass sie dir an die Gurgel geht.«

Ich weiß, was das bedeutet.

»Die Gebete helfen ihr ein wenig, zur Ruhe zu kommen und ihre Gedanken zu sortieren«, fährt Mike fort, »aber die Wirkung hält immer kürzer an.«

»Wie ernährt sie sich?«

»Meistens geht sie zum Essen in die Lower East Side. Oder sie fährt in die Bronx. Sie hat mal was angedeutet, dass sie sich dort Kriminelle schnappt. Vermutlich Gangmitglieder oder so was.«

Dazu habe ich sie wohl animiert.

»Leon«, Sorge schwingt in Mikes Stimme, als er weiter spricht, »sie ist auf dem besten Weg, ein Greifer zu werden.«

Greifer. Vampire, die im Untergrund leben und nur zum Jagen an die Oberfläche kommen, um dort ausgeblutete Leichen zurückzulassen. Die bevorzugte ›Kundschaft‹ meiner blutigen Arbeit als Richter.

Als ich nichts sage, sondern nur mit versteinerter Miene vor mich hin starre, berichtet Mike weiter: »Ich hab was läuten hören, dass sie dem Wilden Jake auf die Füße getreten ist. Zumindest hat er sich wohl über die Sauerei beschwert, die sie bei ihren Beutezügen hinterlässt. Ich habe versucht, sie dazu zu bringen, sich wenigstens auf Obdachlose zu beschränken, auf die Tunnelmenschen. Aber sie erzählt dann immer irgendetwas von wegen, dass sie es sich nicht erlauben kann, schwaches Blut zu trinken.« Hilflos breitet er die Arme aus. »Vergib mir, Leonard, aber ich konnte sie nicht aufhalten. Sie ist verdammt stark.«

»Das heißt, ihr Plan, sich von Gangstern zu ernähren, um Kraft zu sammeln, funktioniert?«

»Möglicherweise. Aber er kostet sie ihren Verstand. Einmal habe ich sie im Blutrausch erlebt. Ich habe schnellstens das Weite gesucht. Sie ist wirklich furchteinflößend.«

Mike ist vielleicht aufgrund seiner Diät nicht gerade einer der stärksten Vampire der Stadt, jedoch kein Feigling. Wenn Veronica ihm Angst macht, muss sie in der Tat beeindruckend sein. Marduks Blut ist zweifellos machtvoll, selbst in den Adern seiner entfernteren Nachfahren. Sofern ich Veronicas Hass gegen ihren Ahnherren weiter anheize, wird sie eine wertvolle Waffe im Kampf gegen ihn und seine Brut. Aber bin ich wirklich bereit, die Frau, deren Gesellschaft ich vor meiner Reise so genossen habe, als Waffe zu missbrauchen? Oder ist die ungezügelte Wilde, die mir gerade vor Mikes Augen an die Wäsche gehen wollte, gar nicht mehr diese Frau?

In jedem Fall bereitet es mir ernsthafte Schwierigkeiten, meine Freunde und Verbündeten lediglich als Ressourcen in meiner Fehde anzusehen. Den Plan zu fassen, ein Archaios zu werden und so zu handeln, wie die Alten es tun, ist die eine Sache. Es im Angesicht derer, die einem etwas bedeuten, auch zu tun, ist die andere. Ich bin noch nicht sicher, ob ich meiner selbstgestellten Aufgabe gewachsen bin.

»Leonard, du willst sie doch nicht etwa als Bluthund missbrauchen?«, unterbricht Mike meine Gedanken.

Bluthund. So nennt man Vampire, die den Verstand verloren haben und von einem anderen, mächtigeren Vampir als Diener gehalten werden, um ihnen Gefangene zum Fraß vorzuwerfen. Oder um ihren nicht endenden Blutrausch zu nutzen, um sie gegen ihre Feinde zu hetzen. Eine überaus verwerfliche Praxis, die glücklicherweise recht selten ist, auch, da sie von den Richtern meist hart bestraft wird.

Letztlich ist das, was mir gerade durch den Kopf gegangen ist, nicht weit davon entfernt. Mike ist entweder ein besserer Gedankenleser, als ich dachte, oder ich bin leichter zu durchschauen, als mir lieb sein sollte.

»Ich werde ihrem Dasein eher ein Ende setzen, als sie dem Wahn anheimfallen zu lassen«, entgegne ich.

Mike scheint beruhigt.

Ich hingegen bin mir nicht sicher, ob meine Ankündigung eine Lüge ist.

»Du bist stärker als ich und auch stärker als sie«, führt Mike aus. »Du kannst sie vielleicht bändigen. Noch ist es nicht zu spät.«

»Ich sehe mal, was ich tun kann. Nur der Zeitpunkt ist denkbar schlecht. Sie bräuchte jemanden, der sich rund um die Uhr um sie kümmert. Ich habe nur leider im Augenblick ein paar andere Sorgen, wie du weißt.«

Mike tritt an mich heran und legt seine Hand auf meine Schulter. »Zusammen werden wir das schon irgendwie schaffen. Wenn du unterwegs bist, tu ich mein bestes als Babysitter.« Tief unter der Kapuze leuchten gelbe Zähne auf, als Mike mir ein aufmunterndes Lächeln schenkt. »Wir kriegen das hin.«

»Danke, mein Freund.« Ich löse mich von seinem Griff.

»Aber jetzt erzähl du doch mal!«, fordert er mich auf. »Wie war es in Europa?«

»Hat viele alte Erinnerungen wachgerufen.« Ich berichte ihm von Paris. Wien und die Begegnung mit Constantia lasse ich aus.

Bevor er mich diesbezüglich weiter löchern kann, werden wir zu meiner Erleichterung unterbrochen, als Veronica zurückkommt.

»Na, das ging aber flott«, merke ich an. »In der Bronx warst du in der Zeit nicht.«

»Nein, war ich nicht.« Sie singt die Worte fast im Überschwang. Dann kommt sie in den Schein der Kerze. Ihr Sweatshirt ist mit frischem Blut beschmiert. Ich kann es bis hierher riechen. Schon vor meiner Reise nach Europa habe ich sie mit verdreckter Kleidung gesehen. Es war ihr stets unangenehm und sie hat versucht, die Flecken, so gut es ging, zu verbergen. Die Unbekümmertheit, mit der sie jetzt die Folgen ihres Mahls trägt, passt überhaupt nicht zu der Frau, die ich gekannt habe.

»Was guckst du so trübsinnig?« Sie legt mir erneut die Arme um die Schultern und drückt mir einen blutfeuchten Kuss ins Gesicht.

»Nichts.« Ich hoffe, dass sie in ihrem Übermut meine schwache Lüge nicht bemerkt. »Lass uns gehen!«

»Feiert euer Wiedersehen!«, ruft Mike uns zu.

Ich kann sein Gesicht nicht erkennen, aber ich stelle mir sein breites fauliges Grinsen vor, als ich mich mit gequälter Miene von ihm verabschiede. »Wir sehen uns, Mike.«

»Tschüs. Bis bald«, fügt Veronica hinzu. Dann hakt sie sich in meinem Arm ein und wir verlassen den alten Bahnhof.

»Und?«, frage ich. »Wie war's so bei den Unterirdischen?«

»Och. Anfangs fand ich's ziemlich gruselig. Ein paar von denen sehen echt heftig aus. Hast du Linda gesehen? Die frisst wirklich alles, was ihr vor die Füße krabbelt. Hauptsächlich Kakerlaken und Würmer. Echt eklig. Und genau so sieht sie auch aus.«

»War das die mit der schwarzen Schuppenhaut?«

»Ja, genau. Krass, nicht wahr? Aber eigentlich sind die meisten von ihnen ganz in Ordnung. Man darf sie bloß nicht allzu intensiv anschauen, wenn man mit ihnen spricht. Und man sollte nicht mehr atmen, als unbedingt zum Reden notwendig ist.« Sie kichert wie ein kleines Kind, als sie sich die Nase zuhält und das Gesicht in gespieltem Ekel verzieht. Falls Marduks Anwesenheit in New York wirklich schlechte Stimmung verbreitet, lässt zumindest sie sich nicht davon beeindrucken.

Je mehr ich mit Veronica rede, umso deutlicher wird die Veränderung, die sich während meiner Abwesenheit vollzogen hat. Die Traurigkeit, die früher ihr steter Begleiter war, selbst, wenn sie Witze gemacht hat, scheint vollständig verschwunden und ist fröhlicher Infantilität gewichen. Ihre Besorgnis über das, was seit der Begegnung mit dem Reißwolf aus ihr geworden ist, ist wie weggefegt. Sie erweckt den Eindruck, die Bestialität mit offenen Armen zu begrüßen.

Kein gutes Zeichen.

»Wo bist du vorhin zum Essen hingegangen«, frage ich.

»Nicht weit von der Station an der Fulton Street gibt es eine Ecke, in der sich oft Penner verkriechen. Hatte Glück. Waren gerade zwei da. Von denen trinke ich zwar eigentlich nicht gern, aber ich hatte es eilig, wieder zu dir zu kommen.«

»Ich nehme an, sie sind beide tot?«

»Oh ja, das sind sie. Da gibt's gar keinen Zweifel.«

»Und was hast du mit den Leichen gemacht?«

»Ab in die Kanalisation.« Sie verdeutlicht ihre Aussage mit einer schwungvollen Geste. »Ich will ja nicht, dass sich herumspricht, man würde von Vampiren gefressen, wenn man sich dort hinlegt. Dann würde ja keiner mehr kommen. Nein, nein. Ich habe alles wieder schön sauber gemacht.«

Zwar bin ich nicht wirklich glücklich über ihr Handeln, aber zumindest einen Rest Verstand scheint sie noch bewahrt zu haben. »Und wovon ernährst du dich sonst?«

»Meistens Gangster. Wie du's mir damals in der Bronx gezeigt hast. Das macht echt Spaß. Zuerst macht man sie ein bisschen an, dann fange ich an, sie zu provozieren. Die wissen meistens gar nicht, wie ihnen geschieht. Die denken, sie haben es nur mit irgendeiner bekloppten Schlampe zu tun. Bis man sie sich dann schnappt und sie fertigmacht. Das ist so cool!«

Schon der Gedanke an ihre Beutezüge lässt ihre Fangzähne hervortreten. Ihre Erregung ist beängstigend. Ebenso wie ihre gute Laune.

Als wir uns der Fulton Street-Station nähern, bedeute ich ihr, still zu sein. Wir weichen einer U-Bahn aus und warten, bis der Zug den Bahnhof verlassen hat, bevor ich mich an den Bahnsteig heranschleiche. Vorsichtig schaue ich nach oben, ob wir ihn unbeobachtet betreten können. Zur mittlerweile fortgeschrittenen Zeit ist weit weniger los als vorhin bei meiner Ankunft.

Ich warte einen günstigen Augenblick ab, dann springe ich von den Gleisen hinauf. Veronica folgt mir behände. Ich habe den Eindruck, sie weiß mit ihren Kräften nun besser umzugehen als zuvor. Wenigstens etwas Positives. Fragend sieht sie mich an, als ich zögere weiterzugehen. Ich deute auf ihr rotbraun verschmiertes Sweatshirt. Widerstrebend und Grimassen ziehend zieht sie das verdreckte Kleidungsstück über den Kopf und knüllt es zu einem Bündel zusammen, so dass das Blut nicht mehr zu sehen ist. Riechen kann ich es zwar immer noch, aber für die Nasen der Sterblichen sollte es unverdächtig sein.

Zweifelnd betrachte ich das knappe Top, das darunter zum Vorschein kommt. Sie kommentiert meine unausgesprochenen Bedenken lediglich mit einem anzüglichen Grinsen.

Gerade will ich mich in Richtung des Bahnsteigs aufmachen, an dem die U-Bahn zurück nach Little Italy abfährt, als hinter der nächsten Ecke ein bekanntes Gesicht auftaucht: Jake. Er entdeckt mich nur einen Sekundenbruchteil später.

Wir bleiben beide stehen, wo wir sind. Rund fünfzehn Meter trennen uns voneinander. Blitzschnell bewerte ich die Situation. In unmittelbarer Nähe halten sich fünf weitere Personen auf: eine Gruppe von drei jungen Männern mit Skateboards und schief auf dem Kopf sitzenden Baseballmützen sowie ein älteres schwarzes Pärchen, das schweigend auf einer Wartebank sitzt. Ziemlich viele Zeugen.

Aus dem Augenwinkel bemerke ich, wie Veronica sich neben mir zum Angriff duckt und die Zähne fletscht. Mit einem Griff an ihren Ellbogen halte ich sie zurück, ohne Jake aus den

Augen zu lassen. Als ich sicher bin, dass sie sich vorerst unter Kontrolle hat, breite ich die Arme aus und präsentiere Jake meine leeren Handflächen. Nach einem Moment des Zögerns erwidert er die Friedensgeste.

Sein Blick zeigt auf die umstehenden Sterblichen, deren Aufmerksamkeit sich auf uns richtet. Mit einer seitlichen Kopfbewegung zum Ausgang schlägt er vor, dass wir uns an einen ruhigeren Ort begeben. Ich nicke kaum merklich. Er macht kehrt und geht bedächtig in die bedeutete Richtung. Wir folgen ihm, ohne den Abstand zu ihm zu verringern.

»Was will er?«, flüstert Veronica mit unüberhörbar aggressivem Unterton.

Ich antworte so leise, dass sie es gerade noch verstehen kann. »Keine Ahnung.«

»Eine Falle?«

»Möglich. Wir müssen auf jeden Fall aufpassen.«

Ohne übermäßig nervös zu wirken, behalte ich die Umgebung im Auge. Auch Veronica schaut sich intensiv um, wendet hektisch den Kopf von links nach rechts, lauscht nach verdächtigen Geräuschen. Sie kann ebenso wie ich keine unmittelbare Gefahr außer dem Vivant vor uns entdecken.

Vor der Treppe zum nächsten Ausgang der U-Bahn-Station bleibt Jake stehen und dreht sich zu uns um. Ich stoppe ebenfalls. Etwa zehn Meter trennen uns voneinander. Weit und breit ist kein Mensch zu sehen.

Von oben höre ich platschenden Regen. Die Stufen sind ebenso nass wie Jakes zottelige Haare und seine schwarze Lederjacke mit den Kegelnieten auf den Schultern. Er wartet noch nicht lang hier unten.

»Ihr seid also doch nicht abgehauen, wie alle behaupten, Templer«, begrüßt er mich.

»Nein, ich bin noch da. Was führt Euch hierher nach Downtown?«

»Sie.« Er deutet auf Veronica.

»Was willst Du von mir?«, platzt es aus ihr heraus. Ihre Fangzähne sind angriffsbereit.

Wieder mahne ich sie mit einer Geste, die Ruhe zu bewahren. Es fällt ihr sichtlich schwer, doch sie fügt sich.

Jake fixiert sie mit zusammengekniffenen Augen. »Sie wildert in meinem Revier. Und sie hinterlässt Spuren.«

Veronica will ihm eine Antwort entgegenschleudern, aber ich falle ihr ins Wort, bevor sie etwas äußern kann: »Habt Ihr die Spuren beseitigt, wie es sich für den Herrn einer Domäne gehört?«

Das sichtliche Vergnügen, mit dem er die Anschuldigungen gegen meinen Schützling vorgebracht hat, verschwindet, als ich ihn an seine Pflichten gemahne.

»Ja, ich habe hinter ihr sauber gemacht«, bestätigt er missmutig. »Aber ich verlange, dass ihre Beutezüge aufhören.«

»Ich habe sie bereits in meine Obhut genommen, wie Ihr seht.«

Drohend streckt er ihr den Finger entgegen. »Wenn sie sich nicht unter Kontrolle hat, werde ich sie vernichten.«

»Überlasst das dem Richter!« Ich bemühe mich um einen freundlichen Tonfall. »Diese Pflicht obliegt ihm.«

»Dann tut Eure Pflicht, Templer!«

Er setzt an, sich umzudrehen und die Treppe hinaufzusteigen, als ich ihm hinterher rufe: »Noch eine Frage, Jake.«

Er hält inne.

»Ist es ein Zufall, dass Ihr genau in der Nacht nach ihr sucht, in der ich mich wieder blicken lasse, um mich ihrer anzunehmen?«

Er zögert, überlegt. Ein schelmisches Lächeln umspielt seine Züge. »Muss wohl so sein, Templer. Denn wen sollte es schon interessieren, an welchen Flughäfen Ihr Euch herumtreibt?«

Mit diesen Worten wendet er sich endgültig ab und läuft hinauf in den prasselnden Regen.

Veronica will ihm nachsetzen. »Los! Schnappen wir ihn uns!«

Mit sanfter Gewalt halte ich sie zurück. »Nein.«

»Er ist allein. Wir können ihn fertigmachen.«

»Und alle Vampire der Stadt gegen uns aufbringen?« Ich werfe einen prüfenden Blick die Treppe hinauf, kann aber nichts außer strömendem Regen entdecken. Ich ziehe sie zurück in den Tunnel. »Bestimmt nicht! Komm! Wir gehen!«

Gegen meine von Vampirblut getränkte Kraft kommt sie nicht an. Widerwillig gibt sie ihren Widerstand auf und folgt mir. Gemeinsam eilen wir durch die gekachelten Korridore zurück zum Bahnsteig. Schon eine Ecke vorher höre ich den Zug. Die letzten Meter laufend schaffen wir es gerade noch einzusteigen, bevor die Türen sich schließen. Es sind einige Menschen im Abteil, doch die meisten Sitze sind frei. Wir lassen uns nebeneinander auf einer Bank nieder.

Veronica hat sichtlich Mühe, ihr Temperament zu zügeln. Unruhig rutscht sie auf ihrem Platz hin und her. Ihre Augen wandern gehetzt durch den Waggon. Die anderen Passagiere weichen ihrem Blick aus, wenn er sie trifft. Vermutlich halten sie sie für einen Junkie auf Entzug oder etwas in der Art. Ihr aktuelles Erscheinungsbild kommt dieser Annahme in jedem Fall entgegen.

Ich lege meinen Arm um sie, spüre ihr Zittern. Erst als ich sie eng an mich drücke, wird sie langsam ruhiger und legt ihren Kopf an meine Schulter. Ich streiche mit der Hand sanft über ihre Haare.

Trotz ihres Abgleitens in die Bestialität bedeutet sie mir immer noch viel. Vielleicht auch gerade deswegen. Ich fühle mich für sie verantwortlich, selbst wenn das meinem Vorsatz, mich wie einer der Alten zu verhalten, vollständig widerspricht. Aber daran kann ich in der kommenden Nacht weiter arbeiten. Heute will ich mich nur noch um das armselige Geschöpf in meinen Armen kümmern.

»Wir müssen aussteigen«, flüstere ich ihr zu, als wir nach wenigen Stationen unser Ziel erreicht haben.

Sie löst sich aus meiner Umarmung und sieht mich an. Die Wildheit ist nicht vollständig aus ihrem Antlitz gewichen, doch zumindest scheint sie ihre Anspannung überwunden zu haben.

Wir verlassen die U-Bahn. Auf dem Bahnsteig patrouillieren zwei Polizisten, die uns argwöhnisch mustern. Ich lege meinen Arm um Veronica. Sie tut es mir gleich. Das perfekte Liebespärchen. Die Aufmerksamkeit der Cops richtet sich insbesondere auf das knappe Top meiner Begleiterin. Mir soll es recht sein, so lang sie das davon abhält, schwertförmige Gegenstände unter meinem Mantel zu suchen.

Mit einem stummen Gruß passieren wir die Polizisten und streben der Oberfläche entgegen. Das Wetter hat sich nicht gebessert. Es schüttet wie aus Kübeln. Wir sind weit und breit die einzigen Fußgänger auf der Straße. Ich überzeuge mich intensiv, dass wir nicht beobachtet werden. Sogar die Autos, die in alle Richtungen großzügig Spritzwasser vergießend an uns vorbeifahren, merke ich mir. Ich will sicherstellen, dass keines davon uns mehrfach begegnet. Da wir ohnehin vollkommen durchnässt unser Ziel erreichen werden, besteht kein Anlass zur Eile. Weiterhin eng umschlungen spazieren wir im strömenden Regen durch Little Italy.

Die nasse Haut von Veronicas nackten Hüften zuckt mit jedem ihrer Schritte verführerisch unter meiner Hand. Ich sehe sie an und erwidere ihr anzügliches Lächeln. Spüre, wie es in meiner Hose eng wird. Auch Veronicas aufmerksamen Sinnen entgeht meine Erregung nicht, was ihr Grinsen noch breiter werden lässt.

Was sich soeben zwischen uns anbahnt, ist eigentlich vollkommen unangebracht. Ich habe beileibe wichtigere Dinge zu tun, als mich den unkeuschen Verlockungen einer Neugeborenen hinzugeben. Das Problem ist, dass meine Gelüste den Verstand gerade in die Defensive drängen. Das unerwartete Wiedersehen mit Constantia in Wien hat etwas in mir wachgerüttelt, das seitdem gefüttert werden will. Und Veronica ist ganz offensichtlich mehr als bereit dazu, mich tief in die Snacktüte greifen zu lassen.

Was habe ich zu verlieren? Maximal wenige Stunden, die ich später mit der Suche nach Verbündeten fortfahre. Nach mehr als einer Woche Abwesenheit wird es darauf wohl nicht ankommen.

Und letztlich: Wer weiß, wie oft ich noch dazu komme, mich meinen Trieben jenseits des Blutrausches hinzugeben? Warum nicht die Gelegenheit ergreifen, die sich gerade bietet?

Nutze ich aus, dass Veronica ihre Emotionen nicht unter Kontrolle hat? Möglicherweise.

Würde meine Zurückhaltung ihr in irgendeiner Form helfen, ihren instabilen Gemütszustand in den Griff zu bekommen? Zweifelhaft.

Warum also hadere ich noch?

Ich beschleunige meine Schritte. Mit siegessicherem Grinsen im Gesicht treibt Veronica mich zu noch größerer Eile an.

In der schmalen Seitengasse mit den Mülltonnen angekommen, verschaffe ich uns mit Silvios Schlüssel Zugang zu dem unscheinbaren Kellereingang. Die Tür erweckt den Eindruck, so verrostet zu sein, dass es unmöglich ist, sie zu öffnen. In Wirklichkeit ist sie jedoch gut geschmiert und gewährt uns widerstandslos Einlass in unsere Unterkunft.

In dem gemütlich eingerichteten Versteck angekommen, packt Veronica mich, kaum dass ich die Tür hinter mir geschlossen habe. Wortlos sieht sie mir in die Augen und presst ohne Vorwarnung ihre regennassen Lippen auf die meinen. Begierig erwidere ich ihre Liebkosung. Unsere Zungen finden sich, berühren sich erst zaghaft, dann drängend. Umspielen Lippen, Gaumen und weit aus den Kiefern tretende Fangzähne. Sie drückt ihre Zunge gegen die Spitze meines Zahns. Mit einem obszönen Schmatzen gibt ihre Haut nach und ihr Fleisch öffnet sich.

Ich schmecke Blut.

Ohne unsere Münder voneinander zu trennen, beginnen wir, uns der nassen Kleider zu entledigen. Der gepanzerte Mantel landet schwungvoll in einer Ecke. Ich höre, wie mein T-Shirt unter Veronicas Händen zerreißt. Spüre ihre nur von dem regengetränkten Top bedeckten Brüste auf meiner nackten Haut. Blut rinnt über mein Kinn. Meine Hände finden ihre Hose. Ich versuche, sie sorgsam zu öffnen, doch die Erregung hat mich bereits fest im Griff. Schnell verliere ich die Geduld mit Knöpfen und Reißverschluss und gehe stattdessen mit roher Gewalt vor. Der schwere Jeansstoff weicht meinem Drängen und gibt ihre Scham und Schenkel frei. Meine Finger tasten sich weiter voran, umschließen ihren festen Po, umrunden tastend ihre Taille und fahren von vorne zwischen ihre Beine.

Sie löst ihre durchstoßene Zunge von meinem Kiefer, tritt einen Schritt zurück. Meine Augen nicht aus dem Blick lassend, schlüpft sie aus Schuhen und dem zerrissenen Rest ihrer Hose. Aus ihrem Mundwinkel führt ein rotes Rinnsal über Kinn und Hals. Es verliert sich im nassen Stoff des Tops, der sich zart rosa färbt, wo Blut und Wasser sich mischen.

Ich fühle ihre Hände auf meiner Brust, meinem Bauch, in meinem Schritt. Sie nimmt auf meine Hose genau so wenig Rücksicht wie ich auf die ihre, als sie sie mit einem Ruck aufreißt, zu Boden zieht und mitsamt meinen Schuhen fortwirft. Dann packt sie meine Arme und schubst mich rücklings auf das Bett. Noch bevor ich mich wieder aufrichten könnte, ist sie über mir und hockt sich, bis auf das nasse Top vollkommen nackt, auf meinen Schoß. Alle Feinde und Sorgen verblassen zur Bedeutungslosigkeit, als sie mich in sich aufnimmt.

Ich will ihre Haut berühren, ihre muskulösen Schenkel, ihre Brüste, deren Nippel sich scharf unter dem feuchten Stoff abzeichnen. Doch sie umfasst meine Handgelenke und drückt mich kraftvoll auf die Matratze. Ihr Gesicht senkt sich zu mir herab, während sie ihr Becken sanft kreisen lässt. Ihre Lippen verharren nur Millimeter über den meinen.

Neckend zuckt sie zurück, als ich den Kopf anhebe, um sie zu küssen. Schließlich finden unsere Lippen zueinander. Sie hat das Loch in ihrer Zunge noch nicht geheilt und hinterlässt eine feuchte Spur, als sie sich ihren Weg über meinen Mund, meine Wange, meinen Kiefer zu meinem Hals bahnt.

Die Stöße ihres Unterleibs werden intensiver, steigern sich zu animalischen Zuckungen. Plötzlicher Schmerz durchzuckt mich. Ihre Fangzähne perforieren meine Kehle, meine Schlagader.

Sie löst den Biss, badet ihr Gesicht in einer kurzen Fontäne kalten Blutes. Dann senkt sie ihre Kiefer wieder und saugt das

Leben aus mir heraus. Mit jedem Schluck spüre ich, wie meine Kraft schwindet. Doch mit dem Blut von Ireen Fowler in meinen Adern habe ich davon im Übermaß.

Fest packe ich Veronicas Haare. Sie wehrt sich nicht, als ich ihren Kopf zur Seite ziehe und den Hals überstrecke. Meine Lippen fühlen die pumpenden Bewegungen ihrer Speiseröhre, dann kann ich mich nicht mehr zurückhalten und senke meine Zähne in das kalte Fleisch. Auf der Stelle füllt sich meine Mundhöhle mit Blut.

Die letzten Reste meines Verstandes sind innerhalb eines Augenblickes weggefegt. Wogen des Glücks strömen über mich, reißen mich mit in die tobende Brandung ungebändigter, nackter Lust. Die Welt verschwindet. Meine Wahrnehmung ist vollkommen reduziert auf das Blut, das meine Kehle hinunter strömt, Veronicas innerste Essenz, während sie die meine in sich aufnimmt.

Ich erlebe ihre Pein, als sie entdeckt, was sie Jason angetan hat. Ihre Angst, als ich ihr zum ersten Mal gegenüberstehe. Ihre Wut, als sie begreift, wer für all das verantwortlich ist. Ihre Hoffnung, als ich sie als Gefährtin aufnehme. Ihr zerbrechliches Glück, als wir zueinanderfinden. Ihren Verlust, als ich ohne sie nach Europa abreise. Ihre Einsamkeit, als sie spürt, wie sie den Menschen, der sie einst war, immer weiter hinter sich lässt. Ihre Freude, als wir uns wiedersehen. Und die pure Erregung unseres blutigen Liebesaktes.

Wir werden eins. So wie ich ihre innigsten Geheimnisse erfahre, nimmt sie Einblick in die Erinnerungen meines langen Lebens.

Mein Jahrhunderte währendes Hadern mit Gott und dem Schicksal, das mir bestimmt war. Die strengen Übungen der Disziplin, mit denen ich den Blutrausch zu bekämpfen gelernt habe. Meinen wohl gehegten Zorn gegen Vitus. Die Resignation, der ich mich nach dem Scheitern meines Rachefeldzuges hingegeben habe und die mich seitdem Nacht für Nacht begleitet. Die Unfähigkeit, meinem Dasein ein Ende zu setzen. Die Rückkehr von Sinn und Zielstrebigkeit in mein Leben, als ich sie finde und wir gemeinsam gegen unsere Feinde zu Felde ziehen. Meine tiefe Zuneigung zu ihr.

Ist es gar Liebe?

Ohne jedes Gefühl für Raum und Zeit habe ich keine Ahnung, wie lang unsere Vereinigung in Fleisch und Blut anhält. Irgendwann schaffen wir es, uns der nicht enden wollenden Ekstase zu entziehen, trennen uns voneinander. Liegen nebeneinander auf dem Bett. Nicht schwitzend oder körperlich erschöpft, wie Sterbliche nach dem Liebesakt. Doch nicht weniger erfüllt von einem Wohlgefühl, das sich von Bauch und Herz bis in die Finger- und Zehenspitzen ausbreitet. Wir sehen uns in die Augen.

Langsam treten ihre Erinnerungen und Gefühle in den Hintergrund, lassen mich mit meinen eigenen Gedanken alleine. Das eine Wesen, das wir waren, wird wieder zu zwei getrennten Personen. Doch die Erfahrungen und Erlebnisse des anderen bleiben in uns zurück.

»Wow!«, haucht Veronica, ohne den Blick von mir zu nehmen. »Warum haben wir das nicht schon früher gemacht?«

Die Aggressivität, die zuvor jedes ihrer Worte begleitet hat, ist vollständig aus ihrer Stimme gewichen. Auch in ihrem Gesicht kann ich keine Spur mehr von der vorher permanent zur Schau gestellten Anspannung erkennen.

»Weil ich nicht bereit dafür gewesen bin«, antworte ich nach einer kurzen Pause.

»Ach ja, deine Ex.« Sie schaut an mir vorbei, kramt in ihren Erinnerungen. Oder vermutlich eher in meinen Erinnerungen. »Du bist ihr begegnet.«

»Ja.« Leugnen hätte keinen Zweck. Sie hat einen so tiefen Einblick in mein Leben erhalten wie niemand zuvor, seit Constantia und ich getrennte Wege gegangen sind.

»Und? Wie war's?«

Falls sie es aus meinem Gedächtnis bereits in Erfahrung gebracht hat, will sie es aus meinem Mund hören. »Befreiend.«

Sie wirkt ehrlich verwundert. Vielleicht hat sie es doch nicht gesehen. »Das heißt, jetzt bist du bereit?«

»Sonst hätte ich das gerade nicht zugelassen.«

Ihre Lippen formen ein absolut bezauberndes Lächeln. Mit einer eleganten Rolle landet sie über mir, stützt sich mit den Händen auf die Matratze und sieht zu mir herunter. Die Spitzen ihrer herabhängenden blonden Haare kitzeln in meinem Gesicht.

Sie streckt ihren Kopf vor und drückt mir einen Kuss auf den Mund. Ich lege meine Arme um ihren Körper und ziehe sie sanft zu mir hinab, bis ihre Haut von den Lippen bis zu den Füßen auf meiner zum Liegen kommt. Sie kuschelt sich an mich, legt ihren Kopf auf meine Brust. So verharren wir schweigend.

Ich frage mich, ob die Ruhe, die sie nun im krassen Gegensatz zum bisherigen Verlauf der Nacht zur Schau trägt, lediglich aus der Erfüllung ihrer sexuellen Begierde oder dem Trinken meines Blutes resultiert. Ich weiß, dass mit dem Blut eines Nocturnus nicht nur Erinnerungen übertragen werden können, sondern auch Fähigkeiten. Ob dies so weit geht, dass sie nun von meiner Disziplin in der Unterdrückung der Bestialität und Instinkte profitiert, kann ich nicht sagen. Es wäre allerdings durchaus denkbar. Und ein in höchstem Maße wünschenswerter Effekt.

»Du willst also ernsthaft genau so ein Arschloch werden wie Marduk oder Vitus?« Veronicas ruhig, aber unverschämt formulierte Frage reißt mich aus meinen Gedanken.

»Was?«

»Das hast du dir doch vorgenommen. Ich habe es …«, sie sucht nach einem angemessenen Wort, »erlebt, gespürt, was auch immer.«

Es wäre mir lieber gewesen, sie hätte dieses Detail nicht erfahren. Aber was soll's. Ich hoffe, sie hat auch die Motivation mitbekommen, die dahinter steckt.

»Es ist die einzige Möglichkeit, die ich sehe«, antworte ich wahrheitsgemäß.

»Ich weiß. Es gefällt mir nur nicht.«

»Mir auch nicht.«

Ihre Finger streichen über meine Brust, spielen mit den spärlichen Haaren, die sich dort kräuseln. Sie hebt ihren Kopf und stützt ihn auf ihre Hand, den Ellbogen in die Matratze gestemmt. »Was war das vorhin mit Jake?«, wechselt sie abrupt das Thema.

Dieser Frage wollte ich mich auch noch widmen. Ich lasse die Begegnung und seine Worte noch einmal vor meinem geistigen Auge Revue passieren. »Sie wissen, dass ich weg war. Und sie wissen, dass ich wieder hier bin.«

»Wer?«

»Samantha. Gianna. Massoud. Im Zweifelsfall alle. Hier bleibt nichts lang geheim.«

»Und warum hat Jake dir das verraten?«

»Das ist die Frage, die ich im Moment noch nicht beantworten kann. Ich kann nur vermuten, dass er hier war, um sich zu vergewissern, ob ich wirklich wieder im Lande bin.«

»Dazu müsste er aber wissen, wo Mikes Versteck ist.«

»Das ist kein so großes Geheimnis. Du hast ja gesehen, wie viele Paria und Aasgeier sich dort herumtreiben. Jake hat ebenfalls Kontakte in den Untergrund. Aber über die hat er nicht von meiner Rückkehr erfahren. Sonst hätte er nicht den Flughafen erwähnt.«

»Das heißt, irgendjemand hat beobachtet oder herausgefunden, dass du heute mit dem Flugzeug angekommen bist.«

»Anscheinend.«

»Wie das?«

»Was weiß ich? Wenn sie vermutet haben, dass ich weg bin, liegt es nahe, die Flughäfen zu überwachen, um zu sehen, ob ich wieder zurückkomme. Ich weiß, dass Gianna Linaro Verbindungen zur Stadtverwaltung besitzt. Außerdem hat sie viele Kontakte zu allen möglichen Konzernen und anderen Firmen. Möglicherweise kommt sie darüber irgendwie an Informationen, was sich an den Flughäfen so tut.«

»Vielleicht hat Marduk weitere Quellen.«

»Ich glaube eher, dass Gianna da drin hängt. Ein Netz von Vertrauten und anderen Informanten aufzubauen, die an wichtigen Stellen positioniert sind, dauert normalerweise viele Jahre. Ich denke, so weit sind Marduk und seine Nachkommen noch nicht.«

»Nachkommen? Gibt es noch mehr außer Massoud?«

Meine Unterredung mit Ireen Fowler ist Veronica offensichtlich nicht geläufig.

»Es gibt noch zwei. Einer ist angeblich im Irak, der andere vermutlich in den Staaten, vielleicht sogar hier in der Stadt.«

»Wo hast du denn das her?«

Ich zwinkere ihr zu. »Ich war nicht untätig auf meiner Reise. Oder dachtest du, ich wäre in Urlaub geflogen?«

Sie haut spielerisch in Richtung meiner Nase. »Blödmann!«

Ihre Veränderung seit unserer blutigen Vereinigung ist frappierend. Sie scheint wieder so zu sein wie früher. Kein Anzeichen mehr von der fortgeschrittenen Bestialität, die sie zuvor so fest im Griff hatte. Vielleicht ist für sie noch nicht alles verloren.

»Aber«, sie grübelt weiter, »wenn Gianna Linaro diese Informationen hat, wie kommt dann Jake daran?«

Das ist in der Tat merkwürdig. Mir ist nicht bekannt, dass der selbsternannte Herr der Lower East Side intensive Kontakte mit irgendwelchen Behörden oder sonstigen Stellen pflegen würde, die ihn mit derartigem Wissen versorgen könnten. So weit ich weiß, beschränkt sich sein Umgang auf Dealer, Punks und ein paar Kleinkriminelle. Entweder entspricht dieser Wissensstand nicht mehr den Tatsachen oder er hat es von anderen der unseren erfahren. Was wiederum die Frage aufwirft: Von wem? Haben unsere Gegner es ihm mitgeteilt? Hat er die Neutralität, die er geschworen hat, aufgegeben und gehört nun selbst zu meinen Feinden? Doch warum sollte er mir dann seine Informationen preisgeben? Irgendwie ergibt das alles keinen Sinn. Zumindest keinen, der sich mir gerade erschließen würde.

»Das wüsste ich auch gerne«, fasse ich meine Überlegungen kurz zusammen. »Im Augenblick habe ich aber nicht das Gefühl, dass Jake eine unmittelbare Gefahr darstellt. Vielleicht war es sogar eine Warnung, die er uns hat geben wollen. Selbst wenn mir die Gründe dafür schleierhaft sind. Auf jeden Fall ist nun bekannt, dass ich wieder hier bin. So viel steht fest. Das heißt, wir müssen jederzeit mit Angriffen rechnen.«

»Sehr ermutigend …«

»Oder selbst so schnell zuschlagen, dass unsere Feinde gar nicht erst dazu kommen, uns zu attackieren.«

Ihre Miene hellt sich auf. »Das gefällt mir schon besser. Und wie tun wir das?«

»Wir sammeln Verbündete.«

»Widerspricht das nicht der Absprache, der du bei Samantha zugestimmt hast?«

»Doch. Das tut es.«

Sie erwidert mein böses Grinsen.

»Aber heute Nacht ist es zu spät für so etwas.« Ich lasse mich wieder auf die Matratze sinken. »In weniger als einer Stunde wird die Sonne aufgehen.«

»Na dann haben wir ja noch Zeit für andere Dinge.« Sie beantwortet die Frage, die mir ins Gesicht geschrieben steht, indem sie ihre Hand von meiner Brust in tiefere Regionen wandern lässt.

Ich widersetze mich nicht. Wer weiß, wie oft wir noch dazu kommen werden. Der Krieg kann am nächsten Abend weitergehen. Bis dahin genieße ich erst einmal die Freuden der Zweisamkeit so unbeschwert wie seit langer Zeit nicht mehr. Constantia ist Geschichte. Veronica ist hier. Die Schatten der Vergangenheit haben mich losgelassen.

Endlich.

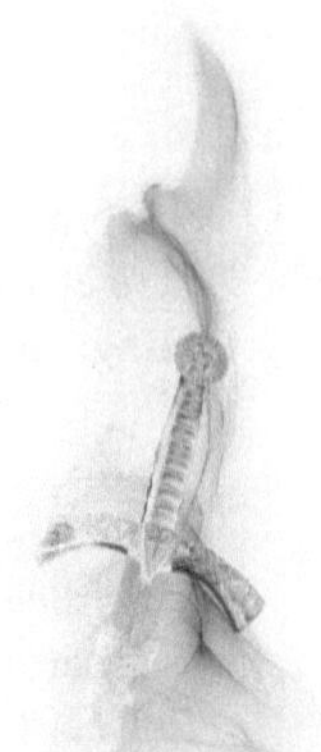

Sommer 1530, Jerusalem, Osmanisches Reich

Hätte ich gewusst, welche Pein mir die Trennung von meinem Herrn und Meister bereitete, meinem unheiligen Schöpfer, vermutlich wäre ich in Wien geblieben. Stattdessen verließ ich Österreich mit Ibrahim und dem türkischen Heer. Die Osmanen gaben die Belagerung letztlich erfolglos auf, von Seuchen und schlechtem Wetter nicht weniger geplagt als vom verbitterten Widerstand der Verteidiger.

So kehrte ich zurück nach Konstantinopel, der Stadt, die so eng mit meinem Schicksal verbunden war, seit ich sie das erste Mal betreten hatte. Obwohl die Bosporusmetropole meinem Erzeuger schon lang nicht mehr als Heimstatt diente, waren die Erinnerungen an das Übel, das mir hier widerfahren war, immer noch präsent, als ich durch ihre Straßen wanderte. Ohne Ibrahims vehementes Drängen, mich meinen Ängsten und inneren Dämonen zu stellen, hätte ich es vermutlich nicht zu Wege gebracht, den Ort aufzusuchen, an dem einst die Stadtvilla meines Erzeugers gestanden hatte. Genährt von Vitus' Blut und Lügen war ich dort der Finsternis anheimgefallen. Als ich den Ort wiederfand, war ich fast enttäuscht zu sehen, dass das alte Gebäude schon lang nicht mehr existierte. Es war den Bauten der neuen türkischen Herren der Stadt gewichen.

In Konstantinopel verspürte ich zum ersten Mal den innigen Drang, zu meinem Meister zurückzukehren. Es war, als ob er mich zu sich riefe. Beinahe glaubte ich, seine Stimme zu hören. Doch jedes Mal, wenn ich mich umdrehte und sein Antlitz suchte, schauten alle Umstehenden mich nur verwirrt an.

So Ibrahim Zeuge eines dieser Ereignisse wurde, beschwichtigte er mich, so gut er es vermochte. Er versicherte mir eindringlich, dass Vitus weit weg wäre. Natürlich hatte er recht. Aber mein Verstand war nicht in der Lage, das intensive Gefühl der unmittelbaren Nähe meines Erzeugers als Hirngespinst abzutun.

Schließlich kam ich zu der Einsicht, dass die Stadt zu viele Erinnerungen an Vitus weckte, der hier jahrhundertelang seine Heimstatt hatte. Die Wahl eines anderen Ortes für die Befreiung aus seiner Knechtschaft fiel auf Jerusalem. Die Heilige Stadt war vor einigen Jahren ebenfalls dem Reich der Osmanen zugefallen. Ibrahim erklärte sich bereit, mich zu begleiten. An den Ort zurückzukehren, an dem unsere Freundschaft dereinst ihren Anfang genommen hatte. So bestiegen wir ein Schiff und reisten nach Palästina.

Das Kreuz der Tempelritter auf dem Felsendom hatte endgültig dem Halbmond der Muslime Platz gemacht. Und statt des Läutens der Glocken erklang der Ruf des Muezzin über den Dächern der Stadt. Abgesehen davon hatte Jerusalem sich in den rund drei Jahrhunderten seit meinem Fortgang erstaunlich wenig verändert, zumindest äußerlich.

Das städtische Leben hingegen zeigte den Wandel dafür umso deutlicher. Es war unübersehbar, dass aus der einstigen Kapitale des Königreiches der Kreuzfahrer ein unbedeutendes Nest am äußersten Rand des Osmanischen Reiches geworden war. Von Nahem betrachtet schien die Hälfte der Häuser unbewohnt und dem langsamen Verfall preisgegeben. Das geschäftige Treiben, das die Stadt früher auch nachts erfüllt hatte, war beschaulicher Provinzialität gewichen.

Dennoch war es ein erhebendes Gefühl, wieder durch die selbst nach so langer Zeit noch vertrauten Straßen zu wandeln. Zwar weckten die verwinkelten Gassen und altehrwürdigen Bauten Jerusalems ebenfalls eine Reihe unschöner Erinnerungen. Allen voran das Blutbad bei der Eroberung der Stadt durch die Kreuzfahrer und die Nächte, in denen ich die Bestie gejagt hatte. Aber im Gegensatz zu Konstantinopel hatte ich hier auch gute Zeiten erlebt, an die zu denken ganz und gar nicht unangenehm war. Das Andenken an die Tempelritter hatten die Muslime nahezu vollständig getilgt. Alle Zeichen des Ordens an Kirchen und anderen Bauten waren unkenntlich gemacht. Doch ich wusste noch sehr wohl, wo die Orte waren, an denen der Orden in seiner Blüte gewirkt hatte.

Besonders glücklich war ich darüber, dass die Grabeskirche weiterhin von Pilgern aus allen Ländern der Christenheit besucht wurde. Zweifellos war der Strom der Gläubigen um ein Vielfaches geringer als zur Zeit der christliche Könige von Jerusalem. Aber es tat gut zu sehen, dass die Verehrung dieses heiligen Ortes noch nicht vollständig zum Erliegen gekommen war.

Am Ort der letzten Ruhestätte Jesu vor seiner Auferstehung versenkte ich mich ins Gebet und bat ihn um die Erlösung meiner Seele von der Sklaverei meines unheiligen Herrn. Doch weder mein Flehen noch die veränderte Umgebung bewirkten eine Befreiung von den unsichtbaren Ketten, die Vitus mir angelegt hatte. Ganz im Gegenteil kamen seine vermeintlichen Rufe immer häufiger, bis ich mich schließlich keinen Augenblick mehr unbeobachtet fühlte. Ständig hatte ich das Gefühl, mein Erzeuger würde unmittelbar hinter mir stehen und jeden Moment seine Hand auf meine Schulter legen.

Die Zeiträume, die ich widerstehen konnte, mich umzusehen, um mich davon zu überzeugen, dass alles nur Trug und Einbildung war, wurden immer kürzer. Letztlich schlich ich permanent wie von bösen Geistern gehetzt durch die Straßen oder hockte zitternd und jammernd in einer Ecke der einfachen Zuflucht, in der Ibrahim und ich uns niedergelassen hatten. Ich hielt mir die Ohren zu, ohne dass die imaginäre Stimme in meinem Kopf auch nur im Geringsten leiser würde.

Ibrahim tat sein Bestes, mir beizustehen und Trost zu spenden. Doch irgendwann konnte ich jenseits der unentwegten Rufe gar nichts mehr wahrnehmen und erkannte weder Worte noch Gesichter. Schließlich wandelte sich das Drängen in körperlichen Schmerz und sprengte endgültig die Grenzen meiner Leidensfähigkeit. Ich verwarf sämtliche Vorsätze, mich von Vitus zu lösen. Ich war bereit, mich in alle Ewigkeit der Sklaverei hinzugeben, nur damit die unerträglichen Qualen ein Ende nahmen.

Allein Ibrahim hielt mich davon ab, auf der Stelle loszulaufen und mich in die behütete Geborgenheit zu begeben, die mein Meister für mich bereithielt. Der Sarazene legte mir Ketten an, die im Gegensatz zu denen von Vitus nur allzu real und körperlich waren. Die eisernen Ringe schnitten tief in mein kaltes Fleisch, als ich wie ein wildes Tier daran riss und zerrte. Mehrfach biss ich mir selbst die Gliedmaßen durch, nur um mich von den Fesseln zu befreien, die mich hinderten, meiner einzigen Bestimmung zu folgen. Der Bestimmung, deren Name Vitus war. Nur weil ich zu wenig Blut im Leib hatte, um die selbst zugefügten Verstümmelungen wieder zu heilen, vermochte ich auf diese Weise meinem Kerker nicht zu entkommen. Ibrahim legte mir jedes Mal sorgsam neue Ketten an, bevor er mir etwas zu trinken gab, so dass ich Hände und Füße regenerieren konnte.

Der Wahnsinn, dem ich bei meiner Erschaffung mit Mühe entronnen war, forderte nun doch noch seinen Tribut. Ich war gefangen in meiner ganz persönlichen Hölle, ohne jegliches Gefühl für die Zeit oder meine Umgebung. Gefoltert von dem unerträglichen Verlangen, diesem Ort zu entrinnen und mich an die Seite des Mannes zu stellen, der der einzige Inhalt meines erbärmlichen Daseins war. Ich wollte mich wieder in seinen unendlichen gütigen Augen verlieren und mich der Geborgenheit hingeben, die er mir schenkte.

Die aufgezwungene Unfähigkeit, meine sehnlichsten Wünsche zu befriedigen, erfüllte mich mit tiefer Verzweiflung und ließ mich nächtelang heulen und zetern. Ich verwünschte und verfluchte meinen Peiniger, sobald er meinen Kerker betrat. Wollte ihn attackieren, meine Zähne in ihn schlagen, ihn zerfleischen und für alle Zeiten vernichten für die Qual, die er mir bereitete. Doch meine Kraft reichte nicht aus.

Und dann, eines Abends, erwachte ich und es war vorbei.

Ich benötigte eine Weile, um zu realisieren, was geschehen war. Verständnislos starrte ich an die blutverschmierten Wände, auf denen der Schein der einsamen Fackel neben der Tür tanzte. Fasziniert begutachtete ich den ausgemergelten, von den Ketten und meinem Wüten geschundenen, nackten Leib, und erkannte nur langsam, dass es mein eigener war. Ich musste erst wieder lernen, meine Gedanken in geordnete Bahnen zu lenken, so lange hatte ich mich meinen Instinkten hingegeben.

Als Ibrahim wie jede Nacht die eisenbeschlagene Tür öffnete, sah ich in seinen Augen zuerst Erstaunen und dann vorsichtige Freude.

»Freund Leonard?«

Die Geräusche, die an meine Ohren drangen, echoten durch meinen Geist und formten sich nur gemächlich zu Worten.

»Ich bin es«, krächzte ich mühsam.

Ein Strahlen ergriff Besitz von dem bärtigen Gesicht meines treuen Freundes. »Es ist mir eine Freude, Euch wieder begrüßen zu dürfen.« Endgültig betrat er das Verlies. Er führte ein kleines Zicklein hinter sich her, das sich nach Kräften gegen den Strick um seinen Hals wehrte, als wüsste es von dem Schicksal, das es erwartete, wenn es hereinkam. »Wie fühlt Ihr Euch?«

Meine Augen fixierten die Ziege. »Hungrig.«

»Nun. Dagegen lässt sich etwas tun.« Mit diesen Worten schob er das sich windende Tier zu mir. Sobald es in Reichweite meiner Hände kam, packte ich es gierig und zog es heran. Ein letztes ersticktes Blöken erklang, dann hörte ich nur noch das Fließen seines Blutes. Nicht gerade eine besondere Köstlichkeit, aber ich war dankbar für alles, was meinen brennenden Durst linderte. Erst als kein einziger Tropfen mehr in den Adern meiner Beute floss, warf ich den schlaffen Kadaver von mir und spuckte ein paar Haare auf den Boden.

»Und? Wie ist es nun?«, wollte Ibrahim wissen.

»Immer noch hungrig.« Meine Stimme hörte sich schon wieder etwas menschlicher an.

Sein Gesicht wurde ernst. »Das wird für heute Nacht reichen müssen.«

»Warum das?«

»Ihr werdet noch ein wenig hier drinnen bleiben.« Ich sah, wie seine Muskeln sich anspannten. Er bereitete sich auf einen Angriff vor. Dann verstand ich.

»Ihr glaubt, ich täusche Euch?«

Er schmunzelte. »Wäre Euch zuzutrauen.«

Ich ließ meinen Rücken gegen die Wand sinken. »Ihr habt ja eine schöne Meinung von mir!«

»Nach dem, was Ihr die letzten Monate hier veranstaltet habt …«

»Monate?« Ich konnte nicht glauben, was ich gehört hatte.

Er nickte. »Fast ein halbes Jahr.«

»Großer Gott!« Mein Kopf fiel dumpf gegen die Wand. Ich sah Ibrahim in die Augen. »Und Ihr habt Euch all die Zeit um mich gekümmert?«

»Ja, mein Freund.«

Ich rang nach Worten, um meiner tiefen Dankbarkeit Ausdruck zu verleihen, doch ich brachte keinen Ton heraus.

»Ein paar Tage noch.« Er packte die tote Ziege an den Beinen und schickte sich an, mich zu verlassen. »Bis ich sicher bin, dass es wirklich vorbei ist.«

»Auf ein paar Tage mehr oder weniger kommt es nun wohl auch nicht mehr an.«

»Ich muss noch einige Dinge erledigen. Zum Beispiel Kleider für Euch besorgen. Ich komme später wieder.«

»Tut das.«

Dann ging er, das tote Tier hinter sich herschleifend, so dass der Kopf mit den leeren Augen mir auf jeder Treppenstufe noch einmal zunickte. Die Tür ließ er offen.

Ich hob die Nase und versuchte, einen Hauch der hereinströmenden frischen Luft zu erhaschen. Schließlich machte ich es mir so bequem wie möglich. Kehrte meinen Blick nach innen, erforschte meine Gefühle, meine Gedanken. Es bereitete mir keine Mühe, mir Vitus' Gesicht und Stimme vorzustellen.

Im Gegensatz zu der Zeit, die hinter mir lag, waren allerdings keine übermäßigen Emotionen damit verbunden. Der unbändige Drang, meinen einstigen Meister aufzusuchen, war verschwunden, als hätte es ihn niemals gegeben. Doch ebenso wie Ibrahim misstraute ich mir selbst. Ich wusste nicht, woher mein Verlangen nach der Nähe meines Erzeugers gekommen war. Ob es aus meinen eigenen Bedürfnissen entstanden war oder ob er mich wirklich zu sich gerufen hatte. Falls es Zweiteres war, so könnte das plötzliche Gefühl der Freiheit eine seiner Listen sein. Ich würde also noch eine Weile hier in meinem Kerker bleiben müssen, in Ketten geschmiedet und von Hunger geplagt.

Wenig mehr als eine Stunde später kehrte mein Freund zurück. Er hatte wie versprochen Kleider dabei, mit denen ich meine Blöße bedecken konnte. Weiterhin brachte er eine Schüssel mit Wasser mit, so dass ich mich vor dem Ankleiden vom gröbsten Schmutz befreite. Gewaschen und bekleidet fühlte ich mich schon wieder bedeutend zivilisierter.

Wir redeten den Rest der Nacht. Er berichtete mir von den Ereignissen außerhalb meines Gefängnisses. Es dauerte nicht lang, bis wir uns an unsere gemeinsame Vergangenheit erinnerten und alte Geschichten zum Besten gaben.

So taten wir es eine Woche, ohne dass ich auch nur den geringsten Ruf – sei er nun eingebildet oder real – von meinem Erzeuger vernahm. Ibrahim war vorsichtig, als er mir die Ketten abnahm, als fürchtete er, ich würde ihn auf der Stelle anspringen, sobald ich befreit wäre. Doch ich war mir mittlerweile vollkommen sicher, dass es endgültig vorbei war. Immer noch schwach auf den Beinen, ließ ich mich von ihm die Treppe hinauf führen und durch die Räume unserer Zuflucht geleiten. Das Durchschreiten der Tür nach draußen erschien mir wie eine Wiedergeburt. Ich kehrte in die Welt zurück, der ich ein halbes Jahr entsagt hatte, doch ich war nicht mehr derselbe.

Ich war frei.

Das einzige, was mich noch gefangen hielt, war der rasende Hunger in meinen Eingeweiden.

Ibrahim führte mich in ein Gefängnis, dessen Wärter er bestochen hatte. Ich stillte meinen Durst an den übelsten Verbrechern, die Jerusalem zu bieten hatte. Was auch immer sie angestellt hatten, ihr Blut war köstlich und ich ließ keinen Tropfen in ihren Venen zurück.

Mit jeder Minute meiner Rückkehr ins Leben wuchs Ibrahims Vertrauen in meine Läuterung.

»Gut, dass Ihr wieder da seid, Templer«, verabschiedete er mich, als er sich bei Sonnenaufgang in seine Schlafkammer zurückzog.

In den folgenden Tagen verschwanden mit jedem Opfer, dessen Blut ich trank, langsam die Spuren meiner Gefangenschaft. Die Wunden in Hand- und Fußgelenken wichen frischem, rosigen Fleisch. Die unreine, übermäßig behaarte Haut, die die monatelange Ernährung von Tieren nach sich gezogen hatte, wurde wieder glatt.

Nach und nach kehrten meine Kräfte zurück. Ein paar Mal überkam mich kurze Panik, wenn ich hinter mir Stimmen von den wenigen Sterblichen hörte, die sich nachts auf den Straßen der Heiligen Stadt herumtrieben. Jedes Mal fühlte ich mich an die imaginären Rufe meines Erzeugers erinnert. Aber mit der Zeit verheilte auch diese Narbe.

»Was wollt Ihr nun tun?«, fragte Ibrahim eines Abends.

In einer Karawanserei außerhalb der Stadtmauern hatten wir von ein paar durchreisenden Händlern getrunken – ohne sie zu töten.

Einen Moment überlegte ich, ehe ich antwortete. Ich hatte mir die Frage noch nicht konkret gestellt, doch eigentlich konnte es nur eine Antwort geben. »Ich werde meinen Schwur erfüllen.«

»Welchen Schwur?«

»Ich werde Rache nehmen für das, was Vitus mir angetan hat. Für seine Lügen und Intrigen, mit denen er mich zu dem gemacht hat, was ich bin.«

Ibrahim schwieg eine Weile, bevor er wieder das Wort ergriff. »Ihr werdet scheitern, Templer. Ich weiß nicht viel über Euren Erzeuger. Aber alles, was ihr mir über ihn erzählt habt, hört sich an, als wäre er unüberwindbar.«

»Er ist bereits besiegt worden«, widersprach ich. »Ich war selbst dabei, als Laurent von Paris ihn, mich und meine Schwester aus Frankreich vertrieben hat. Es hätte nicht viel gefehlt und wir wären endgültig vernichtet worden. Auch Vitus.«

»Wollt Ihr Euch mit Laurent verbünden?«

»Bestimmt nicht. Er ist keinen Deut besser als Vitus. All die Alten, mit denen ich bislang zu tun hatte, sind verabscheuungswürdige Monster. Ich werde jedem von ihnen, dessen ich habhaft werde, so viel Schaden zufügen, wie ich kann.«

Ibrahim runzelte die Stirn. »Meint Ihr, das ist klug?«

»Nein. Klug sicher nicht. Aber notwendig. Die Nocturni sind eine Pestilenz, die die Welt heimsucht. Und die Alten sind die Quelle dieses Unheils. Sie müssen bekämpft werden.«

»Haltet Ihr auch mich für so ein verdammenswertes Übel, das vernichtet werden muss?«

Ich sah ihm tief in die Augen. »Letztlich … ja. Auch wenn Ihr sicherlich ein vergleichsweise geringes Übel seid. Ihr bemüht Euch, die Sterblichen möglichst wenig zu schädigen und habt keine Nachkommen erschaffen.« Ich lächelte. »Im Augenblick habe ich Dringlicheres zu tun. Aber wenn ich mit den Alten fertig bin, komme ich auf Euch zurück, mein Freund.«

Er lachte. »Das heißt, ich habe noch ein wenig Zeit, bevor Ihr mich vernichten werdet. Da bin ich ja beruhigt.«

Herzlich stimmte ich in sein Gelächter ein. Nur langsam kehrten wir wieder zur Ernsthaftigkeit zurück.

»Ich brauche Euch nicht zu sagen, dass ich nicht damit rechne, Euch wiederzusehen, wenn Ihr eine derartige Fehde beginnt, Templer.«

»Vermutlich nicht. Auch wenn ich nicht vorhabe, die Alten im direkten Zweikampf anzugreifen. Ich werde mir Laurent zum Vorbild nehmen. Er hat unsere wichtigsten Verbündeten unter den Sterblichen ausgeschaltet und uns auf diese Weise hilflos gemacht. Vielleicht gelingt mir das ebenfalls bei dem einen oder anderen. Und wenn nicht … dann habe ich zumindest versucht, meinen Schwur zu erfüllen, und verabschiede mich ehrenvoll aus dieser Welt.«

»Das ist es also, was Ihr eigentlich vorhabt. Ihr wollt sterben.«

Ich wandte meinen Blick in die Ferne. Ließ ihn über den Horizont schweifen, über dem die Sterne den Himmel erleuchteten.

»Ja, vermutlich«, antwortete ich schließlich. »Wollt Ihr denn ewig hierbleiben?«

»Vielleicht nicht ewig. Aber Allah wird sich etwas dabei gedacht haben, als er mir dieses Schicksal auferlegt hat. Und letztlich hat es nicht nur zu Übel geführt. Möglicherweise war es sein Plan, dass ich Euch helfe, Euch von Eurem Erzeuger zu befreien.«

»Schon möglich. Das hieße dann aber, dass er auch mit mir noch etwas vorhat.«

Wir sahen uns an.

»Vielleicht steht Eure Fehde unter einem guten Stern, Templer«, dachte Ibrahim laut.

Der Gedanke gefiel mir. Eigentlich hatte ich mich schon lang von meiner früheren Überzeugung, Gottes Werkzeug zu sein, verabschiedet. Aber das Gespräch mit meinem muslimischen Freund weckte wieder Hoffnung in mir, doch noch nicht endgültig den Qualen der Hölle geweiht zu sein.

In jedem Fall wuchs die Entschlossenheit, meinen Plan in die Tat umzusetzen. Auch wenn es mein Ende bedeuten würde, ich würde aufrecht untergehen.

So wie die Templer es immer getan hatten. Voller Gottvertrauen in den sicheren Untergang.

Sein Wille geschehe.

Samstag, 28. Mai 2005, New York City, USA

Mich in aussichtslose Kämpfe gegen hoffnungslos überlegene Gegner zu verstricken, war schon immer meine Spezialität. Wollte ich tatsächlich einer der Archaioi werden, müsste ich diese Gewohnheit wohl ablegen.

Doch im Augenblick ist es weniger mein an Todessehnsucht grenzender Wagemut, der mir Probleme bereitet. Nicht ich habe mir den übermächtigen Feind ausgesucht. Er hat sich mir in den Weg gestellt, indem er meine Stadt zu seiner neuen Heimat erkoren hat. Die Konfrontation ist unvermeidlich, will ich nicht alles aufgeben, was ich in den letzten zwei Jahrhunderten erreicht habe. Risiken einzugehen lässt sich leider nicht vermeiden, wenn ich diesen Kampf gewinnen möchte.

Risiken, wie zum Beispiel mitten in Greenwich Village in einem aufgebrochenen Auto zu sitzen und den Gästen exklusiver Nachtclubs aufzulauern. Veronica war so freundlich, das Schloss des Wagens zu knacken, in dem wir nun beide geduckt hocken und jeden der Passanten eindringlich mustern. Die meisten von ihnen ahnen nicht einmal, was hinter dem Kellereingang des absolut unscheinbaren Reihenhauses verborgen ist, und marschieren achtlos daran vorbei. Wir halten Ausschau nach den wenigen, die dem Gebäude mehr Aufmerksamkeit schenken.

Es ist noch früh am Abend. Nach Sonnenuntergang haben wir unser Versteck in Little Italy so schnell wie möglich verlassen. Mit einem Taxi sind wir hierher gefahren, um vor Ort zu sein, bevor die Stammgäste des Cauchemar eintreffen. Der geknackte Wagen dient dabei nur als Aussichtsposten.

Veronica ist im Vergleich zu letzter Nacht wie ausgewechselt. Statt der unbekümmert lasziven Sprunghaftigkeit, mit der sie mich bei meiner Rückkehr begrüßt hat, stellt sie nun absolut konzentrierte Zielstrebigkeit zur Schau. Wäre es anders, hätte ich sie nicht hierher mitgenommen. Noch immer traue ich der Wandlung nicht vollständig und widme ihr stets einen Teil meiner Aufmerksamkeit. Doch bisher gibt es keinen Anlass zur Klage. Sie sitzt vollkommen regungslos neben mir wie die professionelle Polizistin, die sie einst gewesen ist, während sie die Umgebung observiert.

Der Regen ist nicht mehr ganz so schlimm wie in der vorigen Nacht, aber es nieselt unaufhörlich. Unsere Aufgabe wird dadurch nicht einfacher. Alle Passanten sind in Regenmäntel oder ähnliche Kleidung gehüllt und ihre Gesichter hinter Schirmen verborgen. Auf diese Weise fällt es schwer, die Gäste des Cauchemar unter ihnen zu identifizieren. Doch näher an den Eingang können wir uns nicht wagen. Ich rechne damit, dass er von unseren Feinden überwacht wird. Aus diesem Grund ist es auch unmöglich, sich direkt in den Club zu begeben, um mit Samantha zu reden. Stattdessen muss ich versuchen, sie herauszulocken. Das Mittel dazu wird hoffentlich bald an uns vorbeilaufen.

»Der da?«, fragt Veronica mit gesenkter Stimme.

Ich schaue in die Richtung, in die sie deutet. Ein Mann im bodenlangen Wollmantel mit hochgestelltem Kragen und tief ins Gesicht gezogenem Hut eilt mit ausladenden Schritten auf der gegenüberliegenden Straßenseite entlang.

Ich warte, bis ich über die Reihe der geparkten Autos hinweg einen guten Blick auf ihn erhasche. »Nein. Siehst du die Wölkchen vor seinem Mund? Warmer Atem. Ein Sterblicher.«

Angestrengt kneift sie die Augen zusammen. »Du hast recht.« Sie verzieht ihr Gesicht in gespieltem Ärger. »Mal wieder.«

Zwei weitere Passanten biegen um die Ecke in die Straße ein, diesmal auf unserer Seite der Fahrbahn. Eine Frau und ein vielleicht zwölfjähriges Mädchen, das sich eng an seine Mutter drängt, um den Schutz des Regenschirms nicht zu verlassen.

Ein paar Schritte hinter den beiden folgt ein einzelner Mann. Er trägt keinen Schirm. Ein langer Ledermantel und ein breitkrempiger Hut halten den Regen von ihm ab. Im Gegensatz zu den meisten anderen Leuten, die trotz des schlechten Wetters noch unterwegs sind, ist er völlig unverkrampft und von der für die Jahreszeit unpassenden Kälte unbeeindruckt.

Einer von uns.

Ich erkenne Carls Gesicht. Auf ihn habe ich gehofft.

»Da ist er!«

Veronica dreht den Kopf in die Richtung, in die ich schaue.

»Runter!«

Sie reagiert sofort.

Auch ich ducke mich so weit, dass ich nicht mehr hinter der tropfengesprenkelten Windschutzscheibe zu sehen bin. Ich horche auf die platschenden Schritte neben dem Auto. Höre, wie die Frau und das Mädchen vorbeieilen. Dann öffne ich die Tür und steige aus.

Carl bleibt drei Meter von mir entfernt abrupt stehen und starrt mich an. Am Rande bekomme ich mit, dass auch die Frau und das Mädchen sich zu mir umdrehen. Sie gehen zügig weiter, als sie bemerken, dass meine Aufmerksamkeit nicht ihnen gilt.

»Guten Abend, Carl«, spreche ich Samanthas Blutskind freundlich, aber bestimmt an. »Dreh dich um und komm mit uns! Ich will dich nur um einen kleinen Gefallen bitten. Wenn du tust, was ich dir sage, wird dir nichts geschehen.«

Seinem Gesichtsausdruck nach zu urteilen versteht er, dass ihm sehr wohl etwas geschehen wird, falls er sich nicht fügt.

»Was willst du?« Seine Stimme ist fest und zeigt keine Furcht. Das ist auch nicht nötig. Seine Miene verrät seine wahren Gefühle überdeutlich.

»Komm einfach mit!« Mit einer einladenden Geste unterstreiche ich meine Aufforderung.

Einen Moment lang zögert er, prüft seine Chancen und kommt offensichtlich zu dem Schluss, dass es besser ist zu tun, was ich will.

Auch Veronica hat den Wagen verlassen. Sie schließt sich uns an, als wir in die Richtung gehen, aus der Carl gekommen ist, weg vom Cauchemar. Wir marschieren um die Ecke auf die Hauptstraße. Er stellt keine weiteren Fragen und scheint sich seinem Schicksal zu ergeben.

Ein Stück weiter biegen wir in eine dunkle Seitengasse ein. An die eng zusammenstehenden Wände der Häuser schmiegen sich rostige Feuerleitern, unter denen Abfallcontainer den unverwechselbaren Duft nach Schimmel und Verwesung verströmen. Der schmale Streifen bedeckten Himmels zwischen den Gebäuden ist kaum auszumachen. Das hat den Vorteil, dass nur wenige Tropfen des weiter anhaltenden Regens uns erreichen.

Als wir außer Sicht der Hauptstraße sind, halte ich an. Carl stoppt hinter mir. Veronica bildet den Schluss. Seine einzige Chance, uns kampflos zu entkommen, wären die Feuerleitern über uns. Aber er weiß, dass ich ihn auch dort einholen würde.

Er breitet die Hände aus. »Was kann ich für Euch tun, Templer?«

»Ruf Samantha an! Ich nehme an, du hast eine Möglichkeit, sie zu erreichen. Lass dir irgendetwas einfallen, damit sie hierher kommt! Am besten ohne Begleitung.«

»Was wollt Ihr von ihr?«

»Ich muss nur mit ihr reden.«

Carl sieht mich etwas verständnislos an. »Warum geht Ihr nicht einfach zu ihr, wie sonst auch?«

»Ganz einfach, Carl«, erkläre ich mit leicht ungeduldigem Tonfall, »ich möchte nicht dabei beobachtet werden, wenn ich mit ihr rede.«

»Verstehe.«

»Also? Kannst du sie hierher rufen?«

Als Antwort zückt er ein modisches Mobiltelefon aus der Innentasche des Ledermantels und hält es demonstrativ hoch. Anscheinend haben alle Nocturni außer mir so ein Ding. Langsam glaube ich wirklich, ich sollte mir auch eines zulegen.

»Wollt Ihr sie nicht lieber selber anrufen?« Er bietet mir das Gerät an.

»Dafür hätte ich dich wohl nicht gebraucht.«

Das Zucken in seinem Gesicht weist darauf hin, dass er den zunehmend genervten Unterton in meiner Stimme wahrnimmt. Nach einer entschuldigenden Geste fängt er an, auf die Tasten zu tippen. »Hallo Lucius«, spricht er in das Telefon, als nach fast einer halben Minute endlich jemand drangeht. »Ich bin's, Carl. Kannst du mir Samantha geben?« Pause. »Ja, es ist dringend.«

Wortlos gibt er mir zu verstehen, dass sie unterwegs ist. Das Warten zieht sich in die Länge. Offensichtlich lässt sie sich Zeit. Vermutlich nur, um ihn wissen zu lassen, dass es unter ihrer Würde ist, sein Anliegen nicht persönlich vorgetragen zu bekommen.

»Hi, Sam«, verkündet er strahlend, als sie den Anruf endlich entgegennimmt. Ich bin über die joviale Anrede erstaunt, aber immerhin ist er ihr Blutskind. Offenbar stehen sie sich wirklich nahe. Mir wird bewusst, dass ich über Carl erschreckend wenig weiß, obwohl er sozusagen mein Enkel ist.

»Ja, ich weiß«, beschwichtigt er seine Erzeugerin am anderen Ende der Leitung. »Ich war ja auch schon unterwegs. Aber ich muss dir unbedingt vorher etwas zeigen … Nein, ich kann es nicht mitbringen.« Ich höre Samanthas aufgebrachte Stimme, verstehe jedoch die Worte nicht. »Sam, bitte! Es ist wichtig. Sonst würde ich nicht so viel Aufhebens darum machen … Nein, es ist besser, du siehst es dir selbst an.«

Unwillkürlich muss ich lächeln, als ich Zeuge von Carls verzweifeltem Kampf mit seiner Mutter werde. Anscheinend habe nicht nur ich Schwierigkeiten, gegen ihr ausgeprägtes Ego und ihren Hang zur Theatralik anzukommen. Als seine verkniffene Miene sich langsam entspannt, weiß ich, dass Samanthas Neugier über ihre Abneigung gegen Überraschungen gesiegt hat.

»Ja. Danke dir … Ich warte auf der 6th Avenue, gleich um die Ecke … Ja … Bis gleich.« Er ist sichtlich erleichtert, als das Gespräch beendet ist.

»Sie kommt.« Er steckt das Telefon wieder weg.

»Gut«, kommentiere ich seinen Erfolg. »Dann gehen wir besser auf die Straße, um sie in Empfang zu nehmen.«

Schweigend kehren wir zurück zum Ende der Seitengasse. Dort entlassen Veronica und ich Carl aus unserer Mitte.

»Keine dummen Ideen!«, drohe ich ihm.

»Keine Sorge, Templer. Ich habe nicht vor, mich mit Euch anzulegen.«

Eine weise Entscheidung. Ich nicke wohlwollend. Dann ziehe ich mich mit meiner Begleiterin ein paar Meter zurück, so dass wir von der Straße aus nicht sofort entdeckt werden können.

Samantha lässt sich wieder Zeit. Das Cauchemar ist nur wenige Minuten Fußmarsch entfernt. Nach einer halben Stunde kann Carl seine Nervosität nur noch mit Mühe verbergen.

Weitere zehn Minuten später durchströmt sichtliche Erleichterung seinen ganzen Körper. Überschwänglich begrüßt er Samantha. Sie ist von Kopf bis Fuß in schwarzes Leder gekleidet, von den hochhackigen Stiefeletten über die Hose, die sich straff über ihre wohlgeformten Oberschenkel zieht, bis zu der topmodischen Jacke mit dem pelzbesetzten Kragen. Ihre sonst wallende blonde Mähne ist zu einem strengen Knoten gebunden. Sie sieht absolut atemberaubend aus.

Der Anblick erinnert mich daran, warum ich sie damals auserwählt habe, meine Gefährtin zu werden. Sie war Krankenschwester in einem Lazarett in Brooklyn, in dem die unzähligen Verwundeten des Bürgerkrieges Reihe um Reihe gebettet lagen – leichte Beute. Selbst die einfache Schwesterntracht konnte Samanthas körperliche Vorzüge nicht verbergen. Ich war vom ersten Augenblick an fasziniert von ihr. Dass ihr Charakter im Gegensatz zu ihrem Erscheinungsbild alles andere als lieblich war, habe ich zu spät bemerkt.

Schon als Neugeborene, weniger als ein Jahr in der Welt der Unsterblichen, hatte sie ihre ganz eigenen Vorstellungen, wie sie das Dasein, das ich ihr gegeben hatte, gestalten wollte. Jegliche Pläne, die ich für sie hatte, warf sie einfach über den Haufen. Solch widerspenstige Nachkommen haben üblicherweise eine geringe Überlebenschance. Doch ich war damals zu vernarrt in sie, um ihr etwas anzutun, und ließ sie gewähren. Ich denke, ich hatte noch Hoffnung, dass sie zu mir zurückkehren würde. Aber schnell wurde deutlich, dass wir getrennte Wege gehen würden. Irgendwie haben wir uns arrangiert. Die Spannung, die unser Verhältnis von Anfang an bestimmt hat, ist allerdings niemals vollends gewichen.

Abfällig verzieht sie das Gesicht, als Carl sie bittet, die schmuddelige Seitengasse zu betreten. Mit liebevoll zur Schau getragenem Widerwillen fügt sie sich schließlich seinem Wunsch, ist dabei jedoch sorgsam darauf bedacht, mit ihrem Schirm keine der Wände oder gar einen der Müllcontainer zu berühren.

Ich trete hervor. »Hallo Samantha.«

Sie gibt sich kein bisschen überrascht, als sie mich erblickt. »Hätte ich mir denken können.«

»Auch ich freue mich, dich zu sehen.«

Wohlwollend ignoriert sie meine Sticheleien. Veronica, die hinter mich getreten ist, ist ihr lediglich einen knappen Seitenblick wert, ehe sie sich wieder mir zuwendet. »Du warst fort?«

»Ja.«

Sie stemmt die freie Hand in die Hüfte und taxiert mich auffordernd. »Hast du mich hierher bestellt, um mir zu erzählen, wo du warst?«

»Eigentlich nicht, aber wenn du es wissen willst: Ich war bei Vitus.«

Ich kann mich nicht erinnern, wann ich Samantha das letzte Mal wirklich verdutzt gesehen habe. Von daher versuche ich, mir den seltenen Anblick einzuprägen, der sich mir bietet.

»Das ist nicht wahr, oder?«, bringt sie schließlich hervor.

»Doch. Ich war bei ihm.«

»Ist er hier?«

Angesichts der verhaltenen Panik in ihrer Stimme kann ich mir ein Lächeln nicht verkneifen. »Nein. Er ist nicht hier. Aber von ihm habe ich erfahren, wie ich gegen Marduk vorgehen werde.«

»Und?« Ihre Neugier ist geweckt.

Nun habe ich auch Veronicas und Carls volle Aufmerksamkeit. »Ich erkläre ihm die Blutfehde.«

Der Schrecken kehrt in Samanthas Gesicht zurück. Die beiden Jüngeren können den altmodischen Begriff und die Konsequenzen, die er nach sich zieht, nicht einordnen.

»Das ist nicht dein Ernst.« Wie unter Schock presst Samantha jedes einzelne Wort mühsam hervor.

»Doch. Das ist mein Ernst.«

Ihr Zeigefinger stößt drohend in Richtung meiner Brust. »Das verstößt gegen die Abmachung, die du mit Massoud getroffen hast.«

»So ist es.«

Nun habe ich auch noch das Privileg, sie sprachlos zu erleben. Ein wahrlich denkwürdiger Augenblick.

Veronica bricht das spontane Schweigen: »Was heißt das, eine Blutfehde?«

Langsam kriegt Samantha sich wieder in den Griff. »Das, meine Liebe, heißt, dass der Konflikt nicht mehr auf die beiden unmittelbaren Kontrahenten beschränkt bleibt, sondern auf die gesamten Blutlinien ausgeweitet wird.«

»Gegebenenfalls sogar noch darüber hinaus auf alle Nocturni, die demjenigen, der die Blutfehde ausruft, durch Gefallen oder andere Schuldigkeiten verbunden sind«, ergänze ich.

»Oh«, ist alles, was Veronica von sich gibt.

Auch Carl erkennt die Bedeutung des Gesagten. In einer hilflos abwehrenden Geste hebt er die Hände, bleibt aber stumm.

»Du willst uns also alle in deinen Krieg hineinziehen?«, giftet Samantha mich an.

Ich nicke. »Ja. Es geht nicht nur um mich und Marduk. Die ganze Stadt ist davon betroffen. Es geht alle an. Außerdem ist Manhattan meine Domäne. Nun verlange ich Lehnstreue von allen, denen ich gestattet habe, sich hier aufzuhalten.«

Ihr Zeigefinger stößt wieder vor. »Und wenn ich mich weigere, dir in deinen Krieg zu folgen?«

»Dann fordere ich dich auf, meine Domäne auf der Stelle und für alle Zeit zu verlassen. Anderenfalls sähe ich mich gezwungen, deiner Existenz ein Ende zu bereiten.«

»Du willst mich töten?« Ihre Stimme überschlägt sich beinahe.

»Du bist mein Kind. Ich habe jedes Recht dazu.«

»Scheiß auf dein Recht!«, brüllt sie mir ins Gesicht. Die Fassade ihrer sonst so vollkommenen Beherrschtheit bröckelt.

»Du kennst die Ewigen Gesetze.« Ich bemühe mich, ruhig zu bleiben.

»Scheiß auf die Gesetze!« Immer mehr gerät sie in Rage. »Glaubst du, du kannst hier tun und lassen, was du willst, bloß wegen irgendwelcher gottverdammten uralten Scheißregeln, die sich wer weiß was für ein Schwachkopf aus dem Hirn gedrückt hat?«

»Ohne die Ewigen Gesetze herrscht Anarchie.« Auch ich werde lauter. »Vergiss nicht, dass ich der Richter dieser Stadt bin. Ich werde die Einhaltung der Gesetze mit allen Mitteln einfordern, die mir zur Verfügung stehen.« Demonstrativ schlage ich den Mantel zur Seite und entblöße den Schwertgurt.

Samantha sieht mich an, als warte sie jeden Moment darauf, dass ich anfange zu lachen und ihr erkläre, alles sei nur ein Scherz. Doch ich bleibe ernst. Ihr Gespür für Emotionen tut ein Übriges, sie davon zu überzeugen, dass ich nicht spaße.

»Du bist …«

»Ich bin dein Erzeuger«, falle ich ihr ins Wort. »Durch mein Blut bist du geworden, was du bist. Dein Leben gehört mir. Ich habe dir lange Zeit erlaubt, zu tun und zu lassen, was du willst. Doch jetzt fordere ich dich auf, deinem Herrn zu dienen. Weigerst du dich, werde ich das Leben, das ich gegeben habe, wieder nehmen.« Ich lege die Hand auf den Schwertgriff.

»Du stellst mich also vor die Wahl«, flüstert sie mit eisigem Tonfall, »ob ich durch deine Hand oder die von Marduk sterben soll?«

Ich neige den Kopf zur Seite und fixiere sie mit zusammengekniffenen Augen. »Hältst du seinen Sieg für so sicher?«

Für einen Moment hält sie inne, bevor sie antwortet. Die vorangehende Erregung ist vollständig von ihr gewichen. »Ich glaube nicht, dass wir gegen ihn ankommen. Noch nie habe ich von einem der Unsrigen gehört, der auch nur ansatzweise so machtvoll ist wie er.«

»Bist du ihm denn schon gegenübergetreten?«

Sie schüttelt den Kopf. »Nein. Aber das ist es ja gerade. Seine Kräfte erstrecken sich weit über sein unmittelbares Umfeld hinaus. So etwas habe ich noch niemals zuvor erlebt.«

Meine Neugier ist geweckt. »Was für Kräfte meinst du?«

Erneut stockt sie, ehe sie mit gesenkter Stimme fortfährt: »Ich weiß, dass du und die meisten anderen von uns nicht so sensibel für Stimmungen und Emotionen sind wie ich …« Sie presst die wohlgeformten Lippen aufeinander.

»Ich habe es auch schon gespürt«, gebe ich zurück. »Die Sterblichen … Sie sind … irgendwie bedrückt, ängstlich. Weißt du mehr darüber?«

»Allerdings. Ich fühle es überall in der Stadt. Und es wird von Tag zu Tag schlimmer.«

»Was macht er mit den Menschen?«

Ihr Blick verfinstert sich. »Sie träumen von ihm.«

Jetzt bin auch ich stutzig. »Sie träumen? Von ihm?«

Ihr Nicken zerstört meine Hoffnung, ich hätte mich verhört. »Ich habe einige meiner Kunden gefragt, was los ist. Sie haben verstört gewirkt. Es hat ein wenig Überredung erfordert, sie zum Reden zu bringen. Es war ihnen unangenehm, darüber zu sprechen. Aber schließlich sind sie damit rausgerückt. Die Träume sind undeutlich und sie können sich nach dem Aufwachen nur verschwommen daran erinnern. Aber neben verschiedenen schrecklichen Bildern und individuellen Ängsten, mit denen sie konfrontiert wurden, berichten sie alle von einem bärtigen Gesicht, von dem Blut trieft. Und von hypnotischen Augen.«

Ich benötige keinerlei Fantasie, um mir vorzustellen, was sie beschreibt. Ich habe es selbst gesehen.

»Er schickt ihnen diese Träume«, berichtet sie weiter. »Ich habe keine Ahnung, wie. Aber das ist Marduks Werk.«

Gern würde ich widersprechen, doch ich teile ihr Urteil. »Wie viele Sterbliche sind davon betroffen? Alle?«

»Ich habe keine Statistik erstellt. Alle sicher nicht. Aber verdammt viele. Genug, um zu demonstrieren, wozu er fähig ist.

Verstehst du, was das bedeutet? Er benötigt keine Vertrauten, keine Kontakte zur Polizei oder zur Presse, um die Sterblichen zu beeinflussen. Er macht das direkt. Von so etwas habe ich noch nie gehört. Bis vor wenigen Tagen hätte ich steif und fest behauptet, das wäre unmöglich. Aber er tut es. Seine Macht geht weit über alles hinaus, was wir kennen. Dagegen kommen wir nicht an.«

Veronicas »krass!« ist die einzige Äußerung, die die folgende Stille durchbricht. Carl steht einfach nur stocksteif da und schaut abwechselnd Samantha und mich an.

Es wäre nett von Vitus gewesen, wenn er mir solche Details genannt hätte. Vielleicht wollte er mich nicht allzu sehr davon abschrecken, den Kampf gegen Marduk aufzunehmen. Oder der Trick mit den Träumen ist nicht ganz so bedeutend, wie Samantha es empfindet. Ich beschließe, mich an die zweite der möglichen Erklärungen zu halten. Ansonsten könnte ich wohl gleich aufgeben.

»Dass er mächtig ist, bezweifle ich nicht«, räume ich ein. »Aber unbesiegbar ist er nicht. Er wurde bereits besiegt, von Vitus und seinen Verbündeten vor mehr als zweitausend Jahren.«

»Und warum haben sie ihn dann nicht endgültig getötet, wo sie schon dabei waren?«

»Das hatte politische Gründe. Die gelten für uns nicht. Wir werden die Welt ein für alle Mal von ihm befreien. Und wenn er unbezwingbar wäre, dann würde er keine Mitstreiter suchen, wie er es in Saint John getan hat.«

Für einen Augenblick glimmt Überraschung in ihrer Miene auf. »Davon weißt du also schon?«

»Du bist zwar eine wichtige Informationsquelle für den neuesten Klatsch und Tratsch über unsereins, aber nicht meine einzige. Also: Marduks Fähigkeiten sind zweifellos beeindruckend, aber unüberwindlich ist er nicht. Soll er den Sterblichen doch schlechte Träume bereiten! Wir sind davon offenbar nicht betroffen.«

Sie hebt die Schultern. »Wir träumen ja auch nicht.«

»Genau. Von daher sind wir gegen diese Kraft immun. Und damit er seinen Einfluss auf die Sterblichen nicht ausbaut, will ich ihn möglichst bald herausfordern. Ehe er weiter erstarkt, denn das tut er zweifellos. Und dich fordere ich auf, mir in diesen Kampf zu folgen, gemäß den Ewigen Gesetzen.« Erneut entblöße ich den Schwertgriff unter meinem Mantel.

Niemand rührt sich. Alle vier stehen wir starr in der regennassen Gasse und warten zum Zerreißen gespannt, was geschieht. Samanthas Gesicht ist überdeutlich anzusehen, dass ihr Verstand auf Hochtouren arbeitet. Sie überdenkt ihre Optionen.

»Mal angenommen, wir gewinnen.« Sie mustert mich intensiv. »Wie soll es dann weitergehen?«

Ich nehme die Hand vom Schwert, lasse sie jedoch in der Nähe des Griffes. »Wenn wieder Ruhe und Ordnung in der Stadt eingekehrt sind, sehe ich keinen Grund, warum wir nicht alle so weitermachen sollten, wie wir es bislang getan haben.«

Ihr Blick bohrt sich tief in meine Augen. Unter der Fassade, die sie nach und nach wieder zu gewohnter Undurchdringlichkeit aufbaut, brodelt die Wut, dass ich sie derart in Bedrängnis bringe und ihr wohlgeordnetes Dasein in Aufruhr versetze.

»Also gut, mein Erzeuger«, sie spuckt mir das Wort ins Gesicht, »was kann ich tun, um Euch zu dienen?«

Ich ignoriere den beißenden Sarkasmus, der mir mit jeder Silbe entgegenschlägt. »Zuerst wirst du herausfinden, wer von den Unsrigen sich bereit erklärt, sich mir im Kampf gegen Marduk anzuschließen.« Mein Blick fällt auf Carl. »Wobei all jene, die von meinem Blut abstammen, diesbezüglich keine Wahl haben.«

Er nickt unterwürfig.

»Sie alle sollen sich in den kommenden Nächten bereithalten.«, fahre ich fort. »Vereinbare mit ihnen, wie du sie erreichen kannst, wenn es losgeht. Alle Übrigen sollen ruhig bleiben. So lang der Konflikt mit Marduk nicht beendet ist, wird jeder Verstoß gegen die Ewigen Gesetze drakonisch und ohne Vorwarnung bestraft.«

»Sonst noch was?« Mit geheuchelter Gleichgültigkeit betrachtet Samantha ihre Fingernägel. Sie hat sich endgültig wieder im Griff und bietet ihre gewohnte Theatervorstellung dar.

»Ja. Du hast doch sicher in den letzten Tagen unsere ehrwürdige Gemeinde im Auge behalten.«

»Nicht mehr als üblich.«

»Das sollte reichen. Wie haben unsere Freunde sich verhalten?«

»Wen speziell meinst du?«

Ich überlege kurz. »Fangen wir mit Gianna Linaro an.«

»Hab sie seit der Zusammenkunft, bei der auch du dabei warst, nicht mehr getroffen.« Sie zuckt die Achseln. »Und auch sonst nichts von ihr gehört. Scheint so, als würde zumindest sie sich an die Abmachung halten.«

Ich ignoriere die Anspielung an meinen Sinneswandel. »War sie bei der Versammlung in Saint John?«

»Nein, angeblich war sie nicht dort.«

»Woher hast du deine Informationen? Warst du da?«

»Nein, war ich nicht.« Ihr Tonfall wird giftiger. »Ein Bekannter von Zoë ist hingegangen. Über sie habe ich davon erfahren. War wohl allgemein nicht viel los. Hauptsächlich Jungblütige.«

»Und Fragger.«

Allein schon bei der Nennung seines Namens verzieht sie angeekelt das Gesicht. »Der ist sich ja auch für nichts zu schade.«

»Was hört man von den Herren der anderen Domänen?«

»Sie sind beunruhigt. Francis hat erzählt, dass Lobo …« Mitten im Satz hält sie inne.

Wir alle wenden uns dem Ende der Gasse zu, wo ein dunkelgrauer Lieferwagen mit quietschenden Reifen anhält.

»Deckung!«, rufe ich, sobald ich den großkalibrigen Lauf erblicke, der aus dem Beifahrerfenster in unsere Richtung zielt.

Der dumpfe Knall des Granatwerfers dringt an meine Ohren. Mit der rechten Hand packe ich den Müllcontainer, hinter dem ich auf Samantha gewartet habe, und stelle ihn quer in die Schusslinie. Gleichzeitig greife ich mit der Linken unsanft Samanthas Arm und zerre sie in die provisorische Deckung, nur Sekundenbruchteile, bevor die Detonation der Granate die Gasse erbeben lässt. Der Container, hinter dem wir Schutz gesucht haben, fliegt auf mich zu. Zum Ausweichen ist es zu spät, also verkeile ich mich mit beiden Beinen in den Boden und stemme dem eisernen Ungetüm meine Schulter entgegen. Das Knirschen splitternder Knochen geht dem stechenden Schmerz unmittelbar voraus, doch ich schaffe es stehenzubleiben. Ein Schwall heißer Luft strömt um die Seiten der improvisierten Deckung und versengt ein paar meiner Haare. Dann ist es vorbei.

Scheppernd kommt der Container zur Ruhe. Die Seite, auf der die Granate eingeschlagen ist, liegt vollständig in metallenen Fetzen. Auf der anderen Seite ist eine tiefe Delle, die meine Schulter hinterlassen hat. Es knackt und knirscht, als meine malträtierten Knochen sich wieder zusammenfügen, während Ireen Fowlers Blut seinen Dienst tut. Mit einem Ruck meines Armes renke ich die geheilte Schulter ein und ziehe in derselben Bewegung das Schwert aus der Scheide.

Ein Blick in die Runde zeigt Samantha, die schmutzig und ebenfalls angesengt, aber offensichtlich ohne schwere Verletzungen, auf dem Boden liegt. Veronica hat bereits ihre Pistole in der Hand und tritt hinter einem Mauervorsprung hervor, der ihr Deckung gegeben hat. Carl hatte weniger Glück. Er stand am nächsten an der Hauptstraße und hat die volle Wucht der Detonation abbekommen. Regungslos, aber zumindest noch an einem Stück, liegt er unter seinem geschundenen Ledermantel in einer Ecke. Ich werde später nachsehen müssen, ob er wiederhergestellt werden kann, denn schon stürmen mehrere Männer in schwarzen Kampfanzügen die Gasse entlang auf uns zu.

»Unten bleiben!«, zische ich den beiden Frauen zu.

Samantha scheint gar nicht in der Lage zu sein, sich zu erheben. Ich hoffe, das liegt nur daran, dass sie mit der aktuellen Situation überfordert ist. Eine große Kämpferin war sie noch nie. Veronica zieht sich wieder zurück hinter den Vorsprung, die Pistole im Anschlag. Ich selbst hocke mich hinter die Überreste des Containers und umfasse den Schwertgriff mit beiden

Händen. Die sich schnell nähernden Schritte zeigen mir, wie weit meine Gegner entfernt sind. Als uns weniger als fünf Meter trennen, verlangsamen sie ihren Lauf und schleichen vorsichtig um den Abfallbehälter herum. Rote Lichtpunkte tanzen auf dem nassen Asphalt. Lasermarkierer. Es sind Profis.

Mal sehen, ob sie es mit einem neunhundert Jahre alten Vampir aufnehmen können.

Einer der Laserpunkte findet Samanthas zuckenden Leib. Zeit zum Gegenangriff. Mit einem schnellen Ausfallschritt umrunde ich meine Deckung und ramme die Klinge mit der Spitze voran auf Kopfhöhe in Richtung des vermuteten Gegners.

Bevor der schwarz gekleidete Mann seine vorgehaltene Maschinenpistole auch nur auf mich gerichtet hat, dringt der Stahl bereits zwischen Nachtsichtbrille und Nase in das Gesicht ein. Mit der vollen Wucht meiner Vorwärtsbewegung treibe ich die Klinge weiter in den Schädel und durchstoße den Hinterkopf, begleitet von einem Schwall aus Blut, Gehirn und Knochensplittern. Der Mann ist tot, bevor er auch nur einen Ton von sich geben kann.

Seine Mitstreiter – drei an der Zahl, soweit ich sehe – verlieren keine Zeit und eröffnen sofort das Feuer auf mich. Ich gehe wieder hinter dem Container in Deckung und halte den Leichnam, in dessen Kopf immer noch mein Schwert steckt, schützend vor mich.

Die Waffen sind schallgedämpft – nicht, dass nach der Explosion der Granate noch die Notwendigkeit zur Heimlichkeit bestünde –, so dass ich die stakkatohaften Aufschläge der Kugeln hören kann, die rund um mich herum gegen den Stahl des Containers und die umgebenden Wände prasseln. Kurz hintereinander gesellen sich mehrere ungedämpfte Schüsse hinzu. Veronica hat das Feuer eröffnet. Die MPs verstummen für einen Moment, als die schwarz gekleideten das neue Ziel ins Visier nehmen.

Ein Fehler.

Ich stemme meinen Stiefel auf den schlaffen Leib meines getöteten Gegners und ziehe das Schwert aus ihm heraus. Blut spritzt mir entgegen und führt mich in Versuchung, meinen Durst zu stillen. Ich ringe das Verlangen nieder, mich an ihm zu laben. Dafür ist gerade keine Zeit.

Aus derselben Bewegung, mit der ich meine Waffe befreie, springe ich auf den demolierten Container. Ein weiterer Mann läuft in die Gasse hinein. Auch er trägt einen schwarzen Kampfanzug, doch im Gegensatz zu den anderen weder einen Stahlhelm noch ein Nachtsichtgerät. Ich erkenne ihn. Massoud.

Bevor ich mich ihm widmen kann, muss ich mich zuerst um die verbliebenen Gegner in meiner unmittelbaren Nähe kümmern. Von oben herab stürze ich mitten unter sie und lasse das Schwert kreisen. Einen von ihnen treffe ich am Kopf. Die Klinge prallt von seinem Stahlhelm ab. Dennoch bringt ihn die Wucht des Aufpralls zu Fall. Die beiden anderen erholen sich erstaunlich schnell von der Überraschung meines Angriffs und entleeren ihre Magazine auf mich. Neuer Schmerz flammt auf. Eine Kugel hat meine Schwerthand getroffen. Dutzende weitere hämmern auf den gepanzerten Mantel ein, bleiben aber in den Schichten aus Stahl und Kevlar hängen. Dann ein Treffer an der Wange. Eilig ziehe ich mich zurück und hechte wieder hinter den Container. Die Projektile prallen klingend von meiner Deckung ab. Dann kehrt von einem Augenblick auf den nächsten Ruhe ein.

Samantha hat sich aufgerappelt. Nackte Wut steht ihr ins Gesicht geschrieben.

»Was soll das?«, brüllt sie hysterisch. »Ist das Eure Art, die Neutralität zu achten?«

Nach einer kurzen Pause ertönt Massouds akzentbehaftete Stimme von der anderen Seite des Containers: »Ihr seid nicht neutral. Ihr habt Euch mit dem Templer getroffen.«

»Ich kann mich nicht erinnern, dass das verboten wäre.« Samantha ist immer noch aufgebracht. »Nur weil ich mit ihm rede, heißt das noch lange nicht, dass ich mich auf seine Seite gestellt habe.«

Es dauert ein paar Sekunden, bevor Massoud antwortet: »Ihr streitet also ab, dass Ihr Euch an seiner Seite in den Konflikt einmischt?«

»Und wie ich das abstreite! Er hat versucht, mich dazu zu überreden. Aber ich habe abgelehnt. Wenn ihr hier weiter rum schießt, überlege ich mir das allerdings noch mal.«

Polizeisirenen nähern sich. Es bleibt nicht mehr viel Zeit, dann sollten wir hier weg sein, sofern wir nicht in noch größere Schwierigkeiten schlittern wollen.

Massoud hat eine Entscheidung getroffen. »Also gut. Kommt heraus!«

Samantha rückt ihre Jacke zurecht und versucht mit mäßigem Erfolg, einige in Unordnung geratene Haarsträhnen zu sortieren. Sie marschiert an dem Container vorbei, ohne mich eines Blickes zu würdigen. Das Klacken ihrer Absätze hallt von den Wänden wider, während die Sirenen lauter werden. Ein hartes Klick einrastender Mechanik mischt sich in die allgemeine Geräuschkulisse. Der Granatwerfer ist wieder geladen. Sie wollen es offenbar zu Ende bringen, bevor die Polizei hier ist.

Vorsichtig lugt Veronica hinter ihrem Mauervorsprung hervor und schaut mich fragend an. Ich bedeute ihr zurückzubleiben. Sie gehorcht, behält die Szenerie aber mit einem Auge im Blick.

Auch ich versuche, einen Eindruck davon zu erhaschen, was sich jenseits meines mittlerweile reichlich verunstalteten Verstecks abspielt und spähe vorsichtig um eine Ecke. Die beiden noch stehenden der schwarz Gekleideten machen Samantha Platz, als sie an ihnen vorbeigeht, ohne nach links oder rechts zu schauen. Soweit ich es aus meiner Perspektive beurteilen kann, hält sie Massoud fest im Blick. Mit dem Granatwerfer in der Hand steht er hinter seinen Soldaten und begrüßt Samantha mit einem angedeuteten Kopfnicken. Der, den ich mit dem Schwert am Helm erwischt habe, rappelt sich benommen wieder auf und stützt sich dabei an der Wand ab. Die MP hängt lose an seinem Schultergurt. Keiner seiner beiden Kameraden kommt ihm zu Hilfe. Sie sind voll darauf konzentriert, die Gasse zu beobachten und richten sofort ihre Waffen auf mich, als sie mich entdecken.

Auch Massouds Aufmerksamkeit wendet sich mir zu. In dem Augenblick, als er seine Augen von Samantha nimmt, holt sie aus und schmettert ihre Faust gegen seinen Kopf. Dem knackenden Geräusch zufolge hat sie einen Volltreffer gelandet.

»Leonard! Lauf!«, brüllt sie.

Ich zögere keinen Augenblick, hechte mit dem Schwert in der Hand um den Container herum und halte direkt auf die beiden MP-Schützen zu. Vom spontanen Manöver meiner Blutstochter sind sie kurzzeitig abgelenkt. Bevor ich sie erreiche, haben sie sich allerdings wieder gefangen und hüllen mich in einen Kugelhagel ein. Sie sind verdammt schnell. Meine Vermutung, dass es sich um Unholde handelt, festigt sich. Ich versuche, die prasselnden Einschläge zu ignorieren. Der Mantel hält einen Großteil der Projektile ab, doch über meinen ganzen Körper verteilt dringen die Geschosse schmerzhaft in mein Fleisch ein. Mehr vom ursprünglichen Schwung meines Angriffes getragen als von meinen malträtierten Beinen, erreiche ich sie schließlich und lasse die hoch erhobene Klinge niedersausen. Ein in schwarzen Stoff gehüllter Arm trennt sich vom Rumpf. Blut spritzt in einem weiten Bogen durch die Luft und besprenkelt das nasse Pflaster und die Wände mit roten Tupfen. Die Maschinenpistole in der abgeschlagenen Hand verstummt. Der Einarmige weicht desorientiert zurück und versucht zu verstehen, was geschehen ist und warum er nicht mehr schießen kann.

Sein Kamerad lässt sich von den Geschehnissen nicht beeindrucken. Der Lauf der zweiten MP zeigt direkt in mein Gesicht. Der Lasermarkierer blendet mein rechtes Auge. Ein einzelner Schuss ertönt. Die Schulter meines Gegners zuckt nach hinten und reißt den Arm mitsamt der Waffe zurück. Die Salve, die meinen Kopf treffen sollte, ergießt sich in mein Knie. Mein Bein versagt mir den Dienst und ich breche zusammen. Ich höre weitere Schüsse. Veronica deckt den letzten verbliebenen Unhold mit Kugeln aus ihrer Pistole ein. Sie war es, die mich vor Schlimmerem als einem Loch im Knie bewahrt hat.

»Rückzug!« Massouds Stimme übertönt den allgemeinen Tumult.

Während ich hilflos am Boden liege und mich darauf konzentriere, mein Blut in das verletzte Bein zu lenken, folgen die

Unholde dem Befehl ihres Herren. Auch die Verwundeten inklusive des Einarmigen – Unholde sind hart im Nehmen – haben ihre Orientierung offenbar in ausreichendem Maß wiedergefunden. Halbwegs planvoll verlassen sie die Gasse. Als mein Knie endlich so weit wiederhergestellt ist, dass ich aufstehen kann, erkenne ich gerade noch, wie die ganze Meute in den Lieferwagen springt. Massoud, der als Letzter einsteigt, wirft mir einen drohenden Blick zu, dann zieht auch er sich zurück. Noch ehe er die Beifahrertür geschlossen hat, beschleunigt der Wagen mit durchdrehenden Rädern und verschwindet aus meinem Blickfeld.

Zurück bleiben die Leiche des Unholdes, dessen Kopf ich durchbohrt habe, ein einzelner Arm und wir vier.

Mit einem durchdringenden Knacken renkt Samantha ihr Genick ein, bevor sie aufsteht. Sie hat sich mit Massoud offenbar einen erbitterten Kampf geliefert und dabei sogar Beute gemacht. Stolz präsentiert sie den Granatwerfer, sobald sie mich sieht.

»Danke, aber jetzt müssen wir hier weg!«, rufe ich ihr zu.

Sie nickt. Die Sirenen sind höchstens noch einen Block entfernt.

»Weißt du, wie wir hier am besten rauskommen?«

Wortlos deutet sie die Gasse entlang und setzt sich, noch ein wenig wackelig auf den Beinen, in Bewegung.

»Nimm den Arm!«, weise ich sie an. »Veronica! Du nimmst den da mit!« Ich zeige auf die Leiche mit dem durchbohrten Schädel. »Und vergesst die Waffen nicht!«

Ich selbst schnappe mir Carls schlaffen Leib, packe ihn über die Schulter und laufe los. Meine beiden Begleiterinnen folgen mir mitsamt dem zugewiesenen Gepäck. Samantha hinter mir flucht herzhaft. Als ich mich zu ihr umdrehe, sehe ich noch, wie sie ihre hochhackigen Stiefel auszieht und in die freie Hand nimmt, um barfuß zu rennen. Ich grinse innerlich. Wenn sie sich weiter an der Blutfehde beteiligt, wird sie lernen müssen, ihr Modebewusstsein dem Pragmatismus unterzuordnen. Aber ich bin sicher, sie hat auch topmodische Kampfstiefel irgendwo in ihrem begehbaren Kleiderschrank.

»Da drüber!« Mit dem abgeschlagenen Arm in ihrer Hand deutet Samantha auf die Mauer, die vor uns die Gasse versperrt.

Schwungvoll werfe ich Carls Körper hinüber und hechte selbst hinterher. Ich lande in einem dunklen, müllübersäten Hinterhof zwischen den rostigen Leichen alter Autos, unordentlichen Stapeln vergammelter Fensterrahmen inklusive zersplitterter Reste der einstigen Glasscheiben und mehreren Haufen unförmiger Plastiksäcke in verschiedenen Farben.

Kaum habe ich mich einigermaßen orientiert, fliegen ein blutiger Arm und ein Paar schwarze Lederstiefel im hohen Bogen über die Mauer, gefolgt von einer Leiche. Als Nächstes erscheint Samantha auf der geziegelten Wand und krabbelt etwas ungeschickt hinüber. Sie bleibt mit dem Trageriemen des Granatwerfers an einer Ecke hängen und befreit sich fluchend. Die Ausdrücke, die sie dabei benutzt, hätte ich nicht in ihrem Wortschatz vermutet. Es ist unübersehbar, dass sie nicht in ihrem Element ist.

Veronica überwindet das Hindernis etwas eleganter und landet behände neben uns.

Für einen Moment ist es still um uns herum. Mit zur Seite geneigtem Kopf lausche ich. Die Sirenen sind weit entfernt und ich höre keine Schritte in der Gasse. Mit ein wenig Glück verfolgen die Cops erst einmal den Lieferwagen und lassen uns Zeit, uns aus dem Staub zu machen.

»Und jetzt?« Ich sehe Samantha fragend an.

Sie zeigt in Richtung einer Kellertreppe, die vom Hof in eines der umliegenden Häuser führt. »Da rein!«

»Kennen Sie sich hier aus?«, fragt Veronica.

In der Hitze des Gefechtes verwendet sie mal wieder die falsche Anrede statt des traditionellen ›Ihr‹.

Samantha ist allerdings nicht in der Stimmung, sich über den Faux Pas zu echauffieren, wie sie es unter anderen Bedingungen mit Sicherheit getan hätte. Sie antwortet mit einem schlichten »Ja«, hebt Stiefel und Arm auf und geht voran.

Ich sehe mich kurz um und ziehe eine halbvolle Plastiktüte aus einem der Haufen. Ihren Inhalt – eine unappetitliche

Masse aus von wucherndem Schimmel zusammengehaltenen Plastikbechern und Pizzaschachteln – entleere ich auf den Boden. Anschließend wickele ich den Kopf des toten Unholdes darin ein, damit die Blutspur, die er hinterlässt, nicht noch weiter zu verfolgen ist.

Samantha beobachtet mich und beäugt das zerfetzte Ende das Armes, den sie mit sich trägt. Sie stellt fest, dass er aufgehört hat zu tropfen und geht ungerührt weiter. Veronica und ich beladen uns wieder und folgen ihr. Ich werfe einen letzten Blick nach oben, kann aber hinter keinem der zumeist nur kleinen Fenster zum Hof unerwünschte Beobachter entdecken.

Samanthas schlechte Laune wird erneut offenbar, als sie das Vorhängeschloss an der Tür am unteren Ende der Treppe ohne weitere Umstände packt und mit roher Gewalt den Bügel abreißt. Veronica und ich treten hinter ihr ins Dunkel des Kellers. Ich mache die Stifttaschenlampe an und schwenke ihren schwachen Schein über hölzerne Kisten, alte Ölkanister und Regale voller rostiger Auspufftöpfe, verschmierter Pumpen und allerlei anderer Gerätschaften, die ich nicht näher identifizieren kann. Samantha stellt das kaputte Vorhängeschloss irgendwo mitten in die Ersatzteilsammlung und legt den Rest ihrer Last auf eine der Kisten. Dann kramt sie in ihrer Jackentasche, holt ein winziges Mobiltelefon heraus und tippt eine Nummer ein. Mit der freien Hand sortiert sie geschickt ihre Haare und knotet sie wieder ordentlich zusammen, während sie wartet.

»Hallo Lucius.« Ihre Stimme klingt so nonchalant, als befände sie sich auf einem gemütlichen Einkaufsbummel statt auf der Flucht vor Polizei und vampirischen Killerkommandos. »Komm mit dem Wagen zu dem Haus neben dem pakistanischen Gemüsehändler bei uns um die Ecke ... Ja, genau da. Bring Plastiksäcke oder etwas in der Art mit! Und beeil dich, bevor die Polizei hier alles absperrt!«

Sie legt auf und verstaut das Telefon sorgsam in ihrer Jacke. Als sie Schmutz und Abschürfungen auf dem Leder entdeckt, murmelt sie ein paar leise Flüche und sieht mir in die Augen. »Geht es in deinem Leben immer so zu?«

Ich grinse breit. »Nicht immer, aber öfters. Ja.«

»Na wundervoll!« Mit grimmiger Miene macht sie sich daran, ihre Stiefel wieder anzuziehen, stellt sie allerdings unverrichteter Dinge beiseite, nachdem sie ihre schmutzigen Füße eingehend betrachtet hat.

Glücklicherweise entgeht ihr Veronicas anzügliches Schmunzeln.

In der Zwischenzeit untersuche ich Carls Körper. Die Hälfte seiner Knochen scheint gebrochen zu sein. Granatsplitter stecken dutzendweise in seinem Fleisch. Sein Gesicht zeigt keine Regung. Jeder Arzt würde ihn, ohne zu zögern, für tot erklären. Doch ich kann keinerlei Spuren des Verfalls entdecken. Die Kräfte des Blutes haben ihn noch nicht vollständig verlassen.

Ich zerre den toten Unhold zu mir herüber und schlitze mit meinem Fingernagel seine Pulsader auf. Er hat zwar schon viel Blut verloren, doch er ist noch nicht leer. Das spärliche rote Rinnsal aus dem Handgelenk der Leiche halte ich über Carls Mund. Mit etwas Glück ist der Mann noch nicht zu lange tot und seinem Blut wohnt noch genug Kraft inne.

Der Erfolg stellt sich ein, sobald die ersten Tropfen Carls Lippen benetzen. Ein Zucken fährt durch sein Gesicht. Sein Mund öffnet sich. Langsam kehrt das Leben in seine Gliedmaßen zurück. Seine Hand greift nach der Quelle der Flüssigkeit, die ihm neue Kraft gibt. Ich lasse los, als er das Handgelenk eigenständig an seinen Mund führt und zu saugen beginnt. Es ist nicht mehr genug Blut in dem Unhold, um alle Wunden zu heilen, aber mit etwas Glück wird Carl sich zumindest wieder aus eigener Kraft erheben können.

Samantha, Veronica und ich stehen um ihn herum und sehen zu, wie sein Körper langsam in die alte Form zurückkehrt. Doch das sterbende Blut hat zur Folge, dass die Heilung länger dauert als für gewöhnlich.

»Wo kamen die so plötzlich her?« Veronica stellt die Frage in den Raum, die uns alle beschäftigt.

»Ich nehme an, sie sind euch gefolgt.« Samantha betont ihre Worte wie eine Anklage.

»Das denke ich nicht«, widerspreche ich. »Wenn es so wäre, hätten sie uns schon angegriffen, als wir Carl aufgelauert haben.«

»Und was ist deine Theorie, oh weiser Richter?« Samantha ist und bleibt die Königin des Sarkasmus. Aber es hat keinen Zweck, jetzt mit ihr darüber zu streiten.

»Entweder haben sie das Cauchemar beobachtet – deswegen sind wir ja auch nicht direkt dorthin gegangen – oder einer deiner Gäste hat uns verraten.«

»Unmöglich!« Samanthas Entrüstung ist ungekünstelt.

»Wer war denn heute im Club?«, hake ich nach.

»Es ist noch früh am Abend. Bisher war nur Zoë da. Sie wohnt gleich um die Ecke.«

»Vertraust du Zoë?«

Entsetzen überzieht ihre Miene. »Du glaubst doch nicht … Natürlich vertraue ich Zoë! Sie ist ein Stammgast. Ich kenne sie schon, seit sie in die Stadt gekommen ist.«

»Ich würde trotzdem gern mit ihr reden.«

»Von mir aus. Ich werde dich wohl kaum daran hindern können.«

Unsere Aufmerksamkeit wandert zu Carl, der sich mühsam in eine sitzende Haltung erhebt.

»Oh Scheiße …« Er hält sich den Kopf. »Was ist passiert?«

Samantha antwortet als Erste. Mit dem Mundwerk ist sie zweifellos die schnellste von uns. »Nur eine Granate, die dich beinahe in Stücke gerissen hätte.« Sie hebt den Werfer hoch, der immer noch an dem Riemen über ihrer Schulter baumelt. »Willkommen in Leonards Leben. Gewöhn dich besser an so was!« Sie nimmt ihre Stiefel und den Arm wieder an sich. »Und jetzt raus hier! Lucius müsste jeden Moment da sein.«

Ich reiche Carl die Hand und ziehe ihn auf die Beine. Er steht noch nicht sicher, so dass ich ihn erst mal stütze. Er braucht mehr Blut.

Veronica nimmt die Leiche an sich. Nacheinander folgen wir Samantha, die uns durch den verwinkelten Keller in ein Treppenhaus führt und nach oben steigt.

Vorsichtig öffnet sie die Haustür und späht hinaus. Ich schaue an ihr vorbei und lausche angestrengt. Keine Sirenen in der näheren Umgebung. Dafür fährt Lucius gerade in einer metallic-weinroten Limousine vor. Als wir sicher sind, dass uns niemand beobachtet, eilen wir einer nach dem anderen die Treppe hinunter, verstauen unser ›Gepäck‹ im Kofferraum, den Samanthas Vertrauter bereits mit Folie ausgelegt hat. Er weiß um die Abneigung seiner Herrin gegen Schmutz aller Art.

Wir steigen in den Wagen und fahren davon.

Der Weg zum Cauchemar ist nicht weit. Lucius lenkt die Limousine schwungvoll in eine Hofeinfahrt wenige Häuser neben dem versteckten Club und öffnet das Tor einer Garage per Fernsteuerung.

»Benachrichtige Kyle!«, instruiert Samantha ihren Diener. »Er soll sich um das Zeug im Kofferraum kümmern.«

Der beleibte Schwarze bestätigt die Anweisung nicht. Es ist selbstverständlich, dass er alles nach ihren Wünschen erledigt.

Ich kann mich nicht erinnern, das Cauchemar schon einmal durch den Hintereingang betreten zu haben. Sowohl der Hof, über den wir gehen – deutlich aufgeräumter als der hinter der Gasse, in der wir gekämpft haben – als auch das Treppenhaus und die Lagerräume des Clubs sind absolut unspektakulär. Nichts deutet darauf hin, dass wir uns einem der beliebtesten Treffpunkte der Unsterblichen von New York nähern.

Die Herrin des Hauses macht sich ohne weitere Worte davon, um sich wieder in Form zu bringen. Uns lässt sie in einem der Hinterzimmer zurück.

Ich setze Carl vorsichtig auf einem Stuhl ab. Lucius' Frage, ob wir noch etwas brauchen, verneine ich. Umgehend verschwindet der massige Türsteher, vermutlich, um sich wieder seinen üblichen Aufgaben zu widmen.

Ich ziehe den Mantel aus und betrachte die Unzahl von Einschusslöchern. Ich pule einige der Projektile aus den Kevlarschichten. Die stark verformten Geschosse fallen klimpernd zu

Boden. Der Mantel ist wohl nicht mehr zu retten. Auch der Rest meiner Kleidung weist Löcher auf, aber bei weitem nicht so auffällige. Veronica sieht von uns allen noch mit Abstand am besten aus.

»Und jetzt?«, will sie wissen.

»Jetzt rede ich mit Zoë.«

»Und ich seh mal nach, ob schon eine meiner Kundinnen da ist.« Mühsam rappelt Carl sich auf. Er lehnt ab, als ich ihn wieder stützen will. »Ich schaffe das schon.«

»Und was soll ich tun?« Veronica sieht uns fragend an.

»Entspann dich einfach mal ein paar Minuten!«, schlage ich vor. »Wird in den nächsten Tagen nicht mehr oft Gelegenheit dazu geben.«

Dann fällt mir noch etwas ein.

Ich krame Ireen Fowlers Mobiltelefon aus meiner Innentasche und werfe es ihr zu. »Hier. Das stammt von Massouds Blutschwester. Sieh mal nach, ob wir damit irgendetwas anfangen können!«

Geschickt fängt sie das Telefon aus der Luft und sieht zuerst das Gerät und dann mich verdutzt an. Ihr Gesicht fragt: ›Wo zur Hölle hast du das her?‹ Doch sie sagt nichts und beginnt, auf die Tasten zu tippen. Dabei werde ich ihr vermutlich nicht helfen können.

Ich lasse sie allein und schließe mich Carl an, den der Hunger in Richtung Bar treibt. Durch die Tür mit der Aufschrift ›privat‹, die ich nun zum ersten Mal von der anderen Seite sehe, gelangen wir in den Gang zu den Séparées. Von dort begeben wir uns zur Bar, von der gedämpfte Musik zu uns dringt – irgend so ein düsteres Gothik-Zeug. Es ist nicht viel los. Außer einem knappen Dutzend sterblicher Gäste sehe ich niemanden.

Als wir den Raum betreten, haben wir sofort die uneingeschränkte Aufmerksamkeit der Versammelten. Zwei junge Frauen springen hastig auf, um Carl freudig zu begrüßen. Sobald sie erkennen, in welchem Zustand er sich befindet, umschwärmen sie ihn voller Sorge. Er gibt sich Mühe, die Schmerzen zu verbergen, die ihm jede Bewegung bereitet, nimmt die beiden in die Arme und steuert eines der Hinterzimmer an. Ich ahne, dass die Damen den Club heute ein wenig geschwächt verlassen werden. Hoffentlich hat Carl sich ausreichend im Griff, um rechtzeitig aufhören zu können. Die Nacht hat schon genug Opfer gefordert.

Bevor er verschwindet, zwinkert er mir zu. »Bedient Euch!« Er deutet mit dem Kopf in Richtung der Sterblichen. »Ihr könnt auch etwas vertragen.«

Ablehnend winke ich ihm hinterher, dann wende ich mich der Bar zu. Ich setze mich auf einen der Hocker und bitte Candy zu mir. Sie hat heute wenig Arbeit, die geringe Zahl von Gästen mit Getränken zu versorgen. »Ist Zoë hier?«

Sie schüttelt den Kopf. »War kurz da. Ist aber schon wieder weg.«

»Seit wann?«

»Kurz nachdem die Chefin gegangen ist.«

Das will ich genauer wissen. »Wie kurz?«

»Nicht mehr als 'ne Minute.«

Ich bedanke mich mit einer knappen Geste. Hastig verschwindet sie an die gegenüberliegende Ecke der Bar. Sie kann nicht verbergen, dass sie sich in meiner Gesellschaft alles andere als wohl fühlt. Wer weiß, was meine Blutstochter ihr für wilde Geschichten über mich erzählt hat?

Auch die übrigen Gäste beäugen mich neugierig. Sie wenden sich jedoch eilig ab und tun so, als wären sie mit anderen Dingen beschäftigt, sobald ich ihre Blicke erwidere. Es scheint, als wäre mein Ruf bis zu den Sterblichen vorgedrungen.

Es dauert nicht lang, bis Samantha auftaucht. Es ist erstaunlich, in welch kurzer Zeit sie ihr Äußeres wieder gesellschaftsfähig gestaltet hat. Wobei ›gesellschaftsfähig‹ für sie einen perfekt sitzenden ledernen Catsuit mit hochhackigen Stiefeletten, makelloses Make-up und eine tadellose Frisur bedeutet.

Sie bedenkt mich lediglich mit einem knappen Klaps auf den Arm, als sie an mir vorbeistolziert und dann einzeln die Gäste begrüßt. Ihre Manieren sind vollendet. Ihr Lachen, wenn jemand einen Witz macht, wirkt vollkommen überzeugend.

Nichts deutet darauf hin, dass sie vor wenigen Minuten nur um Haaresbreite detonierenden Granaten entronnen ist.

Als sie sich durch die Besucher gearbeitet hat, gesellt sie sich zu mir und setzt sich auf den Barhocker neben mir. »Wo ist Zoë?«

»Laut Candy ist sie dir sofort gefolgt, nachdem du rausgegangen bist.«

Für einen Sekundenbruchteil fällt die Maske der Gelassenheit von ihrem Gesicht ab und zeigt noch einmal die unbändige Wut, die ich vorhin bereits kennengelernt habe. »Diese kleine Schlampe!«

»So viel zu der viel gepriesenen Neutralität.«

Samantha grübelt. »Ich frage mich, wie Massoud an sie herangekommen ist.«

»Vermutlich die Zusammenkunft in Saint John. Oder über Gianna. Sie hat sich damals um Zoë gekümmert, als sie aus Europa gekommen ist.«

»Das kann sein.«

Ein paar Sekunden sitzen wir schweigend nebeneinander.

»Eine Frage noch«, unterbreche ich die Stille. »Ich bin dem Wilden Jake gestern begegnet.«

Interessiert schaut sie mir in die Augen.

»Er hat mich indirekt gewarnt, dass meine Rückkehr in die Stadt kein Geheimnis mehr ist«, fahre ich mit meinem Bericht fort. »Ich weiß nicht recht, was ich davon halten soll. Hat er sich seit der Zusammenkunft irgendwie merkwürdig verhalten?«

»Er war noch mehrmals hier.« Sie überlegt kurz. »Wir haben viel über Marduk und deinen Kampf gegen ihn gesprochen. Aber er hat nie Stellung bezogen. Auf jeden Fall zeigt er ziemliches Interesse für die Angelegenheit. Nun ja, er ist de facto der Herr der Lower East Side und schon seit Jahren bestrebt, Unterstützung dafür zu gewinnen, seinen Status offiziell zu machen. Es hat deswegen ja in der Vergangenheit genug Streit mit dir gegeben, wie du dich sicher erinnerst. Kein Wunder, dass er die aktuelle Situation im Auge behält, um für sich das Beste dabei herauszuholen.«

»Ich habe das Gefühl, dass mehr dahintersteckt.«

»Denkst du, auch er hat sich mit Marduk und Massoud verbündet?«

»Welchen Sinn ergibt es dann, mich zu warnen?«

Sie seufzt. »Ich werde ihn mir mal zur Brust nehmen. Am besten, bevor allgemein bekannt wird, dass ich mich auf deine Seite geschlagen habe.«

»Danke dir.«

»Nichts zu danken, mein geschätzter Erzeuger.« Sie grinst. Suchend sieht sie sich um. »Wo steckt Carl?«

»Hat sich mit zwei Mädels nach hinten verzogen.«

»Hätte ich mir denken können.« Nach einer kurzen Pause fügt sie hinzu: »Eigentlich gar keine schlechte Idee. Willst du auch?«

Ich schüttele den Kopf. »Nein, danke. Nicht mein Stil.«

»Wie du meinst. Ich werde mich jetzt erst mal stärken.«

»Viel Spaß. Ich verschwinde. Wenn's dir recht ist, nehmen wir wieder den Hintereingang.«

Sie überlegt. »Kann ich dich irgendwie erreichen, wenn's was Neues gibt, ohne dass ich den berittenen Boten losschicken muss? Wobei ich im Augenblick nicht einmal wüsste, wohin ich ihn schicken sollte.«

»Ich lasse dir Veronicas Nummer hier. Ich schätze, sie wird meistens in meiner Nähe sein.«

Ich winke Candy heran, lasse mir von ihr einen Stift und einen Block mit Notizzetteln geben und notiere die Zahlenfolge.

Samantha nimmt den Zettel an sich und betrachtet ihn nachdenklich. »Toughes Mädchen, die Kleine. Für eine Neugeborene.«

»Ja.« Ich nicke. »Sie hat starkes Blut in den Adern. Das ist es, was mir Sorge bereitet.«

»Wieso? Kommt sie nicht zurecht damit?«

Ich denke an die blutigen Exzesse, die sie bei der Jagd veranstaltet hat. »Geht so. Aber schlimmer ist, dass unsere Feinde dieses starke Blut vermutlich auch haben. Immerhin stammt sie von denen ab.«

»Ja, das stimmt wohl.« Sie grübelt einen Augenblick. »Haben wir wirklich eine Chance?«

Ich bin über ihre Benutzung des Wortes ›wir‹ überaus erfreut. Massouds Angriff hat anscheinend bewirkt, was meiner Ansprache zuvor nur bedingt gelungen ist.

»Ich kämpfe keine aussichtslosen Schlachten«, ist alles, was ich sage.

Sie scheint damit zufrieden. »Nun gut. Es gibt viel zu tun!«

Ich erhebe mich. »Viel Erfolg. Lass mich wissen, wenn du Neuigkeiten hast.«

»Das werde ich tun.«

Doch zuvor widmet sie sich wieder ihren Gästen.

Auf dem Weg zurück zu Veronica höre ich aus einem der Séparées eindeutige Geräusche. Es scheint, als wären Carls Gespielinnen noch am Leben. Sogar mehr als das. Soll er seinen Spaß haben.

Veronica ist voll auf Ireens Mobiltelefon konzentriert und schreckt beinahe auf, als ich das Hinterzimmer betrete, in dem ich sie zurückgelassen habe.

»Und?«, frage ich sie. »Was gefunden?«

»Ein Haufen Telefonnummern.«

»Welche aus New York?«

»Auch. Ja. Aber die meisten sind Mobiltelefone.«

»Irgendwelche bekannten Namen?«

»Nein. Ich habe weder Massoud noch Gianna Linaro oder sonst jemanden gefunden. Die meisten der Einträge sind offensichtlich Codenamen.«

»Ist ein Richard O'Hara dabei?«

Fragend sieht sie mich an. Den Namen von Massouds Nachkommen, den mir Ireen Fowler verraten hat, habe ich bisher noch nicht erwähnt.

»Warte! Ich schau mal nach.« Sie tippt wieder auf dem Tastenfeld herum. »Nein. Weder Richard noch O'Hara. Wer soll das sein?«

»Ein weiterer Gegner, der sich möglicherweise in New York aufhält.«

»Woher hast du all die Informationen? Hat Vitus dir das verraten?«

Ich schüttele den Kopf. »Nein. Aber ich war vor meiner Rückkehr noch in Washington D.C. Du erinnerst dich an die Unterlagen, die wir in Bruce Randalls Haus gefunden haben?«

»Stimmt. Da war auch eine Wohnung oder ein Haus, das er verkauft hat.«

»Ich war dort. Und habe einen weiteren Nachkommen von Marduk getroffen. Von ihr habe ich ein paar Dinge erfahren, bevor sie gestorben ist.«

Veronica hält das Handy hoch. »Und du hast ihr Telefon mitgehen lassen.«

Ich nicke. »Heb es gut auf! Wer weiß, wozu es noch gut ist.«

Auf zum nächsten Punkt der To-do-Liste dieser Nacht. »Gehen wir zu Silvio! Mal sehen, was er erreicht hat.«

Wir packen unsere Sachen zusammen. Nur den kugelgespickten Mantel, den ich in Paris den Todesboten abgenommen habe, lasse ich Samantha zur Entsorgung zurück. Mit den Einschusslöchern ist er definitiv sogar für die gewaltgewohnten Straßen von New York zu auffällig. Den Schwertgurt wickele ich in mehrere Lagen Plastiktüten, die in einem der Lagerräume herumliegen. Bis ich wieder einen Mantel auftreibe, unter dem ich ihn verstecken kann, trage ich ihn in der Hand.

So unauffällig, wie wir es betreten haben, verlassen wir das Cauchemar. Falls es außer Zoë noch weitere Spione gibt, hoffe ich, dass sie nur den Vordereingang observieren.

Mit dem Taxi kehren wir zurück nach Little Italy. Wir passieren die Seitengasse auf der 6th Avenue, in der die Auseinandersetzung mit Massoud und seinen Unholden stattgefunden hat. Die Gasse und ihre nähere Umgebung sind von der Polizei abgesperrt. Ein halbes Dutzend Streifenwagen, mehrere Zivilfahrzeuge und die Presse sind vor Ort. Ich hoffe, Samantha lässt ihre Beziehungen zu den Medien spielen, um die öffentliche Aufmerksamkeit im Rahmen zu halten. Sobald ich wieder

Kontakt zu meinem Vertrauten bei der Polizei habe, werde ich das Meine dazu beitragen, die Ermittlungen auf falsche Fährten zu bringen oder im Sande verlaufen zu lassen.

Unter dem Vorwand, nicht genau zu wissen, wo unser Ziel sei, weise ich den Taxifahrer an, ein paar Extrarunden zu drehen, bis ich sicher bin, dass wir nicht verfolgt werden. Zusätzlich steigen wir zwei Blocks von unserem Ziel entfernt aus.

»Das mit den Träumen ist echt heftig«, raunt Veronica, während wir das letzte Stück zu Fuß zurücklegen. »Aber was will Marduk damit erreichen?«

»Ich habe da so eine Ahnung. Wenn das, was Vitus mir erzählt hat, wahr ist, wird Marduk sich langfristig nicht damit zufriedengeben, nur die Unsterblichen und ein paar Vertraute und Unholde herumzukommandieren. Er will auch die Herrschaft über die Sterblichen erlangen. Vermutlich nicht offen, aber … Diese Träume, die er den Menschen schickt … Ich könnte mir vorstellen, dass das eine Vorstufe ist, wohin die Reise geht, wenn wir ihn nicht aufhalten.«

Ihrer Miene nach zu urteilen, würde Veronica das Blut aus dem Gesicht weichen, wenn sie noch lebendig wäre. »Dann sollten wir ihn wohl besser stoppen.«

»Sehe ich genauso.«

An unserem Ziel angekommen, wechsele ich endlich die zerschundenen Kleider gegen solche ohne Einschusslöcher. Bei der Gelegenheit entferne ich die letzten verbliebenen Kugeln aus meinem Fleisch. Eine überaus unangenehme Prozedur. Bis ich die Wunden geheilt habe, unterscheiden sich die Schmerzen nicht von denen, die ein Sterblicher zu erdulden hätte. Wobei man sich an Schmerzen bis zu einem gewissen Grad gewöhnen kann. Dazu hatte ich in meinem Dasein mehr als genug Gelegenheit.

Während ich die Spuren des zurückliegenden Kampfes beseitige, hat Veronica telefonisch Silvio herbestellt. Nicht lange, nachdem ich fertig bin, stößt er zu uns.

Ohne Umschweife komme ich zur Sache: »Was hast du erreicht?«

»Das Kettenhemd ist in Reparatur. Der Schmied hat mir versichert, dass es ein paar Tage dauern wird, selbst wenn er die Nächte durcharbeitet. Und es wird nicht billig.«

»Alles klar. Weiter!«

»Meine Leute sind bereit. Es kann jederzeit losgehen. Den Don werde ich erst morgen oder übermorgen treffen können.«

»Was ist mit Ludovicz?«

»Der hat die interne Dienstaufsicht am Hals. Der zuständige Ermittler in seinem Fall heißt Edgar J. Jackson. Wohnt drüben in Jersey.« Er reicht mir eine Kopie mit den Personendaten inklusive Adresse und Foto. Alles, was ich benötige. Wenn der Mafioso in derart kurzer Zeit an solch sensible Daten gelangt, wundert es mich nicht, dass die Polizei gegen den Mob so wenig Erfolge erzielt.

»Gute Arbeit.« Das kleine Lob hat er sich redlich verdient. »Sonst noch etwas, wovon ich wissen sollte?«

Er überlegt. Der Zahnstocher verharrt starr nach oben weisend. Dann setzt das Stück Holz sich erneut in Bewegung. »Nicht, dass ich wüsste …«

Einen Wimpernschlag lang ziehe ich in Erwägung, ihn zu fragen, ob auch er bedrohliche Träume hatte. Aber ebenso schnell, wie der Gedanke gekommen ist, verwerfe ich ihn wieder. Silvio ist nicht der Typ, der gern über seine Träume spricht, erst recht nicht über furchteinflößende. Natürlich könnte ich ihn drängen oder gar zwingen, doch das wäre nur für uns beide peinlich.

Mit den Worten »Halte mich auf dem Laufenden, ob du bei deinem Don Erfolg hast!« entlasse ich ihn.

Er nickt. Ohne weitere Abschiedsfloskeln steht er auf und geht hinaus.

Veronica nimmt einen Stuhl und setzt sich verkehrt herum darauf. »Darf ich raten?« Sie grinst mich breit an. »Wir machen einen Ausflug nach New Jersey.«

»So ist es«, bestätige ich. »Aber das tun wir morgen Nacht. Heute gibt es noch anderes zu erledigen. Und vorher würde ich gerne etwas essen.«

»Gute Idee. Ich könnte auch was vertragen.«

Ich mustere sie zweifelnd. Wir werden sehen, ob die Veränderung ihres Verhaltens, seit sie gestern von meinem Blut getrunken hat, sich auch auf ihre Tischmanieren auswirkt.

Sie steht auf. »Wo geht's hin?«

»In die Bronx. Es gibt noch mehr Angehörige meiner Blutlinie, die ich für die Fehde gewinnen will.«

Sie denkt kurz nach. »Du willst doch nicht etwa diesen … Wie heißt er noch?«

»Fragger. Doch, genau zu dem will ich.«

»Na, da bin ich aber mal gespannt. Es geht doch nichts über Familientreffen.« Sie verdreht die Augen. Dann lädt sie ihre Pistole nach und steckt ein paar Ersatzmagazine ein. »Aber was soll's! Kann diese Nacht noch schlimmer werden, als sie eh schon ist?«

Ich verkneife mir eine Antwort und mache mich ebenfalls bereit für den Aufbruch. Das Schwert verberge ich unter einem neuen Trenchcoat. Ohne mein Kettenhemd oder den Todesboten-Mantel fühle ich mich nackt. Aber ich werde mich wohl oder übel noch ein wenig gedulden müssen, bis meine Rüstung wieder einsatzbereit ist.

Veronicas letzte Frage geistert mir durch den Kopf. Kann diese Nacht noch schlimmer werden?

Nach den Erlebnissen der vergangenen Wochen fühle ich mich fast schon in die alten Zeiten zurückversetzt, in denen Kampf, Blut und Tod so selbstverständlich waren wie für die Sterblichen Essen, Trinken und Atmen. Sicher, das Ausmaß von Leid und Elend war damals weit umfassender und hatte von der gesamten Welt Besitz ergriffen, auch und gerade der der Menschen. Doch mir scheint, das, was sich hier in New York derzeit anbahnt, könnte nur der Vorbote weitaus größerer Auseinandersetzungen sein.

Kann es noch schlimmer werden?

Es kann. Ich weiß es. Ich habe es schon einmal erlebt.

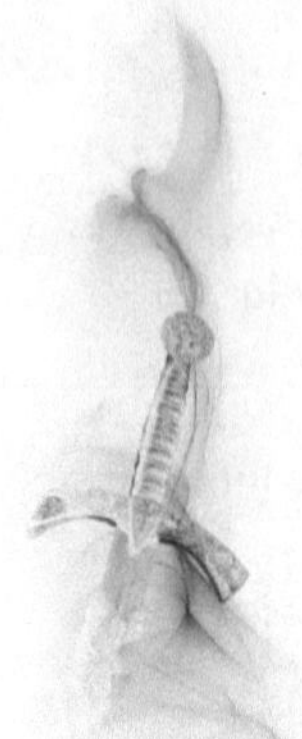

Frühjahr 1631, Sachsen, Heiliges Römisches Reich

Die Welt war in Aufruhr. Die Menschen nannten es den Großen Krieg und er ging gerade ins dreizehnte Jahr. Doch das schiere Ausmaß an roher, brutaler Gewalt war mit keinem Krieg vergleichbar, den ich zuvor erlebt hatte. Das ganze Reich hatte sich in ein einziges riesiges Schlachthaus verwandelt.

Begonnen hatte alles kurz bevor ich mit Ibrahims Hilfe Wien verlassen hatte, um mich der Sklaverei durch meinen Erzeuger zu entziehen. In dem Städtchen Wittenberg hatte ein Mönch ein Pamphlet veröffentlicht, in dem er die Missstände in der katholischen Kirche anprangerte. Aus dieser scheinbar harmlosen Tat erwuchs in den folgenden Jahren ein Konflikt, der letztlich die Christenheit spaltete. Anfangs wurde der Kampf mit Worten ausgefochten. Aber schon bald gesellten sich Klinge und Muskete zu den Arsenalen der verschiedenen Konfessionen.

Ich selbst hatte mich zu jener Zeit bereits zu weit, wenn nicht von Gott, so doch zumindest vom Glauben der Sterblichen und ihrer Kirche entfernt, um mich dem einen oder anderen Lager verpflichtet zu fühlen. Mich plagten ganz andere Sorgen, war ich doch zu keinem geringeren Zweck aus dem Reich der Türken ins christliche Abendland zurückgekehrt als der Vernichtung der Herrscher der Unsterblichen, allen voran meines eigenen Erzeugers, Vitus des Römers.

Mein Weg führte mich zuerst zurück nach Wien, das sich zügig von den Folgen der Türkenbelagerung erholt hatte. Doch dort fand ich weder Vitus noch meine Blutschwester. Für eine Weile blieb ich in der Stadt an der Donau, bezog unsere einstige

Zuflucht und erwählte zwei Veteranen aus den Kämpfen gegen die Türken, Ulrich und Sebastian, meine Nachkommen zu werden. Natürlich stellte sich die Frage der Sinnhaftigkeit, neue Nocturni zu erschaffen, da ich doch eigentlich angetreten war, die Welt von ihnen zu befreien. Aber mir war wohl bewusst, dass ich den Feldzug gegen die Herrscher der Nacht nicht alleine würde führen können.

Wie der Rest des Reiches, so war auch Wien in Aufruhr. Mich beschäftigten die religiösen Zwiste nur insofern, als es recht einfach war, sich von Protestanten zu nähren, ohne Verdacht zu erregen. Spätestens seit die katholischen Herren der Stadt die Jesuiten zu Hilfe geholt hatten, war das spontane Verschwinden von Lutheranern ohnehin an der Tagesordnung.

Während ich meine beiden Zöglinge die Wege der Unsterblichen lehrte – insbesondere das, was ich davon am besten verstand: den Kampf –, suchte ich nach Hinweisen, wo Vitus und Constantia verblieben waren. Ich sandte Depeschen an Bekannte und schickte sterbliche Spione aus. Doch es war meine Familie, die mich fand.

Ich war mehr als überrascht, als einer meiner Diener eines Nachts Besuch ankündigte und ich in der Eingangshalle meines Domizils plötzlich meiner Schwester gegenüberstand.

»Constantia!«, rief ich freudestrahlend.

Ihr Anblick weckte sofort die Erinnerungen an die Zeit, da sie mein Leben bedeutet hatte. Ich sah das kleine Kind, das nach dem Tod ihrer sterblichen Eltern in meiner Obhut zu der wunderschönen Frau herangewachsen war, die ich so liebte. Für einen Moment vergaß ich, dass diese Zeit lang vorbei war. Die gegenseitige Zuneigung war in unseren letzten gemeinsamen Jahren mehr und mehr der Rivalität um die Gunst unseres Vaters gewichen. Der Blick meiner Blutschwester führte mir dies eindringlich vor Augen. Bevor sie ihr strahlendes Lächeln aufsetzte, mit dem sie mühelos jedermanns Herz verzaubern konnte, sah ich für den Bruchteil eines Zwinkerns tiefe Missgunst aufblitzen. Sie war alles andere als erfreut, mich lebend vorzufinden.

»Leonard! Was für eine unendliche Freude, dich wiederzusehen. Wir dachten, du wärst tot.«

Niemand, der sie weniger lang kannte als ich, hätte die Fassade ihrer Heuchelei durchschaut.

Und auch wenn ich sicher war, ihr nichts vormachen zu können, spielte ich das Spiel mit. »Viel hätte nicht gefehlt und es wäre so gekommen, doch ich habe es überstanden.«

»Wie ist es dir ergangen?«

Ich berichtete ihr von den Ereignissen in der Folge der Belagerung, von Ibrahim und meiner Reise durch das Reich der Türken. Lag es an ihrem unbestreitbaren Geschick, die Leute zu dem zu bewegen, was sie wollte? Oder glaubte ich in einem irrwitzigen Anflug fehlgeleiteter Hoffnung, sie für meine Sache gewinnen zu können? Ich weiß nicht, warum ich ihr von meiner Befreiung aus Vitus' Sklaverei erzählte. Und von meinem Vorhaben, endlich Rache an ihm zu üben.

Sie hörte sich meine Geschichte bis zum Ende an. Als ich ihr anbot, auch sie von der Knechtschaft unseres Vaters zu erlösen, antwortete sie mit einem schlichten, aber bestimmten: »Niemals!«

»Willst du ihm denn in alle Ewigkeit dienen?«, warf ich ihr entgegen. »Willst du nicht endlich deinen eigenen Weg finden?«

»Ich habe meinen Weg gefunden.« Ihre Augen waren kalt, als sie sprach. Jeder Anflug von Herzlichkeit war aus ihrem Antlitz gewichen. »Vitus hat mir dieses Dasein geschenkt. Ich werde ihm das nicht mit Verrat danken.«

»Geschenkt?« Ich konnte meine Erregung nicht mehr verbergen. »Er hat dich verdammt! Er hat dich zu einem Monster gemacht, genau wie mich!«

»Und du willst dieses Monster vernichten?« Ihre Frage war absolut leidenschaftslos.

»Ich will ihn vernichten!«

»Du wirst scheitern.«

»Ich will es zumindest versucht haben.«

»Du willst sterben. Das ist alles.«

»Besser, als auf ewig seiner Machtgier zu dienen und die Welt mit Krieg und Intrigen zu überziehen.«

Ein mitleidiges Lächeln umspielte ihre Lippen. »Du selbst wirst die Welt mit Krieg und Leid überziehen, wenn du nicht von deinem Vorhaben ablässt. Das Blut der Sterblichen wird in Strömen fließen, nur um deine Rache voranzutreiben.«

»Wenn ich ihn dadurch aufhalten kann, soll es so sein.«

»Du bist so ein Heuchler, Leon. Das Wohl der Sterblichen kümmert dich einen Scheißdreck, sobald es darum geht, dein aufgeblasenes Ego zu streicheln. Dein Problem ist, dass du dich und deine ach so verlorene Seele einfach zu wichtig nimmst. Du konntest nie akzeptieren, was du geworden bist. Und obwohl nur wenige Nocturni so gewütet haben wie du, bist du immer noch fest davon überzeugt, der einzige von uns zu sein, der das Wohl der Menschheit im Sinn hat. Du bist erbärmlich!«

Die Anklagen trafen mich wie die Hiebe eines Schwertes. Und ebenso wie in der Hitze des körperlichen Kampfes drängte der Wahn des Blutrausches an die Oberfläche.

»Geh!«, brachte ich mit Mühe heraus.

»Leb wohl, Leon!«, waren ihre letzten Worte. Zu meiner vollkommenen Überraschung drückte sie mir einen Kuss auf die Wange, drehte sich um und ging fort.

Völlig perplex sah ich ihr hinterher.

Nur langsam wurde ich mir der tiefen Leere in meinem Innersten bewusst. Ich hatte etwas verloren, das mir einst viel bedeutet hatte. Die Leere verlangte danach, mit etwas Neuem gefüllt zu werden. Und ich wusste, womit sie zu füllen war.

Mit Blut.

Ich rief meine Spione herbei und wies sie an, Constantia nach ihrer Abreise zu folgen. Ulrich und Sebastian trug ich auf, die Reihen unserer Unholde zu verstärken. Die Zeit der Rache war gekommen.

Die Worte meiner Blutschwester verbannte ich aus meinem Bewusstsein und klammerte mich an meiner Wut fest. Sie war alles, was mir noch Halt gab.

Als ich Nachricht erhielt, dass Constantia in die burgundischen Niederlande gereist war, brach ich mit all meinen Getreuen, Sterblichen wie Unsterblichen, auf und folgte ihr nach.

Dort angekommen, suchte ich die Nocturni auf, die mir aus unserer Zeit in Burgund bekannt waren. Ich musste jedoch feststellen, dass viele von ihnen nicht mehr aufzufinden waren. Als ich in Antwerpen endlich Kontakt zu den flämischen Unsterblichen fand, begegneten sie mir reserviert, ja geradezu furchtsam. Es bedurfte großer Überzeugungskraft, sie dazu zu bringen, mich nicht als Feind anzusehen. Sie mochten nicht glauben, dass ich gekommen war, um gegen meinen Erzeuger zu kämpfen, anstatt wie früher seine Gegner ausfindig zu machen und zu vernichten.

Ich erkannte, dass ich mir das Vertrauen der Flamen erst verdienen musste, und tat dies, indem ich mich nach ihren Widersachern erkundigte. Ich erfuhr, dass Vitus einen neuen Vollstrecker in seinen Diensten hatte. Wie einst ich es getan hatte, nahm er sich derjenigen Feinde meines Blutvaters an, denen mit Diplomatie nicht beizukommen war. Ich stellte ihm eine Falle, veranlasste meine Getreuen, in Vitus' Domäne Brüssel Gräueltaten zu vollführen, die er nicht ungesühnt lassen konnte. Und in der Tat dauerte es nicht lang, bis der neue Bluthund meines Erzeugers der Angelegenheit seine Aufmerksamkeit widmete. Doch als er und seine Mannen nach einem nächtelangen Katz-und-Maus-Spiel die Übeltäter endlich stellten, fanden sie statt der erwarteten Renegatenbande mich inmitten meines kleinen, aber geübten Kriegshaufens aus Nocturni und Unholden. Ich selbst durchstieß seinen Leib mit meinem Schwert und vergrub meine Fänge in seinen Eingeweiden, bis der letzte Tropfen Blut seinen Körper verlassen hatte. Er war kein direkter Nachkomme von Vitus, sondern ein Kind meiner Schwester, wie ich aus den Erinnerungen erfuhr, die ich mitsamt seinem Leben in mich aufnahm.

Diese Tat trug viel dazu bei, dass die flämischen Nocturni, die seit Vitus' Rückkehr um ihre Unabhängigkeit und ihr Dasein fürchteten, schließlich in ein Bündnis einwilligten. Natürlich war uns allen klar, dass wir nicht direkt gegen Vitus vorgehen konnten. Dafür waren seine Kräfte einfach zu überlegen. Der Krieg, den wir anzettelten, würde zunächst um Einfluss und Macht geführt werden. Erst dann konnten wir es wagen, Vitus selbst herauszufordern. Doch mit den Ressourcen der Flamen und meiner Kampfeskraft, so dachte ich, könnten wir das Unmögliche schaffen und meinen einstigen Herren bezwingen.

Zuerst sah es tatsächlich so aus, als würde unser Vorhaben erfolgreich sein. Es gelang uns, mehrere von Constantias Vertrauten zu identifizieren und auf die eine oder andere Weise aus ihren Ämtern zu entheben. Langsam, aber stetig beraubten wir meine einstige Familie all ihrer Kontakte in der Welt der Sterblichen, auf denen sie ihre Macht aufbaute. Unweigerlich wurden wir dabei mitten in den Konflikt hineingezogen, der sich gleichzeitig unter den Menschen ausbreitete. Wie überall im Reich ging es auch hier um den Kampf der Protestanten um die Anerkennung ihrer Konfession. Und ebenso wie überall sonst war die Frage des Glaubens untrennbar verbunden mit weltlicher Unabhängigkeit und Selbstständigkeit.

So sah ich mich unversehens Seite an Seite mit den Calvinisten kämpfend gegen die Unterdrückung durch die spanische Linie der Habsburger, in deren Gefolge sich Vitus' und Constantias engste Verbündete fanden.

Doch so einfach, wie es zunächst schien, gestaltete sich unser Ringen nicht. Im Schatten des Krieges der ortsansässigen Protestanten gegen die katholischen Spanier zog sich der Kampf der Unsterblichen in die Länge. Jahr um Jahr verging in einem stetigen Wechsel aus vorsichtigem Taktieren, offenem Blutvergießen und unzähligen Opfern. In all der Zeit kam ich meiner Schwester und meinem Vater nicht einmal ansatzweise nahe. Wir trugen unseren Streit ausschließlich über unsere Nachkommen und sterblichen Diener aus. Unholde bildeten das Rückgrat unserer beider Streitmächte, vom Blut der Unsterblichen mit übermenschlicher Kraft ebenso wie mit unmenschlicher Grausamkeit gesegnet.

Mehr als einmal, wenn ich von Kopf bis Fuß in Rot getränkt aus dem Blutrausch erwachte, hallten Constantias Worte durch mein Bewusstsein: ›Das Blut der Sterblichen wird in Strömen fließen, nur um deine Rache voranzutreiben.‹

Ich wollte nicht wahrhaben, dass sie recht gehabt hatte. Jedes Mal verdrängte ich die Erinnerung an die letzte Begegnung mit meiner Schwester so schnell wie möglich aus meinen Gedanken. Umso eifriger stürzte ich mich in den nächsten Kampf und ertränkte die quälenden Widersprüche im Blut meiner Feinde. In jenen Tagen gab ich mich dem Blutrausch bei jeder sich bietenden Gelegenheit freimütig hin. In ihm fand ich zumindest zeitweise Erlösung von den Zweifeln. Er war meine Droge, die mir Trost spendete und alle Sorgen von mir nahm. Denn trotz all des Tötens kam ich der Rache an meinem Erzeuger keinen Schritt näher.

Aus dem Blut eines Neugeborenen, der eine Horde Unholde mit seinem Blut nährte, erfuhr ich schließlich, dass Vitus sich gar nicht mehr in den Niederlanden aufhielt. Damit war meine Rechtfertigung, mich weiter an dem Krieg zu beteiligen, endgültig dahin.

Ich kehrte zurück ins Heilige Römische Reich und suchte das Objekt meines Hasses. Vitus schien vom Erdboden verschluckt. Nirgends stieß ich auf eine Spur, die auf seinen Aufenthaltsort hinwies. Constantia hingegen wurde vielerorts gesehen. Ich begegnete ihr nicht persönlich, aber immer wieder fand ich Nocturni, denen sie gegenübergetreten war. Kaum einer von ihnen berichtete mir aus freien Stücken. Überall wo meine Schwester auftauchte, verbreitete sie die Kunde von meinem Feldzug gegen die Herrscher der Nacht. Schließlich war ich an keinem Hof der Unsterblichen mehr willkommen.

Auf der anderen Seite bewirkte Constantias Propaganda, dass all die Ausgestoßenen und Unzufriedenen unter den Nocturni mich zu ihrem Idol stilisierten. In meinem Namen schlossen sie sich zusammen und lehnten sich gegen die althergebrachte

Herrschaft der Archaioi auf. So weitete sich mein ganz persönlicher Rachefeldzug ohne mein Zutun zu einer wahren Rebellion der Nocturni aus. Ich selbst wusste nicht, wie mir geschah. Plötzlich führten völlig Fremde meinen Namen auf den Lippen, wenn sie gegen die nächtlichen Herrscher in ihren streng bewachten Zufluchten zu Felde zogen.

In jenen Nächten wurde die Legende des Templers geboren. Zu Anfang war ich skeptisch angesichts des Rufes, der mir vorauseilte, und der in mich gesetzten Erwartungen. Dennoch konnte ich mich der Faszination nicht entziehen. Mein hehres Ziel, die Welt von allen Archaioi zu befreien und nicht nur von Vitus, schien mit einem Mal nicht mehr ganz so abstrakt, sondern wurde in geradezu erschreckender Weise konkret.

So wurde ich unfreiwillig in mir völlig unbekannte Konflikte hineingezogen, wenn einer meiner selbsternannten Mitstreiter mich aufsuchte und im Kampf mit einem lokalen Tyrannen um Hilfe bat. Unsere Erfolge blieben jedoch gering. Nur in den seltensten Fällen konnten wir offen gegen die Phalangen der sterblichen Diener vorgehen, mit denen sich die nächtlichen Herrscher umgaben.

Dies änderte sich, als in Prag zwei kaiserliche Räte von einer Gruppe protestantischer Adeliger aus dem Fenster der Burg gestoßen wurden. Der unbedeutend erscheinende Akt setzte eine fatale Kette von Ereignissen in Gang und führte ein Fürstentum nach dem anderen zu den Waffen. Die aufgestauten Spannungen unter den hohen Häusern und der gegenseitige Hass der christlichen Konfessionen entluden sich mit einer Urgewalt, die einer Naturkatastrophe gleichkam.

Beide Lager stellten Heere auf, wie Europa sie seit Menschengedenken nicht gesehen hatte. Dabei war es den Feldherren meist einerlei, welchen Glaubens ihre Streiter waren. Und ebenso den Landsknechten, in wessen Sold sie standen. Die edlen Herren mochten um ihre Religion, ihre Ländereien oder sonstige Eitelkeiten fechten. Die Männer, die die Schwerter, Piken und Musketen in ihren Händen führten, kämpften nur für ihre Börse. Keine Staatskasse konnte auf Dauer die gewaltigen

Heerhaufen finanzieren, die landauf landab durch das Reich zogen. So wurden die Söldner angehalten, sich zu nehmen, was sie brauchten, wo immer sie sich gerade aufhielten.

Plünderungen, Vergewaltigung, Mord und Brandschatzung suchten alles Land heim, durch das die Armeen marschierten, egal welchen Glaubens seine Bewohner waren. Die Untaten wurden zu einem lohnenden Geschäft erhoben. Dem Landvolk blieb inmitten geschändeter Äcker und dem Erdboden gleichgemachter Dörfer, sofern es das Grauen überlebte, oft nur die Wahl, sich selbst den Heeren anzuschließen, um künftig sein Dasein zu fristen.

Der Krieg ernährt den Krieg, so sagte man. Ganze Familien zogen im Tross der Söldner durch das Land und lebten vom Leid der Einwohner. Diese wurden anschließend ihrerseits auf die gleiche Weise von den Armeen vereinnahmt und trugen den Schrecken, der ihnen widerfahren war, nun selber in andere Länder.

Unaufhörlich wurde ein Landstrich nach dem anderen von den streitenden Armeen heimgesucht wie von einer Plage, die jedes biblische Maß zu sprengen schien. Wo die Heere durchmarschiert waren, hinterließen sie rauchende Ruinen, leblose Männer, geschändete Mägde und weinende Kinder. Doch das Leid endete nicht, wenn die Soldateska fort war. Hunger, Not und Krankheit folgten ihr auf dem Fuße und vollendeten nicht selten das Werk, das die Bewaffneten begonnen hatten.

Blut, Feuer und Tod waren allgegenwärtig und nahmen kein Ende, da ständig neue Parteien in den Krieg eingriffen, um ihre eigenen Interessen zu sichern. Eine ganze Generation von Sterblichen wuchs heran, die Frieden nur aus den Geschichten ihrer Väter und Großväter kannte.

Das einzige Volk, das wahrlich von dem Chaos profitierte und eine Zeit unvergleichlicher Blüte und verschwenderischen Überflusses erlebte, war das meine. Bis zu jenen Nächten waren die Nocturni stets Einzelgänger gewesen und hatten sich lediglich in den größten Städten zu Gemeinden von selten mehr als einem halben Dutzend Individuen zusammengefunden. Größeren Ansammlungen der Nächtlichen war es nicht möglich gewesen, ihren nie endenden Durst nach dem Blut der Menschen zu stillen, ohne die Aufmerksamkeit und den Hass der Herden auf sich zu ziehen, von denen sie sich nährten.

Doch nun fiel es kaum weiter ins Gewicht, wenn Banden der Blutsauger durch das dunkle Land streiften und ganze Dörfer niedermetzelten, um ihren unstillbaren Hunger zu befriedigen. Selbst Berge blutleerer Leichen erregten kaum Aufsehen. Niemand nahm Anstoß an unserem verderblichen Werk. Es fiel schlicht und einfach nicht ins Gewicht angesichts des monströsen Gemetzels, das nach all den Jahren zur schrecklichen Selbstverständlichkeit geworden war.

Ebenso wie die Heerführer der Menschen ihre Gegner in der Stärke ihrer Truppen zu übertreffen suchten, schufen auch wir in unserem Krieg gegen die Archaioi ständig neue Nachkommen und Unholde, um sie in die nächtlichen Schlachten zu werfen.

Niemals zuvor hatte es mehr von uns gegeben. Niemals zuvor wurde so viel Blut vergossen, um unsere Gelüste zu stillen. Wir fügten uns ein in die Reihe der Plagen, die die Sterblichen heimsuchten, nahmen unseren Platz ein zwischen Krieg, Hunger, Pestilenz und Tod.

Die Archaioi selbst entzogen sich unserem Zugriff, verbargen sich tief in ihren Zufluchten und bauten sie zu wahren Festungen aus. Unserem Eifer, sie und ihre Vasallen bei jeder sich bietenden Gelegenheit zu bekämpfen, tat dies keinen Abbruch. So lang der Krieg anhielt, folgten wir den Heerhaufen der Sterblichen. In den Trümmern, die sie hinterließen, suchten wir nach unseren Feinden, um ihnen das gleiche Schicksal zuteilwerden zu lassen, das ihre menschlichen Diener ereilt hatte.

Und der Krieg nahm kein Ende.

Elf Jahre nach dem Beginn des Unheils schien der Sieg der Kaiserlichen zum Greifen nahe. Die Protestanten waren Schlacht um Schlacht geschlagen worden, ihre Länder vollkommen ausgeblutet. Alles deutete darauf hin, dass der Frieden zurückkehren würde. Doch wiederum betrat ein neuer Akteur die blutige Bühne und begann sein zerstörerisches Schauspiel. Gustav Adolf, König von Schweden, landete mit einem Heer an den Küsten der Ostsee und schloss einen neuen Bund mit den protestantischen Feinden des Kaisers.

Der Kriegseintritt der Schweden setzte die Mühle der Gewalt erneut in Gang. Eine kaiserliche Streitmacht unter dem Befehl des Johann von Tilly zog nach Norden, um sich dem neuen Gegner entgegenzustellen. Ich zögerte keinen Augenblick, meinen schweren lichtundurchlässigen Reisewagen, bewacht von einem Trupp meiner treuesten Unholde, in den langen Tross von Tillys Heer einzureihen. Und ich jubelte, als die Armee sich in Richtung der Zuflucht eines der mächtigsten Archaioi des Reiches bewegte.

Albrecht der Sachse war weitaus jünger als mein Erzeuger, doch sein Einfluss im Nordosten des Reiches war über Jahrhunderte stetig gewachsen. Seine Nachkommen waren weit verbreitet und regierten ganze Regionen in seinem Namen. Die eiserne Faust, mit der er seine Kinder lenkte, hatte jedoch viele von ihnen zu mir getrieben. Sie baten mich, sie von ihrem finsteren Herren zu befreien, so wie auch ich von Vitus befreit worden war.

Wie hätte ich die Bitten abschlagen können? In den vergangenen Jahren war ich häufig mit denjenigen seiner Nachkommen und Diener aneinandergeraten, die dem Sachsen treu geblieben waren. Doch seine Domäne war wohl verteidigt und bisher für uns unangreifbar gewesen. Nun endlich würden wir ihm nahekommen. Den Krieg so weit in sein Reich hineintragen, dass wir ihn direkt herausfordern konnten. So zogen wir ihm frohen Mutes entgegen.

Nach Magdeburg.

Samstag, 28. Mai 2005, New York City, USA

Der erschlaffte Körper des Crack-Dealers sackt in sich zusammen und kommt platschend in der Pfütze zum Liegen, die den halben Boden der Baracke bedeckt. Er war nicht high, doch ich kann die Rückstände früherer Trips in seinem Blut schmecken. Vielleicht stammt der Crack-Geschmack auch vom Blut seines Kunden, das er vor seinem Tod in sich aufgenommen hat. Schwer zu sagen. Aber eigentlich vollkommen unwichtig. Ich habe, was ich wollte: frisches Vampirblut.

Veronica war nicht begeistert, als ich ihr vorgeschlagen habe, genau so vorzugehen wie bei unserem letzten gemeinsamen Jagdausflug in die Bronx. Doch schließlich hat sie sich ohne allzu energischen Widerstand gefügt. Sie hat den schwarzen Dealer, den wir in dem armseligen Hinterhofschuppen aufgestöbert haben, zuerst ausgesaugt und dann in einen Vampir verwandelt. Der einzige Kunde, der ihn zu so später Stunde beehrt hat, ein älterer Latino, hat das Ende seines Kumpanen mit schreckgeweiteten Augen angesehen. Sein Entsetzen hat sich noch gesteigert, als der Schwarze seine Lider plötzlich wieder geöffnet und sich mit seinen neu gewachsenen Fängen auf ihn gestürzt hat. Selbst ohne meinen festen Griff hätte er sich kaum gewehrt, so starr war er vor Schreck. Der frisch genährte Neugeborene hat dann wiederum mir als Beute gedient. Ich glaube, so etwas nennt man ›Nahrungskette‹.

Während ich noch auf einer Welle der Euphorie reite, beginnt Veronica bereits mit dem Aufräumen und zerrt die beiden Leichen in einen offenen Kanal. Das nach Fäkalien stinkende Rinnsal läuft hinter der Baracke durch ein abfallgesprenkeltes

Gestrüpp. Der anhaltende Regen hat es zu einem respektablen Bach anschwellen lassen.

»Na? War's lecker?« Veronica scheint bester Laune zu sein.

Ich versuche, Ironie in ihrer Stimme zu entdecken, aber soweit ich es beurteilen kann, meint sie es ernst.

Begleitet von knackenden Knochen recke ich meine Glieder. Die Einschusslöcher und sonstigen Schrammen aus dem zurückliegenden Gefecht mit Massouds Unholden sind nicht mehr zu spüren. Ich fühle mich stark. »Ja, durchaus annehmbar.«

»Ich gebe mir auch immer allergrößte Mühe, nur wohlschmeckende Nachkommen zu erschaffen.« Sie grinst bis zu den Ohren und kichert leise über ihren Witz.

Ich ahne Übles. »Und wie war dein Imbiss?« Ich beobachte ihre Reaktion auf meine Frage genau.

»Köstlich.« Ein Schauer der Erregung durchfährt sie bei der Erinnerung an ihr Opfer.

Es ist so, wie ich befürchtet habe. Mit dem frischen Blut ist ihr ausgelassener Übermut zurückgekehrt. Veronicas Kampf gegen die Bestialität ist noch lang nicht vorüber.

»Geh'n wir jetzt zu Fragger?« Sie ist ungeduldig wie ein Kind kurz vor Weihnachten.

Ich bin nicht begeistert über die Aussicht, sie in diesem Zustand mit dem Herren der Bronx bekannt zu machen. Selbst wenn Fragger, was den formellen Umgang angeht, sicherlich einer der tolerantesten Nocturni ist, die ich kenne.

Wie auch immer, ich schätze, ich habe keine Wahl und gebe ein knappes »Ja« von mir.

Wir verlassen den von Unrat übersäten Hinterhof und begeben uns wieder zur nahen Station der U-Bahn, die hier im Norden der Stadt oberirdisch verläuft. In dem graffitibeschmierten Wartehäuschen stellen wir uns vor dem Regen unter. Er nimmt noch einmal an Heftigkeit zu und prasselt hämmernd auf das Dach.

Währenddessen versucht Veronica, mich über Fragger auszufragen. »Wie ist er denn so?«, »Versteht ihr euch gut?«, »Wird er sich uns anschließen?« und so weiter und so fort.

Meine einsilbigen Antworten laufen meist auf ein gemurmeltes »Wirst es gleich selbst sehen« hinaus. Ich bin nicht in der Stimmung, mich mit ihrer unbekümmerten Fröhlichkeit auseinanderzusetzen.

Irgendwann gibt sie auf und stellt sich in den strömenden Regen. Sie streckt den schweren Tropfen das Gesicht entgegen, schließt die Augen und breitet die Arme aus. Innerhalb von Sekunden ist sie vollkommen durchnässt.

Ich sehe sie an, bewundere ihre natürliche Schönheit. Sie würde einen wundervollen Vampir abgeben, wenn sie den Blutrausch besiegen könnte. Aktionen wie der Überfall auf den Crack-Dealer und seinen Kunden sind dafür allerdings nicht förderlich. Leider brauche ich derzeit dringend starkes Blut. Falls ich schwach bin und wir den Kampf gegen Marduk verlieren, ist es einerlei, ob sie sich unter Kontrolle kriegt oder nicht. Von daher kann ich auf ihre geistige Gesundheit nicht so viel Rücksicht nehmen, wie es sich für einen Mentor gehört.

Der Zug, in den wir einsteigen, ist fast leer. Zwei halbstarke Latinos starren meine Gefährtin in ihren durchtränkten Kleidern an. Mit einem angedeuteten Seitenblick und verschwörerischem Lächeln fordert sie mich auf, sich der beiden ebenso anzunehmen wie wir es mit unseren vorherigen Opfern getan haben. Enttäuscht verzieht sie das Gesicht, als ich mit einem unauffälligen Kopfschütteln ablehne. Die Zeit reicht ohnehin nicht für so etwas, denn zwei Stationen weiter steigen wir bereits wieder aus.

Der Weg, den ich einschlage, führt uns in eine heruntergekommene Sozialbausiedlung. Unansehnliche vielstöckige Ziegelbauten säumen die müllübersäten Straßen aus rissigem Asphalt. Der einzige Schmuck der Häuser besteht aus verrosteten und verbogenen Feuerleitern sowie sich gegenseitig überdeckenden Graffiti.

Ich war schon eine Weile nicht mehr hier und muss mich kurz orientieren, um das richtige Gebäude auszuwählen. Das Glimmen zweier Zigaretten im dunklen türlosen Eingang eines der Wohnblocks weist mir schließlich den Weg.

Die beiden goldkettenbehängten Latinos mit den weiten Hosen tragen trotz des nasskalten Wetters ärmellose Shirts. Ihre Körpersprache verrät eindeutig, dass sie nicht zum Spaß unter dem bröckeligen Vordach herumhängen, sondern Wache halten. Sie demonstrieren sofort Kampfbereitschaft, als sie uns entdecken, und öffnen die Jacken so weit, dass die großkalibrigen Automatikpistolen in ihren Gürteln entblößt werden.

»Ey, was wollt ihr?«, bellt mir einer der beiden entgegen.

Während der Ansprache seines Kumpels geht der andere einen Schritt zur Seite, damit sie sich nicht gegenseitig im Weg stehen, sollte es zum Kampf kommen. Die Kerle sind keine Anfänger. Aber sie atmen. Menschen.

»Ich will Fragger sprechen«, verkünde ich geradeheraus.

Sie sehen sich an, dann nimmt einer ein goldbesetztes Mobiltelefon zur Hand und tippt eine Nummer ein. »Wer bist du?«

»Sag Fragger, der Templer will ihn sprechen!«

Sobald die Verbindung steht, gibt er meinen Namen weiter und nickt, als er eine Antwort erhält. Mit einer ausholenden Geste klappt er das Telefon wieder zusammen und steckt es zurück in die Hosentasche. »Du kannst rein, Alter.«

Alter? Er hat vermutlich keine Ahnung, wie zutreffend seine Anrede ist.

Als wir uns in Bewegung setzen, hält er Veronica mit ausgestrecktem Arm auf. »Die Nutte bleibt hier!«

Ich kann gerade noch eingreifen, bevor Veronica sich auf ihn stürzt.

»Sie kommt mit!«, insistiere ich bestimmt, während ich sie mit sanfter Gewalt zurückhalte. Ob meine Äußerung oder ihr aggressives Fauchen ihn dazu bewegen, sie durchzulassen, vermag ich nicht zu sagen.

»Okay, Bruder, sie kann mit.« Er bedeutet seinem Mitstreiter, die Waffe stecken zu lassen.

Veronica beruhigt sich langsam wieder. Sie lässt es sich aber nicht nehmen, noch einmal drohend nach dem Türsteher zu schnappen, als sie an ihm vorbeigeht.

»So ein Arschloch!«, murmelt sie, während wir das Gebäude betreten.

Gedämpfte Hip-Hop-Musik schallt uns entgegen und weist uns den Weg durch die verwinkelten Gänge und Treppen. Aus mehreren Nischen und Seitengängen sind Atemgeräusche bis hin zu wohligem Stöhnen zu vernehmen. Im Zwielicht flackernder Neonröhren erahne ich allein oder in kleinen Gruppen zusammengekauerte Menschen. Der beißende Geruch nach Crack und anderen Drogen beantwortet die Frage nach den Tätigkeiten, denen sie nachgehen. Falls auch die Bewohner der South Bronx von Marduks bösen Träumen heimgesucht werden, sind die Auswirkungen auf den Alltag hier wohl eher gering. Wer an diesem Ort gestrandet ist, dessen gesamtes Leben ist ohnehin ein einziger Albtraum, durchbrochen lediglich von der kurzen Euphorie des Drogenrausches.

Wir passieren ein weiteres Paar mit Pistolen und Macheten bewaffneter Wächter. Die Gangster scheinen einen Wettbewerb auszutragen, wer von ihnen am finstersten dreinblicken kann, doch sie alle lassen uns anstandslos vorbei. Schließlich betreten wir das Allerheiligste der Rauschgifthöhle.

Der Raum ist nur von einer altersschwachen Schwarzlichtlampe erleuchtet. In einer Ecke räkelt sich eine Gruppe spärlich bekleideter Mädchen mit glasigem Blick auf ein paar Matratzen auf dem ansonsten nackten Betonboden. Unmittelbar vor uns stehen zwei Personen. Der auf der linken Seite ist ein Sterblicher. Sein maßgeschneiderter Anzug will nicht so recht zu dem in mehreren schmalen parallel verlaufenden Linien geschnittenen Bart, den Dreadlocks, Ohrringen, Goldkettchen und der Tätowierung, die aus dem hochgeschlossenen Kragen lugt, passen. Die dezente Ausbeulung seines Jacketts weist darauf hin, dass er bewaffnet ist. Ich bin ihm schon einmal begegnet, aber sein Name fällt mir gerade nicht ein.

Zur Rechten steht eine Frau in schweren Springerstiefeln, rotem Minirock und Lederjacke. Ihre knallroten Haare stehen in alle Richtungen vom Kopf ab. Sie heißt Maria, ist allerdings besser bekannt unter dem Pseudonym ›Hacha‹. Das Fleischerbeil an ihrem breiten Ledergürtel legt in beeindruckender Weise Zeugnis ab, wie sie zu dem Spitznamen gekommen ist. Sie ist eine von uns und ein direkter Nachkomme von Fragger. Damit stammt sie auch von mir ab.

Ihr Erzeuger sitzt am gegenüberliegenden Ende des Raumes auf einem throngleichen Ledersessel. Das edle Möbelstück wirkt inmitten des ansonsten eher spartanisch anmutenden Ambientes wie ein Fremdkörper. Fraggers einziges Kleidungsstück ist eine eng anliegende schwarze Lederhose. Sie lässt einen guten Überblick der erlesenen Sammlung von Tätowierungen zu, die seinen gesamten Körper von den nackten Füßen über die muskelbepackte Brust bis hin zum kahlgeschorenen Schädel bedecken. Die Motive umfassen unter anderem Wolfs- und Löwenköpfe, stilisierte Klingenwaffen, menschliche Totenschädel, teilweise bedeckt von verrottendem Fleisch, an Pornographie grenzende Darstellungen freizügiger Damen und dazwischen ein Geflecht in sich verschlungener Tribals.

Er stützt seine Arme auf die Lehnen des Sessels und macht zunächst keine Anstalten, unseren Besuch zu kommentieren. Falls er erwartet, dass ich ihn zuerst begrüße, geht er jedoch von falschen Voraussetzungen bezüglich der Rangfolge aus. So verharren wir beide schweigend und starren uns gegenseitig an. Er hat keine Chance.

Schließlich beendet er den stillen Zweikampf mit einem verschlagenen Lächeln auf den Lippen. »Ich weiß, was du willst, Templer.«

»Gut«, antworte ich. »Dann können wir uns lange Erklärungen sparen.«

Drohend streckt er mir den Zeigefinger entgegen. »Du hast Nerven, einfach hier reinzuplatzen.«

»Ich platze herein, wo immer ich will«, bekunde ich im Plauderton. »Noch bin ich der Richter in dieser Stadt.«

»Noch, Templer. Noch!«

»Ich habe durchaus vor, dieses Amt noch eine ganze Weile auszuüben.«

Er grinst verschwörerisch. »Da hat aber jemand was gegen.«

»Hat er das bei der Zusammenkunft in Saint John gesagt?«

Fraggers Gebaren lässt in keiner Weise erkennen, dass es ihm unangenehm wäre, sich mit meinem Todfeind getroffen zu haben. »Allerdings hat er das.«

»Und?« Ich behalte den beiläufigen Tonfall unverändert bei. »Was hast du ihm geantwortet?«

»Dasselbe, was ich auch dir sage, Templer: Führt euren Krieg allein! Ich werde mich da nicht einmischen.« Abwehrend hebt er die Hände.

Ich lege etwas mehr Schärfe in meine Worte und fixiere seine Augen. »Was Marduk betrifft, heiße ich deine Antwort gut. Aber ich für meinen Teil werde sie nicht akzeptieren.«

»Was willst du tun?« Sein Gesichtsausdruck wechselt wie seine Stimme zu offener Feindseligkeit. »Mich dazu zwingen, für dich zu kämpfen? Vergiss es, Templer! Das wird nicht passieren!«

Seine Aggressivität wirkt ansteckend. Ich bemerke, wie Veronica hinter mir sich nur noch schwer zurückhalten kann, sich einzumischen. Auch Hacha und der Latino im Anzug sind angespannt. Jetzt kann jedes unbedachte Wort zum Zündfunken für ein spontanes Umspringen der Diplomatie in Gewalttätigkeit werden.

»Du wirst keine Wahl haben.« Ich bemühe mich, die Ruhe zu bewahren. »Ich erkläre Marduk die Blutfehde und fordere alle, die von meinem Blut sind, dazu auf, an der Fehde teilzuhaben.«

Fragger springt von seinem Sessel auf. Der Zeigefinger seiner ausgestreckten Rechten deutet genau zwischen meine Augen. »Du kannst mich am Arsch lecken mit deiner Blutfehde!«

Diplomatie war noch nie seine Stärke. Umso größer ist jetzt meine Verantwortung, die Situation nicht vollends entgleisen zu lassen.

Ich breite die Arme aus. »Du hast keine Wahl. Du bist Zacharys Kind, der wiederum meines war. Du bist von meinem Blut.«

»Dein Blut bedeutet mir gar nichts!«

Seine Fangzähne treten hervor. Die beiden Lakaien greifen nach ihren Waffen. Entweder überzeuge ich ihn jetzt oder es wird ungemütlich.

»Dann hoffe, dass Marduk das auch so sieht!«

»Warum sollte er nicht?« Ein Anflug von Zweifel mischt sich in seine immer noch angriffslustige Stimme.

»Weil er davon ausgehen wird, dass du auf meiner Seite stehst.«

»Er hat mich zu der Versammlung geladen und dort willkommen geheißen«, widerspricht er. »Macht auf mich nicht den Eindruck, dass ich auf seiner Abschussliste bin.«

»Und? Hast du ihm die Treue geschworen?«

Mitten in der Bewegung verharrt er. Seine Augen verengen sich. Langsam senkt er den ausgestreckten Arm. Hacha und der Mensch nehmen die Hände wieder von ihren Waffen, bleiben jedoch alarmbereit.

Fraggers kurzes Lachen entbehrt jeden Humors. »Du alter Mistkerl!«

»Wenn hier einer ein alter Mistkerl ist, dann Marduk«, weise ich die Beleidigung zurück. »Er ist äußerst traditionsbewusst. Ich fürchte, sobald ich meine Nachkommen zum Kampf auffordere, wird er sie alle als Feinde ansehen. Auch dich. Wird nicht leicht werden, ihn von deiner Friedfertigkeit zu überzeugen. Du solltest also besser dafür sorgen, dass er nicht mehr in der Lage ist, die Angehörigen meiner Blutlinie zur Rechenschaft zu ziehen, wenn der Kampf vorbei ist.«

Sein Gesichtsausdruck schwankt zwischen unverhohlenem Hass und Ratlosigkeit.

Kurz zucke ich zusammen, als Veronica hinter mir plötzlich das Wort ergreift: »Außerdem willst du gar nicht, dass Marduk der Boss hier in der Stadt wird.«

Fragger ist wahrlich kein eifriger Verfechter der Etikette. Aber ungefragt von einer Neugeborenen belehrt zu werden, empfindet sogar er als Affront.

Veronica lässt sich von dem vernichtenden Blick, den er ihr schenkt, nicht beirren. »So ein alter Sack wie der macht kurzen

Prozess mit jedem, der ihm nicht die Stiefel leckt. Der da«, sie zeigt auf mich, »ist zwar auch manchmal ein bisschen nervig mit seinem gestelzten Getue, aber im Vergleich zu Marduk sicherlich das kleinere Übel.«

Einen Moment überlege ich, ob ich eingreifen soll, falls Fragger auf sie losgeht, oder ob ich das Unvermeidliche einfach geschehen lasse.

Doch ein Lächeln auf dem Gesicht meines Gegenübers entspannt die Situation. »Hat 'n ganz schön loses Mundwerk, die Kleine.«

Ich stöhne. »Wem sagst du das?«

»Ist das die, die in den letzten Tagen in meinem Revier gewildert hat?« Der freundliche Tonfall mildert die Schärfe seiner Anschuldigung nur bedingt.

Wir beide sehen meine Begleiterin an. Ihre Augen suchen um Hilfe heischend die meinen, doch ich lasse sie zappeln. Ein bisschen Strafe für ihr ungebührliches Verhalten muss sein.

»Sorry«, bringt sie mühsam hervor, »ich dachte nicht, dass ein paar tote Gangster mehr oder weniger groß auffallen würden.«

»Hör zu, Süße!« Er spielt mit ihr. »Auch wenn ich die ganze Sache etwas lockerer angehe als die Älteren von uns, heißt das noch lange nicht, dass ich nicht mitkriege, was in meinem Hinterhof vorgeht.« Die Tätowierungen in seinem Gesicht lassen ihn noch bedrohlicher wirken.

Eingeschüchtert weicht Veronica einen Schritt zurück.

»Nach den Ewigen Gesetzen«, fährt er fort, »hätte ich das Recht, dich zu töten, Kleine. Nicht wahr, Templer?«

Sie hat lang genug gezappelt.

»Das stimmt so nicht ganz«, wende ich ein. »Es gehört sich sicherlich nicht, in einer fremden Domäne ohne Erlaubnis zu jagen. Doch das Recht, sie dafür zu bestrafen, obliegt dem Richter.«

Ein weiteres Mal zeigt er seine furchteinflößendste Miene, bis Veronica seinem stechenden Blick nicht mehr standhält und zu Boden sieht.

»Da hast du ja noch mal Glück gehabt.« Er lässt jedes seiner Worte auf der Zunge zergehen.

Endlich merkt Veronica, dass seine Drohungen von Anfang an nicht ernst gemeint waren. Säuerlich verzieht sie den Mund, kann sich aber ein Lächeln nicht verkneifen, als Fragger die Maske fallen lässt und meckernd lacht.

Dann wendet unser Gastgeber sich wieder mir zu. »Stimmt es denn, was sie sagt?« Sein hinterhältiges Grinsen zeigt mir, dass er irgendetwas im Schilde führt.

»Was sagt?«, frage ich verwirrt.

»Dass du das kleinere Übel bist, Templer?«

Ach, darauf will er hinaus. Er hofft, dass bei dem Deal auch etwas für ihn herausspringt. Ein durchaus legitimes Ansinnen, dem ich mich nicht verweigere.

»Aber sicher doch«, bestätige ich überfreundlich. »Was kann ich tun, um dich davon zu überzeugen, dass du mit mir als Herr über New York besser fährst als mit Marduk?«

»Du hast doch gute Beziehungen zu den Cops. Es wäre überaus freundlich, wenn du unsere lieben Gesetzeshüter veranlassen könntest, gewisse Bezirke hier in der Bronx von Razzien und so Sachen zu verschonen.«

Ludoviczs Einfluss auf das Drogendezernat ist meines Wissens relativ gering. Aber das muss ich Fragger nicht auf die Nase binden. »Da lässt sich sicherlich etwas machen.«

»Und ich will Harlem!«

Jetzt wird er unverschämt.

»Kommt nicht infrage!«, widerspreche ich energisch.

Er grinst mir ins Gesicht. »Wollte nur rausfinden, ob du es ernst meinst oder mir alles versprichst, bloß um meine Hilfe zu kriegen.«

Hinterhältiger Bastard! Er mag noch ein Vivant sein, aber er ist nicht ungeschickt. Kampfeskraft und Brutalität allein reichen halt nicht aus, um sich in einer Domäne mit derart vielen rebellischen und gewaltbereiten Blutsaugern wie der Bronx so lange wie er an der Spitze der Hackordnung zu halten.

»Also, wir sind im Geschäft?«, frage ich offen heraus.

Nachdenklich mustert er mich, dann nickt er. »Wir sind im Geschäft, Templer. Was soll ich tun?«

»Zuerst einmal erzähl mir, was bei Marduks Zusammenkunft letzten Montag passiert ist. Was hat er erzählt?«

»Marduk selbst so gut wie gar nichts. Die meiste Zeit hat sein Lakai gebrabbelt, dieser Kanake.«

Dass er nicht viel auf Political Correctness gibt, ist keine Überraschung.

»Massoud«, konkretisiere ich.

»Genau der.«

Als er innehält, hake ich nach: »Was hat Massoud erzählt?«

Jedes Wort muss man ihm aus der Nase ziehen. Wie ein kleines Kind. In diesem Fall ein kleines Kind, das Menschen mit bloßen Händen in Stücke reißen kann – und das angeblich auch schon getan hat.

»Das übliche Geblubber. Marduk ist der Geilste. Schließt euch Marduk an, dann geht's euch besser. Der Templer ist Geschichte. Er hat sogar behauptet, du hättest die Fliege gemacht. Hab ich aber von Anfang an nicht geglaubt. Du kannst'n echter Arsch sein, Templer, aber'n Feigling bist du nicht.«

Ich werte das mal als Lob. Allein schon, um ihm nicht für die Unverschämtheit an die Gurgel gehen zu müssen. »Wie hat Marduk auf dich gewirkt?«

»Seltsamer Typ. Mit dem Bart kann er bei ZZ Top mitmachen. Hat die meiste Zeit nur still in einer Ecke gehockt und alle der Reihe nach angeschaut.« Er rutscht unruhig auf seinem Thron hin und her. »War schon echt krass, dem sein Blick. Der gewinnt mühelos jeden Wettkampf im Anstarren.«

»Pass bloß auf, wenn er das tut!«, mahne ich. »Er ist ein Meister des Bösen Blicks. Hab's selbst erlebt.«

»Das hätte ich mitgekriegt. Nee, er hat nichts in der Richtung gemacht. Bei keinem, der da war. Zumindest hat man bei keinem was gemerkt.«

Ob das eine Garantie dafür ist, dass auch wirklich nichts dergleichen passiert ist, sei dahingestellt. Wer weiß schon, wozu Marduk fähig ist?

»Und wer war sonst noch da? Außer dir?«

Er macht eine wegwerfende Geste. »Nur kleine Pisser. Keiner, der was zu sagen hätte.«

»Woher kamen die?«

»Was weiß ich? Brooklyn, Harlem, Queens, Jersey, … Ich kenne nicht jeden verfluchten Blutsauger der Stadt.«

»Halte trotzdem Augen und Ohren offen, was du aus den anderen Domänen mitbekommst! Ich will wissen, wie deren Herren zu Marduk stehen.«

Er wehrt ab. »Du weißt, dass wir hier in der Bronx üblicherweise unter uns bleiben. Ich hab nicht viele Verbindungen zu den anderen Domänen.«

»Die derzeitige Lage wird dir wohl erlauben, das zu ändern, ohne allzu verdächtig zu wirken. Sieh einfach zu, was du herauskriegst!«

»Okay. Du bist der Boss.«

Ich stelle mir vor, wie Fragger dem überpeniblen Howard von Staten Island oder der neurotischen Jessica aus Queens gegenübertritt, und muss meine Belustigung zurückhalten.

»Und gib Veronica eine Telefonnummer, unter der ich dich erreichen kann, wenn es hart auf hart kommt!«, fahre ich mit meinen Anweisungen fort. »Ich werde dich dann möglicherweise brauchen.«

Er schaut ungläubig. »Du willst in Manhattan eine Prügelei anfangen? Glaubst du nicht, das wird ein bisschen auffällig? So was gibt doch bestimmt Probleme mit deinen Ewigen Gesetzen.«

»Zuerst mal sind es auch deine Gesetze«, weise ich ihn zurecht. »Deine Bedenken sind sicherlich nicht unberechtigt, aber du kannst es getrost meine Sorge sein lassen, dass die Angelegenheit nicht in den Nachrichten erscheint.«

Schelmisch grinst er mich an. »Du weißt, wie ich kämpfe?«

Ich ziehe mein Schwert und halte es vor mein Gesicht. »Nicht auffälliger als ich.«

Er entblößt seine Fangzähne. »Alles klar. Langsam freu ich mich fast schon darauf, dass es losgeht.« Mit einer Handbewegung weist er seinen Vertrauten an, Veronica eine Telefonnummer zu geben.

Ich stecke die Klinge wieder weg. »Das solltest du vielleicht besser nicht. Wir sind Marduk schon einmal im Kampf gegenübergestanden. Das war kein Vergnügen. Und glaub mir, wenn ich zulasse, dass du Manhattan betrittst, ist der spaßige Teil vorbei.«

»Dann bin ich wohl die Kavallerie.« Er lacht. »Wie damals in Vietnam. Wenn die Kacke am Dampfen ist, rufen sie den alten Fragger. Ich bin dein Mann, Templer.«

»Das freut mich zu hören. Wenn das alles überstanden ist, werden wir sicherlich ein wenig besser miteinander auskommen als in der Vergangenheit.«

»Nichts verbindet einen stärker als gemeinsame Feinde.« Er macht eine einladende Geste in Richtung der halbnackten Frauen, die unsere Unterhaltung vollkommen teilnahmslos mit angehört haben. »Noch eine kleine Stärkung gefällig?«

Meine Begeisterung über die Aussicht, mir mit ihrem Blut eine Ladung Crack oder was auch immer den armseligen Mädchen eingeflößt wurde, zu Gemüte zu führen, hält sich in Grenzen. Ich will nicht riskieren, selber high zu werden. »Nein danke. Wir waren schon auf der Jagd.«

»Wie du meinst, Templer. Vielleicht ein anderes Mal.«

»Bei der Siegesfeier.«

Freudig schnipst er mit den Fingern. »Abgemacht!«

Er wendet sich Veronica zu und setzt noch einmal seine finsterste Miene auf. Sie kennt die Spielereien aber mittlerweile und lässt sich nicht beeindrucken. Schließlich grinst er sie an. »So lange unser Bündnis gilt, werde ich auch darüber hinwegsehen, wenn die junge Dame in der Bronx wildert.«

Veronica verneigt höflich den Kopf. »Zu gütig. Ich danke Euch«, feixt sie zurück. Ihre Blicke bleiben aneinander haften.

»Dann wären wir wohl fertig«, beende ich das Geturtel zwischen den beiden.

»Ja, sieht so aus.« Fragger wendet sich mir zu. »Wir hören voneinander.«

Zum Abschied nicke ich ihm und seinen Getreuen noch einmal freundlich zu. Ich werfe einen letzten mitleidigen Blick auf die unverändert weggetretenen Mädchen in der Ecke. Dann wende ich mich dem Ausgang zu.

»Komm!«, fordere ich Veronica auf, als sie zögert.

Ich bemerke, dass ihre Augen ein weiteres Mal die unseres Gastgebers gefunden haben. Nur zögerlich wendet auch sie sich ab und folgt mir durch die dunklen Korridore der Drogenhöhle nach draußen.

Der Dauerregen hat endlich nachgelassen und beschränkt sich auf ein zartes Nieseln. Die dunklen Oberflächen der allgegenwärtigen Pfützen kräuseln sich unter den winzigen Tröpfchen.

»Das war ja abgefahren!«, entfleucht es Veronica, als wir außer Hörweite der beiden Türsteher sind. »Was für ein krasser Typ!«

»Ich glaube, er mag dich auch«, entgegne ich beiläufig, horche jedoch ganz genau auf ihre Reaktion.

»Meinst du?« Die Hoffnung in ihrer Frage ist unüberhörbar.

Ich ignoriere ihr Nachhaken und gehe stumm weiter in Richtung der nächsten U-Bahn-Station.

»Vielleicht hast du recht.« Gedankenverloren trottet sie mir hinterher. Ihr offenkundiges Interesse für meinen Nachkommen irritiert mich.

»Und was hältst du von ihm?«, will ich wissen.

»Ich finde ihn cool. Allein schon die Tätowierungen! Und sein ganzes Auftreten. Er hat was an sich. Definitiv.«

Ich kommentiere ihre begeisterten Ausführungen nur mit einem vage zustimmenden Grummeln.

»Glaubst du, er wird uns helfen?«

Ich bin nicht böse darüber, dass sie das Thema wieder in Richtung unseres ursprünglichen Anliegens lenkt. »Das wird sich zeigen.«

»Ist er wirklich so ein guter Kämpfer?«

»Zachary hat ihn damals ausgewählt, weil er bereits als Mensch ein ernstzunehmender Gegner gewesen ist. Er war in

Vietnam bei irgendeiner Spezialeinheit. Diese Fähigkeiten zusammen mit der Stärke und Schnelligkeit der Unsterblichen ergeben eine durchaus eindrucksvolle Mischung. Im direkten Zweikampf mit Marduk wird zwar auch er nichts ausrichten können. Aber wenn es gegen eine Horde Unholde geht, ist er genau der Richtige.«

»Ja dann …«

Ich merke, dass ihr noch etwas durch den Kopf spukt. »Worüber grübelst du?«

»Ach«, sie macht eine fahrige Geste, »die Sache mit dieser Versammlung in Saint John kommt mir seltsam vor. War das wirklich alles, was Marduk während deiner Abwesenheit unternommen hat? Von den Träumen mal abgesehen. Aber die betreffen ja nur die Menschen. Finde ich irgendwie merkwürdig. Ich hätte sämtliche Hebel in Bewegung gesetzt, um dich zu schwächen und die Leute hier, also die Vampire, auf meine Seite zu ziehen.«

»Du bist auch noch nicht Jahrtausende alt und erst vor kurzem nach ewigem Schlaf wieder erwacht«, entgegne ich. »Außerdem … erinnerst du dich an sein Domizil in der Upper East Side? Mit der Blutwanne?«

»Als ob ich das jemals vergessen könnte.«

»Für mich hat das so ausgesehen wie ein Thronsaal oder etwas in der Art. Aber alles unfertig. Das war eine halbe Baustelle. Ich schätze, dadurch, dass Bruce Randall Amok gelaufen ist und ich bei meinen Nachforschungen Marduk auf die Schliche gekommen bin, habe ich seinen Zeitplan durcheinandergebracht. Er war noch nicht so weit, mich herauszufordern, und muss jetzt improvisieren. Das Treffen in Saint John war so bestimmt nicht geplant. Sonst hätte er das besser vorbereitet und dafür gesorgt, dass mehr Leute kommen. Auch die Neutralitätserklärung bei der Zusammenkunft im Cauchemar, bevor ich nach Europa gereist bin, hat ihm die Show verhagelt.«

»Möglich …« Sie wirkt nicht hundertprozentig überzeugt.

»Und außerdem«, fahre ich fort, »ist der übliche Weg unter unseresgleichen, jemanden zu stürzen, den man nicht unmittelbar töten kann, zunächst seine Machtbasis zu attackieren. Das machen sie gerade mit Ludovicz. So ein Kampf dauert Monate oder sogar Jahre. Manchmal noch viel länger. Ich schätze, auf etwas in der Art stellen sie sich ein. Deswegen hat Marduk es nicht so eilig. Er hält sich selbst für unantastbar und glaubt, alle Zeit der Welt zu haben.«

»Weil er nicht damit rechnet, dass du ihm diese Blutfehde erklärst.«

»So ist es. Oder wenigstens könnte es so sein. Und genau darum müssen wir schnell sein und ihn überrumpeln. Wenn es ihm gelingt, den Kampf in die Länge zu ziehen, wird er vermutlich gewinnen. Ich denke, auch die Beeinflussung der Sterblichen durch die Träume zielt in diese Richtung. Da steckt irgendein langfristiger Plan dahinter, den ich lieber gar nicht erst kennenlernen will.«

»Na dann los! Was kommt als Nächstes?«

»Als Nächstes befreien wir Ludovicz von seinen Sorgen. Aber nicht mehr heute. Dafür ist es zu spät.«

Wir beenden das Gespräch, als wir den Bahnsteig betreten, auf dem schon die ersten Pendler warten. Viel Zeit bleibt uns nicht bis zum Sonnenaufgang. Doch wenn der Zug pünktlich kommt, sollten wir es rechtzeitig bis in unser Versteck schaffen. Im Zweifelsfall steigen wir vorher aus und verkriechen uns in den Tunneln. Hier in New York kenne ich einige gute Unterschlupfe, wo man den Tag ungestört verbringen kann.

Doch meine Notfallpläne erwiesen sich als unnötig. Die Rushhour ist noch lang nicht erreicht. Die Bahn fährt rechtzeitig ab und kommt genau nach Fahrplan in Little Italy an.

Als wir den Untergrund verlassen, brechen die dichten Wolken zum Tagesbeginn endgültig auf. Sie geben den Blick frei auf das drohende Rot des nahenden Sonnenaufgangs. Wir müssen aber nicht einmal unsere Schritte beschleunigen, um unsere Zuflucht unbeschadet zu erreichen. Ich bin froh, dass wir während der Fahrt nicht ungestört reden konnten und auch jetzt keine Zeit haben, uns zu unterhalten, bevor wir mit dem Tagesanbruch in tiefen Schlaf fallen. Ich versuche, mich von dem

Gedanken an Veronicas Interesse an Fragger abzulenken, indem ich weiter Pläne schmiede und mich auf den unvermeidlichen Kampf vorbereite, der mir bevorsteht. Ein Kampf gegen einen der Alten.

Vitus kann mir so oft sagen, dass ich auch einer der Archaioi bin, wie er will. Das Gefühl, einem hoffnungslos überlegenen Gegner gegenüberzutreten, bleibt.

Es ist nicht das erste Mal, dass ich einen der uralten Herrscher der Unsterblichen herausfordere. Ich habe es bereits zuvor getan. Aber die Erinnerung ist nicht dazu geeignet, meine Begeisterung über das Bevorstehende zu steigern.

Es wird Blut fließen.

Viel Blut.

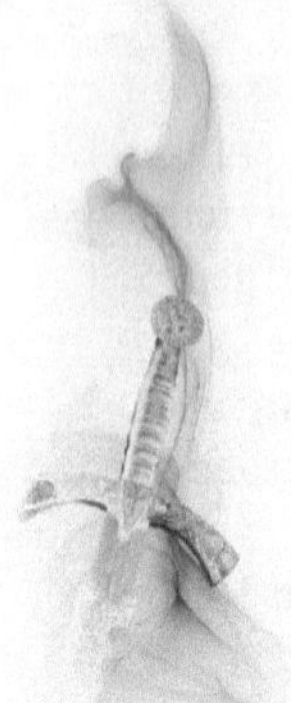

Frühjahr 1631, Magdeburg, Heiliges Römisches Reich

Jerusalem. Akkon. Konstantinopel. Wien. Antwerpen.

In den Jahrhunderten meines Daseins hatte ich zahlreiche Städte gesehen, die belagert und bestürmt wurden. Die Waffen änderten sich. Als die Kreuzfahrer Jerusalem erstürmten, fochten wir mit Schwertern, Äxten und Bögen. Nun trugen die Landsknechte Piken und Musketen. Das Donnern der Kanonen mischte sich in die Schlachtrufe der Kämpfer, die gebrüllten Befehle der Hauptleute und das elendige Jammern der Verwundeten. Doch an der Natur des Krieges und dem Wesen derer, die ihn austrugen, hatte sich in all der Zeit nicht das Geringste geändert.

Sobald die Schlachtreihen aufeinanderprallten, entschwand der Verstand, der den Menschen vom Tier trennte. An seine Stelle trat etwas Unheimliches, Urtümliches, Tierhaftes. Ich nannte es die Bestie. Sie war dem Ungeheuer, das in den Seelen der Nocturni lauerte und uns in den Blutrausch trieb, nicht unähnlich. Bei den meisten Menschen bedurfte es gewiss eines weitaus intensiveren Anlasses, die Bestie an die Oberfläche zu bringen als bei unsereins. Doch im Getümmel der Schlacht übernahmen auch bei den Sterblichen die Instinkte das Kommando. Allein schon, weil der Verstand viel zu langsam war, um auf die mit jedem keuchenden Atemzug wechselnden Bedrohungen schnell genug reagieren zu können. Nur diejenigen, die sich ihren Instinkten hingaben, sich die Bestie zu Nutzen machten, konnten sich auf dem Schlachtfeld behaupten.

Doch die Bestie war tückisch. Mit ihr kamen unweigerlich die niedersten Triebe zum Vorschein, die sonst tief im Verborgenen lauerten. In der Schlacht war kein Platz für edle Tugenden wie Gnade, Großmut oder Ehre. Stattdessen triumphierten Gier, Verkommenheit und nackte Mordlust. Und sie blieben, selbst wenn der Kampf entschieden war, noch lange die Herren über die Streiter. Befahlen ihnen zu plündern, zu vergewaltigen und längst besiegte Gegner auf grausamste Weise zu Tode zu bringen.

So auch in Magdeburg.

Nach zehntägiger Belagerung wurde die Stadt im Sturm genommen. Das schwedische Heer Gustav Adolfs, das eigentliche Ziel des Feldzuges der kaiserlichen Truppen, war der protestantischen Stadt nicht zu Hilfe gekommen. Gegen die fast dreißigtausend Söldner der Belagerer konnten die um ein Vielfaches unterlegenen Verteidiger die Befestigungen nicht lang halten. Gemäß der Logik des Krieges holten die Sieger sich nun den Lohn für ihre Anstrengungen. Die Feldherren Tilly und Pappenheim hatten die Stadt zur Plünderung freigegeben. Alle Bewohner Magdeburgs waren vogelfrei.

Die Schlacht war geschlagen. Das Gemetzel ging weiter.

Die Gräuel vor meinen Augen waren unbeschreiblich. Jede Gasse, durch die die Soldateska zog, war anschließend voll von grausam verstümmelten Leichen und dem Klagen der Überlebenden. Die Plünderer machten keinen Unterschied zwischen Männern, Frauen, Greisen oder Kindern. Jeder, der Geld oder andere Wertgegenstände besaß, versuchte, sich freizukaufen. Doch nicht immer rettete das Geschäft den Magdeburgern das Leben. Was galt schon ein gegebenes Wort denen, die nicht einmal davor zurückschreckten, Säuglinge auf ihre Lanzen zu spießen und als Trophäe durch die Straßen zu tragen?

Der Einbruch der Nacht beendete das unmenschliche Treiben nicht. Die Feuer brandgeschatzter Häuser erhellten die höllengleiche Szenerie mit flackerndem Schein. Scharfer Rauch brannte in Nase und Mund.

Nach einem Leben, das Jahrhunderte voller Kriege gesehen hatte, berührte mich das elende Schicksal der Stadtbewohner nicht mehr ernsthaft. Ein Menschenleben reichte möglicherweise nicht dafür aus, sich an derartige Schrecken zu gewöhnen. Das unendliche Dasein der Nocturni schon.

Inmitten des Chaos eilte ich, ungerührt von den Geschehnissen um mich herum und umringt von meinen Getreuen, meinem Ziel entgegen, den Häusern der alten Pfalz nahe dem Dom. Dort befand sich die Zuflucht Albrechts des Sachsen, sofern die Berichte unserer Verbündeten aus seiner Blutlinie der Wahrheit entsprachen.

Keiner von ihnen war bei uns. Die Gefahr war zu groß, dass sie die mühevoll erlangte Freiheit wieder einbüßten, wenn sie ihm Auge in Auge gegenüberstanden, und uns gegen ihren Willen in den Rücken fielen. Außer mir waren meine beiden Nachkommen Ulrich und Sebastian die einzigen Nocturni meines Kriegshaufens. Zwar hatten meine zwei Kinder weitere Nachkommen gezeugt, doch sie waren noch zu jung und unerfahren, um einem derartigen Gegner gegenüberzutreten. Auch bei ihnen befürchtete ich, Albrecht könnte sie in seinen Bann ziehen und gegen uns ins Feld schicken.

Auch wir drei waren nicht ganz sicher, vor seinem verderblichen Einfluss gewappnet zu sein. Dennoch schien uns auf diese Weise das Risiko am geringsten.

Den Großteil unseres Trupps machten daher die Unholde aus, rund zwanzig an der Zahl. Sie waren allesamt wilde Gesellen, die sich hervorragend in das Heer aus Mordbuben und Halsabschneidern einfügten. An Kampfeskraft waren sie von keinem Sterblichen zu überbieten. Sie alle hatten sich tagsüber die Taschen mit Gold und sonstiger Beute vollgestopft. Nun mussten sie sich das Blut verdienen, dass ihnen ihre besonderen Kräfte verlieh, den Garanten für ihren Wohlstand. Die spezielle Befähigung und Blutrünstigkeit meiner Mannen hatte sich unter den anderen Söldnern schon herumgesprochen. Niemand wagte es, sich uns in den Weg zu stellen, als wir schnellen Schrittes durch Magdeburg marschierten.

Auch die Bewohner der Stadt beeilten sich, uns nicht in die Quere zu kommen. Es war unübersehbar, dass wir nichts Gutes im Schilde führten. Die meisten Leute flüchteten vor uns her und strebten dem Dom entgegen. Dort wollten sie sich vor den Plünderern in Sicherheit bringen in der Hoffnung, zumindest das Haus Gottes würde von den Untaten verschont bleiben.

Der Platz vor der Kirche war voller verzweifelter Menschen, die um Einlass in das gewaltige Gebäude ersuchten. Die meisten von ihnen hatten bereits alles verloren und versuchten nur noch, ihr nacktes Leben zu retten. Unaufhörliches Weinen und Jammern schallte uns schon von Weitem entgegen. Hunderte waren hier versammelt. Angstvoll wichen sie zurück, als mein bis an die Zähne bewaffneter Kriegshaufen den Platz betrat. Einige fielen auf die Knie und flehten um Gnade. Wir beachteten sie nicht und wandten uns dem großen Stadtpalais zu, dessen ausladender Giebel sich inmitten eines ummauerten Hofes über die umliegenden Häuser erhob. Von dort aus, so hatte man uns erzählt, herrschte Albrecht über alle Nocturni der Stadt und der umgebenden Länder. Wir waren gekommen, um das zu beenden.

Zielstrebig hielten wir auf den großen Torbogen zu. Schwere eisenbeschlagene Türen verwehrten uns den Zutritt zum Anwesen. Doch ein derartiges Hindernis würde uns nicht lang aufhalten.

Ulrich befahl, die kleine Feldschlange in Stellung zu bringen, die wir mit uns führten. Mit geübten Handgriffen richteten die Kanoniere das Geschütz aus, luden und feuerten eine Traubenkartätsche auf das Tor. In einem Regen aus Brettern und Splittern zerfetzte der Geschosshagel das massive Holz. Als der Pulverdampf sich verzog, legten unsere Musketiere an und gaben unter vielstimmigem Donnern eine Breitseite auf den offen liegenden Eingang ab.

Erneut verschwand die Straße im Rauch der Pulverladungen. Noch bevor er sich lichtete, führte Sebastian unsere Nahkämpfer mit angelegten Piken und erhobenen Bidenhändern unter lautem Gebrüll durch den Torbogen. Ich folgte ihnen auf dem Fuße, zusammen mit den Musketieren, die ihre Gewehre beiseitegelegt und gegen Äxte und Katzbalger eingetauscht hatten.

Kaum hatten wir das Tor passiert, erklang erneut eine Salve von Musketenschüssen. Diesmal richteten die Waffen sich gegen uns. Ein Regen von Geschossen ging auf uns nieder, zerriss Fleisch, zertrümmerte Knochen und mähte ein halbes Dutzend unserer Leute um. In den dichten Wolken des Pulverdampfes konnte man kaum die Hand vor Augen sehen, als die Schlachtreihen aufeinandertrafen und das blutige Hauen und Stechen begann.

Piken bohrten sich durch Leiber, Arme und Beine wurden zerschmettert und abgehackt, Pistolenkugeln aus nächster Nähe ins Gesicht der Gegner abgefeuert. Innerhalb weniger Augenblicke war jegliche Kampfesordnung dahin und jeder schien gegen jeden zu schlagen, zu treten und zu beißen.

Es war unübersehbar, dass unsere Kontrahenten ebenfalls keine gewöhnlichen Sterblichen waren, sondern Unholde, gestärkt vom Blut der Nocturni. Wir hatten unseren Gegner gefunden.

Ich feuerte meine Pistole auf den nächsten Feind ab und ließ der Kugel das Schwert folgen. Die Klinge spaltete dem Angeschossenen den Schädel mitsamt der eisernen Sturmhaube in zwei Hälften. Ein weiterer Unhold fiel unter den wuchtigen Schlägen meiner Waffe, dann hatten die anderen gelernt, sich besser von mir fernzuhalten, und bildeten eine Gasse. An ihrem Ende erblickte ich in der sich langsam lichtenden Rauchwolke einen einzelnen Mann. Er trug eine eng anliegende schwarze Hose, hohe Stiefel und ein weißes Hemd mit offenem Ausschnitt. Lange dunkle Haare hingen über die Schultern und bedeckten sein Gesicht zur Hälfte. In der Rechten führte er ein Rapier mit schmaler Klinge, in der Linken einen Parierdolch. Ein prüfender Blick auf seine unbewegliche Brust bestätigte mir schnell, was ich ohnehin schon vermutete: Er war einer von uns.

Er hob die Waffe und hielt sie zu einem stillen Gruß vor sein Gesicht. Seine Augen schienen zu versuchen, mich zu durchbohren. Es war nicht Albrecht. Vermutlich sein Vollstrecker oder Richter. Einerlei, er forderte mich zum Zweikampf. Das war alles, was zählte.

Zur Erwiderung seines Grußes zog ich die zweite meiner Pistolen aus dem Waffengurt und feuerte sie ihm ins Gesicht. Die Verletzung durch eine Kugel war für einen der Unsrigen zwar üblicherweise nicht allzu dramatisch, doch ich hatte die beim Schuss entstehende Rauchwolke als perfekte Tarnung für die unmittelbar folgende Schwertattacke zu schätzen gelernt.

Dieser Gegner ließ sich jedoch nicht so einfach beeindrucken. Elegant parierte er meinen Hieb mit gekreuzten Klingen, schob mein Schwert mit dem seinen zur Seite und rammte mir den Dolch zwischen die Rippen. Nur das Kettenhemd unter meinem Waffenrock bewahrte mich vor einem vorschnellen Ende des Kampfes. Dann prasselte eine rasante Folge wohl gezielter Schläge und Stiche auf mich ein. Ich musste mehrere Schritte zurückweichen, um mich der Attacken zu erwehren. Sie kamen zu schnell, um sie alle mit dem Schwert abzuwehren. Jeglicher Versuch, selbst einen Angriff zu starten, scheiterte an den wirbelnden Klingen meines Gegners.

Seit langer Zeit stand ich erstmals wieder einen ebenbürtigen Feind Auge in Auge gegenüber. Möglicherweise sogar einem überlegenen, zumindest an Fechtkunst. Aber zu einem guten Kämpen gehört mehr als die Fähigkeit im Umgang mit seinen Waffen. Manchmal musste man Opfer bringen, um eine Schlacht zu gewinnen. In diesem Fall war das Opfer meine eigene körperliche Unversehrtheit.

Von einem Augenblick zum nächsten hörte ich auf, die Attacken zu parieren. Das Schwert traf mich hart am linken Arm und zertrennte Kettenhemd, Muskeln und Sehnen bis hinab auf den Knochen. Nahezu gleichzeitig durchstieß der Linkhanddolch meine Rüstung am Bauch und drang in mein Fleisch ein. Es kostete mich all meine Willenskraft, trotz der unvergleichlichen Schmerzen aufrecht stehen zu bleiben, doch es gelang. Beide Waffen meines Gegners waren einen Moment lang in meinem Leib gefangen. Diesen Augenblick nutzte ich, mein eigenes Schwert in einem schnell ausgeführten seitwärts gerichteten Hieb mit all meiner verbliebenen Kraft gegen seinen ungeschützten Hals zu führen.

Ich bildete mir ein, ein erlöstes Lächeln auf den Lippen des Nocturnus zu sehen, als sein Kopf sich vom Rumpf löste und, sich mehrfach überschlagend, in hohem Bogen durch die Luft flog. Ich fing seinen in sich zusammenfallenden Leib auf, bevor er den Boden berührte, versenkte meine Fangzähne in den Halsstumpf und nahm alles Blut in mich auf, das ich aus dem sterbenden Fleisch saugen konnte.

Mein besiegter Feind war viele Jahrhunderte alt, mindestens so alt wie ich, vermutlich sogar etwas mehr. Er besaß Erinnerungen an unzählige Orte, die ich nie gesehen hatte, an Menschen und Nocturni, denen ich nie begegnet war, und an Zeiten, die ich nie erlebt hatte. Niemals zuvor hatte ich einen derart Alten der Unsterblichen getötet und ausgesaugt. Ich war vollkommen überwältigt, als all die fremden und auf höchst verwirrende Weise gleichzeitig vertrauten Bilder, Stimmen und Gedanken mit seinem Blut auf mich eindrangen. Ich vergaß das Gefecht, das um mich herum mit unverminderter Härte geführt wurde. Ergab mich vollständig dem Leben, das mit unvergleichlichen Details in meinem Geist Gestalt annahm. Dem Leben, das unter meinem Schwerthieb soeben beendet worden war.

Ich sah weite, blumenbestandene Wiesen, über die er als Kind getollt war. Ich hörte das erstickte Schluchzen seiner Mutter, als er seine Familie verließ, um in der Fremde sein Glück zu finden. Ich spürte den Schmerz, als die Zähne seines Erzeugers in seinen Hals stachen und ihm sein sterbliches Leben nahmen. Ich fühlte seine Verzweiflung, als er erkannte, dass der einzige Zweck seines Daseins fortan darin bestand, Menschen zu töten und ihr Blut zu trinken. Ich erfuhr die tiefe Liebe, die ihn an den Mann band, der ihn zu dem gemacht hatte, was er nun war. Ich litt unter der Schuld, die ihn erdrückte angesichts der immer neuen Grausamkeiten, die er im Namen seines Meisters an den Sterblichen ebenso wie an seinesgleichen beging. Und ich war entsetzt über seine Erleichterung, als er mir gegenüberstand und sich darauf vorbereitete, endlich den letzten Schritt in die Ewigkeit zu gehen, der ihm Jahrhunderte lang vorenthalten worden war.

Er war mir so ähnlich, dass ich erschauderte.

Vermutlich hätten wir gute Freunde werden können, hätte er sich nicht – aus freien Stücken oder gezwungenermaßen – dem Dienst an seinem Herren verschworen. Er war beileibe kein Schwächling gewesen. Doch er hatte es nicht geschafft, sich von den verderblichen Einflüsterungen seines Erzeugers zu befreien. Mir wurde bewusst, welch ungewöhnliches Geschenk ich erhalten hatte, als es mir mit Ibrahims Hilfe gelungen war, die Unabhängigkeit von Vitus zu erlangen.

Es war meine Pflicht, dieses Geschenk zu nutzen. Es war meine Bestimmung, die Archaioi von ihren Thronen zu stürzen. Dazu war ich hier. Hier in Magdeburg.

Unter Aufbietung all meiner Willenskraft klammerte ich meinen wandernden Geist an dem Namen der Stadt fest und zog mich daran zurück in die Wirklichkeit. Ich öffnete die Augen und sah mich um. Kein Schuss und kein Schwertklingen drang an meine Ohren. Der Kampf war beendet.

Ich erkannte die vertrauten Gesichter meiner Getreuen. Sämtliche Feinde lagen blutend im Staub. Doch niemand jubelte. Sie alle blickten gebannt auf einen jungen Mann. Auch ich wandte mich ihm zu. Er sah aus, als hätte er gerade einmal fünfzehn oder sechzehn Sommer gesehen. Seine ganze Erscheinung, von den glatten blonden Haaren über die noch flaumlosen Wangen bis zu der adretten dunklen Kleidung mit dem kostbaren Spitzenkragen, hätte einem aufstrebenden Spross adliger Herkunft gut zu Gesicht gestanden.

Wären nicht die Augen gewesen.

Ich kannte nur ein Paar Augen auf dieser Welt, das denen des Jungen gleichkam. Es gehörte dem ältesten Nocturnus, dem ich bis dahin gegenübergestanden hatte, meinem einstigen Herrn und Meister Vitus. Seine Augen erweckten genau wie die des Jünglings vor mir den Eindruck, Dinge gesehen zu haben, die ich mir nicht einmal in meinen entferntesten Träumen vorstellen konnte. Es waren Augen, in die man einzutauchen schien, wenn sie auf einem ruhten. Man verlor sich in ihnen. Die Augen eines Archaios.

Vor mir stand Albrecht der Sachse.

Er sagte kein Wort. Stand nur ruhig da. Sah mich an.

Ich fühlte mich wie ein kleines Kind, das für sein unartiges Verhalten getadelt wurde. Unter gewöhnlichen Umständen wäre ich vermutlich im Staub versunken und hätte mich bedingungslos ergeben. Doch in mir floss das Blut eines frisch getöteten Nocturnus und mit ihm der über Jahrhunderte angestaute Hass gegen die Kreatur, die mir nun gegenüberstand.

Ich erhob mich, gestützt auf mein Schwert, das ich vor mir in den Boden gerammt hatte. Erwiderte den durchdringenden Blick des Archaios. Und lächelte.

Als er erkannte, dass ich ihm widerstand, verfinsterte sich das ebenmäßige Gesicht des blonden Jünglings zu einer von Hass und Abscheu verzerrten Fratze.

Ich hob mein Schwert.

Dann sprach er: »Wag es nicht!«

Seinem Blick hatte ich standhalten können. Doch seine Worte bannten mich. Ich war unfähig, meine Waffe auch nur einen Fingerbreit weiter anzuheben. Ich vermochte keinen Schritt auf den Archaios zuzugehen. Aber ich wich nicht zurück. Ich sammelte all meine Kraft, meinen Hass gegen dieses Wesen, und fühlte, wie der Bann Stück für Stück von mir abfiel.

Albrecht erkannte, dass er mich nicht auf Dauer unter Kontrolle halten konnte.

»Wir sehen uns wieder, Templer!«, drohte er, dann schritt er erhobenen Hauptes an mir vorbei und verschwand durch den Torbogen auf die Straßen der Stadt.

Sein Bann löste sich in nichts auf, sobald er außer Sicht war. Ich stürmte ihm mit gezückter Klinge hinterher, suchte die Umgebung des Tores in alle Richtungen ab. Doch nirgends in der panischen Menschenmenge auf dem Domplatz vermochte ich den blonden Haarschopf Albrechts des Sachsen auszumachen. Er war wie vom Erdboden verschluckt.

Meine Mannen sammelten sich um mich und ließen ihre Blicke ebenfalls schweifen. Ohne Erfolg.

»Nehmt sein Haus auseinander!«, befahl ich. »Packt alles ein, was von Wert ist und brennt es anschließend nieder!«

Keine Spur seiner Herrschaft sollte erhalten bleiben.

Noch lange stand ich da und starrte in die Menge. Irgendwo unter all den Sterblichen verbarg sich mein Feind. Man müsste sie nur alle töten, sämtliche Gebäude der Stadt den Flammen übergeben, dann würde kein Versteck mehr übrig bleiben, in dem er sich vor mir verbergen konnte. Ich wollte ihn um jeden Preis fassen.

In den folgenden Nächten tat ich alles, um meinen Entschluss in die Tat umzusetzen. Meine Unholde führten immer neue Raubzüge an, töteten und brandschatzten ohne Unterlass. Auf meinen Befehl hin. Seit der Erstürmung Jerusalems im ersten Kreuzzug hatte ich mich nicht mehr derart versündigt wie in der Stadt an der Elbe.

Nicht, dass das Schicksal ihrer Bewohner ohne mein Zutun wesentlich besser gewesen wäre. Die Menschen waren durchaus ohne die Hilfe der Unsterblichen zu Taten in der Lage, die jeder Beschreibung spotteten. Doch ich kann mich nicht davon lossprechen, mich mit ganzem Herzen an den Gräueln beteiligt zu haben.

›Magdeburgisieren‹ nannte man fortan die vollständige Vernichtung einer Stadt mitsamt all ihrer Einwohner. Ich hatte meinen Beitrag geleistet zur Schöpfung dieses schrecklichen Wortes.

Doch irgendwann gab es nichts mehr zu plündern und die Söldner des Heeres ließen von den rauchenden Trümmern ab, die einst Magdeburg gewesen waren.

Albrecht der Sachse blieb verschwunden.

Es hätte nicht viel gefehlt und wir hätten ihn tatsächlich vernichtet. Es war nicht unmöglich, einen der Archaioi zu besiegen. Schwierig, aber nicht unmöglich. Auch die Alten erkannten dies. Sie verbargen sich in den folgenden Jahren noch tiefer in ihren Verstecken. Sie fürchteten mich.

Das war immerhin ein Anfang.

Der Preis für diesen Erfolg war jedoch hoch. Ich opferte das letzte Bisschen menschlicher Werte, das mir geblieben war. Wurde zum eifrigen Werkzeug von Krieg, Tod und Leid.

Ich bemerkte meine Wandlung. War mir der Monstrosität meiner Taten vollkommen bewusst. Und bereit, die Folgen dafür zu tragen.

Der Große Krieg dauerte noch weitere siebzehn Jahre an. Ich folgte unbeirrt den Heeren der Sterblichen. Mir war es einerlei, ob sie für die Katholiken, Protestanten, Schweden, Franzosen oder den Kaiser stritten, so lang sie mir nur die Möglichkeit gaben, meine Feinde zu stellen. Ich tötete viele Diener der Archaioi, doch die Alten selbst entzogen sich meinem Zugriff. Mehr als eineinhalb Jahrhunderte sollte ich keinem von ihnen auch nur annähernd so nahekommen wie in jener Nacht in Magdeburg.

Mein eigener Erzeuger, das dringlichste Ziel meines Feldzuges, kehrte nach Wien zurück, wie ich aus dem Blut eines seiner Getreuen erfuhr, dessen ich habhaft werden konnte. Doch so sehr ich mich auch bemühte, den Krieg nach Österreich zu tragen, gelang es mir nicht, die sterblichen Feinde der Habsburger zu einem Angriff auf das Herz des Kaiserreiches zu bewegen. Und ein Angriff ohne den Schutzmantel des lärmenden Chaos einer Schlacht war undenkbar. So blieb mir der große Sieg, den ich ersehnte, verwehrt.

Doch die Macht der Archaioi allein schon dadurch beschränkt zu haben, dass sie gezwungen waren, sich tief in ihren Zufluchten zu verbergen, statt offen ihre Herrschaft auszuüben, war zumindest ein Erfolg. So rechtfertigte ich mein Tun mir selbst gegenüber viele Jahre.

Dann endete der Krieg.

Nach scheinbar endlosen Verhandlungen wurde der Westfälische Frieden zwischen sämtlichen beteiligten Parteien geschlossen und damit nach unzähligen gescheiterten und gebrochenen Abkommen endlich eine Einigung erzielt, an die sich alle hielten.

Meine glorreichen Tage waren mit dem Friedensschluss gezählt. Die Heere, in deren Schutz ich mich dreißig Jahre lang bewegt hatte, lösten sich auf. Meine Getreuen waren das Einzige, was noch zwischen mir und meinen Feinden stand. Und Feinde hatte ich wahrlich genug nach allem, was ich getan hatte.

Ohne Raubzüge und Plünderungen wurden meine Unholde bald unzufrieden. Sie waren die besten Söldner, die es gab, von meinem Blut mit übermenschlichen Kräften gesegnet und an Wildheit nicht zu überbieten. Genau dies erwies sich aber nun als Problem, denn sie waren nicht dazu bereit oder in der Lage, mit dem einzigen Handwerk zu brechen, auf das sie sich verstanden.

Nachts hielt ich sie mit dem Bösen Blick unter Kontrolle, doch tagsüber konnte ich sie nicht davon abhalten, sich an Dörfern und Gehöften sowie deren Einwohnern zu vergehen. Ohne den Krieg, in dem solche Untaten nicht weiter ins Gewicht fielen, zogen derartige Übergriffe entschieden zu viel Aufmerksamkeit auf sich. Mehrmals lenkten solche Entgleisungen meiner Getreuen die Häscher der Archaioi auf meine Fährte. Ich hatte keine andere Wahl, als mich meines Kriegshaufens zu entledigen, wollte ich meine Spuren verwischen. Nur eine Handvoll der Besonnensten von ihnen behielt ich bei mir, um mich tagsüber zu bewachen. Und auch ihnen gab ich immer seltener von meinem Blut, um sie von den Fesseln des Rausches zu befreien, der sie in den Wahn trieb.

Meine Feinde machten ebenfalls kaum noch Gebrauch von den Unholden, die im Krieg zu Tausenden ihr Unwesen getrieben hatten. Viele Sterbliche erinnerten sich nur allzu gut an die rasenden Marodeure, die mit ihren unnatürlichen Kräften Angst und Schrecken verbreitet hatten. Man bezichtigte sie, mit dem Teufel im Bunde zu sein – was der Wahrheit möglicherweise sogar recht nahekam – und sie wurden gnadenlos verfolgt und vernichtet, wo immer man auf sie stieß. Mehr als einmal führten die Gejagten ihre Verfolger zu den Zufluchten ihrer unsterblichen Herren und rissen sie mit ins Verderben. Landauf, landab brannten die Scheiterhaufen und auf manchem von ihnen endete das Dasein eines Nocturnus.

So wurde die Erschaffung der Unholde durch die Gabe unseres Blutes an die Sterblichen allseits geächtet. Natürlich hielten sich nicht alle Nocturni an das Verbot. Es herrschte kein bisschen mehr Einigkeit unter den Blutlinien als vor dem Großen Krieg. Doch die Notwendigkeit, sich vor den Hexenjägern zu verbergen, trieb die meisten von uns dazu, auf die Unholde zu verzichten und ein weniger auffälliges Dasein zu führen.

Möglicherweise bewahrte mich allein diese Entwicklung vor der Rache der Archaioi, denn längst war ich vom Jäger zum Gejagten geworden. Meist zog ich mit kleinem Gefolge durch das Land, manchmal nur von ein oder zwei Vertrauten begleitet. An keinem Ort verharrte ich mehr als ein paar Wochen, bevor ich weiterzog. Meine Nachkommen und deren Kinder hatte ich dazu angehalten, ihrer eigenen Wege zu gehen. Gemeinsam zogen wir zu viel Aufmerksamkeit auf uns. Mit einigen von ihnen blieb ich lose in Kontakt und manchmal traf man sich noch, doch viele von ihnen sah ich niemals wieder.

Eine Zeit lang hegte ich Pläne, wie ich den Kampf erneut aufnehmen konnte. Ich zog durchs Land und suchte neue Verbündete für meine Blutfehde, wollte neue Allianzen schmieden.

Aber eine Nacht veränderte alles. Sie würde mir auf ewig im Gedächtnis bleiben.

Der Große Krieg war seit drei Jahrzehnten vorbei, als ich in einem der zahlreichen verfallenen und entvölkerten Dörfer einen Unterschlupf für den Tag suchte. Ich kannte das Dorf, denn es war mein Kriegshaufen gewesen, der hier vor mehr als vierzig Jahren gewütet hatte.

In einer der Hausruinen sah ich durch die Ritzen der geschlossenen Fensterläden den Lichtschein einer Lampe schimmern. Ich dachte, Landstreicher oder fahrendes Volk hätten hier die ausgehende Nacht verbracht. Zielstrebig ging ich zu dem Haus. Erstens wollte ich nicht das Risiko eingehen, tagsüber von ihnen gestört zu werden, und zweitens war ich gegenüber einer kleinen Mahlzeit vor dem Schlafen nicht abgeneigt.

Meine Tagwächterin war zu jener Zeit eine junge Frau namens Marika, die nicht nur hübsch, sondern darüber hinaus auch noch in jeder Hinsicht ausgesprochen durchsetzungsfähig war. Als einzige Tochter ihrer Familie war sie zusammen mit vier älteren Brüdern aufgewachsen. Ich wies sie an, zurückzubleiben und die Umgebung im Auge zu behalten. Ich öffnete die Tür in dem festen Glauben, ich würde mit jedem, den ich dort anträfe, problemlos fertig werden.

Ich war überrascht, das Innere des Gebäudes recht gemütlich, wenn auch durchweg zweckmäßig eingerichtet vorzufinden. Dies war kein Unterschlupf irgendwelcher Durchreisender, sondern hier hatte sich jemand niedergelassen.

»Ich habe gehofft, du würdest eines Tages wiederkommen.«

Mein Blick fiel auf den alten Mann, der auf der einzelnen Bettstatt in dem Raum saß und mich soeben so vertraut angesprochen hatte. Seine Kleidung war ärmlich, kaum mehr als ein paar an seinem klapperdürren Leib festgebundene Lumpen. Am auffälligsten war die tiefe Narbe, die sich diagonal über sein faltiges Gesicht bis hinunter zum Hals zog. Das linke Auge bestand nur aus einem vernarbten Loch. Das rechte war milchig, doch es fixierte mich eindringlich.

Ich neigte den Kopf zur Seite. »Kennen wir uns?«

Begleitet von einem leisen Ächzen rutschte er in eine bequemere Sitzposition. »Ich nehme nicht an, dass du dich an mich erinnern kannst«, erzählte er mit freundlicher Stimme. »Ich war sicherlich nur einer von vielen, die du mit deinen Leuten ausgeplündert und verstümmelt hast. Doch für mich war unsere erste Begegnung ein recht einschneidendes Erlebnis, das ich nicht vergessen habe.« Der Mann zeigte nicht das geringste Anzeichen von Furcht. Er war absolut gefasst und äußerte seine Vorwürfe im Plauderton.

»Du hast schon hier gelebt, als ich im Krieg hier durchgezogen bin?«, fragte ich.

Er nickte. »Ja. Damals noch zusammen mit meiner Frau und drei Kindern. Und natürlich mit all den anderen Familien.«

»Ich dachte, wir hätten alle getötet.«

»Viel hat nicht gefehlt. Aber ich war nur bewusstlos.« Er hob die Hand an sein entstelltes Gesicht. »Das hier hat damals sicher nicht so ausgesehen, als wäre darunter noch Leben vorhanden. Vermutlich hat mich das gerettet.«

Ich versuchte, Hass oder Groll in seiner Stimme zu entdecken. Doch von beidem fehlte jede Spur. Ich war absolut fasziniert von dem alten Mann. Und neugierig. »Warum hast du gehofft, mich wiederzusehen? Willst du deine Freunde und Familie rächen?«

Mit einer knappen Geste wehrte er ab. »Nein, nein. Was würde das bringen? Durch einen weiteren Tod würde niemand von ihnen wieder lebendig.«

»Was willst du dann?«

Mit seinem einen Auge sah er mich durchdringend an. »Ich will nur wissen, warum ihr das getan habt.«

Ich war sprachlos. Unfähig, irgendetwas zu entgegnen.

»Ich gehe davon aus«, fuhr er fort, »ihr habt gute Gründe dafür gehabt. Denn ich kann mir nicht vorstellen, dass man aus einer Laune heraus drei Dutzend Menschen tötet. Ich verstehe nur nicht, was das für Gründe gewesen sind. Ich wäre dir sehr dankbar, wenn du es mir erklären würdest. Wenn ich auf diese Weise erfahre, dass sie alle für etwas Gutes ihr Leben gelassen haben, fällt es mir vielleicht leichter, das Geschehene zu akzeptieren.«

Lange schaute ich ihn an. Er hielt meinem Blick stand.

»Bist du hiergeblieben, nur um mir irgendwann diese Frage stellen zu können?«, wollte ich wissen.

»Nicht nur. Aber ein bisschen mag es dazu beigetragen haben, denn ich wusste nicht, wo sonst die Chance, dich wiederzusehen, größer gewesen wäre. Ich gebe zu, ich hatte nicht wirklich damit gerechnet, dass du wiederkommst. Aber die Hoffnung habe ich nie ganz aufgegeben. Und heute sieht es so aus, als würde meine Geduld belohnt.«

»Oder bestraft.«

»Wie willst du mich noch mehr bestrafen, als du es damals ohnehin schon getan hast?«

Ich beantwortete seine Frage nicht. Wusste keine Antwort darauf.

»Also«, hakte er beharrlich nach, »warum hast du sie alle getötet? Und wo du schon dabei bist, sag mir auch, warum du noch genau so aussiehst wie damals, als wärst du keinen Tag älter geworden.«

Natürlich hätte ich den Mann ohne Schwierigkeit einfach töten können. Doch ich verspürte das Bedürfnis, seine Frage tatsächlich zu beantworten. Vermutlich, um für mich selbst herauszufinden, ob es überhaupt eine Antwort gibt. Ich zog mir den einzelnen Schemel heran, setzte mich dem Alten gegenüber und begann zu reden. Freimütig erzählte ich ihm von den Nocturni, von unserem ewigen Hunger nach Blut, den wir damals an seiner Familie gestillt hatten. Ich berichtete ihm von meinem Kampf gegen die Archaioi, von meinem Streben, die Welt und die Sterblichen von dem Leid zu befreien, das sie ihnen zufügten. Ich verschwieg nichts, beschönigte nichts.

Er unterbrach mich kein einziges Mal, stellte keine Fragen. Als ich geendet hatte, überlegte er eine Weile, bevor er wieder sprach. »Ich danke dir, dass du mir erklärt hast, was dich getrieben hat. Aber auch wenn ich die Ehrenhaftigkeit deiner Absichten nicht infrage stellen will, scheint es mir doch so, als hättest du die Leiden der Menschen mit deinen Taten nicht vermindert. Zumindest diesem Dorf hat keiner dieser Alten, von denen du erzählt hast, jemals etwas Böses getan. Unser Leiden ist nicht geringer geworden.«

Die Prophezeiung meiner Schwester kam mir in den Sinn. ›Das Blut der Sterblichen wird in Strömen fließen, nur um deine Rache voranzutreiben.‹ Sie hatte recht behalten. Ich war auf ganzer Linie gescheitert, hatte genau das Gegenteil von dem bewirkt, was ich erreichen wollte.

Ich bemerkte, dass mir der Gedanke nicht fremd war. All die Jahre war mir mein vollkommenes Versagen unterschwellig bewusst gewesen. Ich hatte nur nicht zugelassen, den Gedanken in Worte zu fassen und die Konsequenzen daraus zu ziehen. Ich war so sehr von meiner Macht über Leben und Tod, meinem zweifelhaften Ruhm unter den Unsterblichen und meinem Größenwahn besessen, dass mir jedes Maß für die Realität vollständig abhandengekommen war. Die ganze Zeit hatte ich mein Tun damit gerechtfertigt, dass der Zweck die Mittel heiligte. Dieser alte Mann zwang mich nun, endlich darüber nachzudenken, was ich erreicht hatte. Wofür all die Menschen gestorben waren, die das Pech gehabt hatten, meinen Weg zu kreuzen.

Das Ergebnis war bestürzend. Ich hatte exakt nichts erreicht.

Die Archaioi hatten Angst vor mir? Keinem Menschen half das auch nur im Geringsten.

Die aufgehende Sonne beendete mein Grübeln. Der alte Mann bot mir an, den Tag in seinem Vorratskeller zu verbringen. Ich gab Marika Anweisung, sich von dem Alten fernzuhalten und ihm unter keinem Umständen etwas anzutun.

Im Nachhinein denke ich, ich hoffte an jenem Morgen, der Alte würde doch noch das Bedürfnis verspüren, seine gemeuchelten Angehörigen zu rächen. Aber am Abend erwachte ich absolut unbehelligt. Ich fühlte mich elend.

Ich sah mich nicht in der Lage, meinem Gastgeber ein weiteres Mal unter die Augen zu treten. Hinterließ ihm ein paar Silbermünzen, dann schlich ich mich davon wie ein gemeiner Dieb.

Unzählige Nächte brütete ich über das Geschehene, über mein ursprüngliches Ansinnen, über die Taten, die daraus erfolgt waren und über die Rolle, die das Schicksal mir auferlegt hatte.

Tiefe Verzweiflung ergriff mich, als ich gewahr wurde, dass ich das Werk Satans vollbracht hatte. Ich beschloss, mit der Befreiung der Welt von den Nocturni bei mir selbst zu beginnen, und bereitete mich darauf vor, den Sonnenaufgang zu begrüßen. Doch jedes Mal schreckte ich im letzten Augenblick vor den gleißenden Strahlen zurück und verkroch mich an einem geschützten Ort. Ich hatte geglaubt, einer der Unerschrockensten meiner Art zu sein, die über die Erde wandelten. Aber ich brachte nicht den Mut auf, mein eigenes Dasein zu beenden.

Es waren elende Zeiten, die der Begegnung mit dem Alten folgten. Ein paar Jahre später fand ich noch einmal den Mut, das verlassene Dorf aufzusuchen. Doch von dem Mann war keine Spur mehr zu finden. Auch sein Haus reihte sich nun in die übrigen Ruinen ein. Angesichts der Surrealität des Treffens drängte sich mir die Frage auf, ob der Alte wirklich existiert hatte oder ob er lediglich ein Produkt meines langsam in den Wahnsinn abgleitenden Geistes gewesen war.

Ich kann das Rätsel bis heute nicht beantworten. Doch egal, ob es real oder Einbildung war, das Erlebte half mir, einen neuen Weg einzuschlagen.

Ganz langsam fand ich im Laufe der folgenden Jahre wieder zu mir selbst zurück und überwand die Bestialität, die mich beinahe endgültig und unwiderruflich übermannt hätte. Ich wurde keineswegs ein frommer Wohltäter - noch immer jagte ich Menschen wegen ihres Blutes –, doch es war nicht jedes Mal notwendig, sie bis auf den letzten Tropfen auszusaugen. Es erforderte eine nicht unerhebliche Willensanstrengung, das Trinken rechtzeitig zu beenden, aber es war möglich.

So schleppte ich mich von Nacht zu Nacht, weder fähig, meinem Leben ein Ende zu setzen, noch, ihm ein neues Ziel zu geben. Die einst geschworene Rache wollte ich noch nicht ganz aufgeben, doch ich schob sie in die ferne Zukunft. Ich wollte nicht riskieren, ein weiteres Mal dieselben Fehler zu begehen.

Von den neuen Kriegen, die durch das Land zogen, hielt ich mich fern. Dem Großen Krieg, den man nun den Dreißigjährigen nannte, kam ohnehin keine der späteren Auseinandersetzungen auch nur annähernd gleich.

Sogar als die Türken erneut vor den Mauern Wiens standen, ließ ich die Gelegenheit, meinem Erzeuger möglicherweise doch noch einmal nahezukommen, ungenutzt verstreichen.

So folgte Jahr auf Jahr und Jahrzehnt auf Jahrzehnt.

Das Land erholte sich nur langsam von den Verheerungen. Mancherorts verschlimmerte sich die Lage sogar, wo die Folgen der umfassenden Zerstörung von Städten, Dörfern und Äckern zum Niedergang des Handels, verbreiteter Armut und

Hungersnöten führten. Zumindest die unmittelbaren Schrecken der Vergangenheit verblassten jedoch Stück für Stück zu vagen Erinnerungen in den Geschichten, die Großväter ihren Enkeln erzählten. Und als es keinen Menschen mehr gab, der den Großen Krieg selbst erlebt hatte, wurde er Historie. Nur die Nocturni, die dabei gewesen waren, bewahrten das Andenken an die Zeit des immerwährenden Grauens auf ewig in ihren gepeinigten Seelen.

Die einzige gesellschaftliche Schicht, die in Wohlstand lebte, war der Adel. Ungeachtet der Armut ihrer Untertanen schwelgten die Fürsten in Prunk und Überfluss. Auch die verborgene Gemeinschaft der Unsterblichen erblühte zu nie dagewesener Pracht. Die Höfe der nächtlichen Herrscher waren vielleicht entrückter von denen der sterblichen Fürsten, als es früher der Fall gewesen war. Doch im Schatten des Glanzes der Adelshäuser sicherten die Nocturni sich einen durchaus ansehnlichen Anteil des verschwenderischen Luxus.

Die unzähligen der Unsrigen aber, die nicht den herrschenden Blutlinien angehörten, die Bastarde und Ausgestoßenen, kämpften oftmals nicht weniger ums nackte Überleben als die Bauern und Tagelöhner, von denen sie sich nährten. Wenn einer von ihnen sich durch Glück oder Geschick von der Masse abhob und auch nur bescheidenen Wohlstand erlangte, musste er seine Stellung nahezu unweigerlich gegen zahlreiche andere der Nächtlichen verteidigen, die ein Stück des blutigen Kuchens abhaben wollten.

Während in den unteren Rängen der Gemeinde der Unsterblichen fast jede Nacht von Kampf und Gewalt geprägt war, hatte die Ächtung der Unholde zur Folge, dass die Auseinandersetzungen zwischen den herrschenden Blutlinien nahezu ausschließlich im Verborgenen stattfanden. Die verdeckten Machtkämpfe und Intrigen wurden allerdings mit einer Inbrunst betrieben, die in ihrer Kunstfertigkeit und Raffinesse geradezu bewundernswert war.

Es waren nicht mehr die Schwerter, die über die Geschicke der unsterblichen Herrscher entschieden, sondern geheime

Depeschen und die zuckersüßen Worte der Diplomaten. Ich bin meiner Schwester Constantia in all den Jahren nicht begegnet, aber ich stellte mir vor, wie sie ihre Fähigkeiten zur Vollendung brachte und über ihre Widersacher triumphierte.

Für einen alten Kämpen wie mich war in dieser Gesellschaft kein Platz mehr. Meine Zeit schien vorbei zu sein.

So hielt ich mich fern von den Mächtigen und ihren Höfen. Verkehrte nur noch mit den Vagabunden und sonstigen Unsterblichen niederen Ranges. Die meiste Zeit aber mied ich den Kontakt zu anderen Nocturni vollständig.

Mehr als hundert Jahre vergingen, in denen ich nur deswegen weiter vor mich hin vegetierte, weil ich den Tod noch mehr fürchtete als meine traurige Existenz. Ich war nur noch ein fahler Schatten des Mannes, der unter dem Namen Templer einst Angst und Schrecken verbreitet hatte. Eine verlorene Seele.

Doch schließlich erreichte mich die Kunde von einem Ereignis, dessen Faszination mich fortan nicht mehr losließ.

In Frankreich hatte sich das Volk gegen die Herrschenden erhoben und kämpfte für seine Freiheit. Eine Freiheit ohne Fürsten und Könige. Und es gab Gerüchte, dass auch die Nocturni des Landes nicht länger ihren Herren folgten.

Wurde dort das Werk fortgesetzt, das ich einst begonnen hatte? Bestand die Möglichkeit, dort mein altes Ansinnen wieder aufzunehmen, ohne erneut zur Geißel des Landes zu werden statt zu seinem Befreier?

Noch verlockender wurde die Aussicht einer Reise nach Paris angesichts des Gedankens, wer das höchste Ziel eines derartigen Aufstandes wäre. Ich hatte nicht vergessen, wen ich für die Vernichtung der Tempelritter verantwortlich gemacht hatte. Wenn mir schon die Rache an Vitus verwehrt blieb, so wollte ich sie zumindest an Laurent von Paris üben. Die Revolution rief mich zu sich.

Ich wollte sie nicht warten lassen.

Sonntag, 29. Mai 2005, New York City, USA

Ist es zu glauben, dass ein mehr als neun Jahrhunderte altes Geschöpf Eifersucht empfinden kann wie ein frisch verliebter Teenager? Ich bin zutiefst entsetzt über meinen eigenen Mangel an Reife und Realitätssinn.

Was habe ich mir eingebildet? Dass Veronica nichts Besseres zu tun hätte als sich mit einem anachronistischen Relikt längst vergangener Zeiten abzugeben, das nicht einmal mit einem Mobiltelefon umgehen kann? Und das, obwohl sie selbst weniger als dreißig Jahre lang auf dieser Welt und gerade mal vor ein paar Wochen zu meinesgleichen geworden ist? Ich schelte mich für meine Torheit.

Sie ist wahrlich in der Gesellschaft jüngerer Vampire besser aufgehoben als bei mir. Dass sie sich ausgerechnet von einem so abstoßenden Exemplar wie Fragger derart faszinieren lässt, stimmt mich zwar nachdenklich. Aber wer bin ich, mir einzubilden, ich könnte das Gefühlsleben einer frisch verwandelten jungen Frau verstehen?

Und dennoch kann ich den nagenden Schmerz des Verlustes, so irrational er auch sein mag, nicht vollständig aus meinem Kopf vertreiben. Ich werde wohl damit leben müssen. Was nicht leicht ist, wenn sie wie gerade jetzt aus der Dusche kommt, nur mit einem Handtuch bekleidet. Insbesondere, da es um ihre frisch gewaschenen Haare geschlungen ist statt um ihren verführerischen Körper.

Ich zwinge mich, ihr nicht beim Ankleiden zuzusehen, sondern mich auf meine eigene Garderobe zu konzentrieren. Silvio hat das Kettenhemd gebracht, während ich geschlafen habe.

Es ist früher fertig geworden als gedacht. Aber mir kommt es gerade recht. Die Reparaturen werden keinen Schönheitspreis gewinnen, aber die Rüstung sollte ihren Zweck wieder voll umfänglich erfüllen. Mehr war in der Kürze der Zeit nicht zu erwarten. Außerdem trage ich ohnehin den obligatorischen Trenchcoat darüber. Auch damit hat mein Vertrauter mich versorgt. Er hat gleich ein halbes Dutzend Mäntel bereitgelegt. Mein erhöhter Verbrauch an Kleidungsstücken in den letzten Wochen ist ihm offenbar nicht entgangen.

»Können wir jetzt?« Veronica stemmt ungeduldig die Hände in die Hüften. Das Schmunzeln auf ihren Lippen zeugt davon, dass sie mich nur necken will.

Ich werfe ihr einen gespielten finsteren Blick zu und schlüpfe in den obersten Trenchcoat. »Ja. Wir können.«

Gemeinsam verlassen wir das Versteck und begeben uns auf die Straßen von Little Italy. Der Dauerregen der letzten Nächte ist vorbei. Vereinzelte Pfützen auf dem Pflaster zeugen davon, dass der vergangene Tag nicht vollständig niederschlagsfrei war.

Zahlreiche Menschen nutzen das endlich bessere Wetter für abendliche Spaziergänge. Die Restaurants und Pizzerien, die die Straßen des Viertels dicht an dicht säumen, sind gut besucht.

Veronica winkt ein Taxi heran und nennt dem Fahrer eine Adresse in Jersey, ein paar Blocks von Edgar Jacksons Wohnung entfernt. Der Wagen besitzt keine Trennscheibe zum Fond, also schweigen wir uns an, während wir durch den Holland Tunnel und über den Highway 78 nach Westen fahren.

Gern hätte ich noch einige Worte mit ihr gesprochen, um abschätzen zu können, in welcher Stimmung sie heute ist und wie weit sie sich unter Kontrolle hat. Ein spontaner Blutrausch könnte bei der heutigen Aufgabe kontraproduktiv sein. Vielleicht ist schon die Tatsache, dass sie die ganze Zeit über nichts sagt, ein gutes Zeichen, dass sie nicht so überdreht ist wie am Tag meiner Rückkehr aus Europa. Ich schätze, ich werde es bald herausfinden.

Am Ziel angekommen, bezahle ich das Taxi und wir sind allein. Edgar Jackson scheint kein armer Mann zu sein. Die einzeln stehenden, zumeist einstöckigen Häuser vor uns sind durchweg geräumig und ebenso gut gepflegt wie die Vorgärten, die sie von der Straße mit den geparkten Autos trennen. Wir können keine Spaziergänger oder sonst jemanden entdecken. Veronica zeigt in Richtung unseres Ziels und wir setzen uns in Bewegung.

»Gehört Jersey eigentlich auch zu deinem Zuständigkeitsbereich als Richter?«, fragt sie, während wir marschieren.

»Aber sicher. Die Staatsgrenzen der Sterblichen haben auf unsere Domänen nur wenig Einfluss.«

»Und wer von uns hat hier das Sagen?«

Zufrieden bemerke ich, dass sie mittlerweile das Wort ›uns‹ verwendet, ohne ins Stocken zu kommen. »Maggie.«

Veronica sieht mich mit genervtem Gesichtsausdruck an, als ich außer dem Namen nichts weiter erkläre. »Und wie ist die so?«

»War früher ein ziemlicher Wildfang.« Ich erinnere mich an unsere Auseinandersetzungen und muss selbst schmunzeln angesichts der krassen Untertreibung meiner Worte. »Sie war angeblich schon als Sterbliche eine echte Furie und ist nicht davor zurückgeschreckt, sich mit Männern anzulegen. Hast du von den Dead Rabbits gehört?«

»Die Gang aus dem Film mit Leonardo DiCaprio?«

Es ist amüsant, woher die jungen Leute heutzutage ihr Wissen erlangen. Aber den Film habe ich tatsächlich auch gesehen.

»Genau die«, bestätige ich, »auch wenn das damals ein bisschen anders war als im Kino. Maggie hat mit den echten Dead Rabbits gekämpft, bevor sie eine von uns geworden ist.«

»Stammt sie auch von dir ab?«

»Nein. Ihr Erzeuger war ein Nachkomme meines Vorgängers Johann.«

Sie bleibt abrupt stehen. »Vorgänger? Als was?«

»Als Richter und Herr über New York.«

Misstrauisch sieht sie mich an. »Was ist mit ihm geschehen?«

»Ich habe ihn getötet.«

»Warum?«

»Weil es in jeder Domäne nur einen Herren geben kann.«

Kurzzeitig ringt sie um die richtigen Worte, bevor sie weiterfragt. »War er böse oder was?«

Ich zucke mit den Schultern. »Vermutlich genau so böse wie jeder andere Vampir auch, der Menschen tötet, um zu überleben.«

Irritiert fuchtelt Veronica mit ihrem Zeigefinger vor meinem Gesicht herum. »Verstehe ich das richtig? Du hast ihn nur deshalb getötet, damit du seinen Platz einnehmen kannst?«

»Ja.«

Mein unumwundenes Geständnis lässt sie für einen Augenblick die Sprache verlieren. Entsetzt sieht sie mich an, bevor sie stammelnd wieder Worte findet. »Du bist also kein bisschen besser als Marduk?«

»Ich hoffe schon. Nach allem, was wir wissen, werden Sterbliche wie Unsterbliche unter seiner Herrschaft weit mehr Leid ertragen müssen als jetzt.«

»Und? War das genau so, als du damals die Herrschaft an dich gerissen hast?«

Beunruhigt beobachte ich, wie ihre Fangzähne sich aus den Kiefern schieben, als sie sich ereifert. Der Blutrausch lauert immer noch dicht unter der Oberfläche ihrer Vernunft.

»Ich hoffe nicht«, wende ich ein. »Zumindest habe ich den Sterblichen keine Albträume beschert. Höchstens denen, die mir persönlich begegnet sind. Aber das ist schwer zu vergleichen. Das waren andere Zeiten. Und außerdem ist der Einzige, der von damals übrig ist, in dieser Frage befangen.«

Sie interpretiert meine Andeutung korrekt. »Du hast alle getötet?«

Mit einem Rundumblick vergewissere ich mich ein weiteres Mal, dass wir unbeobachtet sind. Mit einer beschwichtigenden Geste und ruhiger Stimme versuche ich, Veronicas Erregung entgegenzuwirken. »New York hatte damals nur einen Bruchteil der heutigen Bevölkerung, sowohl an Sterblichen als auch unseresgleichen. Da waren nur Johann und eine Handvoll seiner Nachkommen. Die meisten davon hat er ohnehin nur erschaffen, um gegen mich zu kämpfen.«

»Und du hast sie alle getötet?« Ihre Worte sind immer noch vorwurfsvoll, doch langsam weicht die Schärfe aus ihnen. Auch die Lautstärke reduziert sich wieder auf ein Maß, das der offenen Straße angemessen ist.

»Das sagte ich bereits. Maggie ist die Einzige, die entkommen ist. Sie ist nach Jersey geflohen und hat sich dort vor mir versteckt. Erst viele Jahrzehnte später, das muss so um 1900 herum gewesen sein, ist sie wieder aufgetaucht.«

»Und du hast sie gnädigerweise am Leben gelassen?«

»Sie war keine Gefahr mehr. Ich war unangefochtener Herr über die Stadt. Sie ohne aktuellen Anlass zu töten, hätte nur für Unruhe unter den anderen Nocturni geführt.«

»Und jetzt bist du nicht mehr unangefochten. Hältst du es nicht für möglich, dass sie sich mit Marduk verbündet?«

»Möglich sicherlich. Aber nicht wahrscheinlicher als bei den anderen auch.«

»Glaubst du nicht, sie will sich an dir rächen?« Ihre Fangzähne verschwinden wieder. Sie beruhigt sich.

»Warum sollte sie? Als sie eine von uns geworden ist, war Johann schon längst Staub. Sie ist ihm nie begegnet. Und ihr Erzeuger hat sie nur erschaffen, damit sie ihm als Kanonen- oder besser Schwertfutter dient. An ihm hätte sie sich vielleicht rächen wollen. Aber das habe ich ihr abgenommen. Von daher ist ihre Geschichte der deinen ähnlich. Und du willst dich ja hoffentlich nicht an mir rächen, weil ich deinen Erzeuger getötet habe.«

Sie ist noch nicht vollständig überzeugt. »Ich an deiner Stelle wäre trotzdem vorsichtig mit ihr. Aber war es wirklich nötig, diesen Johann und seine Leute umzubringen?«

»Es war ein ganz normaler Machtkampf unter Unsterblichen. Ich habe ihn aufgefordert, sich mir zu unterwerfen. Hätte er das Kräfteverhältnis nicht vollständig falsch eingeschätzt, wäre er vielleicht immer noch hier und möglicherweise sogar Herr über eine der Domänen der Stadt.«

»Als dein Vasall?«

»Genau.«

»Gibt es bei Euch nicht so etwas wie das Recht dessen, der zuerst da gewesen ist?«

»Nein. Der Stärkere gewinnt. Der, der zuerst da war, hat nur meistens den Vorteil, bessere Kontakte und mehr Verbündete zu haben als der Herausforderer. Ich hoffe, dass ich mit dieser Strategie gegen Marduk mehr Erfolg habe als Johann damals gegen mich.«

»Schon klar. Aber wäre es wirklich nicht möglich gewesen, mit Johann in Frieden zusammen zu leben? Musstest du ihn bekämpfen?«

»Ich habe die Regeln nicht gemacht.«

»Aber du warst weit und breit der mächtigste Unsterbliche in Amerika. Du hättest die Regeln verändern können!«

Ihre Ideen sind denen nicht unähnlich, die ich selbst vor langer Zeit einmal hatte. Es wird noch eine ganze Weile dauern, bis sie die Zwänge unseres Daseins und der Instinkte, die es bestimmen, verinnerlicht hat.

»Falls meine bisherigen Taten dich zu der Annahme verleitet haben, ich sei ein netter Kerl und allgemeiner Wohltäter, muss ich dich leider eines Besseren belehren«, erläutere ich, jetzt selber mit leicht angeregter Stimme. »Ich bin ein Vampir. Ich trinke Menschenblut. Ich verteidige mein Revier. Ich bin ein Monster. Wenn du das immer noch nicht verstanden hast, wirst du gleich eine weitere Gelegenheit haben, das hautnah mitzuerleben.«

Sie zuckt zurück. »Was hast du vor? Willst du Edgar Jackson töten?«

»Das wäre zu auffällig. Jemand anderes würde seinen Platz einnehmen und Ludovicz wäre noch mehr in Bedrängnis. Nein, töten werde ich ihn nicht. Ich werde ihn davon überzeugen, die Ermittlungen einzustellen.«

»Mit dem Bösen Blick?«

»Das und um sicherzugehen, dass er es sich nicht anders überlegt, wenn ich weg bin, werde ich ihm noch einige etwas weltlichere Anreize geben.«

Ernüchterte Erkenntnis breitet sich über ihr Gesicht aus. »Du wirst ihm ein Angebot machen, das er nicht ablehnen kann.«

Den Film habe ich ebenfalls gesehen. »Etwas in der Art. Los, gehen wir!«

Sie folgt mir, als ich mich wieder in Bewegung setze.

Die Straße führt einen sanften Hügel hinauf. Ich drehe mich um und bewundere die erleuchtete Skyline von Manhattan. Fast schon blendend zeichnet sie sich über den Dächern der Einfamilienhäuser gegen den schwarzen Nachthimmel ab. Die grandiose Aussicht macht diese Wohngegend sicherlich nicht billiger.

Edgar Jacksons Haus zeugt von gepflegtem Wohlstand. Das eingeschossige Gebäude mit den Dachgauben bietet einer Familie mehr als genug Platz. Die Garagenauffahrt ist sauber gepflastert, der Rasen im Vorgarten kurz geschnitten. Ein Kinderfahrrad liegt neben dem Eingang, als wäre es achtlos dort fallengelassen worden. Hinter zweien der Fenster im Erdgeschoss brennt Licht. Jemand ist zu Hause.

Akribisch beobachte ich die Umgebung, suche nach Kameras oder gar Wachleuten, kann aber nichts Verdächtiges entdecken. Die geparkten Autos sind leer und auch sonst ist keine Menschenseele weit und breit zu sehen.

Veronica stupst mich an und deutet auf eines der Fahrzeuge am Straßenrand. »Das da ist ein Polizeiwagen.«

Ich schaue erst meine Begleiterin an und nehme dann den Wagen in Augenschein. Eine recht neu aussehende Mittelklasselimousine. Ich entdecke nichts Auffälliges. »Wie kommst du darauf?«

»Er hat ein New Yorker Kennzeichen. Und genau das Modell verwenden die Zivilstreifen.«

Ich studiere die Nummernschilder der anderen Autos. Sie kommen alle aus New Jersey. Veronica könnte recht haben.

»Kann es nicht Jacksons Dienstwagen sein?«, mutmaße ich.

»Nein. Leute in seinem Rang haben normalerweise keine Dienstwagen. Außerdem wäre es dann ein anderes Modell.

Das da ist eine Zivilstreife.« Sie spricht mit dem Brustton fester Überzeugung.

»Also gut. Dann müssen wir uns wohl darauf einstellen, dass noch jemand im Haus ist.«

Sie nickt mir zu.

Vorsichtig schleichen wir uns an das Gebäude heran, immer auf der Hut vor heimlichen Beobachtern. Im Schatten der Hecke zum Nachbargrundstück pirschen wir uns auf die Rückseite. Dort entdecke ich das, worauf ich gehofft habe: Ein Dachfenster, das einen Spalt breit offensteht.

Ich bedeute Veronica zurückzubleiben. Geduckt husche ich zum Haus, gehe in die Knie und schnelle aus dem Stand nach oben. Mit der übermenschlichen Kraft der Nocturni ist es mir ein Leichtes, auf das Dach zu springen. Die Kunst dabei ist, genau auf dem Scheitelpunkt der Flugbahn am Ziel anzukommen, so dass bei der Landung möglichst wenig Lärm entsteht. Darin bin ich gut.

Auch dieses Mal gelingt der Sprung. Nahezu geräuschlos komme ich auf den Dachziegeln neben dem Fenster zum Stehen. Sofort gehe ich in die Hocke und halte mich an dem hölzernen Rahmen fest, um nicht rücklings wieder hinunterzufallen. Innen ist eine geschlossene Jalousie befestigt, die mir den Einblick verwehrt.

Ich warte einen Augenblick, um sicherzugehen, dass meine Landung wirklich unbemerkt geblieben ist. Dann beuge ich mich zum Fensterspalt hinab, kippe es ein wenig weiter auf und schaue hinein. Nur dank meiner perfekt an die Dunkelheit gewöhnten Augen kann ich im unbeleuchteten Inneren etwas erkennen. Direkt hinter dem Fenster sitzt mit dem Rücken zu mir ein Teddybär auf einem Schreibtisch inmitten eines Chaos aus Buntstiften, durcheinander liegenden Blättern Zeichenpapier und mehreren Spielzeugautos. Eindeutig ein Kinderzimmer.

Ich blende das selbst in dieser beschaulichen Wohngegend immer noch allgegenwärtige Hintergrundrauschen der Stadt aus und lausche. Ruhiges tiefes Atmen. Der Bewohner des Zimmers ist schon im Bett.

Millimeter für Millimeter öffne ich das Fenster so langsam, wie es nur jemand kann, der Jahrhunderte lang die hohe Kunst der Geduld gelernt hat. Das Ausbleiben jeglichen Quietschens oder Knarrens ist mein Lohn. Noch einmal werfe ich Veronica einen Blick zu. Sie wartet weiterhin im Schutz der Hecke. Behände schlüpfe ich hinein, immer vorsichtig, dass das sperrige Schwert nirgends hängenbleibt. Ganz sachte setze ich meine Füße auf den Boden und schaue mich um.

Die einzige Lichtquelle ist der Türspalt, unter dem fahler Schein hereindringt. Er beleuchtet das Zimmer so weit, dass ich mich problemlos orientieren kann. Jeden Schritt wohl bedacht, um auf keines der verstreuten Spielzeuge zu treten, schleiche ich mich an das Bett heran. Der wuschelköpfige Junge, der darin friedlich schläft, ist gerade einmal vier oder fünf Jahre alt.

Behutsam lege ich meine Hände unter seine Arme und hebe ihn hoch. Er stöhnt schlaftrunken, als er aufwacht. Verwirrt sieht er sich um. Seine Augen öffnen sich weit, als er mich entdeckt. Er will schreien, doch für den Bösen Blick ist nichts einfacher zu beeinflussen als ein Kind.

»Pscht …« Ich halte ihn mit einer Hand und lege den Zeigefinger der anderen auf seine Lippen. »Ganz ruhig. Alles ist gut.«

Ich setze mein freundlichstes Lächeln auf. Es funktioniert. Immer noch nicht vollständig aus dem Reich der Träume in dieser Welt angekommen, starren seine Augen mich gebannt an. »Wie heißt du?«, frage ich ihn.

»Nicholas. Und du?«

»Ich bin John.« Der Name, den ich gegenüber meinen Vertrauten benutze, ist der Erste, der mir einfällt. »Sei ganz ruhig und tu, was ich sage! Dann kannst du bald weiterschlafen. Alles klar?«

Er nickt. Braves Kind.

Mit Nicholas auf dem Arm gehe ich zum Fenster und winke Veronica herbei, die immer noch folgsam wartet. Sie nimmt ein paar Schritte Anlauf und springt. Ihre Landung ist nicht so leise wie meine, aber für eine Neugeborene macht sie das gar nicht schlecht. Ich stelle erneut fest, dass sie Potential hat. Sie muss nur ihre Unbeherrschtheit in den Griff kriegen.

Ich trete zur Seite, damit sie durch das Fenster schlüpfen kann. Verwundert sieht sie sich um. Als sie das Kind bei mir entdeckt, macht sich Unverständnis auf ihrem Gesicht breit.

»Was soll das?« Sie flüstert so leise, dass ich die Worte mehr von ihren Lippen ablese, als sie wirklich zu hören.

Ich beantworte ihre Frage nicht und bedeute ihr stattdessen, sich hinter die Tür zu stellen. Ihre Mimik zeigt ihren Unwillen unmissverständlich, doch sie tut, was ich ihr auftrage. Ich wende mich wieder dem kleinen Nicholas zu, der Veronica anstarrt.

»He Nicholas«, lenke ich seine Aufmerksamkeit auf mich. »Deine Eltern sind unten?«

Er nickt.

»Weißt du, was du jetzt tust? Du gehst zu deinem Vater und sagst ihm, er muss dringend mit dir hier rauf kommen, weil du ein Ungeheuer gesehen hast. Du darfst ihm aber nichts von ihr und mir sagen.« Ich zeige auf Veronica. »Hast du verstanden?«

Wieder Nicken.

Vorsichtig setze ich ihn ab. »Dann los, Kleiner!«

Er beachtet Veronica neben mir nicht, als er die Tür einen Spalt breit öffnet und hindurchschlüpft. Meine Begleiterin schließt sie hinter ihm.

»Du wirst ihm doch nichts antun?« Sie muss sich sichtlich beherrschen, ihre Stimme an der Grenze zum Unhörbaren zu halten.

»Ich denke, nicht. Wenn er zurückkommt, schnappst du ihn dir und hältst ihn ruhig. Verstanden?«

Die Abscheu über mein Vorhaben steht ihr ins Gesicht geschrieben. Aber sie akzeptiert, dass jetzt nicht der Moment für Grundsatzdiskussionen ist, und fügt sich.

Es dauert nicht lang, bis wir Schritte hören. Die Klinke senkt sich und die Tür wird geöffnet. Eine Männerstimme spricht mit leicht belustigtem Unterton: »Na, dann zeig mir mal das schreckliche Ungeheuer.«

Nicholas kommt herein, direkt hinter ihm ein Mann mit dunkelblonden Haaren und hoher Stirn. Ich habe sein Gesicht bereits in den Unterlagen gesehen, die Silvio mir besorgt hat. Es ist Edgar J. Jackson. Sein Hemd hängt über der Jeanshose und er ist strumpfsockig.

Noch bevor er auf den Lichtschalter drücken kann, schnappt Veronica sich das Kind.

»Finger weg von dem Schalter und keinen Mucks!«, befehle ich flüsternd, doch gut vernehmlich.

Der Herr des Hauses erstarrt vor Schreck. Er sieht sich nach seinem Jungen um und entdeckt Veronicas dunkle Silhouette in dem unbeleuchteten Raum.

»Mach die Tür zu und sieh mich an!«, fahre ich fort.

Er gehorcht.

»Lassen Sie bitte meinen Jungen in Frieden.« Sein Flehen ist eindringlich.

»Das hängt ganz von dir ab, Edgar.«

Forschend versucht er, mich in der Dunkelheit genauer zu fixieren. Doch seine menschlichen Augen sehen wohl kaum mehr als einen vagen Schemen.

»Was wollen Sie?« Er ist erstaunlich gefasst.

»Wer ist noch im Haus?«

»Meine Frau und zwei Sicherheitsleute.« Damit bestätigt er Veronicas Vermutung. Er scheint die Wahrheit zu sagen. Der Böse Blick und die Furcht um seinen Sohn tun ihren Dienst.

»Polizisten?«, frage ich weiter.

»Einer von ihnen. Der andere ist ein Spezialist von einem privaten Anbieter.«

Ich habe eine Ahnung. »Vindicator Security Services?«

»Ja.«

Gianna Linaros Truppe.

»Hör mir jetzt gut zu, Edgar!« Ich spreche leise, aber mit intensiver Betonung. »Diese Leute können dich und deine Familie nicht vor mir beschützen. Nicht hier und auch nirgendwo anders. Es macht also keinen Sinn abzuhauen. Ich werde dich finden, egal, wo du hingehst. Verstanden?«

Er schluckt. »Verstanden.«

»Du hast dich mit den falschen Leuten eingelassen, Edgar. Das ist nicht gut für dich und deine Familie. Wenn du hier heil herauskommen willst, solltest du tun, was ich dir sage.«

Mit gespannter Aufmerksamkeit hängt er an meinen Lippen.

»Du wirst die Ermittlungen gegen Karol Ludovicz sofort einstellen. Morgen schließt du die Akte mit der Begründung, dass Ludovicz' Verhalten absolut den Vorschriften entspricht. Hast du das verstanden?«

»Ja. Ich habe verstanden.«

»Wirst du das für mich tun, Edgar?«

Er schaut zu seinem Sohn, der still auf Veronicas Arm hockt, und atmet tief durch. »Ja, ich werde es tun.«

»Eine weise Entscheidung, Edgar. Du wirst jetzt wieder hinuntergehen und ...« Ich halte inne, als ich auf der anderen Seite der Tür Schritte vernehme.

»Alles klar bei Ihnen, Mr. Jackson?«, fragt eine Männerstimme.

Edgar beschwört mich mit einer Geste, die Ruhe zu bewahren. »Ja. Es ist alles in Ordnung«, ruft er durch die geschlossene Tür. »Es wird noch ein wenig dauern, bis Nicholas wieder schläft. Ich komme in ein paar Minuten runter.« Er hat seine Stimme gut im Griff angesichts der Situation. Hört sich absolut glaubwürdig an. Ein Profi.

Leider hilft es nichts.

Wir alle starren wie gebannt auf die Türklinke, die sich langsam senkt. Noch ehe die Tür ganz auf ist, habe ich mein Schwert in der Hand, stoße Edgar zur Seite und zerre den Mann vom Flur ins Kinderzimmer. Er liegt rücklings auf dem Boden, bevor er reagieren kann. Die Spitze meiner Waffe drückt die Haut zwischen seinen Augen ein. Aus dem Augenwinkel nehme ich wahr, dass Veronica Edgar mit einer Hand festhält und heldenhafte Dummheiten seinerseits verhindert. Auch das Kind in ihrem anderen Arm ist immer noch ruhig.

»Keinen Mucks!«, befehle ich dem Mann unter mir flüsternd.

Mit der Linken nestele ich zuerst die Pistole aus dem Schulterholster über seinem Hemd und stecke sie in meine Manteltasche. Dann nehme ich die Dienstmarke aus seiner Brusttasche. Die Buchstaben ›VSS‹ prangen in silberner Schrift darauf. Schweißperlen sammeln sich auf der Stirn des Mannes. Er riecht nach Angst. Er besitzt weder die Schnelligkeit noch die Furchtlosigkeit der Unholde. Ein gewöhnlicher Sterblicher.

Ich starre in seine Augen, dringe in seinen Geist ein. »Du wirst jetzt wieder da hinuntergehen und so tun, als sei hier oben alles in bester Ordnung. Es ist nichts geschehen, außer, dass du beinahe auf einem Spielzeugauto ausgerutscht bist. Es ist absolut nichts passiert!«

Sein Kiefer bebt.

Ich stecke die Pistole wieder in sein Holster, ziehe ihn beim Aufstehen mit hoch und packe das Schwert weg. Mit einer Kopfbewegung weise ich ihn an zu gehen. Er tut, wie ihm geheißen. Ich hoffe, es funktioniert. Aber ich denke, der Böse Blick wird seine Wirkung entfalten. Mit etwas Glück wird er sich nur noch an das erinnern, was ich ihm gesagt habe, wenn er unten ankommt.

»Wie zur Hölle machen Sie das?« Edgars Stimme klingt entgeistert.

Ich wende mich ihm wieder zu. »Ich sagte doch bereits, du hast dich mit den falschen Leuten eingelassen. Und erst recht mit den Falschen angelegt. Halte dich da raus, sonst wirst du es bitterlich bereuen! Diese Warnung kommt nur ein einziges Mal.«

Noch einmal atmet er tief durch. »Ich habe verstanden.«

»Gut.« Ich nehme seinen Sohn aus Veronicas Armen. »So, kleiner Nicholas, du legst dich jetzt wieder schlafen und morgen wirst du dich nicht mehr daran erinnern, was heute Nacht geschehen ist. Du hattest nur einen merkwürdigen Traum. In Ordnung?«

Der Kleine nickt artig.

Ich lege ihn zurück in sein Bett. »Schlaf!«

Der Junge ist auf der Stelle weggetreten.

»Wie zur Hölle …?«, wiederholt sein Vater sich. Ungläubig schüttelt er den Kopf.

»Also gut, Edgar.« Der drohende Klang meiner Worte garantiert mir seine volle Aufmerksamkeit. »Wir haben einen Deal, nicht wahr?«

Er nickt eifrig. »Ja.«

»Kriegst du das hin?«

»Ja. Inspektor Ludovicz wird gleich morgen von allen Vorwürfen befreit.«

»Du sorgst persönlich dafür, dass auch sonst niemand mehr gegen ihn ermittelt!«

Er überlegt einen Augenblick. Vermutlich ist diese Aufgabe nicht ganz trivial. Doch schließlich stimmt er zu. »In Ordnung.«

»Gut. Dann bin ich sehr hoffnungsvoll, dass wir uns nie wiedersehen werden. Du gehst jetzt wieder runter und lässt dir nichts anmerken! Es ist nichts geschehen. Wir waren niemals hier.«

»In Ordnung.«

»War mir eine Freude, mit dir Geschäfte zu machen, Edgar Jackson.«

Er würdigt meinen Kommentar nicht mit einer Erwiderung, wirft seinem friedlich schlafenden Sohn noch einen Blick zu und verlässt schließlich den Raum, die Tür leise hinter sich schließend.

»Raus hier!«, weise ich Veronica an.

Wir nehmen denselben Weg wie beim Betreten des Hauses. Bevor ich hinunterspringe, schließe ich das Fenster wieder.

Statt über die Straße zu gehen, schleichen wir uns durch die benachbarten Gärten und springen über Hecken und Zäune, bis wir am anderen Ende des Blocks angekommen sind. Da es hier weit und breit keine Taxis gibt, knackt Veronica ein Stück weiter ein Auto und wir fahren zurück nach Manhattan.

»Wird das funktionieren?«, fragt sie unterwegs.

»Was genau meinst du?«

Mit der freien Hand gestikuliert sie, während sie mit der anderen das Lenkrad hält. »Wird er tun, was du gesagt hast, ohne dich an Gianna oder wen auch immer zu verpfeifen?«

»Ich denke, schon. Die Mischung aus dem Bösen Blick und guter altmodischer Erpressung ist üblicherweise sehr wirkungsvoll. Und wenn ihre Kinder bedroht werden, sind die meisten Eltern äußerst kooperativ.«

Sie mustert mich abschätzigen, bevor sie die Augen wieder auf die Straße richtet. »Darf ich das so verstehen, dass du so was öfter machst?«

»Wenn öfter heißt, alle paar Jahre mal, dann ja.«

»Und es hat immer funktioniert?«

»Meistens.«

Sie bleibt hartnäckig. »Und was hast du getan, wenn es mal nicht funktioniert hat?«

»Worauf willst du hinaus?« Meine Stimme wird schroff angesichts ihrer Beharrlichkeit. »Willst du wissen, ob ich meine Drohungen jemals wahr gemacht und einem Kind etwas angetan habe?«

Meine Gegenfrage bringt sie in Verlegenheit. Sie konzentriert sich intensiv auf das Fahren. Doch allein schon das Ausbleiben einer heftigen Verneinung zeigt mir, dass ich ins Schwarze getroffen habe.

»Wenn du es unbedingt wissen willst«, fahre ich fort. »Nein, ich habe mich immer darauf beschränkt, die unmittelbar betroffenen Personen zur Rechenschaft zu ziehen.«

Sie bedenkt mich mit einem halb fragenden, halb vorwurfsvollen Blick. »Zur Rechenschaft ziehen?«

»Töten.«

»Das heißt, wenn er Ludovicz nicht in Ruhe lässt, wirst du ihn …«

»Umbringen«, beende ich ihren Satz. »So läuft das Spiel nun mal. Ich bin ein Vampir. Ich töte Menschen. Und wenn ich mich recht erinnere, unterscheide ich mich darin nicht wesentlich von dir.«

»Das ist was anderes«, verteidigt sie sich trotzig. »Ich habe noch keinen kaltblütig und geplant ermordet, sondern immer nur, weil ich die Kontrolle verloren habe.«

»Das wird Jason sicher trösten.«

In dem Augenblick, in dem ich den Vorwurf ausgesprochen habe, bedauere ich es schon. Ich weiß selbst nicht, warum ich mich von ihr so leicht auf die Palme bringen lasse. Bin ich immer noch sauer wegen ihrer Zuneigung zu Fragger?

Sie beißt die Zähne zusammen und starrt auf die Straße vor uns. Ich kann sehen, wie ihre Kiefer mahlen, entweder aus Zorn über mich oder sich selbst.

Den Rest der Fahrt spricht keiner von uns ein Wort. Schweigend betrachten wir, wie der dichte Wald aus erleuchteten Wolkenkratzern sich majestätisch in immer größere Höhen schraubt, während wir uns Manhattan nähern.

Nachdem wir den Holland Tunnel wieder durchquert haben, stellen wir den gestohlenen Wagen in einer Gasse zwischen heruntergekommenen mehrstöckigen Lagerhäusern ab.

Veronica zieht ihr leise gestelltes Mobiltelefon aus der Hosentasche und schaut verwundert darauf. »Samantha hat versucht anzurufen, aber keine Nachricht auf der Mailbox hinterlassen.«

Ich zucke mit den Schultern. »Dann ruf zurück!«

Sie tippt auf zwei Tasten und hält sich das Gerät ans Ohr. Als Samantha das Gespräch annimmt, brüllt sie so laut, dass sogar ich sie noch deutlich verstehen kann: »Verdammt! Wo steckt ihr? Ist Leonard bei dir?«

Veronica ist von der unerwartet aggressiven Ansprache geschockt und reicht mir wortlos das Telefon.

»Was gibt's?«, frage ich Samantha, während wir weiter in Richtung Downtown gehen.

»Leonard! Scheiße! Er ist hier!«

So panisch und aufgedreht war sie nicht einmal vergangene Nacht, als wir gegen Massoud und seine Unholde gekämpft haben.

»Langsam, Sam!«, versuche ich sie zu beruhigen. »Wer ist wo?«

»Marduk! Im Cauchemar!«

Abrupt bleibe ich stehen. »Sag das noch mal!«

»Du hast mich schon verstanden! Der alte Sack ist in meinem Club aufgekreuzt!«

»Wo bist du?«

»Ich bin zum Hinterausgang raus, so schnell ich konnte. Ich bin gerade im Washington Square Park.«

»Wir kommen.«

Als ich auf den soeben geparkten Wagen zeige, versteht Veronica sofort und öffnet das Auto wieder. Innerhalb weniger Sekunden hat sie es erneut kurzgeschlossen und fährt eilig los.

Meine Gedanken rasen. Das Taktieren ist vorbei. Marduk nimmt die Dinge selbst in die Hand. Der Löwe hat seine Höhle verlassen und geht zum Frontalangriff über.

Vielleicht hat Massouds Versagen bei dem gestrigen Anschlag auf mich ihn davon überzeugt, dass es besser ist, sich der Sache persönlich anzunehmen. Wenn ich genauer darüber nachdenke, ist das ein gutes Zeichen. So weit ich die Alten kenne, vermeiden sie es nach Möglichkeit, sich selbst die Hände schmutzig zu machen – ich bin wohl die rühmliche Ausnahme, sofern ich Vitus glaube, dass ich einer von ihnen bin. Falls sie es trotzdem tun, dann üblicherweise nur, wenn wirklich Not am Mann ist.

Marduk fühlt sich also ernsthaft von mir bedroht. Vielleicht wertet er Samanthas Beteiligung an dem gestrigen Kampf als Zeichen, dass ich entgegen der getroffenen Absprache Verbündete um mich sammele. Was ja auch stimmt. Wenn das so ist, war die sofortige Flucht meiner Blutstochter in jedem Fall die richtige Entscheidung.

Es scheint, als hätte die heiße Phase des Krieges um die Herrschaft über New York begonnen.

Vor uns taucht die kleine grüne Insel des Washington Square Parks aus dem steinernen Ozean der endlos scheinenden Häuserblocks auf. Veronica sucht gar nicht erst nach einem Parkplatz, sondern lässt den Wagen am Rand des Parks in zweiter Reihe neben den Stoßstange an Stoßstange geparkten Autos stehen und steigt aus. Ich folge ihr. Zusammen betreten wir die kleine Grünfläche und halten Ausschau nach Samantha. Wir müssen nicht lang suchen, da tritt sie hinter einem Baumstamm hervor und eilt zu uns. Ihr Outfit besteht aus einer schulterfreien Lederkorsage, einem bis zur Hüfte geschlitzten bodenlangen Rock aus durchscheinendem schwarzen Stoff und hochhackigen Stiefeln. Das ist selbst in einer Stadt, in der Extravaganz so verbreitet ist wie in New York, nur bedingt dazu geeignet, sich unauffällig über die Straßen zu bewegen.

Sie wirkt deutlich gefasster als am Telefon. Vielleicht, weil sie nicht mehr allein ist, auch wenn sie das niemals zugeben würde.

»Wo wart ihr?«, fragt sie vorwurfsvoll. »Ich versuche schon seit einer halben Stunde, euch zu erreichen.«

»Falls du es noch nicht mitbekommen hast, wir befinden uns in einem Krieg«, erwidere ich schnippisch. »Wir waren damit beschäftigt, unsere Feinde zu schwächen.«

»Vielleicht solltest du dazu besser ins Cauchemar gehen! Da sind zufälligerweise gerade welche. Fang mit denen an!«

Bevor ich zu einer Erwiderung ansetzen kann, mischt Veronica sich ein: »Hört endlich auf mit euren kindischen Streitereien und überlegt lieber, was wir gegen Marduk und seine Bande unternehmen!«

Sprachlos starren Samantha und ich die Neugeborene an, die mit in die Hüften gestemmten Händen vor uns steht.

Samantha überwindet ihr Erstaunen als Erste und seufzt. »Sie ist vorlaut und ungezogen, aber sie hat recht.«

So versöhnliche Worte bin ich aus dem Mund meiner Blutstochter nicht gewohnt. Ein eindeutiges Zeichen für den Ernst der Lage. »Also gut.« Ich sammele meine Gedanken. »Samantha, erzähl erst einmal genau, was geschehen ist!«

»Der Abend hat ganz normal angefangen.« Ihre ausufernden Gesten zeigen trotz ihrer ruhigen Stimme überdeutlich die Anspannung, unter der sie steht. »Ich war gerade in einem der Hinterzimmer, als in der Bar Aufruhr losging.«

»Aufruhr? Ein Kampf?«

»Nein, kein Kampf. Aber allgemeine Beunruhigung unter den Gästen. Irgendetwas war nicht in Ordnung. Ich habe es gefühlt.«

Dass Samanthas sechster Sinn für die Emotionen der Leute in ihrer Umgebung auch funktioniert, wenn die Objekte ihres Gespürs außer Sicht sind, hat sie mir bisher verschwiegen.

»Als ich nachgesehen habe, was los ist, habe ich Massoud entdeckt. In seiner Begleitung war …« Sie stockt kurzzeitig. »Ich habe seine Augen gesehen. Das war kein gewöhnlicher Unsterblicher. Er … Ich habe noch nie erlebt, dass jemand eine solche Unmenschlichkeit ausstrahlt.« Sie ringt um weitere Worte, doch außer ein paar hilflosen Gesten kommt nichts mehr.

»Hört sich ganz nach Marduk an«, kommentiert Veronica.

Ich runzele die Stirn. »Aber sicher ist es nicht.«

Samantha schaut mich an. »Wer soll es sonst gewesen sein?«

Kurz überlege ich. »Ich habe ihm bereits gegenübergestanden. Wenn ich einen kleinen Blick in deine Erinnerungen werfe, wissen wir, ob er es war.«

Ihre Miene zeigt offenes Misstrauen. »Seit wann kannst du so gut Gedanken lesen?«

»Kann ich nicht. Gib mir ein paar Tropfen von deinem Blut!«

Instinktiv zuckt sie zurück.

Kein Nocturnus gibt unter normalen Umständen freiwillig sein Blut und damit im schlimmsten Fall seine intimsten Gedanken preis. Doch dies sind keine normalen Umstände.

Ich bemühe mich um einen sanften Tonfall. »Bitte, Samantha. Ich muss sicher sein, dass er es ist, bevor ich irgendetwas unternehme.« Ich vertreibe die Anspannung und Ungeduld aus meinem Geist, in der Hoffnung, dass die Gelassenheit, zu der ich mich zwinge, auch auf meine Tochter übergeht.

Zögernd hebt sie ihren Arm und zieht den fingerlosen, bis über den Ellbogen reichenden Spitzenhandschuh aus. Ich nehme ihre Hand und hebe sie langsam an meinen Mund. Schließe die Augen. Ein zarter Biss in ihre weiße Haut, dann erfüllt der betörende Geschmack des Blutes der Unsterblichen mein Dasein. Samanthas Angst spüre ich ebenso wie die Begierde, die aus der Tiefe meiner Eingeweide emporsteigt. Ich kämpfe dagegen an, lasse mich nicht von den Instinkten übermannen, die von mir verlangen, weiter zu saugen, bis jedes Quäntchen der Köstlichkeit in meinen eigenen Venen fließt.

Vorsichtig öffne ich meine Kiefer und gebe Samanthas Hand frei. Am Rande meiner Wahrnehmung bemerke ich, wie sie den Arm eilig zurückzieht, als ob sie fürchtet, ich könne es mir doch noch anders überlegen. Aber ich konzentriere mich ganz auf die Flüssigkeit in meinem Mund. Lasse sie Tropfen für Tropfen meine Kehle hinabgleiten und suche nach den Erinnerungen, die das Blut in sich aufgenommen hat, als es noch durch Samanthas Adern geflossen ist.

Ich befürchte schon, es misslingt, als nichts erscheint. Doch dann überfällt mich ein Anflug von nackter Panik. Es ist Samanthas Furcht, die sie hierher getrieben hat. Ich hangele mich an dem intensiven Gefühl entlang zu seiner Quelle, als ob ich mich an einem Tau hängend gegen die Strömung eines Wildbaches voran kämpfe. Häuser huschen schemenhaft an mir vorbei, während ich durch die nächtlichen Straßen laufe.

Weiter zurück.

Ich stolpere über einen Hinterhof, suche nach Feinden, nach Fluchtwegen, springe auf das flache Dach einer Garage, von dort aus über eine Mauer aufs Nachbargrundstück, von wo aus ich auf die Straße hetze.

Weiter zurück.

Die Panik weicht verwirrter Unruhe. Ich wende mich von dem stöhnenden nackten Mann ab, der geknebelt und mit verbundenen Augen auf ein Bett gefesselt unter mir liegt. Wische mir das Blut aus dem Mundwinkel und gehe ins Nachbarzimmer.

Hier bleiben!

Ich schalte den Überwachungsmonitor ein und sehe mehrere Personen, die die Bar des Cauchemar betreten. Der Erste ist Massoud. Er grinst hämisch in die Runde. Hinter ihm erscheint ein anderes Gesicht. Ich erkenne nur flüchtig den langen Bart, der es einrahmt. Dann wird meine Aufmerksamkeit von den Augen gefesselt, die selbst auf dem körnigen Schwarzweißbild des Monitors eine unwiderstehliche Anziehung ausüben.

Die Panik kommt von einem Augenblick zum nächsten. Ich reiße mich von dem Monitor los, renne aus dem Raum in Richtung des Hinterausgangs.

Genug.

Ich öffne die Augen. Es dauert einen Moment, bis ich die Orientierung wiedergefunden habe und die Bäume einordnen kann, zwischen denen ich stehe. Ich bin im Washington Square Park. Veronica sieht mich erwartungsvoll an. Samantha steht ein paar Schritte abseits und hält ihr rechtes Handgelenk, als hätte sie Schmerzen.

»Und?«

Ich benötige einige Sekunden, bis ich weiß, was Veronica wissen will. »Er ist es.«

»Scheiße!«

Ich sehe zu meiner Tochter hinüber. »Von der Überwachungskamera wusste ich noch gar nichts.«

»Wenn's nach mir ginge, hätte das auch so bleiben können.« Sie klingt beleidigt. »Also, er ist es. Und was jetzt?«

Kurz überlege ich, bevor ich antworte. »Jetzt jagen wir Archaioi!« Ich wende mich an Veronica. »Ruf Silvio an! Sag ihm, er soll auf der Stelle seine Leute zusammenrufen und sich bereit halten!« Dann drehe ich mich zu Samantha. »Wer von uns war noch im Cauchemar?«

Sie zuckt mit den Schultern. »Carl und Jake.«

Jake. An den hätte ich auch noch ein oder zwei Fragen.

»Ich wusste gar nicht, dass Jake so oft bei dir ist«, bemerke ich argwöhnisch.

»Ist er auch nicht. Aber heute war er da.«

Ein weiterer Punkt auf der Liste der Fragen, die ich dem aufmüpfigen Vivant gerne stellen würde. »Ruf Carl an! Wenn du ihn erreichst, finde heraus, was los ist!«

Beide Frauen nehmen ihre Mobiltelefone zur Hand und tippen auf die Tastaturen. Das gibt mir einen Augenblick zum Nachdenken.

Marduk hat sein Domizil verlassen. Falls er nicht schon wieder zurückgekehrt ist, eröffnet das zwei Möglichkeiten. Erstens könnte ich versuchen, ihn außerhalb seiner sicheren Heimstatt zu erwischen. Er wird zwar vermutlich einen Haufen Unholde oder andere Wachen dabei haben und er selbst bleibt weiterhin die größte Bedrohung. Aber zumindest sein Heimvorteil ist dahin. Ich muss nur herausfinden, wo er steckt.

Sollte das nicht gelingen, gibt es noch eine zweite Option. Ich lauere ihm an dem Ort auf, an den er mit Sicherheit im Lauf der Nacht zurückkehren wird: seinem Luxuspenthouse. Dort kennen er und seine Leute sich zwar aus, aber ich könnte mir vorstellen, dass er da nicht mit einem Angriff rechnet. Immerhin ist er ein Archaios und hält sich für unangreifbar. Das Überraschungsmoment gibt uns mit etwas Glück den Vorteil, den ich benötige, um ihn erfolgreich herauszufordern. Und selbst wenn ich ihn nicht persönlich erwische, wird sein Domizil nach dem Angriff kein sicherer Ort mehr sein. So wie mein Appartement im Empire State Building. Aus eigener bitterer Erfahrung weiß ich, dass Vampire es hassen, ihre Zuflucht zu verlieren. Das wird ihn in Zukunft vielleicht angreifbarer machen.

Samantha reißt mich aus meinen Überlegungen: »Carl geht nicht dran.« Sie hält das Telefon demonstrativ in meine Richtung, so dass ich das Freizeichen höre. »Ich versuche es bei Candy oder Lucius.«

»Aber sei vorsichtig!«, ermahne ich sie. »Sie sind Sterbliche. Marduk kann sie mit Leichtigkeit dazu bringen zu sagen, was er will.«

Sie nickt und tippt wieder eifrig auf die Tasten.

Kaum ist sie beschäftigt, meldet sich Veronica: »Silvio wird seine Truppe in zwanzig Minuten versammelt haben.«

»Gut.« Ich komme mir vor wie ein Manager, der sich bemüht, seine Sekretärinnen zu bändigen. »Versuch, Mike zu erreichen! Er soll zu uns stoßen, so schnell er kann. Und wenn er noch jemanden mitbringen kann, soll er's tun.«

Damit sind wieder beide beschäftigt.

»Candy!«, ruft Samantha in das Gerät an ihrem Ohr. Scheint so, als hätte sie jemanden erreicht. »Wo bist du?« Sie hält das Telefon ein wenig zur Seite, so dass ich mithören kann.

»Ich bin im Club«, tönt es blechern aus dem Hörer. »Wo steckst du? Ich dachte, du wärst nebenan.«

Ihre Stimme ist viel zu ruhig für jemanden, der gerade Marduk gegenüber gestanden hat oder es immer noch tut. Ich forme mit den Lippen lautlos die Worte: ›Eine Falle‹.

Samantha nickt. »Ich habe einen dringenden Anruf erhalten.«

Ich bin ziemlich geübt darin zu erkennen, ob jemand die Wahrheit sagt. Bei Samantha versagt mein Gespür.

»Ich bin durch den Hinterausgang raus, um kein Aufhebens in der Bar zu verursachen«, fährt sie fort. »Ich komme bald zurück. Ich habe versucht, Carl zu erreichen, aber er meldet sich nicht. Ist er noch im Club?«

»Nein, er ist vor ein paar Minuten gegangen. Er hat nicht gesagt, wohin.«

»Alles klar. Und sonst? Alles okay oder hat mich jemand vermisst?«

»Hier ist alles in Ordnung«, versichert die Stimme aus dem Telefon.

»Dank dir, Candy. Bis gleich!« Samantha beendet das Gespräch und sieht mich an. »Kann es sein, dass sie tatsächlich nicht wissen, dass ich geflüchtet bin?«

»Wer hat es denn mitgekriegt?«, frage ich zurück. »Nur der Kerl, von dem du getrunken hast.«

»Hast du den etwa auch gesehen?«, fährt sie mich erbost an.

»Ruhig, Sam! Ist ja nicht so, als hätte ich nicht schon lange geahnt, dass du mit dem Essen spielst.«

Ihrem Gesichtsausdruck zufolge würde sie mir jetzt liebend gerne an die Kehle gehen. Doch nach wenigen Sekunden hat sie sich wieder unter Kontrolle. »Er hat höchstens mitbekommen, dass ich plötzlich nicht mehr da war.«

»Ist es ungewöhnlich, dass du deine Kunden spontan allein lässt?«

Das Thema ist ihr offensichtlich nicht sonderlich angenehm, aber sie überwindet sich, weiter zu erzählen: »Kommt schon mal vor, dass ich einen 'ne Stunde oder so einfach liegen lasse.«

»Also hat niemand etwas wirklich Ungewöhnliches bemerkt. Es ist zwar ein erheblicher Zufall, dass du genau dann verschwindest, wenn Marduk aufkreuzt, aber vielleicht fressen sie es. Wenn sie noch im Cauchemar sind, werden sie aber in jedem Fall gewarnt sein.«

»Wo sollen sie sonst sein? Es ist doch wohl offensichtlich, dass er Candy unter seiner Kontrolle hat.«

»Oder er hat ihr Gedächtnis verändert. Sie könnte wirklich glauben, dass nichts geschehen ist.«

»Also gut«, fasst Samantha zusammen. »Wir wissen nicht mit Sicherheit, ob er noch im Cauchemar ist. Aber zumindest lebt dort noch jemand.«

Mein Blick fällt auf Veronica, die ihr Telefon ebenfalls wieder weggesteckt hat.

»Ich kann Mike nicht erreichen.« Die ehemalige Polizistin wirkt zerknirscht. »In den Tunneln hat er meistens keinen Empfang. Ich habe ihm auf die Mailbox gesprochen und gebeten, mich zurückzurufen.«

Nicht gut. Wir haben nicht genug Zeit, um auf ihn zu warten. Dann muss es ohne Mike gehen.

»Mike?« Samanthas Betonung des Namens lässt keinen Zweifel an ihrer tiefen Abscheu. »Der rattenfressende Priester aus dem Untergrund?«

»Genau der«, bestätige ich.

»Was willst du denn von dem?«

»Ich hatte gehofft, dass er uns hilft.«

»Der?« Nackter Unglaube spiegelt sich in ihren Worten wider. »Soll er uns vielleicht ein paar Ratten zum Essen bringen?«

Ich will gerade zu einer Erwiderung ansetzen, als Veronica unseren Streit unterbricht: »Wie sieht's mit Fragger aus? Soll ich ihm auch Bescheid sagen?«

Es ist wohl bezeichnend, dass es Veronica ist, die Fragger ins Spiel bringt. Alles in mir wehrt sich dagegen, ihn mit einzubeziehen. Und sei es nur, um zu verhindern, dass er und mein Schützling sich wieder begegnen. Aber abgesehen von meiner kindischen Eifersucht gibt es keinen rationalen Grund, ihn auszuschließen. Ich bin allerdings nicht der einzige, der Vorbehalte gegen den Herren der Bronx hat.

»Fragger?« Hatte Mikes Erwähnung noch Unwillen ausgelöst, so führt dieser Name bei Samantha zu purem Entsetzen. »Sag bitte nicht, dieses Monster ist auch auf eurer Verbündetenliste!«

»Er ist Zacharys Kind«, verteidige ich Veronicas Vorschlag, selbst wenn mir die Aussicht, ihn nach Manhattan zu holen, nicht gefällt. »Er gehört ebenfalls zur Familie. Insofern ist er genau so betroffen wie du, Sam.«

Sie macht keinen Hehl aus ihrer Abscheu. »Leon, ich bitte dich! Fragger ist ein Tier!«

»Und ich schätze, genau so jemanden brauchen wir jetzt.«

Flehend sieht sie mich an, resigniert dann aber angesichts meiner Entschlossenheit. »Mir bleibt auch nichts erspart …«

Veronica hat das Telefon schon wieder am Ohr und ruft in der Bronx an. Täusche ich mich oder ist ein Hauch freudiger Erregung in ihrem Gesicht?

Genug! Ich verdränge die unproduktiven Gedanken an Beziehungen und die Probleme, die sie unweigerlich mit sich bringen – für unsereins noch sicherer als für die Sterblichen.

Kurz wäge ich die Optionen ab. Falls Marduk noch im Cauchemar ist, wird er einen Angriff erwarten. Nur zu dritt mit Silvios Mafiosi stehen unsere Chancen schlecht, einen offenen Kampf zu gewinnen. Selbst wenn Fragger zu uns stößt, wird es bestenfalls riskant. Außerdem braucht er viel zu lang, um nach Greenwich Village zu gelangen. Marduks Domizil hingegen liegt fast auf halber Strecke zwischen uns und der Bronx. Es läuft wohl auf Option zwei hinaus.

»Augenblick. Ich frage ihn.« Veronica unterbricht ihr Telefonat und sieht mich fragend an. »Fragger ist bereit. Soll er zu uns kommen?«

»Nein. Gib ihm die Adresse von Marduks Zuflucht in der Upper East Side! Oder besser: Zwei Blocks davon entfernt. Das ist unauffälliger. Wir treffen uns dort. Gib dasselbe danach auch an Silvio weiter.«

Sie gehorcht.

»Was hast du vor?« Samantha muss sich sichtlich zur Ruhe zwingen.

»Ich stelle Marduk eine Falle. Vor seiner eigenen Haustür.«

»Und was ist mit dem Cauchemar?« Ihre Erregung steigt.

»Zu gefährlich.«

»Du hast gehört, dass sie noch am Leben sind!«, brüllt sie mich an. »Willst du sie im Stich lassen?«

»Wenn Marduk sie töten will, können wir ihn nicht davon abhalten.« Ich bemühe mich, ihre Aggressivität nicht zu erwidern. »Im Cauchemar wird er permanent alarmbereit sein. Er wird jeden Angriff kontern. Wir müssen ihn überraschen. Zum Beispiel mit einem Angriff in seiner eigenen Zuflucht. Und genau das tun wir jetzt.«

Sie will widersprechen.

Ich fixiere ihre Augen. Stempele ihren sich überschlagenden Gedanken meinen Willen auf: ›Komm mit!‹

Ihr Widerstand zerbricht. Sie senkt die Schultern. Nickt niedergeschlagen und lässt den Kopf hängen.

»Sam!« Ich hebe ihr Kinn mit der Hand hoch. »Ich brauche dich jetzt. Bitte hilf mir!«

Sie strafft sich. »Ich bin dabei. Zeigen wir's dem Mistkerl!«

»Das ist meine Sam.«

Sie schafft es nicht, mein aufmunterndes Lächeln zu erwidern, aber sie hat sich im Griff.

Wir warten noch, bis Veronica ihre Telefonate beendet hat.

»Alles klar«, verkündet sie mit erwartungsvollem Grinsen. »Alle wissen Bescheid.«

Jetzt gibt es wohl kein Zurück mehr. »Dann mal los, die Damen!«

Wir verlassen den Schutz der Bäume und kehren zurück zum Auto. Eine Polizeistreife steht hinter dem Wagen. Einer der Cops ist ausgestiegen und notiert sich das Kennzeichen. Ich seufze. Veronica bedeutet mir zurückzubleiben.

»Sorry, Officer«, spricht sie den Mann an, als sie auf ihn zutritt. »Ich dachte, ich hätte meinen Hund zwischen den Bäumen gesehen. Der kleine Lümmel ist mir entwischt und jetzt suche ich ihn überall. Haben Sie ihn vielleicht gesehen? Ein Terriermischling. Braun-rot geflecktes Fell.«

Mühelos wickelt sie den Cop um den Finger. Nach einer freundlichen Unterhaltung und der Versicherung des Polizisten, er werde den Rest seiner Schicht Ausschau nach dem vermissten Hund halten, zieht die Streife ab.

»Sie ist gut«, flüstert Samantha mir zu.

»Ja«, bestätige ich. »Mit ein bisschen Übung lügt sie bald genau so gut wie du.«

Meine Tochter sieht mich mit finsterer Miene an. »Ich nehme das jetzt mal wider besseren Wissens als Kompliment hin!«

Schweigend grinse ich.

Als die Polizisten außer Sicht sind, steigen wir in den Wagen ein. Veronica lenkt das Auto zügig in Richtung Upper East Side. Meine Gefühle angesichts der Aussicht, mich wieder an den Ort zu begeben, von dem wir bei unserem letzten Besuch nur mit Mühe entkommen sind, sind gemischt. Die ermutigende Erregung, endlich zum Gegenschlag auszuholen, wird von der Bedrohung, die von dort ausgeht, und der Möglichkeit eines weiteren Fiaskos nicht unwesentlich getrübt.

Ist vielleicht alles nur wieder eine Falle? Dient Marduks Auftauchen im Cauchemar nur dazu, mich erneut in seine Festung zu locken und diesmal nicht mehr entkommen zu lassen?

Ich verdränge die Gedanken, die einer fortgeschrittenen Paranoia zu entstammen scheinen. Wenn ich mich immer nur von meinen Befürchtungen lenken lasse, werde ich niemals einen Sieg erringen. Also weiter!

Sehnsüchtig schaue ich zur bunt erleuchteten Spitze des Empire State Buildings hinauf, die zwischen den kleineren Hochhäusern zum Vorschein kommt. Marduk und Gianna Linaro haben mir bei meiner Zuflucht aufgelauert und sie mir genommen. Jetzt wird Gleiches mit Gleichem vergolten.

Die Zeit der Rache ist gekommen.

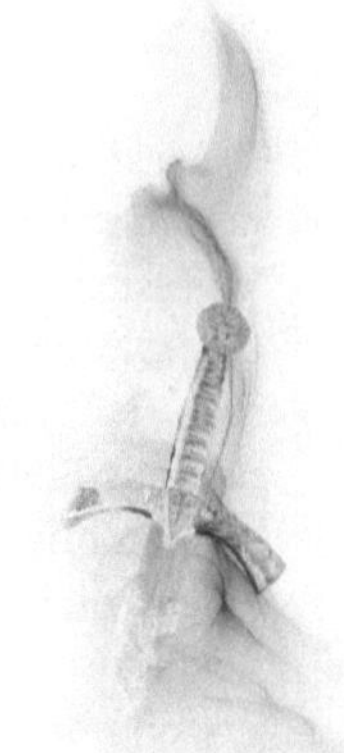

Herbst 1789, Paris, Königreich Frankreich

Ich war zurückgekehrt nach Frankreich.

Seit unserer überstürzten Flucht im Anschluss an die Vernichtung der Tempelritter hatte ich keinen Fuß mehr in das Land gesetzt. Die Macht meiner Feinde dort war zu überwältigend, um sie noch einmal herauszufordern. Fast ein halbes Jahrtausend war seitdem vergangen.

Nun war ich wieder hier, von der Revolution, die von Paris aus das ganze Land erfasste, angelockt wie die Motte von der Kerzenflamme. Und ebenso gefährdet, in dem Feuer, das ich suchte, den Untergang zu finden. Doch was hatte ich zu verlieren?

Nicht auszuschließen, dass die Todessehnsucht, die mich schon einmal im Griff hatte, wiedergekehrt war. Dass ich Laurent und seinen Schergen die Möglichkeit geben wollte, das zu vollbringen, was ich selbst nicht zustande brachte: auch den letzten Tempelritter, der noch auf der Erde wandelte, zu vernichten.

Doch ungeachtet aller Gefahren wollte ich einen finalen Anlauf wagen, meinen Schwur gegen die Archaioi zu erfüllen. Oder bei dem Versuch den Tod finden. Endgültig.

Das Land war in Aufruhr. Allerorts stieß ich auf geplünderte Kornspeicher des Klerus und Adels sowie niedergebrannte Schlösser und Gutshäuser. Über ganzen Landstrichen lag der beißende Geruch frischer Asche in der Luft. Für die Bauern war es der Duft der Freiheit. Die Priester und Adeligen flohen, verbündeten sich notgedrungen mit den Aufständischen oder starben.

Mit ihnen gingen auch die Nocturni unter, die im Gefolge der Fürsten die Jahre des Wohlstands genossen hatten. Des Wohlstands, der der Ausbeutung des Landvolkes entstammte. Die Grafen und Herzöge hatten dem Volk das Brot genommen. Die Raubtiere aus den Schatten der Burgen stahlen ihnen das Blut. Sie alle bezahlten nun für die maßlose Gier, der sie sich hingegeben hatten. Mehrmals stieß ich auf heimatlose Nocturni, vom Mob mit Fackeln und Mistgabeln aus ihren Zufluchten verjagt und gehetzt von den Menschen, die in ihren Augen noch bis vor Kurzem nichts als Beute gewesen waren.

Einige der Vertriebenen zogen ins Ausland, zumeist nach Osten in die Fürstentümer des Heiligen Römischen Reiches. Die meisten von ihnen strebten jedoch an den Ort, an dem sie sich wider jegliche Vernunft Rettung erwarteten – nach Paris. Dass sie sich an genau den Ort begaben, von dem aus die Revolution und all das Chaos ausgingen, schien sie nicht zu beirren. Ein Name lag auf ihrer aller Lippen: Laurent. Von ihm erhofften sie sich Führung und Hilfe. Er war einer der mächtigsten Archaioi Europas, beherrschte die Unsterblichen Frankreichs seit seinem Sieg über Vitus unangefochten und übte weit über die Grenzen des Königreiches großen Einfluss auf die Geschicke der Nocturni aus. Es schien den Fliehenden undenkbar, dass Laurent selbst Opfer der Geschehnisse werden könnte. Er würde alles wieder richten und zum Guten wenden. Er würde ihnen ihre Güter und den Wohlstand zurückgeben. Er würde alles ungeschehen machen.

Mein Anliegen war es, genau das zu verhindern.

Natürlich tat ich meine Absichten niemandem kund. Ich gab mich nicht zu erkennen. Täuschte vor, ebenfalls ein Flüchtling zu sein, und schloss mich einer der Reisegruppen an. Für den Schutz meines Schwertes, den ich ihnen anbot, ließen sie mich tagsüber in ihren Wagen fahren und von ihren sterblichen Dienern bewachen. Wenn sie eine sichere Zuflucht fanden, gewährten sie mir Unterschlupf.

Wenig überraschend fühlte ich mich wie ein Verräter, ahnte ich doch, dass ich mich gegen meine Gefährten wenden würde, sobald wir am Ziel unserer gemeinsamen Reise angekommen wären. Aber genau genommen erfüllte ich unser Abkommen präzise und hatte mir nichts vorzuwerfen. Während der Fahrt wachte meine Klinge mehr als ein Mal über das Wohl meiner Schutzbefohlenen, wenn wir des Nachts unliebsamen Gesellen begegneten. Wir waren beileibe nicht die Einzigen, die im Schutz der Dunkelheit durch das Land zogen. Die allgemeine Gesetzlosigkeit, die ganz Frankreich nach dem Fall der alten Ordnung heimsuchte, brachte nicht immer die besten Eigenschaften der Menschen zum Vorschein.

Überall wimmelte es von Wegelagerern, Mordbrennern und sonstigem Gesindel, das der Verlockung eines Trosses der lang verhassten und nun vogelfreien Adeligen, dem wir glichen, nicht widerstehen konnte. Uns kamen die Banditen gerade recht. Meine unsterblichen Mitreisenden waren zwar zumeist dekadent, verwöhnt und absolut nicht gewohnt, selbst einen Finger zu rühren. Doch sie waren immer noch Nocturni. Wenn der Blutrausch sie übermannte, wurden sogar die lethargischsten von ihnen zu reißenden Bestien, die es problemlos mit kampferprobten Sterblichen aufnehmen konnten.

Aber auch tagsüber machte ich mich nützlich. Wo immer die Einheimischen keine sichere Zuflucht kannten, die uns Schutz vor der Sonne und den umherziehenden Banden bot, zahlte sich meine langjährige Erfahrung bei Reisen durch unbekannte Gegenden aus. Ich fand so manche alte Ruine oder eine versteckte Höhle, in dem wir uns unerkannt verbergen konnten.

So gelangten wir mehr oder weniger unbehelligt nach Paris. Meine Begleiter strebten allerdings nicht die Stadt selbst an, sondern das Schloss Versailles, den Sitz der französischen Könige. Dort residierte angeblich auch Laurent mitsamt seinem Hof der Unsterblichen. Es schien mir nicht angeraten, dem Archaios unmittelbar im Kreise seiner Verbündeten gegenüberzutreten, also verließ ich die Reisegruppe still und heimlich.

Es war das erste Mal, dass ich die Stadt an der Seine betrat. Ich weiß nicht, was ich erwartet hatte. Aber dieser Hexenkessel war mit nichts vergleichbar, was ich je zuvor gesehen hatte. Die ganze Nacht hindurch waren Menschen auf den Straßen. Kleine und große Gruppen von Männern – hie und da auch Frauen – wanderten durch die Gassen, versammelten sich je nach Gesinnung in offenen oder exklusiven Salons. Sie tranken, rauchten, diskutierten über die politische, militärische und wirtschaftliche Lage und trennten sich wieder, nur um sich in anderen Etablissements in neuer Zusammensetzung erneut zusammenzufinden und das Ganze von vorn zu beginnen. Zumeist wurden die Debatten mit Worten geführt. Doch nicht selten kam es vor, dass die erhitzten Gemüter zu etwas handfesteren Argumenten griffen. In die Rangeleien der Anhänger der verschiedenen politischen Gruppierungen mischten sich die zuweilen recht nachdrücklichen Forderungen der Bettler, Schlägereien krimineller Banden und Überfälle von Straßenräubern. Zwar waren zuhauf Wächter und andere Bewaffnete unterwegs, um wenigstens ein Minimum an Gesetzmäßigkeit zu bewahren. Doch nicht selten beteiligten sich die Ordnungshüter am allgemeinen Geschehen und waren nur schwer von den Schlägern zu unterscheiden, deren Tun sie eigentlich unterbinden sollten. Angesichts des ausschweifenden nächtlichen Treibens mochte ich mir gar nicht ausmalen, was tagsüber auf den Straßen los war.

Die Stadt war so überfüllt mit gewählten und selbsternannten Abgeordneten der neu gebildeten Nationalversammlung, Flüchtlingen aus den in Aufruhr befindlichen Provinzen und Glücksrittern, die in dem allgemeinen Chaos ihre ganz persönlichen Ziele verfolgten, dass es kaum möglich war, eine Bleibe zu finden. Nur mit den mir eigenen Argumenten, insbesondere dem Bösen Blick, gelang es mir, eine Gruppe junger Juristen und Möchtegern-Politiker dazu zu überreden, ihre Kellerwohnung zu verlassen, um mich selbst dort einzurichten.

In dem einem aufgewühlten Ameisenhaufen gleichenden Gassengewirr ohne einen Anhaltspunkt die lokalen Nocturni aufzuspüren, war nahezu aussichtslos. Daher wählte ich eine andere bewährte Methode, um mit ihnen Kontakt aufzunehmen: Ich ließ mich finden. Dazu bedurfte es üblicherweise nichts weiter, als nach dem Essen ein wenig schlampig beim Aufräumen zu sein.

An Beute herrschte kein Mangel für einen erfahrenen Jäger wie mich. Ich hinterließ Spuren, die jemand, der von der Existenz der Nocturni wusste, eindeutig identifizieren konnte. Und ich hoffte, dieser Jemand würde sich die Mühe machen, den Missetäter – mich – zu suchen. Um den Häschern nicht tagsüber wehrlos gegenüberzustehen, jagte ich ein ganzes Stück von meiner Zuflucht entfernt in den Straßen rund um den Tempel, die alte Burg des Ordens, dem ich einst angehört hatte. Die Festung mit dem markanten Turm, der sich weit über die umliegenden Häuser erhob, weckte Wehmut in mir. Erinnerungen an die Zeit, als ich selbst noch den Waffenrock mit dem Zeichen der Kreuzfahrer getragen hatte. Hand in Hand mit der Nostalgie kam auch der Zorn über die Person, die ich für den Untergang der Tempelritter verantwortlich machte. Mein Entschluss, Laurent herauszufordern, festigte sich ebenso wie meine Bereitschaft, bei dieser Begegnung den eigenen Tod zu riskieren.

Allerdings strebte ich durchaus an, meine Chancen auf einen Sieg so weit zu erhöhen, wie es eben möglich war. Dazu war es notwendig, die Einheimischen, die sich angeblich gegen ihren Herrscher erhoben hatten, als Verbündete zu gewinnen.

Der erste Teil meines Plan, mich von ihnen finden zu lassen, ging nach wenigen Nächten auf. Ich bemerkte meine Verfolger, noch ehe ich mein erstes Opfer für diese Nacht gefunden hatte. Sie gaben sich alle Mühe, mir unbemerkt hinterher zu spüren. Doch meine Sinne waren nach sechseinhalb Jahrhunderten des Jagens und gejagt Werdens so geschärft, dass ihnen kein heimlicher Häscher entging. Erst recht nicht, wenn ich ihn erwartete.

Eine Weile wiegte ich die Fremden in Sicherheit. Dann huschte ich um die Ecke eines Hauses und erklomm blitzschnell die Wand aus schlecht verfugten Bruchsteinen, um mich auf dem Dach auf die Lauer zu legen. Von oben nahm ich meine Verfolger in Augenschein. Es waren zwei Männer und eine Frau, in lange Mäntel gehüllt, mit Haumessern und Degen bewaffnet. Bei einem entdeckte ich darüber hinaus eine Pistole unter dem

Umhang. Angesichts meines plötzlichen Verschwindens schauten sie sich hektisch um. Es war die Frau, die als erste erkannte, was vor sich ging, und die Warnung zischte: »Eine Falle!«

Zeit, mich vorzustellen.

Lautlos sprang ich von meinem Beobachtungsposten und landete knapp fünf Schritte hinter dem Trio. Als meine Stiefel auf das Straßenpflaster schlugen, drehten sich alle drei blitzartig um. Hätte ich einen Komplizen und ihnen wirklich eine Falle gestellt, würde er sie jetzt aus ihrem Rücken heraus angreifen. Sie waren nicht übermäßig ungeschickt, aber nicht sonderlich erfahren. Ihr Glück, dass ich allein war und ihnen kein Leid zufügen wollte.

Noch bevor sie ihre Waffen bereit hielten, verbeugte ich mich und schwang affektiert meinen breitkrempigen Hut. »Mein Name ist Leonard von Montesaro. Zu Euren Diensten, werte Herren«. Der Frau schenkte ich eine Extra-Verbeugung. »Erfreut, Eure Bekanntschaft zu machen, die Dame.«

Die Wirkung meiner überschwänglichen Begrüßung war wie gewünscht. Die Feindseligkeit wich spontaner Verwirrung. Die Frau hatte sich als Erste wieder so weit gefasst, dass sie ihre Sprachlosigkeit überwand.

»Ich kenne Euch nicht. Was führt Euch hierher?« Sie hielt ihr langes Messer immer noch fest in der Hand. Ihr Blick wanderte misstrauisch über das Schwert und die beiden Pistolen in meinem Waffengurt. Die Erregung der unvermuteten Begegnung ließ ihre Fangzähne hervortreten. Auch ihre zwei Begleiter waren vermutlich keine Menschen.

»Ich bin ein Reisender«, erwiderte ich so freundlich, wie ich es vermochte. »Ich habe von den Ereignissen hier in Paris gehört und wollte selbst sehen, was hier geschieht. Daran teilhaben, soweit das den Unsrigen möglich ist.«

»Er ist ein Spion«, flüsterte einer der Männer so leise, dass sterbliche Ohren es auf die Entfernung nicht vernommen hätten. Mein Verdacht, dass die drei noch jung waren, erhärtete sich. Ich tat so, als hätte ich nichts mitbekommen.

Die Frau lud mich ein: »Würdet Ihr uns begleiten?«

»Mit Vergnügen«, erwiderte ich mit offen zur Schau gestellter Freundlichkeit. »Wo gehen wir hin, sofern mir die Frage gestattet ist.«

»Zu Freunden. Wie Ihr sicherlich wisst, gehört es sich, dass man sich vorstellt, wenn man als Fremder eines anderen Domäne betritt.«

»Aber natürlich.« Ich setzte den Hut wieder auf. »Nach Euch.«

Sie nahmen mich in ihre Mitte und führten mich durch die Straßen. Wir zogen in belebtere Viertel in Richtung des Zentrums. Mir entging nicht, dass mehrere der sterblichen Nachtwächter meine Begleiter mit einem nahezu unmerklichen Nicken grüßten. Die drei Nocturni waren vielleicht jung, aber gut organisiert.

Über eine der Seinebrücken gelangten wir auf die Île de la Cité, auf der sich die gewaltige Kathedrale Notre Dame weithin sichtbar über das Meer der Dächer erhob. Wir gingen jedoch nicht in die ehrwürdige Kirche, sondern betraten einen großen Gebäudekomplex auf dem entgegengesetzten Ende der Insel, den alten Königspalast mit der Conciergerie. Durch ein Labyrinth von Hallen, Korridoren, Innenhöfen und streng bewachten Toren gelangten wir schließlich in einen Saal, dessen Decke von einem massiven Gewölbe getragen wurde, das auf dicken Säulen ruhte. Offen brennende Fackeln erhellten den Raum. Niemand außer uns war anwesend.

»Geh ihn suchen!«, befahl die Frau einem ihrer beiden Begleiter.

Als Antwort nickte er nur und eilte davon.

»Auf wen warten wir, wenn mir die Frage gestattet ist?« Ich trug mein Anliegen weiterhin so höflich vor wie möglich, obwohl mir die Situation alles andere als geheuer war.

Ich war mir nicht sicher, ob es eine gute Idee gewesen war, sich vollkommen schutzlos – abgesehen von meinen Waffen und Kampfesfertigkeiten – in die Hände unbekannter Nocturni zu begeben. Aber es war ja mein Ziel, entweder einen Sieg im Kampf gegen die Archaioi zu erzielen oder dabei unterzugehen. Von daher hatte ich eigentlich nichts zu befürchten.

»Étienne«, antwortete die Frau.

Der Name sagte mir nichts. Aber das musste nichts bedeuten, nachdem ich so lange nicht in Frankreich gewesen war. Da sie mir keine nähere Beschreibung von Étienne gab, ließ ich es dabei bewenden und tat einfach so, als wäre damit alles klar. Die Strategie, mehr Wissen vorzutäuschen als man tatsächlich besaß, hatte sich in der Vergangenheit mehrfach bewährt, wenn ich mich auf unbekanntem Terrain in einer nicht unbedingt dominanten Position befand.

»Und wie ist Euer werter Name, Mademoiselle?«, fragte ich stattdessen.

»Claire.«

Ihre kurz angebundenen Antworten waren an der Grenze der Unhöflichkeit. Ich gab mich trotzdem damit zufrieden und stellte keine weiteren Fragen mehr.

So warteten wir schweigend.

Étienne schien nicht leicht zu finden zu sein, denn es verging über eine Stunde, ehe wir Gesellschaft bekamen. Claire und ihr verbliebener Kumpan waren offensichtlich erleichtert. Im Lauf der Zeit waren sie immer unruhiger geworden. Ich hatte den Eindruck, sie hatten genauso viele Fragen an mich wie ich an sie. Dass sie ihre Gefühle nur bedingt zu verbergen vermochten, wertete ich als weiteres Indiz dafür, dass sie noch nicht allzu lang unter den Unsterblichen weilten.

Zwei Personen schritten auf uns zu. Der eine war mein dritter Begleiter, der losgezogen war, um Étienne zu suchen. Der andere war hochgewachsen und überragte mich um fast einen halben Kopf. Seine Kleidung war unauffällig, ein Leinenhemd mit geschnürtem Kragen und die knöchellange Hose der Sansculotten, der einfachen Arbeiter und Handwerker. Die dunklen Haare fielen ihm offen über die Schultern. Das auffallendste Merkmal an ihm war eine lederne Klappe über seinem linken Auge.

»Wen bringst du mir denn da, Claire?« Er nahm mich von oben bis unten in Augenschein.

»Wir fanden ihm beim Tempel«, antwortete sie. »Er ist es, der die Leichen dort hinterlassen hat.«

Das einzelne Auge des Mannes fixierte mich. Eine halbe Minute lang starrten wir uns gegenseitig an. Als ich seinem Blick nicht nachgab, umspielte ein Lächeln seine Lippen. »Mein Name ist Étienne d'Aumale. Mit wem habe ich die Ehre?«

Ich erwiderte das Lächeln. Nach den strengen Regeln der Etikette der Unsterblichen hätte es sich gehört, dass Claire oder einer der beiden Männer meinen Namen verkünden. Da keiner von ihnen Anstalten machte, wiederholte ich die Vorstellung, die ich ihnen bereits gegeben hatte. »Leonard von Montesaro. Zu Euren Diensten.«

»So so. Zu meinen Diensten. Wie wollt Ihr mir denn zu Diensten sein?«

Auch Étienne zeigte kein Anzeichen des Erkennens, als ich meinen Namen nannte. Ich ging davon aus, dass ich zu der Zeit, als ich noch zusammen mit Vitus in Frankreich residiert hatte, weithin bekannt gewesen war. Immerhin hatte ich Laurent und seinen Verbündeten vor unserer Vertreibung reichlich Ärger bereitet. Von daher schien es mir unwahrscheinlich, dass Étienne schon damals hier gewesen war. Also war auch er wohl zumindest jünger als fünfhundert Jahre. Was genug Zeit wäre, erhebliche Fähigkeiten zu erwerben. Ich musste trotz allem vorsichtig sein. Aber ein wenig Risiko war nicht vermeidbar.

»Seid Ihr der Herr dieser Domäne?«, sprach ich ihn an.

Das Lächeln verschwand von seinen Lippen. »Das bin ich.«

Die anderen Anwesenden strafften sich. Sie hatten mich umringt und die Hände an ihre Waffen gelegt. Jetzt hieß es, keinen Fehler zu begehen.

»Erfreut, Eure Bekanntschaft zu machen.« Ich legte meinen ganzen Charme in die Worte. »Aber erlaubt mir die Frage: Was ist aus Laurent geworden? Nicht, dass ich ihn vermissen würde. Aber hat nicht bis vor Kurzem er über Paris und alles umliegende Land geherrscht?« Meine Freundlichkeit vermochte die Spannung nicht zu mindern.

»Über Paris herrscht er zur Zeit nicht.« Étienne hielt die Hand noch nicht an den Degen und den langen Dolch, die er in seinem Waffengurt trug. Doch ich zweifelte nicht daran, dass er ebenso kampfbereit war wie seine Leute. »Und nun erzählt, was Ihr hier wollt!«

Bevor ich das tat, brauchte ich noch ein paar weitere Informationen. »Dann stimmt es also, dass er seines Amtes enthoben wurde?«

Nun fanden auch Étiennes Finger den Griff seiner Waffen. »Ist das ein Problem für Euch?«

Angesichts seiner Reaktion hatte ich die Aufrührer wohl gefunden. Als Zeichen meiner Friedfertigkeit hob ich die Hände. »Nein. Ganz und gar nicht. Wie bereits gesagt, ich stehe zu Euren Diensten.«

»Wofür?« Seine Frage hörte sich an wie eine Drohung.

Es war wohl an der Zeit, Farbe zu bekennen, wollte ich verhindern, dass die Situation in Gewalt umschlug. »Um dafür zu sorgen, dass Laurents Herrschaft über Paris nicht wiederkehrt.«

Noch waren die Zweifel meines Gegenübers nicht zerstreut. Seine Augenbrauen zogen sich misstrauisch zusammen. »Wer seid Ihr?«

»Mein Name ist Leonard von Montesaro, wie ich bereits sagte. Man nennt mich auch den Templer.«

Das letzte meiner Worte hatte denselben Effekt, als wäre spontan eine Kompanie schwerbewaffneter Unholde neben mir erschienen. Claire und die beiden Nocturni in den langen Umhängen traten erschrocken einen Schritt zurück.

Étienne verharrte an Ort und Stelle, doch auch in seinem Gesicht zeigte sich blankes Erstaunen. »Ist das wahr?«

»So wahr ich vor Euch stehe.«

»Er lügt!« Claires Stimme überschlug sich beinahe. »Der Templer ist tot!«

Der Platz, den meine Bewacher mir durch ihr Zurücktreten gegeben hatten, erlaubte eine kleine Demonstration. Bevor Claire sich auch nur einen Fingerbreit bewegen konnte, hatte ich mein Schwert in der Hand und die Spitze an ihrer Kehle.

»Ich muss Euch enttäuschen, Mademoiselle Claire.« Meine Augen hielten alle Umstehenden im Blick. »Noch bin ich unter den Lebenden. Wenn man einmal davon absieht, dass mein

Herz seit mehr als sechseinhalb Jahrhunderten keinen Schlag getan hat.«

So schnell, wie ich meine Waffe gezogen hatte, ließ ich sie wieder in der Scheide verschwinden. Als ich sicher war, dass niemand der sprachlos um mich herum Stehenden gewillt war, mich anzugreifen, wandte ich mich erneut Étienne zu: »Ich bin hier, weil ich mit Laurent noch eine Rechnung offen habe. Sollte sich dies mit Euren Interessen decken, habt Ihr einen Verbündeten gefunden. Ansonsten werde ich wieder gehen und wir tun so, als wäre ich nie hier gewesen.«

»Bleibt!« Seine spontane Antwort hörte sich fast an wie ein Flehen. Er reichte mir die Hand. »Wenn Ihr wirklich der seid, der Ihr vorgebt zu sein, dann schickt Euch der Himmel.«

Seine Äußerung weckte Erinnerungen an meine lang zurückliegende Überzeugung, ein Werkzeug des Herrn zu sein. Eine scheinbare Ewigkeit hatte ich nicht mehr daran geglaubt. Doch die Hoffnung, die sich angesichts meiner Eröffnung im Gesicht des Einäugigen breitmachte, legte nahe, dass ich dieses eine Mal tatsächlich zur rechten Zeit am rechten Ort war.

»Ich bin es.« Ich ergriff seine Hand mit der meinen. »Und ich werde Frankreich erst dann wieder verlassen, wenn entweder Laurent vernichtet ist oder ich selbst mein Ende gefunden habe.«

Étienne setzte an, etwas zu erwidern, doch er schien nicht die rechten Worte zu finden. Stattdessen umfasste er meine Hand mit den seinen und drückte sie so fest, als wolle er sie nie wieder loslassen.

Kein Zweifel, in dieser Nacht hatte ich einen Freund gefunden. Einen Waffengefährten. Einen Schicksalsgenossen. Wir würden gemeinsam gegen einen der Alten antreten. Mein Kampf gegen das Übel, das die Archaioi verkörperten, ging weiter. Die Fronten schienen klar. Das Gute stand gegen das Böse.

Ich hätte ahnen sollen, dass die Dinge wieder einmal komplizierter waren, als es den Anschein hatte.

Sonntag, 29. Mai 2005, New York City, USA

Die Anspannung in dem geklauten Wagen steigt, je näher wir unserem Ziel kommen. Vor uns liegt die Upper East Side. Und in ihr das Appartement-Hochhaus, das ich bei meinem letzten Besuch durch einen Sprung aus dem obersten Stockwerk verlassen habe. Die Erinnerung an die schmerzhafte Landung, bei der ich mir jeden Knochen meines Körpers gebrochen habe, mildert meinen Enthusiasmus, diesen Ort wieder aufzusuchen. Aber eine bessere Gelegenheit wird sich vermutlich so schnell nicht mehr bieten. Marduk ist außer Haus. Meine Verbündeten rücken an. Jetzt oder nie ist die Zeit, um zuzuschlagen.

»Ich glaube, für einen Kampf bin ich ein wenig unpassend gekleidet«, unterbricht Samantha die angespannte Stille im Auto.

Mir liegt eine Bemerkung über mögliche Verbindungen zwischen ihrem Sado-Maso-Outfit und dem, was uns erwartet, auf der Zunge. Doch ich schlucke sie herunter. Auch Veronica wagt es nicht, die Sorgen meiner Blutstochter zu kommentieren. Wenn ihre Kleidung wirklich ihr drängendstes Problem ist, haben wir wohl nichts zu befürchten.

Mangels freier Parkplätze stellt Veronica den Wagen einfach in einer Toreinfahrt ab. Wir steigen aus und entfernen uns ein paar Schritte davon, um nicht erneut die Aufmerksamkeit zufällig vorbeikommender Polizisten zu erwecken.

Es dauert nicht lang, bis drei Limousinen sich mit hoher Geschwindigkeit nähern und dann merklich abbremsen, als würden die Fahrer etwas suchen. Der erste der Wagen ist mir bekannt. Ich verlasse die Deckung der geparkten Autos und gehe einen Schritt auf die Straße. Die Fahrzeuge halten mitten auf der abgesehen von ein paar vereinzelten Taxis leeren Fahrbahn an. Aus jedem von ihnen steigen je drei Männer mit langen dunklen Mänteln. Die Fahrer bleiben sitzen. Wir begeben uns zu ihnen auf die andere Straßenseite.

»Hallo Silvio«, begrüße ich den Anführer.

Seine Augen verharren kurz auf Samanthas beeindruckender Erscheinung. Sogar der sonst ständig in Bewegung befindliche Zahnstocher in seinem Mund verharrt für einen Moment regungslos. Erst als das Stück Holz seine Wanderung wieder aufnimmt, weiß ich, dass ich seine ungeteilte Aufmerksamkeit habe.

»Mr. Smith. Welche Bewaffnung benötigen wir?«

Ich hebe die Augenbrauen. »Habt ihr schwere Kaliber dabei?«

»Schrotflinten und Uzis.«

»Gut möglich, dass wir die brauchen.«

»Alles klar.«

Er gibt seinen Leuten Anweisung, sich zu bewaffnen. Ein flüchtiger Blick die Straße entlang, um sicherzugehen, dass wir unbeobachtet sind, dann öffnen sie die Kofferräume der Limousinen und bedienen sich aus dem umfangreichen Arsenal darin. Innerhalb weniger Sekunden sind die Waffen unter den Mänteln verschwunden.

»Habt ihr auch was für mich?« Samantha lächelt freundlich.

Ich mustere sie von oben bis unten. »Ich fürchte, die Neunschwänzige haben sie zu Hause gelassen.«

»Sehr witzig!«

Silvio klopft an die Scheibe eines der Wagen und fordert den Fahrer auf, seine Jacke herauszureichen. Er gibt sie an Samantha weiter. »Das sollte helfen, Miss.«

In Samanthas Gesicht wetteifern die Verachtung für das in ihren Augen vollkommen stillose Kleidungsstück, das ihr dargeboten wird, und der spontane Anflug von Zorn über die unpassende Anrede miteinander. Doch offenbar ist ihr bewusst, dass sie angesichts ihrer derzeitigen Situation weder in Hinblick auf die Bedeckung ihrer Blöße noch bei der Auswahl ihrer Verbündeten über allzu großen Gestaltungsspielraum verfügt.

»Vielen Dank, junger Mann«, sagt sie mit beißender Ironie in der Stimme und hüllt sich in die speckige Lederjacke.

Seinem zufriedenen Grinsen nach erkennt der Mafioso die Anrede nicht als Revanche für seine Verkennung der Altersverhältnisse, sondern fühlt sich geschmeichelt.

Ich stupse ihn an und flüstere ihm zu: »Denk nicht mal dran! An der verbrennst du dir die Finger. Und wenn du Pech hast, noch ein paar andere Sachen.«

»Verstanden, Boss.«

Schweigend reicht er Samantha eine Pistole und ist dabei sichtlich um körperliche Distanz bemüht. Offenbar nimmt er meine Warnung ernst.

Etwas unbeholfen greift Samantha nach der Waffe und verstaut sie unter dem geliehenen Kleidungsstück.

Ich runzele die Stirn. »Du weißt, wie man damit umgeht?«

»Das kriege ich gerade noch hin«, erwidert sie mit genervtem Ton.

Auch Veronica bedient sich freimütig aus dem Arsenal der Gangster und steckt eine großkalibrige Pumpgun ohne Schulterstütze ein, die nur ungenügend von ihrem Anorak verborgen wird.

Ich werfe ebenfalls einen Blick in einen der Kofferräume und erinnere mich an meine frühere Kampfstrategie, meinen Gegnern aus kurzer Distanz ins Gesicht zu schießen, bevor ich sie angreife. Vielleicht ist heute die Gelegenheit, diese alte Tradition wieder aufleben zu lassen. Die doppelläufige abgesägte Schrotflinte, die sonst niemand haben will, scheint mir hierfür zweckdienlich. Ich lade sie mit zwei der massiven Patronen aus der Papierschachtel daneben, stecke eine weitere Handvoll der Geschosse in die Tasche und schiebe die Flinte in eine Schlaufe meines Schwertgurtes unter dem Mantel.

Als alle fertig sind, werden die Kofferräume geschlossen. Silvio klopft auf das Dach des vordersten Wagens, woraufhin die nun fast leeren Autos sich in Bewegung setzen. Die versammelte Truppe zieht sich von der Straße zurück in die Schatten einer schmalen Seitengasse. Die ganze Entladeaktion hat wenig mehr als eine Minute gedauert. Die Jungs sind Profis.

Ich mustere den Haufen von Berufskriminellen. Abgesehen von der klischeehaften Aufmachung mit den langen Mänteln und hochgesteckten Kragen sehen einige von ihnen eher wie brave Familienväter aus als wie Verbrecher. Statt vernarbter Gesichter mit Boxernasen umgibt mich ein durchaus repräsentativ erscheinender Querschnitt durch die männliche amerikanische Bevölkerung in der Altersgruppe von zwanzig bis fünfzig Jahren. Einige sind sportlich durchtrainiert, andere tragen mehr als nur den Ansatz eines Bauches mit sich herum. Ich sehe militärisch anmutende Kurzhaarschnitte ebenso wie lange fettige Mähnen. Vereinzeltes hingebungsvolles Gähnen deutet darauf hin, dass nicht alle der Männer einen nachtaktiven Rhythmus haben, sondern von Silvio aus tiefem Schlummer gerissen wurden. Auch dies entspricht nicht unbedingt den populären Erwartungen an die Mitglieder des organisierten Verbrechens. Nur in einem gleichen sie sich ausnahmslos: Ihre Augen streichen die ganze Zeit unstet umher, beobachten, taxieren, analysieren. Meine beiden Begleiterinnen und ich sind dabei erwartungsgemäß die bevorzugten Objekte der Untersuchung. Doch ich bezweifle nicht, dass die Mobster ihre Umgebung fest im Blick haben.

Silvio kommt zu mir und reißt mich aus meinen Gedanken. »Haben wir Polizeischutz?«

»Noch nicht. Ich hoffe, ab morgen kann Inspektor Ludovicz uns wieder Deckung geben. Aber heute Nacht sind wir auf uns gestellt.«

Seine Antwort beschränkt sich auf ein bestätigendes Nicken. Der Zahnstocher in seinem Mund wandert von der linken auf die rechte Seite.

Samantha gesellt sich zu uns. »Wie geht's weiter?«

Ich deute auf das Hochhaus am Ende des Blocks. »Da müssen wir rein. Im vierundzwanzigsten Stock wohnt er.«

Ihr Blick wandert zur Spitze des Hauses. »Hast du einen Plan?«

Ich zucke die Schultern. »Letztes Mal hat meine unwiderstehliche Überzeugungskraft uns gute Dienste geleistet.«

»Und wie ist es ausgegangen?«

Mein Schweigen ist ihr Antwort genug.

»Dann übernehme ich das diesmal.«

»Lass uns noch auf Fragger warten!«, wende ich ein.

Unverhohlener Widerwille steht ihr ins Gesicht geschrieben. »Es wäre besser, wir wären fertig, bevor der hier auftaucht.« Sie rückt die deutlich zu große Jacke zurecht. »Ich rufe an oder winke, wenn ihr kommen könnt.« Unvermittelt setzt sie sich in Bewegung.

Einen Moment überlege ich, ob ich sie zurückhalten soll, beschließe dann aber, sie machen zu lassen, was auch immer sie vorhat. Sie ist zwar mein Kind, doch das immerhin schon seit fast eineinhalb Jahrhunderten.

»Weiß sie, was sie tut?« Veronica schaut Samantha ebenfalls hinterher, bis sie außer Sicht ist.

»Wir werden es herausfinden.«

Auch Silvio ist anzumerken, dass ihm ein Kommentar auf der Zunge liegt, doch er bleibt still.

Wir sind alle in Gedanken noch bei Samantha, als zwei sich schnell nähernde Autos uns in Alarmbereitschaft versetzen. Ein knappes Dutzend Hände greifen unwillkürlich nach den Waffen unter Mänteln und Jacken.

»Ruhig«, flüstere ich, als ich sehe, wer da zu uns stößt. »Da kommt die Kavallerie.«

Ich trete einen Schritt auf die Straße hinaus, um uns zu erkennen zu geben.

Die Mafiosi bleiben trotz meiner Entwarnung und lockeren Haltung angespannt, als die auf Hochglanz polierte Limousine und der schon reichlich angerostete Pick-up mit quietschenden Reifen anhalten. Die beiden Autos entlassen eine Gruppe Latino-Gangster mit verkehrt herum aufgesetzten Baseballkappen, Goldkettchen und nur mäßig unter weiten T-Shirts verborgenen großkalibrigen Pistolen. Ihre Aufmachung ist nicht hilfreich, das Vertrauen der Italoamerikaner zu gewinnen.

Unwillkürlich werfe ich einen Seitenblick zu Veronica, um ihre Reaktion zu beobachten, als Fragger der Limousine entsteigt. Ihr erwartungsvolles Lächeln ist nicht dazu angetan, meine Laune zu verbessern. Ich enthalte mich einer anzüglichen Bemerkung und gehe stattdessen auf den unsterblichen Herren der Bronx zu.

»Sei willkommen.« Ich lasse meine Augen über seine Begleiter schweifen, nicke Hacha freundlich zu und mustere die vier Sterblichen, die er mitgebracht hat.

»Ist okay, wenn die Homies mitmachen?«, fragt Fragger.

»Wir nehmen jede Hilfe, die wir kriegen können.«

Ich gehe einfach mal davon aus, dass er mit ›Homies‹ seine Kumpane meint. Die Bemerkung, die mir angesichts seines kunstvoll gestylten Äußeren auf der Zunge liegt, verkneife ich mir. Stattdessen bewundere ich schweigend die eng anliegende Hose aus Schlangenleder, die im herben Kontrast zu seinen Springerstiefeln und der ärmellosen Flecktarnweste steht. Ein Schultergurt mit einer Machete und natürlich die erlesenen Tätowierungen an seinem gesamten Körper komplettieren das Gesamtkunstwerk. Wenn Samantha wieder zu uns stößt, ist sie zumindest nicht mehr die Auffälligste von uns.

Als Fraggers Homies die Mafiosi im Schatten der Seitengasse entdecken, werden auch sie sichtlich nervös und greifen zu den Waffen.

Beschwörend hebe ich die Hände. »Alles in Ordnung! Sie sind auf unserer Seite!«

Fragger bestätigt mein Anliegen mit einer beschwichtigenden Geste, woraufhin zumindest die Messer und Pistolen wieder verschwinden. Der Argwohn bleibt den Latinos ebenso wie den Mafiosi ins Gesicht geschrieben. Ich hoffe, die Gangster können ihre Rivalitäten diese eine Nacht lang im Zaum halten.

Zumindest die Anführer der Gruppen stelle ich einander vor. »Silvio, das ist Fragger aus der Bronx. Fragger, mein Vertrauter Silvio.«

Die Blicke, die die beiden austauschen, bekräftigen den Waffenstillstand, lassen jedoch keinen Zweifel daran, dass er zeitlich begrenzt ist. Als Fragger zusammen mit einem angedeuteten Zähnefletschen ein leises unmenschliches Knurren von sich gibt, schlagen Silvios überaus wache Instinkte Alarm. Mit einem fast unmerklichen unterwürfigen Nicken zieht er sich zu seinen Leuten zurück.

»Lass das bitte!«, fordere ich den Tätowierten auf.

Seine Antwort besteht lediglich aus einer zuckenden Augenbraue. Das Ausbleiben weiterer Provokationen werte ich als Zustimmung. Das Vibrieren von Veronicas Mobiltelefon unterbricht die Begrüßungszeremonie. Mit den Worten »Es ist Samantha« reicht sie mir das Gerät.

»Hi Sam, wie sieht's aus?«, frage ich.

»Ich hatte ein nettes Gespräch mit dem Pförtner. Er hat mir bestätigt, dass die Bewohner des obersten Stocks mit ihren Wagen unterwegs sind. Er wäre so freundlich, uns in der Tiefgarage auf ihre Rückkehr warten zu lassen.«

»Das Angebot nehmen wir doch gerne an«, entgegne ich freudig. »Weiß dein neuer Freund, mit wie vielen Personen wir in etwa zu rechen haben?«

Nach einer kurzen Pause antwortet meine Tochter: »Nein. Aber sie sind mit drei Wagen unterwegs.«

Das heißt, es können bis zu fünfzehn Gegner sein, zumindest wenn wir von normalen Pkws ausgehen.

»Alles klar, Sam. Wie kommen wir rein?«

»Er kann das Tor von hier aus öffnen. Macht's euch gemütlich! Ich bleibe hier und plaudere noch ein wenig.«

Ich fürchte, diese Unterhaltung wird der Pförtner nicht genießen.

»Mach das!«, bestätige ich.

»Ich werde Candy anrufen und ihr Bescheid geben, dass ich heute Nacht nicht mehr komme. Vielleicht beschleunigt das die Rückkehr unserer Freunde.«

»Das könnte helfen. Danke, Sam. Gute Arbeit.«

»Was würdest du nur ohne mich machen?«

Ihre letzte Bemerkung lasse ich unbeantwortet und beende das Gespräch. Der vergnügte Ton in ihrer Stimme beunruhigt mich ein wenig. Das ist sonst nicht ihr Stil. Ich befürchte, die betonte Lässigkeit und Ironie sind nur aufgesetzt, um ihre Nervosität zu überspielen. Immerhin scheint ihre Aktion erfolgreich gewesen zu sein.

»Mir nach!«, fordere ich die abenteuerliche Versammlung aus Mafiosi, Drogendealern und Vampiren auf und setze mich in Richtung des Hochhauses in Bewegung.

»Was ist mit den Wagen?«, fragt Hacha.

»Nehmt sie mit! Wir gehen in die Tiefgarage.«

Glücklicherweise ist die Straße um diese Uhrzeit weitgehend verwaist. Der Tross ist alles andere als unauffällig. Die beiden Wagen aus der Bronx, die uns im Schritttempo folgen, machen es nicht besser. Und so lange Karol Ludovicz uns nicht die Polizei vom Leib halten kann, bedeutet jeder Kontakt mit einer Streife, die zufällig oder von argwöhnischen Passanten gerufen unseren Weg kreuzt, das vorzeitige Ende unseres Angriffes. Ich schaue mich daher angestrengt nach Beobachtern um und beziehe auch die Fenster der Häuser um uns herum in meinen Rundumblick ein, entdecke jedoch keine unerwünschten Späher.

Mein besonderes Augenmerk gilt unserem Ziel, dem vierundzwanzigstöckigen Wohnhochhaus, in dessen oberster Etage Veronica und ich unsere unerfreuliche Begegnung mit Marduk hatten. Es unterscheidet sich mit seiner sich nach oben hin stufenweise verjüngenden Art déco-Fassade nicht wesentlich von den umstehenden Gebäuden vergleichbaren Alters. Aufgrund der unliebsamen Erinnerungen erweckt es jedoch den Eindruck einer Festung, die ich zu erstürmen habe. Die Mauern Jerusalems, Magdeburgs und der vielen anderen Städte und Burgen, vor deren Bollwerken ich einst gestanden habe, tauchen vor meinem geistigen Auge auf. Ich mahne mich selbst, dass die nun vor mir aufragende Zuflucht meines Feindes keine undurchdringliche Zitadelle ist, sondern lediglich ein Wohnhaus. Und dass sich darüber hinaus mit Samantha bereits Verbündete in seinem Inneren befinden. Doch ich befürchte, Marduks Kräfte werden unseren taktischen Vorteil mehr als ausgleichen. Aber eine bessere Gelegenheit wird sich vermutlich so bald nicht mehr bieten. Also weiter!

Die Einfahrt zur Tiefgarage ist offenbar nachträglich in die Fassade aus den 30er Jahren eingefügt worden. Stilistische Unstimmigkeiten sollten heute Nacht jedoch nicht meine Sorge sein. Es ist erstaunlich, auf was für Nebensächlichkeiten man achtet, wenn man derart angespannt ist.

Wichtig ist allein, dass das Gittertor sich gerade öffnet. Da ich kein Auto in der Auffahrt sehen kann, ist dies vermutlich auf Samanthas Wirken zurückzuführen. Eilig halten wir auf den offenstehenden Eingang zu und marschieren vorsichtig die Rampe hinunter. Wir verlangsamen unseren Schritt und achten auf jede Kleinigkeit unserer Umgebung. Doch weder die Betonwände noch die schwarzgelb gestreiften Schranken lassen irgendeine Gefahr erkennen.

Im unregelmäßigen Schein der Neonröhren schreiten wir durch die Reihen geparkter Autos. Die Mafiosi nehmen ihre Waffen zur Hand. Auch ich ziehe mein Schwert. Das Dröhnen der Motoren von Fraggers Limousine und dem Pick-up hallt von den nackten Wänden wider und übertönt unsere zögerlichen Schritte. Aus dem Augenwinkel sehe ich, wie Silvio seinen Leuten per Handzeichen Anweisung gibt, auszuschwärmen und jeden Winkel des Parkdecks nach Feinden und Fallen zu durchsuchen. Ich selbst postiere mich in unmittelbarer Nähe der Eingänge zu Fahrstuhl und Treppenhaus, der mit Abstand am besten beleuchteten Stelle in der ganzen Tiefgarage.

Ich stupse Veronica an und deute auf die Überwachungskamera, die beide Türen im Blickfeld hat. Sie zückt ihr Telefon, wählt Samanthas Nummer und geht ein paar Schritte zur Seite in eine Nische, um ungestört sprechen zu können. Mir bestätigt derweil ein rascher Blick hinter die Feuerschutztür, dass sich dort nur leere Betontreppen befinden und niemand auf uns wartet oder zu uns herunterkommt.

Spontane Stille kehrt ein, als die Motoren der beiden Fahrzeuge ersterben. Kurze Zeit ist das Kratzen des sich wieder schließenden Gittertors zur Straße zu hören. Dann erfüllen nur noch das Atmen und die Schritte unseres Kommandotrupps die Tiefgarage.

Silvio kommt auf mich zu. »Scheint okay zu sein. Nichts Verdächtiges entdeckt.« Seine Stimme ist gedämpft, als würde es nach all dem Krach, den wir gemacht haben, darauf ankommen, nun leise zu sein. Skeptisch beäugt er die Kamera.

»Veronica kümmert sich darum«, erkläre ich.

Er sieht hinüber zu ihr, während sie offensichtlich mit der Verbindung kämpft. Mit mäßigem Erfolg versucht sie, sich mit der Hand, in der sie die Schrotflinte hält, das zweite Ohr zuzuhalten, um die Stimme im Telefon besser zu verstehen.

»Scheint ihr wieder recht gut zu gehen.«

»Ja.« Ich habe nicht vor, dem Gangster meine Theorie darzulegen, dass die Stabilisierung ihres Zustandes von dem Blut aus meinen Adern herrührt.

Sie beendet das Gespräch und kommt zu uns herüber. Anscheinend hat sie nicht mitbekommen, dass wir uns über sie unterhalten haben. »Alles klar. Der Monitor für die Kamera ist beim Pförtner. Einen extra Sicherheitsraum oder so was gibt es nicht.«

»Gut.«

Eine Sorge weniger. Langsam schöpfe ich Hoffnung, dass unser Unternehmen tatsächlich gelingen könnte.

Fragger und Hacha stoßen zu uns.

»Und wie geht's jetzt weiter?«, fragt mein Nachkomme.

Ich schaue mich um. »Wenn wir davon ausgehen, dass sie mit den Wagen zurückkommen, werden sie diesen Weg nehmen.« Ich deute auf die Mittelgasse, durch die auch wir hereingekommen sind. »Wir verstecken uns zu beiden Seiten hinter den geparkten Autos und schlagen los, sobald sie alle drin sind. Fragger, du und deine Leute haltet euch am Tor auf und versperrt den Rückzug, damit sie nicht wieder raus fahren können.«

»Geht nichts über 'nen einfachen Plan.« Die Tätowierungen in Fraggers Gesicht verzerren sich zu absurden Formen, als er grinst.

»Wer gibt das Startzeichen?«, will Silvio wissen.

Ich deute auf Veronica. »Sobald sie schießt, deckt ihr die Autos mit allem ein, was ihr habt.«

Meine Mitstreiter nicken bestätigend.

»Noch etwas«, füge ich hinzu. »Unter ihnen ist ein Mann mit langem Bart. Er ist mit Abstand der Gefährlichste unserer Gegner. Haltet auf ihn mit allem, was ihr aufbieten könnt, sobald ihr ihn entdeckt! Und lasst ihn nicht an euch herankommen, sonst seid ihr geliefert.«

Silvio schluckt. »Verstanden, Boss.« Er wirkt nervös.

Zurecht.

Fragger hingegen erweckt den Eindruck, dem bevorstehenden Kampf freudig entgegenzufiebern. »Dem heizen wir schon ein!«

Er verschwindet in Richtung der Rampe, bevor ich ihm mit einer weiteren Warnung die gute Laune verderben kann. Auch Silvio geht zu seinen Leuten und gibt Anweisungen, wer sich wo postiert.

»Und wo soll ich hin?«, fragt Veronica.

»Du bleibst bei mir.«

Fast erwarte ich, dass sie protestiert und zu Fragger gehen will. Doch ohne weitere Umstände verharrt sie an meiner Seite. Zusammen kauern wir uns hinter den letzten Wagen in der Reihe, nahe den Eingängen zu Treppenhaus und Aufzug. Ich stütze meine Hände auf die Parierstange des Schwertes. Veronica macht dasselbe mit der großkalibrigen Pumpgun. Zuvor überzeugt sie sich noch einmal davon, dass die Waffe vollständig geladen ist.

»Glaubst du, wir können damit etwas gegen Marduk ausrichten?« Sie tätschelt den Lauf ihres Gewehrs.

»Er ist alt und mächtig, aber nicht unverwundbar. Ich mache mir weniger Sorgen darum, dass er gegen unsere Schüsse immun sein könnte, als dass wir gar nicht erst dazu kommen, auf ihn zu schießen, weil er uns mit dem Bösen Blick oder anderen Kräften davon abhält.«

Veronica starrt stur geradeaus. »Ich schätze, bald sind wir schlauer.«

Dem habe ich nichts hinzuzufügen.

Schweigend warten wir auf die Ankunft unserer Feinde. Ich luge aus der Deckung hervor und schaue in die Runde. Alle sind gut verborgen. Die Falle ist bereitet. Jetzt muss nur noch unsere Beute eintreffen.

Als weitere Minuten ereignislos vergehen, befürchte ich schon, Marduk und Massoud hätten andere Pläne. Doch schließlich vertreibt das Knirschen des sich öffnenden Gittertores die Stille und kündigt an, dass jemand kommt. Die Sekunden, bis das Tor offen ist, dehnen sich zu einer Ewigkeit. Das Geräusch eines gut gedämpften Motors dringt zu uns und wird schnell lauter, als der Wagen die Rampe herunterfährt. Als ich noch einen weiteren Motor höre und dann noch einen, bin ich sicher, dass unsere Gegner eingetroffen sind.

Der Tanz kann beginnen.

Mit erhobener Hand halte ich Veronica zurück, die schon aufspringen will. Ich warte, bis das Kratzen des Tores ankündigt, dass es sich wieder schließt. Dann springe ich auf und stelle mich mit kampfbereit gezückter Klinge in die Mitte der Fahrbahn. Der vorderste Wagen bremst spontan und kommt weniger als fünf Meter von mir entfernt zum Stehen. Durch die getönte Frontscheibe der schwarzen Limousine starren mich zwei Gesichter an. Das auf dem Beifahrersitz kenne ich. Massoud.

Veronica stellt sich neben mich, die Pumpgun im Anschlag.

»Los!«, zische ich, woraufhin das Gewehr in ihren Händen zuckt.

Ein ohrenbetäubender Knall hallt durch die Tiefgarage. Die Windschutzscheibe des Wagens löst sich in einem Regen aus Glassplittern auf. Dann bricht die Hölle los.

Von beiden Seiten werden die drei hintereinander aufgereihten Limousinen mit hell knallenden Pistolenschüssen, donnernden Salven groben Schrots und ratternden Garben aus Maschinenpistolen eingedeckt. Der Lärm des von den Betonwänden widerhallenden Sperrfeuers ist unbeschreiblich. Die Flanken der Autos sind innerhalb weniger Sekunden von Kratern übersät. Fenster zersplittern. Reifen verwandeln sich in ausgefranste Fetzen.

Eine der hinteren Türen des ersten Wagens direkt vor mir wird mit derartiger Wucht nach außen weggeschleudert, dass sie waagrecht durch die Tiefgarage fliegt. Das parkende Auto, gegen das sie knallt, wird fast einen Meter verschoben. Die Wirkung ist so, als wäre die Tür durch eine Explosion im Inneren der Limousine weggesprengt worden. Schemenhaft erkenne ich die Gestalt, die ihr unmittelbar folgt. Mit einem Satz springt sie über das von der Tür demolierte Auto hinweg.

»Achtung!« Trotz aller Gewalt, die ich in meine Stimme lege, kann ich den tosenden Feuersturm der entfesselten Waffen nicht übertönen.

Für die Schützen, die hinter der Reihe der geparkten Wagen postiert sind, bei der die Gestalt gelandet ist, kommt ohnehin jede Warnung zu spät. Noch bevor ich mich in Bewegung setze, um zu dem Schemen zu sprinten, ergießen sich Fontänen von Blut und Eingeweiden auf das glänzend lackierte Blech der Karossen. Einer der Mafiosi fliegt in hohem Bogen durch die Luft und kracht mit Schwung gegen eine der Betonsäulen. Ich kann das Splittern seiner Knochen nicht hören, doch ich sehe, wie sie sich blutigen Lanzen gleich aus seinem Fleisch ins Freie schieben. Seine Arme und Beine stehen in wirren Winkeln vom Körper ab, während er an der Säule hinab gleitet. Er ist tot, bevor er auf dem Boden aufschlägt.

Ich laufe über das Dach des nächsten Autos, um den Verursacher des Wütens zu stellen. Meine Stiefel hinterlassen Dellen im Blech. Das hämmernde Stakkato der Schüsse um mich herum flaut ein wenig ab. Gellende Schreie und gebrüllte Kommandos mischen sich unter das Bellen der Pistolen und Gewehre. Der Gegenangriff hat begonnen. Ich ignoriere das Chaos und konzentriere mich ganz auf das eine Ziel. Wenn meine Vermutung stimmt, verfolge ich die Quelle all des Übels: Marduk.

Auf dem Dach eines Autos stehend halte ich kurz inne, sehe mich mit gezücktem Schwert um und suche meinen Widersacher.

Dort ist er.

Kaum fünf Meter entfernt reißt er mit bloßen Händen einem weiteren meiner sterblichen Mitstreiter den Kopf vom Leib und zieht dabei die halbe Wirbelsäule aus dem Torso heraus.

Ich ringe den Blutrausch nieder, den der um mich herum tobende Kampf und der Anblick spritzenden Blutes anstacheln. Im Augenblick kann ich es mir wahrlich nicht leisten, die Kontrolle zu verlieren. Im direkten Zweikampf vermag ich gegen diesen Gegner nichts auszurichten. Zumindest nicht ohne einen taktischen Vorteil.

Der besteht momentan darin, dass mein Kontrahent voll und ganz damit beschäftigt ist, sein fangzahnbewehrtes Maul tief in den offen liegenden Schlund seines kopflosen Opfers zu stecken. Es scheint, als wäre Marduk genau so wenig immun gegen die Verlockung des Blutrausches wie die Jüngeren von uns.

Das ist meine Chance.

Mit der freien Hand ziehe ich die abgesägte Schrotflinte unter dem Mantel hervor und springe meinem abgelenkten Gegner entgegen. Völlig weggetreten ist er aber offensichtlich nicht. Kurz bevor ich bei ihm bin, wendet er sein Gesicht in meine Richtung. Ich erkenne die gefletschten Fangzähne. Das Blut seiner Opfer rinnt in dicken Fäden zwischen ihnen herab und spinnt ein Netz aus roten Linien in seinem Bart. Ich sehe seine Augen, die mich erfüllt von jahrtausendelang genährtem Hass fixieren.

Ich höre seine Stimme.

Nicht mit meinen von dem Feuergefecht malträtierten Ohren, sondern ohne Umweg über irgendwelche Sinnesorgane direkt in meinem Kopf.

Knie nieder, Unwürdiger!

Mein Verstand ist auf der Stelle leergefegt. Wie Staub in einem Sandsturm wird mein Wille weggeweht und löst sich in nichts auf. Die Kraft der fremden Gedanken in meinem Geist ist unwiderstehlich. Doch der Befehl kommt zu spät.

Mein Finger krümmt sich bereits um die beiden Abzüge der Schrotflinte. Die Waffe bäumt sich in meiner Hand auf, als die Läufe simultan ihre tödliche Fracht entlassen.

Marduks Gesicht verschwindet in einer Explosion aus Blut und fleischigen Fetzen. Die Haut wird vom Schädel geschält und legt blanken Knochen frei. Ein Mensch wäre durch diese Verwundung auf der Stelle tot. Doch ich weiß aus eigener Erfahrung, dass eine Schrotladung sogar aus derart kurzer Distanz einen Vampir nicht zwangsläufig außer Gefecht setzt.

Mein wichtigstes Ziel ist jedoch erreicht: Sein übermächtiger Wille verschwindet von einem Augenblick zum nächsten aus meinem Bewusstsein. Ich bin wieder Herr meiner selbst. Und ich nutze meine zurückgewonnene Freiheit.

Ohne die Wirkung des Schusses abzuwarten, lasse ich mein Schwert folgen. In weitem Bogen führe ich es direkt auf den blutigen Schädel meines Gegners und vollende, was das Schrot begonnen hat. Die Klinge bricht den blanken Knochen auf und verstreut seinen Inhalt. Ein Regen aus Blut, Gehirn und Knochenfragmenten zeichnet bizarre Muster auf den Boden. Dieser Treffer hätte auch einen der Unsterblichen endgültig fällen sollen.

Doch Marduk bleibt stehen.

Mit ein paar unsicheren Schritten findet er das Gleichgewicht wieder.

Ungläubig starre ich auf meinen Feind. Mehr als die Hälfte seines Schädels ist über den Beton verteilt. Der Unterkiefer hängt schief und größtenteils von Fleisch befreit an einzelnen Sehnen herab. Weder Augen noch Ohren sind ihm geblieben. Und dennoch wendet der fast enthauptete Torso sich mir zu, als wolle er mich herausfordern.

Nicht einmal ein Nocturnus sollte eine solche Verletzung derart wegstecken können. Zumindest keiner, der sein Dasein nicht in Jahrtausenden misst. Ich lasse die leer geschossene Schrotflinte fallen, fasse das Schwert mit beiden Händen und hebe es erneut zum Schlag. Wie auch immer er mich ohne Sinnesorgane wahrnimmt … Noch bevor mein Hieb auf ihn niedergeht, holt er mit dem linken Arm aus und lässt ihn in die Betonsäule neben sich krachen. Eine Wolke aus steinernen Brocken und Staub hüllt mich ein und nimmt mir die Sicht. Ungeachtet der Schläge der auf meinen Leib treffenden Trümmer marschiere ich vorwärts und schwinge mein Schwert durch die staubgefüllte Luft.

Der Hieb geht ins Leere.

Als die Wolke sich Sekunden später so weit gelegt hat, dass ich mich wieder orientieren kann, starre ich sprachlos die Säule an. Marduks Schlag hat ihren Durchmesser fast halbiert. Diese schiere Kraft stellt alles in den Schatten, was ich jemals bei einem Unsterblichen gesehen habe. Hätte er diese brachiale Gewalt gegen mich gerichtet, wären von meinem Leib nur Fetzen übrig geblieben. Ich kann nur vermuten, dass die weitgehende Zerstörung seines Großhirns sein Urteilsvermögen so weit getrübt hat, dass er instinktiv die Flucht ergriffen hat, statt einen vernichtenden Gegenangriff zu starten. Oder der Verlust seiner Sinnesorgane hat eine direkte Attacke unmöglich oder zumindest zu riskant gemacht.

Gerade will ich Ausschau halten, wohin er verschwunden ist, als eine Bewegung im Augenwinkel meine Aufmerksamkeit erlangt.

Zuerst befürchte ich einen unerwarteten Angriff von Marduk. Doch es ist Massoud, der auf mich eindringt. Entweder hat er gesehen, dass sein Herr und Meister in Bedrängnis ist, oder Marduk hat ihn mit einem stummen Befehl herbeigerufen.

Mit weit aufgerissenem Maul stürzt er auf mich zu. In seinen Händen hält er den verbogenen Lauf einer Schrotflinte und lässt ihn auf mich niedersausen. Ich versuche auszuweichen, doch der Schlag trifft meine Schläfe und reißt mich zu Boden. Das Schwert entgleitet meinen Fingern und schlittert mehrere Meter über den Asphalt. Ich rolle mich ab und rappele mich sofort wieder auf, nur um unmittelbar die nächste Attacke einzustecken, die meinen Kopf streift. Diesmal bleibe ich jedoch stehen und wehre einen weiteren Hieb instinktiv mit dem linken Unterarm ab. Ein trockenes Knacken und der durchdringende Schmerz in meinem Arm weisen darauf hin, dass der Schutz des Kettenhemdes nicht gegen die Wucht von Massouds Angriffen ausreicht.

Noch bevor ich mich berappelt habe, drischt die wirbelnde Schrotflinte wieder auf mich ein und hämmert gegen die Schulter des gebrochenen Armes. Ich beiße die Zähne zusammen, um dem lähmenden Schmerz zu widerstehen. Den nächsten Schlag fange ich mit der offenen rechten Hand ab und schaffe es, den verbogenen Lauf des Gewehrs zu fassen. Mit aller Kraft ziehe ich es zu mir heran. Massoud lässt nicht los, was dazu führt, dass er nun unmittelbar vor mir steht. Mein erster Gegenangriff besteht aus einer schwungvollen Kopfnuss, die seine Nase in eine unförmige blutige Masse verwandelt. Mit einem Biss versuche ich, sofort nachzusetzen, doch er weicht zurück. Meine Zähne verfehlen sein Gesicht um Haaresbreite.

Einen Moment lang sehen wir uns an. Zwischen uns nur die verbogene Schrotflinte. Wir beide halten den Lauf fest umklammert. Ich spüre, wie die Knochen meines malträtierten Armes sich wieder zusammenfügen. Massoud faucht mich mit zusammengekniffenen Augen an. Seine Fangzähne sind von einem dünnen Blutfilm bedeckt, der vom Tod eines weiteren Mafioso kündet.

»Dieses Mal bringen wir es zu Ende, Templer.« Er knurrt mehr, als dass er spricht. Nur ein schmaler Grat trennt ihn vom endgültigen Abgleiten in den Blutrausch.

»An mir soll es nicht scheitern.« Ich zerre an der Waffe in meinen Händen.

Er hält unbeeindruckt dagegen.

Nach dem, was Ireen Fowler, seine Blutschwester, mir berichtet hat, ist er nur ein Jungblütiger, wenige Jahre nach seiner Wandlung. Doch ich erkenne die unbändige Kraft, die in ihm lauert. Als beinahe direkter Nachkomme eines so alten Nocturnus wie Marduk und bis oben hin angefüllt mit Vampirblut ist seine Kampfesstärke selbst einem ungleich älteren Veteranen wie mir ebenbürtig. Was ihm jedoch fehlt, ist die Erfahrung von Jahrhunderten voller Kämpfe und Kriege. Ebenso wie die mühsam antrainierte Selbstbeherrschung, dem Blutrausch zu widerstehen.

Unvermittelt lasse ich die Schrotflinte los und hechte rückwärts zu Boden. Seine Verblüffung über mein unerwartetes Manöver hält nur einen Sekundenbruchteil an. Er packt die behelfsmäßige Hiebwaffe und stürzt sich auf mich. Meine Hände umklammern den kopflosen Torso von Marduks letztem Opfer. Immer noch rinnt Blut aus dem offen liegenden Hals. Mit geübtem Griff meiner zu Klauen gekrümmten Finger reiße ich die Wunde weiter auf, so dass ein klaffender Riss bis zum Brustkorb entsteht. Die Reste des Lebenssaftes des toten Mafioso ergießen sich in weitem Bogen über den Schauplatz. Mit voller Wucht werfe ich Massoud den blutspritzenden Leichnam entgegen.

In seinem Gesicht erkenne ich den Konflikt zwischen seinem Verstand, der sich ausschließlich auf den Kampf zu konzentrieren versucht, und den Instinkten des Raubtiers in ihm, die der Verlockung des dargebotenen Blutes nicht widerstehen können. Ich warte nicht ab, wie sein innerer Widerstreit ausgeht, sondern nutze den minimalen Moment der Verwirrung, um wieder aufzuspringen. Ich schlage die Schrotflinte zur Seite, senke meine zu voller Länge ausgefahrenen Fangzähne in sein Gesicht und verbeiße mich in ihn. Er lässt die Flinte los, die auf derart kurze Entfernung auch als Hiebwaffe nutzlos ist. Stattdessen geht er mit den Fäusten auf mich los. Ohne Gegenwehr stecke ich die Treffer ein. Mit dem rechten Arm reiße ich seine Haare und damit seinen Kopf nach hinten, um mit den Zähnen noch einmal nachfassen zu können. Doch ehe ich zubeiße, trifft mich sein Unterarm so hart im Gesicht, dass ich zurückgeworfen werde. Nur durch einen hastigen Ausfallschritt kann ich das Gleichgewicht halten. Er ist vielleicht nur ein Jungblütiger, aber verdammt fix.

Weitere Hiebe treffen mich in schneller Folge. Ich schütze meinen Kopf mit den Unterarmen. Massoud ist nun endgültig in den Blutrausch abgestürzt. Er brüllt und knurrt wie ein hungriges Tier, drischt wild auf mich ein. Doch seine Schläge sind ungezielt und hinterlassen keinen nennenswerten Schaden. Für jemanden, der Knochenbrüche und tiefe Schnittwunden in Sekundenschnelle heilen kann, sind blaue Flecken und Prellungen absolut unerheblich. Im Gegensatz zu meinem Gegenüber gelingt es mir, die Kontrolle zu behalten. Mein Verstand bleibt wach. Meine Sinne taxieren die Angriffe, suchen instinktiv Muster und Schwachpunkte in den Attacken. Bei einem derart unbeherrschten Gegner funktioniert das meist recht schnell.

Blitzartig ducke ich mich ab und tauche unter Massouds wirbelnden Fäusten hindurch. Gleichzeitig strecke ich mein rechtes Bein aus und säbele ihm von hinten in die Kniekehlen. Mit rudernden Armen versucht er, dem Fall zu entgehen. Sofort entdecke ich die Gelegenheit zum Gegenangriff und stürze mich auf ihn.

Ich packe seinen Kopf und schnappe zu. Der erneute Biss durchtrennt seine Kehle. Blut strömt über mein Gesicht. Nun gibt es kein Halten mehr. Ein weiteres Mal fasse ich nach und versenke meine Kiefer noch tiefer in seine Halsschlagader. Gierig schlucke ich jeden Tropfen, den ich bekommen kann. Er wehrt sich verzweifelt, doch die Treffer, die Massouds Fäuste auf meinem Körper landen, sind ohne Bedeutung. Nur das Blut zählt. Ich trinke mehr.

Irgendwann spüre ich keine Schläge mehr. Ob das daran liegt, dass Massoud aufgehört hat, sich zu wehren, oder ob meine Wahrnehmung sich so weit von der Welt außerhalb meiner mit köstlichen Nass gefüllten Kehle entfernt hat, ist mir gleichgültig. Der Fluss des Blutes ist alles, was von Bedeutung ist.

Keine Sorgen. Keine Nöte. Keine Feinde. Keine Freunde.

Nur Blut.

Vollkommene Glückseligkeit erfüllt mich.

Schließlich verebbt der Quell meiner Wonne. Ich sauge kräftiger, nehme einen letzten Schwall in mich auf, dann ist die Hülle in meinem Griff leer.

Ich öffne die Augen. Massouds Leib liegt schlaff in meinen zu Klauen verbogenen Händen. Der Kopf hängt schief an den offen liegenden Wirbeln und ein paar Sehnen herab. Dennoch starrt er mich noch einen Moment lang an. Dann schwindet der letzte Funken des Lebens aus seinem Blick. Er ist tot.

Endgültig.

Ich bin wie benebelt. Mein Kopf ist leer. Gebannt starre ich auf den Leichnam in meinen Armen. Die ersten Anzeichen des Zerfalls zeigen sich. Die von allem Blut befreiten Adern zeichnen sich dunkel unter der Haut ab, die sich immer straffer spannt, bis sich Risse bilden.

Ich lasse den Kadaver los. Der Aufprall auf dem Boden öffnet weitere Brüche. Nacktes Fleisch kommt zum Vorschein.

Ich hebe den Blick. Wie in einem Videofilm betrachte ich die Szenen um mich herum. Ich fühle mich vollkommen von meiner Umgebung entrückt. Schüsse und Schreie dringen gedämpft an meine Ohren, als wäre ich unter Wasser. Gesichtslose Gestalten wabern scheinbar ziellos umher wie Gespenster. Es gelingt mir nicht, dem Geschehen eine Bedeutung zuzuordnen.

Dann plötzlich ein anderes Bild.

Immer noch bin ich unter der Erde. Die Wände sind noch näher beisammen und die Decke hängt tiefer als in dem Parkdeck. Ich erkenne altertümlich anmutende Schriftzeichen an den Mauern um mich herum. Ich bin vollauf damit beschäftigt, Gummibärchen aus einer Tüte zu fingern und genüsslich zu verspeisen, bis eine Stimme an meine Ohren dringt. Ich verstehe die Worte nicht. Weiß nicht, wer zu mir spricht. Doch die unbekannten Einflüsterungen verheißen reiche Belohnung.

Umständlich erhebe ich mich aus meiner Kauerstellung und arbeite mich vorsichtig voran, weiter ins Innere der Höhle hinein. Der unwiderstehliche Singsang der Stimme zieht mich magisch an, vertreibt alle Furcht aus meinen Gedanken. Ich quetsche mich durch ein enges Loch in der Stirnwand des Ganges und gelange in einen größeren Raum. Ich blicke auf. Und sterbe unter den Zähnen des Dämons, dessen fangzahnbewehrtes Maul auf mich niederfährt.

Das gequälte Quietschen durchdrehender Reifen dringt an meine Ohren. Der Ton passt nicht zu der alten Höhle. Er gehört in eine Tiefgarage in New York. Die Bilder des Parkdecks verschwimmen mit denen des uralten Gewölbes, in dem Massoud sein sterbliches Leben verloren hat. Nur langsam gelingt es mir, die Erinnerungen meines Feindes hinter mir zu lassen und mich wieder auf die Gegenwart zu konzentrieren.

Schüsse fallen. Der Kampf ist noch nicht vorbei.

Ich zwinge meinen Geist zurück in die Realität. Schaue mich um. Ich sitze auf dem Boden, rücklings an die Säule gelehnt, die Marduk zur Hälfte zerstört hat. Ich stehe auf.

Jegliches Zeitgefühl ist mir verlorengegangen. Ich weiß nicht, wie lang ich weggetreten war. Ich vermute, es waren nur ein paar Sekunden. In jedem Fall war es genug Zeit für Marduk zu entkommen. Nirgends sehe ich eine Spur von ihm.

Stattdessen erkenne ich Fraggers bunten Schädel. Der Herr der Bronx hängt halb auf dem Dach des hintersten der Wagen unserer Feinde. Durch ein großes Loch in der zersplitterten Windschutzscheibe greift er nach dem Fahrer, um ihn daran zu hindern, rückwärts fahrend das Parkdeck zu verlassen. Seine Bemühungen sind von Erfolg gekrönt. Das Auto rammt mit lautem Getöse einen Pfeiler, der die Rampe zur Ausfahrt flankiert, und kommt zum Stehen.

Silvio und mehrere seiner Leute befinden sich in einem Feuergefecht mit zwei Männern in den mir schon bekannten schwarzen Kampfanzügen.

Auf dem Boden neben dem mittleren der drei Wagen kämpft Veronica mit einer anderen Frau. Die Ex-Polizistin wehrt sich wacker, muss jedoch einige heftige Schläge einstecken.

Ich beschließe, erst einmal ihr zu helfen, und setze mich in Bewegung. Auf dem Weg hebe ich mein Schwert auf und stecke es in die Scheide. Auch die Schrotflinte nehme ich wieder an mich, lade sie mit zwei Patronen aus meiner Manteltasche und lasse den Knicklauf einrasten.

Als ich näher komme, sehe ich, dass es sich bei Veronicas Gegnerin um Zoë handelt. Die beiden Frauen haben sich gegenseitig mit Klauen und Fangzähnen übel zugerichtet. Ineinander verschlungen wälzen sie sich über den Boden, fauchend und keifend wie Raubkatzen. Sobald Zoë zuoberst auskommt, packe ich sie am Kragen ihrer zerfetzten Jacke, reiße sie hoch und schleudere sie von mir weg. Noch während sie kreischend durch die Luft fliegt, hebe ich die Flinte und schieße ihr in den Bauch. Die Wucht der einschlagenden Geschosse ändert ihre Flugbahn und lässt sie gegen den nächststehenden Wagen krachen, wo sie als verrenkter Haufen liegenbleibt.

Ein kräftiger Hieb trifft unvermutet meinen Kopf. Instinktiv weiche ich ein paar Schritte zur Seite und wende mich dabei dem neuen Gegner zu. Ich bin verwirrt, als ich Veronica sehe, die mir mit gefletschten Zähnen und gutturalem Knurren kampfbereit gegenübersteht. In ihren Augen kann ich keinen Funken von Intelligenz erkennen, nur nackte Wut und den unbedingten Willen zu töten. Für ihren inneren Kampf gegen den Blutrausch ist das Gemetzel pures Gift. Einen Moment lang befürchte ich, sie geht auf mich los und ich bin gezwungen, ihrer Raserei mit Gewalt ein Ende zu bereiten. Doch sie bleibt stehen. Ihr bebender Leib legt Zeugnis ab von der Schlacht gegen die Bestie, die sie zu überwältigen droht.

»Veronica«, ich bemühe mich intensiv, meine eigene Anspannung zu unterdrücken, »bleib bei mir! Kämpfe dagegen an! Gib dich nicht auf!«

Es scheint zu wirken. Die hassverzerrte Raubtiergrimasse nimmt wieder halbwegs menschenähnliche Züge an.

»Pass auf sie auf!« Ich deute auf Zoë. »Wenn sie dich angreift oder fliehen will, töte sie, ansonsten lass sie leben! Okay?«

Ein zögerliches Nicken bestätigt, dass sie mich verstanden hat. Ich werfe einen Blick auf Zoë. Sie bewegt sich noch, sieht aber nicht so aus, als würde sie in näherer Zukunft Ärger machen. In der Hoffnung, dass Veronica nicht wieder anfangen muss, sich mit ihr zu schlagen, lasse ich die beiden Frauen zurück.

Ich stecke die leere Schrotflinte ein, nehme mein Schwert zur Hand und wende mich den letzten zwei der schwarz gekleideten Unholde zu, die sich noch mit den Mafiosi duellieren. Ohne die wild umherfliegenden Projektile zu beachten, mit denen die Schießerei die Luft erfüllt und von denen einige zwangsläufig auch mich treffen, laufe ich zu ihnen. Ein paar der Geschosse durchdringen das Kevlar unter dem Kettengeflecht meiner Rüstung. Die Kraft von Massouds Blut in mir schließt die Wunden innerhalb weniger Sekunden.

Dem Ersten meiner beiden Gegner ramme ich die Klinge durch die Brust, bevor er seine Waffe auf mich gerichtet hat. Der zweite weicht reflexartig zurück und verlässt dabei die Deckung, die ihn vor den Geschossen der Gangster geschützt hat. Auf der Stelle durchlöchert eine MP-Garbe seinen Kampfanzug. Er gibt noch eine ungezielte Salve aus seiner Pistole ab, dann bricht er zusammen und bleibt leblos auf dem Boden liegen.

Stille kehrt ein, als die Waffen plötzlich schweigen.

Ich ziehe meine Klinge aus dem aufgespießten Mann und sehe zu, wie sein Körper eine blutige Spur auf der Betonsäule hinterlässt, an der er wie in Zeitlupe hinabrutscht.

Hastig schaue ich mich um. Es ist kein Gegner mehr übrig. Der Kampf ist vorbei.

Vorsichtig kommen die verbliebenen Mafiosi hinter ihren Deckungen hervor. Einer richtet seine MP auf mich. Seine Hände zittern. Sein Gesicht ist eine Maske aus nackter Angst. Ich fürchte, er hat gesehen, was ich mit meinen Kontrahenten gemacht habe, speziell mit Massoud.

»Lass die Waffe sinken!«, befehle ich ihm.

Der Böse Blick entfaltet seine Wirkung. Er gehorcht. Doch ebenso wie seine Kumpane lässt er mich keine Sekunde aus den Augen. Der Anblick blutsaugender Monster, die zähnefletschend übereinander herfallen und sich gegenseitig die Köpfe abbeißen, ist wohl selbst für die hartgesottenen Berufsverbrecher zu viel des Guten. Ich halte Ausschau nach Silvio.

Er sitzt auf dem Boden, den Rücken gegen eines der parkenden Autos gelehnt, und presst sich die Hände auf den Bauch.

Ich eile zu ihm. Seine Leute weichen respektvoll vor mir zurück und geben den Weg frei. Vor ihm gehe ich in die Hocke und betrachte die Wunde in seinem Leib. Ich beiße mir selbst ins Handgelenk, nehme Silvios Finger zur Seite und tropfe mein Blut über seine Verletzung. Dann führe ich meinen Arm an seinen Mund. »Trink!«

Er zögert.

»Es wird dir helfen«, versuche ich, ihn zu überzeugen. »Vertrau mir!«

Widerstrebend folgt er meiner Anweisung. Als ich glaube, dass er genug getrunken hat, nehme ich meine Hand zurück. Die Bisswunde, die ich mir selbst zugefügt habe, schließt sich, als wäre sie niemals da gewesen.

Krämpfe erschüttern seinen Körper. Zuerst bin ich erstaunt über diese Reaktion. Doch dann erinnere ich mich daran, wie ich in die Raserei gefallen bin, als ich zum ersten Mal Vitus' Blut getrunken habe. Es ist viel Zeit vergangen, seit ich das letzte Mal einen Sterblichen aus meinen Venen genährt habe. Es scheint so, als ob auch mein Blut aufgrund meines fortgeschrittenen Alters mittlerweile so kraftvoll ist, dass es die Widerstandsfähigkeit des Empfängers auf die Probe stellt. Aber nach wenigen Sekunden verebben die Zuckungen und Klarheit kehrt in Silvios Augen zurück.

»Und jetzt stell dir vor, wie das Blut, das ich dir gegeben habe, in deinem Körper zu der Wunde in deinem Bauch fließt und sie schließt«, rede ich auf ihn ein.

Er glotzt mich ungläubig an.

»Versuche es!«

Ich erkenne, wie er sich konzentriert. Das rote Rinnsal, das seine Kleidung tränkt, versiegt. Es funktioniert.

Silvio sieht mich mit großen Augen an. »Wie …?«

Ich lege meinen Finger auf seine Lippen. »Frag nicht! Je weniger du weißt, umso besser für uns alle.« Ich stehe auf und sehe in die Runde der Mafiosi. Einer von ihnen bekreuzigt sich. »Das gilt auch für euch!«, spreche ich sie an. »Vergesst, was ihr hier gesehen habt! Redet mit niemandem darüber! Tut so, als wäre es nie geschehen! Verstanden?«

Eifriges Nicken.

»Und jetzt seht zu, dass ihr wegkommt, bevor die Cops anrücken!«

Dieser Anweisung folgen sie nur allzu gern. Von den neun Mann, die mit uns in die Schlacht gezogen sind, sind noch vier übrig. Ein hoher Blutzoll.

Ich halte Silvio kurz zurück, der bereits wieder auf den Beinen ist. »Ruf Ludovicz an! Er müsste morgen wieder einsatzbereit sein. Sag ihm, er soll sich hierum kümmern! Er wird wissen, was zu tun ist.«

»Geht klar, Boss.« Seine sonst so selbstsichere Stimme ist zu einem zitternden Keuchen reduziert. Mein Vertrauter hat sicherlich schon seit Jahren geahnt, was ich bin und welchen Geschäften ich nachgehe. Doch was er heute Nacht gesehen und am eigenen Leib erlebt hat, muss er wohl erst einmal verdauen.

»Noch was.« Mir kommt ein spontaner Gedanke. »Sag Ludovicz, er soll dem vierundzwanzigsten Stock einen Besuch abstatten. Aber nur tagsüber und mit Verstärkung. Und er soll alles plattmachen, was er findet.« Ich gehe allerdings davon aus, dass niemand dort sein wird. Nach dem Trubel heute Nacht ist das gesamte Gebäude auf absehbare Zeit für unsereins tabu. Das sollte sogar für Marduk gelten.

»Mach ich«, bestätigt der Mafioso.

»Gut. Und jetzt ab mit euch!«

Er läuft seinen Kumpanen hinterher und verlässt mit ihnen zusammen das Parkdeck über die Rampe.

Fragger kommt auf mich zu. »Na das war ja was!«

»Hast du gesehen, wo Marduk hin ist?«, frage ich ihn.

»Hat sich verpisst. Hacha hat versucht, ihn aufzuhalten, als er raus wollte. Ihre Überreste liegen da vorn.« Er deutet in Richtung der Rampe. Ich sehe das Gittertor, dessen stählerne Streben zu einem wilden Knäuel verbogen sind und ein mannsgroßes Loch freigeben, durch das soeben der letzte Mafioso verschwindet.

»Ist bei Hacha noch was zu retten?«

Er schüttelt den Kopf. »Löst sich schon in ihre Bestandteile auf. Die ist hinüber. Schade drum.« Seine Worte vermitteln nicht den Eindruck tiefer Trauer. Unter seinen Nachkommen ist eine hohe Fluktuation normal.

»Und deine sterblichen Diener?« Mir fällt der merkwürdige Slangbegriff gerade nicht ein, den Fragger für sie verwendet hat.

»Zwei von den Homies hat's erwischt.«

Homies. Das war es.

Mit einem Nicken nehme ich seine Aussage zur Kenntnis.

Ich gehe zurück zu Veronica. Die animalische Wildheit des Blutrausches ist nicht völlig aus ihrem Gesicht gewichen. Ihre Augen zucken gehetzt hin und her. Ich kenne diesen Anblick. Ich habe ihn schon früher bei anderen Nocturni gesehen. Jetzt fehlt nur ein winziger Anstoß, um ihren Verstand endgültig und unwiederbringlich auszuschalten. Aber noch hat sie sich zumindest halbwegs unter Kontrolle.

Zoë sitzt kraftlos auf dem Boden. Ihre Kleidung ist blutgetränkt. Klaffende Wunden ziehen sich durch ihr Gesicht. Kein Blut fließt daraus. Es ist alles verbraucht. Sie kann sich nicht mehr aus eigener Kraft heilen. Selbst, ihren Kopf zu heben und zu mir aufzuschauen, bereitet ihr Mühe.

Drohend baue ich mich vor ihr auf. Fragger und Veronica stehen hinter mir.

»Du hast den Herren der Domäne, in der du lebst, verraten.« Langsam ziehe ich das Schwert aus der Scheide. »Als Richter dieser Stadt verfüge ich, dass dein Leben verwirkt ist. Hast du irgendetwas zu deiner Verteidigung vorzubringen?«

Ihr Blick trieft vor Verachtung. In einer gewaltigen Kraftanstrengung hebt sie die rechte Hand und reckt mir den ausgestreckten Mittelfinger entgegen. »Fick dich, du faschistisches Arschloch!«

Falsche Antwort.

Ich hebe das Schwert.

Veronica tritt vor. »Warte! Warte!«

Erstaunt sehe ich sie an. Erstens, weil sie Zoë verteidigt, mit der sie noch vor wenigen Minuten auf Leben und Tod gefochten hat. Und zweitens, weil sie plötzlich wieder zu klarer, artikulierter Sprache fähig ist.

»Was ist?«, frage ich verwirrt.

»Was hast du vor? Willst du sie jetzt und hier töten?« Die Erregung in Veronicas Stimme ist immer noch deutlich vom Blutrausch gezeichnet.

»Ja.«

»Ohne Verhandlung?«

»Das gerade war die Verhandlung.«

Ihre Hände gestikulieren wild flatternd. »Aber kriegt sie denn nicht einmal einen Verteidiger?«

Ich schaue in die Runde. »Will irgendjemand Zoë verteidigen?«

Fragger schüttelt den Kopf.

Mein Blick fällt auf Veronica. »Du?«

»Nein, aber …«

»Gut! Also keine Verteidigung. Damit ist das geklärt.«

Mit offenem Mund und bebenden Lippen bleibt sie stehen. Ich schätze, ihr Widerstand rührt daher, dass meine Vorgehensweise in krassem Widerspruch zu dem steht, was sie bei der Polizei gelernt hat. Aber so läuft das nun mal bei den Unsterblichen. Die Richter sprechen das Urteil und vollstrecken es. So war es schon immer und so übe auch ich mein Amt aus.

Mir kommt der Gedanke, dass die spontane Rückkehr von Veronicas Verstand möglicherweise von dem Bezug der Situation zu ihrem sterblichen Dasein rührt. Wenn das so ist, lässt sich das vielleicht fördern. Ich nehme mir vor, das später zu überprüfen. Jetzt habe ich erst einmal etwas anderes zu tun.

Ich hole aus.

Zoë schließt die Augen. Ihre Züge entspannen sich.

In weitem Bogen schwinge ich das Schwert und durchtrenne ihren Hals. Die Klinge dringt einige Zentimeter in das Blech des Autos ein, an dem sie lehnt. Der Kopf plumpst zu Boden. Keine Blutfontäne. Nur ein paar verloren wirkende Tropfen spritzen auf den Wagen. Ihr enthaupteter Torso sackt in sich zusammen.

Ich wische die Klinge an ihrer Kleidung ab, dann stecke ich sie weg. »Gehen wir!«

Einer von Fraggers Homies pfeift auf den Fingern und winkt uns zu sich.

Sein tätowierter Herr geht mit weit ausholenden Schritten zu ihm. Ich folge. Veronica starrt noch ein paar Sekunden wie gebannt auf Zoës langsam zu Staub zerfallenden Leichnam. Schließlich trottet auch sie mit leerem Gesicht hinter uns her.

Der Sterbliche wartet vor dem offen stehenden Kofferraum des mittleren der drei durchsiebten Autos, mit denen unsere Gegner gekommen sind. Vermutlich wollte er ein wenig plündern. Was wir sehen, als wir uns rund um das Heck des Wagens versammeln, entspricht aber mit Sicherheit nicht dem, was der Latino sich erhofft hat. Im Kofferraum liegt der reglose Körper eines Mannes in einem leicht ramponierten Anzug. Seine Augen stehen offen. Der Blick geht in die Unendlichkeit. In seiner Brust steckt ein hölzerner Pflock, der seinem Aussehen nach bis vor kurzem noch ein Stuhlbein gewesen ist. Ich kenne den Mann. Es ist Carl.

Ohne weitere Umschweife packe ich den Pflock und ziehe ihn heraus. Der Latino, der ihn entdeckt hat, zuckt entsetzt zurück, als Carl aufstöhnt und beginnt, sich zu bewegen, sobald das Holz aus seinem Leib entfernt ist. Ich reiche ihm die Hand und helfe ihm, den Kofferraum zu verlassen.

»Verdammt«, flucht er heiser. »Was für eine Scheiße!« Wackelig kommt er zum Stehen. Seine Beine zittern. Er braucht Blut.

Ich wende mich an Fragger: »Sieh zu, ob du noch etwas für ihn zum Essen auftreiben kannst!«

Umgehend setzt er sich in Bewegung und begutachtet die herumliegenden Leichen. Er wählt einen seiner gefallenen Homies aus. Dem Loch in seinem Kopf zufolge ist er definitiv tot, doch die Wunde ist zu klein, als dass er schon sein ganzes Blut verloren hätte. Von Toten zu trinken, ist zwar etwas unappetitlich, aber wenn sie frisch sind, ist ihr Blut immer noch von Nutzen für uns. Fragger reicht Carl die Leiche. Er sieht sie mit wenig Begeisterung an.

»Trink!«, befehle ich ihm. »Und beeil dich! Wir müssen weg, bevor es hier von Polizisten wimmelt.«

Widerwillig beißt er in den Hals des Toten und beginnt zu saugen. Sein Gesichtsausdruck spricht Bände, was er von dieser Sorte Nahrung hält, aber er ist tapfer.

Während Carl sich stärkt, gebe ich weitere Anweisungen, diesmal an Veronica: »Ruf Samantha an! Sag ihr, sie soll ihre Spuren beseitigen und zum Treppenhaus kommen. Dort sammeln wir sie ein.«

»Ich mach schon mal die Wagen klar.« Fragger eilt zu seiner Limousine.

»Keine gute Idee«, wende ich ein. »Die Straßen sind bestimmt als Erstes gesperrt. Wir sollten wilde Verfolgungsjagden und Schießereien mit der Polizei vermeiden.«

Fragger überlegt kurz. »Zu Fuß sind wir zu langsam. Nur mit den Autos sind wir schnell genug hier weg, um keinen Ärger mit den Cops zu kriegen.«

Ich will widersprechen, aber sein Einwand hat etwas für sich.

»Dann trennen wir uns«, schlage ich vor. »In zwei kleinen Gruppen kommen wir vielleicht eher ungesehen weg.«

»Einverstanden.«

Ich gebe ihm einen Klaps auf die Schulter. »Danke. Du warst eine große Hilfe.«

Er zeigt mir ein gewinnendes Grinsen. »Mach den Bastard endgültig fertig und halte dich an dein Versprechen, Templer! Dann sind wir quitt.«

Bestätigend nicke ich. Er setzt sich in Bewegung, sammelt die beiden Überlebenden seiner Leute ein. Mit versteinertem Blick schauen sie zu, wie Carl ihrem getöteten Kumpel den letzten Tropfen Blut aus dem Leib saugt.

Einer der Sterblichen will noch den anderen toten Kameraden einsammeln, doch ich halte ihn davon ab: »Lass ihn hier! Wenn die Cops sehen, dass hier Mafiosi und Latinos herumliegen, ist es einfacher, das Ganze als Bandenkrieg auszugeben.«

Mit leerer Miene lässt er von der Leiche ab. Dann setzen die drei sich in Fraggers Limousine. Mit durchdrehenden Rädern setzt das Auto sich in Bewegung, rast mit brachialer Beschleunigung die Rampe hoch und reißt das ohnehin schon reichlich demolierte Gittertor mit lautem Scheppern endgültig aus den Angeln. In das Quietschen der Reifen mischt sich bereits das Heulen sich nähernder Sirenen. Ich schätze, Fragger wird seine Verfolgungsjagd bekommen. Vielleicht verschafft er uns auf diese Weise etwas Zeit. Ich wünsche ihm im Stillen alles Gute.

Dann reiße ich Carls Beute von seinen Zähnen fort. »Das muss reichen! Wir haben's eilig!«

Er will protestieren, doch ein Blick in meine Augen reicht ihm aus, sich meinen Anweisungen zu fügen. »Was ist eigentlich passiert?«

»Erzähl ich dir später. Raus jetzt!«

Die letzten beiden Worte gelten auch Veronica, die ihr Telefon gerade einsteckt. Sie folgt uns ohne weiteren Kommentar. Anscheinend ist mit Samantha alles geklärt. Ich stoße die Feuerschutztür auf. Das Treppenhaus ist von kaltem Neonlicht erfüllt. Mit jedem Schritt nehme ich fünf Stufen auf einmal nach oben. Instinktiv ziehe ich das Schwert, als ich einen Treppenabsatz über mir eine Bewegung entdecke.

»Ich bin's.«

Ich entspanne mich, als ich Samanthas Stimme erkenne. Wenige Schritte später bin ich bei ihr. Der Blick, mit dem sie mich mustert, lässt erahnen, was für ein Erscheinungsbild ich derzeit abgebe. Wir sollten Begegnungen mit der Polizei definitiv aus dem Weg gehen.

»Die Cops sind schon im Anmarsch«, warne ich Samantha. »Hast du einen Hinterausgang oder so was gesehen?«

Sie schüttelt den Kopf. »Nein.«

»Dann suchen wir uns einen.«

Ich stürme durch die Tür hinter ihr. Meine drei Gefährten folgen mir. Einen kurzen Gang und eine Tür weiter betreten wir die luxuriöse Lobby. Vom Portier ist keine Spur zu sehen. Ich hoffe, Samantha hat sich um ihn gekümmert. Durch die doppelflüglige Glastür zur Straße höre ich die Sirenen. Sie sind fast hier.

»Da lang!«, ruft Veronica.

Mein Blick folgt ihrem ausgestreckten Zeigefinger zu einer weiteren Tür, nur einflüglig und ins Innere des Gebäudes führend. Dahinter ist ein Korridor zu erahnen. Da ich keinen besseren Vorschlag habe, nicke ich zustimmend und wir setzen unsere Flucht fort. Carl hat ein wenig Mühe, uns zu folgen. Er ist immer noch nicht ganz bei Kräften, aber er hält sich wacker.

Hinter der Tür passieren wir weitere Eingänge, die den Wegweisern nach zu Festsälen und Konferenzräumen führen. Ich ignoriere sie, denn am Ende des Ganges entdecke ich das, worauf ich gehofft habe: Ein Fenster ins Freie. Mit weit ausholenden Schritten bin ich innerhalb von Sekunden dort, setze zum Sprung an und ramme mit vorgehaltenem Ellbogen die Scheibe. Begleitet von einem Regen glitzernder Glassplitter stürze ich nach draußen.

Muss ich dieses Gebäude eigentlich immer fallend verlassen?

Dieses Mal trennen mich von der Straße aber glücklicherweise nicht vierundzwanzig Stockwerke wie bei meinem ersten Besuch, sondern nur ein halbes. Dafür ist die Gasse, in die ich kopfüber stürze, nur wenige Meter breit, so dass ich gegen die gegenüberliegende Mauer krache, bevor ich auf den Asphalt schlage. Die unsanfte Landung ist schmerzhaft, hinterlässt aber keine ernsthaften Blessuren. Ich beeile mich, zur Seite zu gehen, um meinen Gefährten Platz zu machen. Sie verlassen das Gebäude nicht ganz so schwungvoll wie ich und gelangen ohne Probleme auf sicheren Boden. Währenddessen schaue ich mich um und beschließe, weiter ins Innere des Blocks vorzudringen, um den Polizisten zu entkommen.

Samantha flucht wieder über ihre hochhackigen Stiefel, als wir die Gasse entlang laufen, lässt sie jedoch an.

Zu beiden Seiten des schmalen Weges verlieren sich die Wände der angrenzenden Häuser in unendlich scheinender Höhe. Die stählernen Gerippe der obligatorischen Feuerleitern verwehren uns den Blick zum nächtlichen Himmel. Die Gasse endet an einer rostigen Tür. Ohne zu überprüfen, ob sie überhaupt abgeschlossen ist, ramme ich sie aus vollem Lauf und reiße sie aus den Angeln.

Ich lande in einem winzigen Hinterhof. Ein überdachter Durchgang führt zur nächsten Straße. Wenn mein Orientierungssinn mich nicht täuscht, müssten wir am anderen Ende des Blocks angekommen sein. Etwas gemächlicher laufe ich durch den tunnelartigen Gang und luge vorsichtig um die Ecken. Ich kann die Sirenen der Polizeiwagen hören, aber sie scheinen ein ganzes Stück weit entfernt zu sein.

Bis auf ein paar Taxis ist die Straße verlassen. Ich vergewissere mich, dass Schwert und Schrotflinte unter dem Mantel verborgen sind, dann schreite ich hinaus und winke eines der Yellow Cabs heran. Der Wagen hält an.

Ich öffne die Beifahrertür und suche Augenkontakt zu dem Fahrer, bevor er sieht, in welchem Zustand ich mich befinde. »Warte!« Die Macht, die ich in das Wort lege, paralysiert ihn auf der Stelle.

Ich halte die Tür zur Rückbank auf, so dass Veronica, Samantha und Carl einsteigen können. Sie müssen eng zusammenrücken, doch es passen alle rein.

Ich setze mich auf den Beifahrersitz und schließe die Tür. »Losfahren!«

Er gehorcht.

Jeden Versuch des dicken unrasierten Mannes mit den fettigen Haaren, uns durch Seitenblicke oder über den Rückspiegel in Augenschein zu nehmen, kontere ich mit einem harschen »Schau auf die Straße!«

Je weniger er von uns sieht, umso besser.

Ich zähle mindestens ein halbes Dutzend Streifenwagen, die uns mit Blaulicht entgegenrasen. Keiner von ihnen kommt auf die Idee, das Taxi anzuhalten. Scheint so, als hätten wir es geschafft.

In der Nähe des Union Square lassen wir uns absetzen. Ein ganzes Stück entfernt von meinem Ziel, aber falls der Taxifahrer in die Hände der Polizei oder unserer Feinde gerät, will ich vermeiden, dass er erzählt, wo unsere Zuflucht ist. Zusätzlich stelle ich mit dem Bösen Blick sicher, dass er keine Beschreibung von uns weitergibt, und untermauere mein Anliegen mit einem großzügigen Trinkgeld. Mit etwas Glück erinnert er sich nicht einmal an uns.

»Und jetzt?«, fragt Samantha.

»Da lang.« Zielstrebig steuere ich den Eingang zur nächsten U-Bahn-Station an.

Wenn man von oben bis unten blutverschmiert ist und möglichst unauffällig von einem Ort zum anderen gelangen will, ist man im Untergrund des städtischen Molochs erfahrungsgemäß am besten aufgehoben. Die Bahnsteige sind verwaist. Um diese Uhrzeit fahren kaum noch U-Bahnen. Veronica folgt mir vollkommen selbstverständlich, als ich auf die Gleise springe, um zu Fuß durch die Tunnel zu laufen. Auch Carl fügt sich widerspruchslos. Samantha hingegen hat Vorbehalte.

»Was zur Hölle habt ihr denn jetzt schon wieder vor?« Ihre unverblümte Ausdrucksweise zeigt, wie stark die Geschehnisse der vergangenen Nächte ihre Nerven beansprucht haben.

»Wir gehen nach Hause«, antworte ich, so ruhig ich kann.

In ihrem Gesicht sehe ich, dass sie einen bissigen Kommentar auf der Zunge hat. Doch sie verkneift ihn sich und hopst mäßig elegant zu uns herunter. Die zu große Lederjacke des Mafioso unterstreicht ihren elenden Eindruck, als sie uns missmutig in den Tunnel hinterher trottet.

»Ich glaube, heute haben wir es ihm wirklich gegeben.« Veronica spricht aus, was ich schon eine ganze Zeit lang denke. »Habe ich es richtig gesehen, dass du Massoud auseinandergenommen hast?«

»Ja«, bestätige ich.

Die Erinnerungsfetzen aus seinem Blut, die jetzt, wo ich langsam zur Ruhe komme, wieder beginnen, durch meinen Kopf zu rauschen, lassen keinen Zweifel, dass zumindest einer unserer Gegner endgültig besiegt ist. Derart intensiv sind die Visionen üblicherweise nur dann, wenn man den letzten Tropfen aus seinem Opfer gesaugt und es getötet hat.

»Und Marduk ist geflohen?« Unglaube und Begeisterung mischen sich in ihren Worten.

»Sieht so aus.«

»Cool!«

Nach einer Weile fügt sie hinzu: »Scheint fast so, als hätten wir jetzt die Oberhand gewonnen.«

»So weit würde ich nicht gehen«, bremse ich ihren Enthusiasmus. »Das heute Nacht war zweifellos eine siegreiche Schlacht. Aber nur, weil wir Marduk überrascht haben. Er dachte, er hätte noch die Initiative und hat nicht mit einem Gegenangriff gerechnet. Das wird sich jetzt ändern. Ein weiteres Mal können wir nicht damit rechnen, ihn zu überrumpeln.«

»Trotzdem cool!« Sie will sich ihre gute Laune nicht nehmen lassen.

Samantha mischt sich ein: »War das mit Zoë wirklich notwendig?«

Über die Kamera hat sie offensichtlich alles mitbekommen.

»Ja«, sage ich bestimmt. »Verräter haben keine Gnade zu erwarten.«

»Vielleicht hätte sie uns noch ein paar Dinge erzählen können«, gibt meine Blutstochter zu bedenken.

»Dafür war keine Zeit«, widerspreche ich mit fester Stimme. »Wenn wir sie mitgenommen hätten, wäre unsere Flucht noch heikler geworden. Es gab nur eine Möglichkeit. Sie musste schnell sterben.«

Weder die beiden Frauen noch Carl geben einen weiteren Kommentar zu dem Thema ab.

An der nächsten Station angekommen, macht Samantha sich daran, uns zu verlassen. »Ich muss im Cauchemar vorbeischauen, was die Bande da hinterlassen hat.«

Carl stellt sich wie selbstverständlich an ihre Seite.

»Sollen wir mitkommen?«, biete ich an.

Sie mustert mich, als befürchte sie, ich könnte alles noch schlimmer machen, wenn ich sie begleite. »Nein, danke. Ich glaube nicht, dass ich heute Nacht einen Gegenschlag zu erwarten habe.«

»Aber verbring den Tag lieber woanders!«

»Das werde ich tun.« Ihr Tonfall hört sich an, als sagte sie ›Ja, Papa‹.

»Wir schließen uns morgen Nacht wieder kurz, wie es weitergeht.«

Sie nickt nur und wendet sich ab. Dann krabbelt sie auf den Bahnsteig und verschwindet mit klackenden Absätzen und ihrem Nachkommen im Schlepptau in Richtung der Oberwelt. Ich glaube, das war das erste Mal, dass ich bei einer Begegnung mit ihr das letzte Wort hatte. Ein wahrlich bemerkenswertes Ereignis.

Veronica und ich marschieren noch zwei Stationen weiter. Dann verlassen auch wir die Tunnel und wandern durch das mittlerweile vertraute Little Italy. Wir vermeiden die Hauptstraßen, so weit wie möglich, und schlagen uns durch kleine Gassen zu unserem Versteck durch.

Dort angekommen entledigen wir uns unserer ramponierten Kleidung.

Ihr Daumen deutet zur Dusche. »Wer zuerst?«

Mein Blick wandert über ihren unbekleideten Leib. »Passen wir da nicht beide rein?«

Ihr Zögern weicht innerhalb eines Wimpernschlages einem Lächeln. Ohne weiteren Kommentar geht sie voran und protestiert nicht, als ich ihr folge.

Man sollte meinen, die zurückliegende Gewaltorgie würde alle Gedanken an freudigere Tätigkeiten in weite Ferne schieben. Doch das gilt, wenn überhaupt, nur für Sterbliche. Die Triebe der Nocturni werden durch derartige Mengen an Blut nur noch weiter angestachelt. So wird aus der gegenseitigen Reinigung schnell ein forderndes Liebesspiel und unversehens finden wir uns in der Ekstase des Geschlechtsaktes wieder, in der sich die angestaute Spannung endgültig entlädt.

Schließlich sitzen wir nackt nebeneinander in der Duschtasse und lassen das Wasser auf uns niederprasseln. Die Entspannung treibt erneut Bilder durch meinen Geist, die Massouds Augen gesehen haben und nicht meine. Ich sehe Bruce Randall. Er atmet stoßweise. Seine Krawatte ist gelockert. Schweißperlen stehen auf seiner Stirn. Er ist noch ein Mensch. Und er hat Todesangst. Gianna Linaro steht neben ihm und sieht mich – Massoud – mit herausforderndem Blick an. »Erledigt Ihr das!«, schlägt sie vor. Sie hält Randall am Arm und stößt ihn auf mich zu. Er landet in meinen Armen. Der Geruch der Angst ist betörend. Er riecht nach Beute.

»Na los!« Giannas provozierende Aufforderung stachelt mich zusätzlich an. »Er wird eine Bereicherung für Euch und Euren Meister sein. Macht ihn zu einem von uns!«

»Er ist zu labil«, widerspricht Massouds Stimme. »Er wird es nicht überstehen.«

»Ihr habt starkes Blut, mein Freund«, säuselt Gianna. »Gebt ihm eine Chance!«

Ein eigener Nachkomme. Eine verführerische Aussicht.

Ich öffne meinen Mund. Die Augen des Menschen weiten sich, als er meine Fangzähne erblickt. Aus Angst wird nackte Panik. Doch aus meinem Griff gibt es kein Entkommen. Ich senke meine Zähne in sein Fleisch. Er schreit.

Ich schrecke auf. Wasser strömt über mein Gesicht.

»Was ist los?« Veronica sieht mich verständnislos an.

Es dauert einen Moment, bis ich mich wieder in der Realität zurechtfinde. Einen Anker suche, der mich hier hält, um nicht erneut in Massouds Vergangenheit abzudriften, so aufschlussreich sie auch sein mag.

In Veronicas besorgte Miene kralle ich meinen Blick fest. In ihren nass an Kopf und Schultern anliegenden Haaren, ihren blaugrünen Augen, der kleinen Falte, die sich zwischen ihren Augenbrauen bildet, wenn sie die Stirn runzelt.

»Alles okay?«, hakt sie nach.

»Ja.« Ich bin immer noch benommen. »Alles in Ordnung.«

»Was war denn? Es sah so aus, als wärst du für einen Moment irgendwie ganz woanders.«

»Erinnerungen aus Massouds Blut. Sonst nichts.«

»Und? Was Interessantes dabei?«

»Nein«, lüge ich. »Nur zusammenhangloses Zeug.«

»Vielleicht kriegst du noch was raus, wenn du dich konzentrierst. Irgendwas, was uns hilft.«

Ich stehe auf und drehe das Wasser ab. »Nein. Für heute ist es genug.«

Zielstrebig verlasse ich die Dusche und beginne, mich abzutrocknen. Veronica tut es mir gleich. Als wir uns nebeneinander ins Bett legen, unternimmt sie noch einen halbherzigen Versuch, mich zu einer Fortsetzung unseres Liebesspiels zu bewegen. Doch sie gibt schnell wieder auf, als sie merkt, dass ich nicht in der Stimmung bin. »Irgendwas ist mit dir.«

»Ich überlege nur, wie wir weitermachen.« Nicht ganz die Wahrheit, aber nah dran.

»Schon zu Ergebnissen gekommen?«

»Noch nicht.« Zumindest das stimmt.

Wir beide spüren gleichzeitig die tiefe Müdigkeit, die der Sonnenaufgang mit sich bringt.

»Na dann gute Nacht, oder guten Tag oder was auch immer.« Veronica schließt die Augen.

Einen Augenblick kämpfe ich noch gegen den Schlaf an. Denke weiter nach über die Bedeutung des Erinnerungsfetzens, den ich gesehen habe. Überlege, was Gianna damit bezweckt haben könnte, als sie Massoud angestiftet hat, Bruce Randall zu einem von uns zu machen. Sie beide haben geahnt, dass er es nicht verkraften wird. Und dennoch hat sie ihn überredet, was letztendlich dazu geführt hat, dass ich früher von Massouds und Marduks Existenz erfahren habe, als sie es vorgesehen hatten. Dass ich noch eine Chance hatte, mich meinem Widersacher durch schnelles und entschlossenes Handeln entgegenzustellen, statt von seiner überwältigenden Macht über den Haufen gerannt zu werden.

Heimtücke, Intrige und Verrat. Sie sind die ewigen Begleiter der unsterblichen Herrscher der Nacht. Im 21. Jahrhundert nicht weniger als in lang vergangenen Zeiten. Gianna Linaro spielt ein ebenso falsches wie gefährliches Spiel. Ein Spiel, bei dem man sich leicht die Finger verbrennt. Und noch ein bisschen mehr. Aber auch ein Spiel, das Möglichkeiten eröffnet. Ich muss nur höllisch aufpassen, dass nicht ich es bin, der am Ende unter die Räder kommt. Das ist mir früher schon zu oft passiert. Viel zu oft.

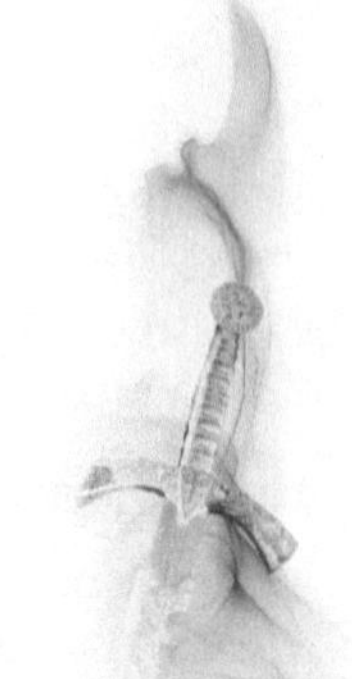

Herbst 1789, Paris, Königreich Frankreich

Ich hatte das Gefühl, einen Bruder gefunden zu haben.

Étienne d'Aumale und ich verstanden uns vom ersten Moment an, sobald wir unsere gemeinsamen Ziele erkannt hatten. Er war wesentlich jünger als ich, mit rund hundert Jahren fast noch ein Vivant. Doch sein Elan und seine Entschlossenheit machten die geringere Erfahrung durchaus wett.

Auch unsere Vergangenheit wies mehrere Parallelen auf. Sein Gesicht zeugte davon, dass er genau wie ich schon als Sterblicher ein draufgängerischer Kämpfer gewesen war. Nicht in Form von Narben wie bei mir, sondern durch das fehlende Auge, das er in jungen Jahren bei einer Messerstecherei verloren hatte.

Die frappierendste Ähnlichkeit unserer Werdegänge war jedoch die Auflehnung gegen unsere Erzeuger. Ich fand heraus, dass Étienne ein direkter Nachkomme Laurents war. Vor seiner Verwandlung in einen der Nächtlichen hatte er dem Richter von Paris, ebenfalls ein Abkömmling des Herrschers der französischen Nocturni namens Maximilien, als Vertrauter gedient. Tagsüber nahm er sich aller unerwünschten Besucher der Stadt und der umliegenden Orte an.

Aufgrund einer Verfehlung – einer einzigen in vielen Jahren treuer Dienste – wollte Maximilien seinen Vertrauten töten. Es war Laurent selbst, der dies verhindert hatte und dem Diener seines Nachkommen von seinem eigenen Blut gab, um die Fähigkeiten des tatkräftigen und kampfesstarken Mannes auch weiterhin nutzen zu können. Wenig überraschend pflegten

Maximilien und Étienne zeit ihres Daseins eine innige Rivalität, die fast schon einer Fehde gleichkam. Einzig die Autorität ihres gemeinsamen Erzeugers verhinderte ein grausames Blutvergießen. Bis im Sommer des Jahres 1789 die Sterblichen die Jahrhunderte währende Ordnung im Königreich ins Wanken brachten.

Bei der Einberufung der Generalstände bahnte die aufgestaute Wut des Volkes sich ihren Weg und gipfelte schließlich in der Erstürmung der Bastille. Spätestens ab diesem Zeitpunkt beunruhigten die Ereignisse auch die unsterblichen Herren der Stadt. Laurents Herrschaft über die Nocturni war ein Spiegelbild der strengen Hierarchie der sterblichen Fürsten. Zu großen Stücken stützte sie sich auf die zahlreichen Vertrauten, die er und seine Nachkommen unter den Adeligen erwählt hatten. Somit war seine unumschränkte Macht ebenfalls infrage gestellt. Aber noch griff er nicht persönlich in die Geschehnisse ein.

Seit der Archaios seinen Sitz an den königlichen Hof des Schlosses Versailles weit außerhalb der Stadt verlegt hatte, herrschte Maximilien in seinem Namen als Richter über Paris. Nach der Niederlage der sterblichen Autoritäten des Ancien Régime fühlte er sich berufen, die Revolte mit den ihm zur Verfügung stehenden Mitteln zu beenden. Er rief alle Nocturni der Stadt in seinem Domizil, dem ehemaligen Herrschersitzes seines Erzeugers im Palais de la Cité zusammen und befahl ihnen, die sterblichen Aufrührer aufzuspüren und ausnahmslos zu töten. Aber nur wenige wollten das angeordnete Gemetzel gutheißen. Die meisten der Unsterblichen bedrängten Maximilien, sich nicht in die Angelegenheiten der Menschen einzumischen. Doch der Richter blieb hart. Er drohte, jeden, der sich seinem Befehl widersetze, mit eigenen Händen zu vernichten. Zuerst schien es, als würden die Versammelten sich seinem Willen beugen, aber einer von ihnen weigerte sich.

Es war die Stunde des Étienne d'Aumale.

Maximiliens einstiger Diener trat seinem weit älteren Blutsbruder entgegen und forderte ihn mit gezücktem Degen auf, mit ihm zu beginnen. Étienne war chancenlos. Er war zwar ein geübter Kämpfer, doch gegen die jahrhundertelang gestählte Kampfeskraft des Älteren konnte er nicht bestehen. Zumindest nicht allein.

Étienne war jedoch nicht der Einzige, dem die autoritäre und rücksichtslose Herrschaft des Richters ein Dorn im Auge war. Die Neugeborene Claire war die Erste, die sich neben ihn stellte und ihr Messer gegen Maximilien erhob. Ihr folgten weitere, insbesondere die jüngeren Nocturni, die besonders unter der Unterdrückung durch den Richter leiden mussten. Am Ende standen nur noch einige der ältesten Unsterblichen von Paris hinter Maximilien. Die Fronten waren klar, die Positionen unnachgiebig.

Wenn Étienne mir von jenen Ereignissen berichtete, leuchtete in seinem verbliebenen Auge ein unbändiges Feuer, wie ich es selten bei einem der Nocturni gesehen hatte. Er konnte sich nicht mehr erinnern, wer den ersten Schlag getan hatte, doch die Versammlung endete in einem blutigen Gemetzel, dem sich keiner der Anwesenden zu entziehen vermochte. Die Revolution hatte die Unsterblichen erfasst. Die Jungen erhoben sich gegen die Herrschaft ihrer Ahnherren. Und wie am Tag zuvor die Menschen ihre Unterdrücker in der Bastille bezwungen hatten, gingen auch die nächtlichen Aufrührer siegreich aus dem Kampf hervor. Maximilien und seine Getreuen waren tot. Doch damit hatte der Krieg erst begonnen.

Die letzten Anhänger der alten Ordnung flüchteten aus der Stadt, Sterbliche wie Unsterbliche. Aber das Feuer der Revolution breitete sich in Windeseile in sämtliche Richtungen aus. Was daraus folgte, hatte ich auf meiner Reise nach Paris mit eigenen Augen gesehen.

Natürlich obsiegten die Aufständischen nicht überall, doch die Domänen der Verfechter der alten Ordnung, sterbliche wie unsterbliche, schwanden zusehends. Nur an wenigen Orten konnten die Fürsten der Dunkelheit sich morgens in ihren Grüften niederlegen, ohne fürchten zu müssen, die folgende Nacht nicht zu erleben. Auf keinen dieser Flecken richtete sich mehr Hoffnung unter den Alten als auf das Schloss des Königs, die Domäne des Laurent von Paris. Während viele sterbliche Fürsten ins Ausland flohen, strebten die heimatlos gewordenen Nocturni nach Versailles. Sie scharten sich um Laurent wie um ihren Erlöser und schworen, unter seiner Führung die frevelhaften Aufrührer zu vernichten.

Gegen die in den Kellern des Schlosses versammelte Streitmacht konnten Étienne und seine Mitstreiter nicht bestehen. Zwar zeugten sie zahlreiche Nachkommen und errichteten in bemerkenswert kurzer Zeit ein Netzwerk treuer Vertrauter. Sie ahnten jedoch, dass dies gegen die geballte Macht ihrer teils uralten Gegner nicht ausreichen würde. Jede Nacht fürchteten sie, von einer Horde in die Stadt eindringender rachsüchtiger alter Nocturni überrannt und für ihren Ungehorsam zur Rechenschaft gezogen zu werden. Doch bislang waren nur einzelne Spione oder verirrte Flüchtlinge in den Straßen aufgespürt worden.

Mich hatten die Aufrührer zunächst ebenfalls für einen Eindringling gehalten. Als ich ihnen aber eröffnete, wer ich war und wozu ich hergekommen war, schöpften die Verzweifelten wieder Hoffnung. Die Geschichten vom Templer, der die Archaioi herausforderte, waren auch nach Frankreich gelangt. Viele hielten sie für Legenden und Märchen. Doch als ich den Vivanten und Neugeborenen erzählte, dass das, was sie gehört hatten, zu großen Teilen der Wahrheit entsprach, wurde ich zu ihrem Helden.

Besonders Étienne feierte meine Ankunft, als hätte ich all seine Gegner bereits im Handstreich hinweggefegt. Es bereitete mir Mühe, ihm und seinen nicht weniger begeisterten Nachkommen und sonstigen Getreuen zu erklären, dass der bevorstehende Kampf alles andere als aussichtsreich war. Dass es auch mir trotz der Erfolge, die ich erzielt hatte, noch nicht gelungen war, einen der Archaioi zu vernichten.

Die Einzige, die skeptisch blieb, war Claire. Sie schloss sich der allgemeinen Begeisterung nicht an. Stattdessen begegnete sie mir weiterhin mit demselben Misstrauen, das sie bei unserer ersten Begegnung beim Tempel an den Tag gelegt hatte. Sie war kein

Nachkomme von Étienne, sondern von einem von Maximiliens anderen Getreuen, die mit ihm gestorben waren. Ich vermochte mich des Eindrucks nicht zu erwehren, dass sie und mein Gastgeber enger verbunden waren, als sie offen zugeben wollten. Wenn dies so war, konnte ich ihre Vorbehalte gegen mich nachvollziehen, verbrachte ich doch mehr Zeit mit dem Anführer der Pariser Nocturni als jeder andere, sie eingeschlossen.

Zusammen mit verschiedenen weiteren Gründen, von denen pure Nostalgie nicht der geringste war, veranlasste mich dies, Étiennes Gastfreundschaft nicht länger zu beanspruchen und die alte Ordensfestung der Tempelritter als Zuflucht zu wählen. Nach der Vernichtung der Templer war das ehrwürdige Gemäuer dem Malteserorden überantwortet worden, der es immer noch beanspruchte. Die Ritter beherbergten dort ein Sammelsurium von Händlern, Geschäftemachern zweifelhaften Rufes, verarmten Adeligen, Philosophen und allerlei anderen zwielichtigen Gesellen. Man sagte ihnen nach, in den einstmals heiligen Hallen ausschweifenden Gelagen und finsteren Verschwörungen nachzugehen. Mir kam das durchaus zupass, denn in dieser bunten Versammlung war ein nachtaktiver Schwertkämpfer schlicht ein weiterer Wirrkopf, dem man besser aus dem Weg ging.

Mit einem der Ritter, einem trinkfesten, stiernackigen Haudegen mit wild wucherndem roten Rauschebart und dem klangvollen Namen Barthélémy de Saint Augustin, schloss ich gar Freundschaft. Kurzerhand machte ich ihn zu meinem Vertrauten. Ich war überrascht, wie ungerührt er die Existenz bluttrinkender Monster inmitten der Menschen hinnahm. Statt Entsetzen zu zeigen, wie es mir früher von anderen Sterblichen entgegengebracht worden war, denen ich mich offenbart hatte, war der Hüne fasziniert von den uralten Geschichten, die ich ihm aus erster Hand erzählen konnte. Besonders von jenen über die glorreichen Tage der Tempelritter im Heiligen Land.

Claires Zuneigung gewann ich durch meinen Umzug jedoch nicht. Étienne besuchte mich oft und wir verbrachten kaum weniger Zeit zusammen als zuvor im Stadtschloss. Doch auch er suchte sich eine neue Zuflucht. Das Palais de la Cité war in den Erinnerungen der Pariser Nocturni zu sehr mit Maximiliens verhasstem Regime verbunden. Mein Freund bezog stattdessen ein einfaches Stadtpalais auf der kleineren der beiden Seineinseln, der Île Saint-Louis. Dieses Domizil schien für den Anführer einer Revolution gegen die aristokratischen Machthaber angemessener als ein ehemaliges Königsschloss.

Unsere Gegner ließen sich Zeit mit dem Angriff auf die Stadt. Möglicherweise lag dies daran, dass die revolutionären Verteidiger die sterblichen Institutionen mit zahlreichen Vertrauten fest im Griff hatten. Darunter insbesondere die der Nationalversammlung treu ergebene Bürgermiliz, die sich hochtrabend Nationalgarde nannte. Ob auch meine Anwesenheit dazu beitrug, Laurent und seine Anhänger von Paris fernzuhalten, war Gegenstand wüster Spekulationen. Vermutlich hatte beides einen Anteil daran, dass der erwartete Entscheidungskampf der Unsterblichen auf sich warten ließ.

Im Streit der Sterblichen hingegen verschärfte sich der Konflikt zwischen der Nationalversammlung und dem König, als Letzterer sich weigerte, mit dem Pöbel in irgendeiner Weise zu kooperieren. Geschützt von mehreren Regimentern zumeist ausländischer Söldner, verschanzte er sich in seinem Schloss. Doch er hatte nicht damit gerechnet, wie selbstbewusst sein aus dem Dämmerschlaf des Absolutismus erwachtes Volk mittlerweile war. Anfang Oktober zogen die Pariser, angeführt von den einfachen Marktfrauen und unterstützt von tausenden Nationalgardisten, nach Versailles, um den König zu zwingen, ihre Forderungen zu erfüllen.

Wie so oft in jener turbulenten Zeit waren die Nocturni von den Ereignissen nicht weniger überrascht als die Herrscher der Sterblichen. Étienne rief, sobald er erwacht war und von den Neuigkeiten des Tages erfahren hatte, sofort alle seine Getreuen im Gewölbekeller des Palais de la Cité zusammen, wo ich ihm zum ersten Mal begegnet war.

»Wenn es in Versailles zur Schlacht kommt und Laurent mit seinen Mannen die Königstreuen unterstützt, wird die Nationalgarde untergehen«, mutmaßte Nicolas.

Als junger Prinzipal mit mehr als hundert Jahren seit seiner Wandlung war er einer der Ältesten von Étiennes Verbündeten. Trotz seines höheren Alters nahm er die Autorität des Einäugigen klaglos hin. Er war ein umsichtiger Taktiker und mahnte stets zur Vorsicht, wenn das Ungestüm der Jüngeren in Waghalsigkeit auszuarten drohte.

»Laurents Angriff wird dann bald kommen«, führte er aus. »Wir müssen unsere verbliebenen Kräfte zur Verteidigung sammeln und verhindern, dass weitere Soldaten die Stadt verlassen.«

»Unsinn!«, hielt Claire dagegen. »Das ist die Chance, auf die wir gewartet haben. Heute Nacht sind unsere Leute dort draußen. Wir haben viele Vertraute bei den Nationalgardisten und Milizionären. Unter ihrem Schutz können wir in Versailles eindringen und die Pattsituation endlich beenden.«

»Wir sollen angreifen?« Étiennes Stimme war voller Zweifel. »Das ist Irrsinn! In Versailles haben unsere Feinde sämtliche Vorteile auf ihrer Seite. Sie werden uns niedermachen.«

»Er hat recht«, bestätigte Nicolas. »Unsere einzige Möglichkeit besteht in der Verteidigung. Hier in Paris haben wir unsere sterblichen Verbündeten und sichere Zufluchten. Wir dürfen die Stadt nicht verlassen!«

»In dieser Nacht haben wir auch vor den Toren von Versailles Verbündete!« Claire redete sich immer mehr in Rage. »Egal, wie es dort draußen ausgeht, diese Chance wird so schnell nicht wiederkommen. Wir müssen zuschlagen! Heute Nacht!«

Ich saß in einer Ecke am Rande der Versammlung und hatte mich bislang aus der hitzigen Debatte herausgehalten. Doch nun schien es mir an der Zeit, meine Meinung kundzutun. »Claires Vorschlag hat etwas für sich.«

Totenstille kehrte ein. Alle Augen richteten sich auf mich.

Nicolas überwand seine Überraschung als Erster. »Das kann nicht Euer Ernst sein, Templer.«

Ich stand auf und schritt in die Mitte der versammelten Nocturni. »Wie lang wollen wir denn noch warten?« Einem nach dem anderen schaute ich in die Augen. »Bis unsere Gegner genug Kräfte gesammelt und Spione in unseren Reihen platziert haben, dass sie uns gefahrlos überwältigen können? Bisher haben sie nicht angegriffen. Das bedeutet, sie sind sich im Augenblick nicht sicher, ob sie den Sieg davontragen würden. Ihr habt recht, Nicolas. In Versailles haben sie den Vorteil der Verteidiger. Sichere Zufluchten, viele Verbündete. Aber ich könnte mir gut vorstellen, dass sie mit der momentanen Situation genauso überfordert sind wie wir.«

Alle hörten mir aufmerksam zu. Ich war zwar immer noch ein Außenseiter, aber mit Abstand der Älteste im Raum. Mein Wort hatte Gewicht.

»Versetzt Euch in ihre Lage!«, forderte ich sie auf. »Vor den Toren ihrer Zufluchten lagert ein vieltausendköpfiger, gut bewaffneter Mob, dessen nächste Taten vollkommen unberechenbar sind. Die meisten von ihnen sind erst vor wenigen Wochen von Sterblichen aus ihren Landsitzen vertrieben worden. Sie sind verunsichert, haben Angst. Wenn wir jetzt dort auftauchen und sie angreifen, werden sie glauben, all das sei von Beginn an unser Werk gewesen. Sie werden annehmen, wir verfolgen einen wohldurchdachten Plan. Sie werden in Panik verfallen.«

»Oder sie werden bis zum Letzten kämpfen wie die in die Enge getriebene Ratte.« Nicolas' Einwand war nicht unberechtigt.

»Ich behaupte nicht, ein Angriff sei ohne Risiko«, fuhr ich fort. »Aber ich gebe Claire recht, dass sich eine derartige Chance vielleicht nie wieder bieten wird. Genau jetzt sind sie verwundbar. Nutzt die Gunst der Stunde oder igelt euch in euren Zufluchten ein, bis die Vorteile auf ihrer Seite liegen und sie angreifen.« Ich blickte erneut in die Runde. »Es ist eure Entscheidung.«

Claire kam auf mich zu und stellte sich demonstrativ hinter mich. Ihr Gesicht zeigte kein Anzeichen von Dankbarkeit oder Freundschaft, aber die Geste war eindeutig.

Étiennes Miene war immer noch von Zweifeln gezeichnet, doch auch er kam zu mir und legte seine Hand auf meine Schulter. »Wohl gesprochen, alter Freund.« Er begab sich an meine Seite und musterte mit seinem einzelnen Auge der Reihe nach seine Gefährten.

Sie alle rangen mit sich, ihren Bedenken und ihrem Selbsterhaltungstrieb. Aber einer nach dem anderen kamen sie herüber und schlossen sich uns an.

Schließlich standen nur noch Nicolas und zwei seiner Nachkommen abseits.

»Das ist doch Wahnsinn!«, murmelte er.

»Kommt mit uns!«, forderte Étienne ihn auf. »Ihr seid ein guter Kämpfer und, falls es zu Verhandlungen kommt, unser bester Diplomat. Wir brauchen Euch da draußen.«

Die beiden sahen sich intensiv an. Schließlich zerbrach Nicolas' Widerstand.

»Ach, was soll's!« Seine Kinder folgten ihm, als auch er zu uns kam. »Ich hoffe, Ihr habt recht, Templer.«

Ich schenkte ihm ein Lächeln. »Wenn nicht, so fürchte ich, werdet Ihr keine Gelegenheit haben, mir meinen Irrtum nachzutragen.«

»Euren Gleichmut möchte ich haben«, entgegnete er.

»Also sind wir uns einig.« Étienne unterbrach unsere kleine Auseinandersetzung. »Wir ziehen nach Versailles! Sammelt all Eure Vertrauten und sonstigen Getreuen! In einer Stunde brechen wir auf.«

Der Zug war durchaus beeindruckend. Die meisten der mehreren hundert Bewaffneten hatten keine Ahnung, was für Wesen sich in ihrer Mitte befanden. Doch jeder ihrer Anführer war einem der unseren treu ergeben und keiner von ihnen maulte ob der ungewöhnlichen Zeit für eine derartige Reise. Ich selbst hatte nur Barthélémy mitgenommen, der stoisch vor sich hin stapfte, ein großes Zweihandschwert auf der breiten Schulter. Der Schein dutzender Fackeln erhellte den Weg aus der Stadt. Außer unseren Schritten und den Hufen der Pack- und Zugtiere sowie dem Knarren der Wagenräder, die eilig zusammengetragene Waffen und Verpflegung trugen, waren nur wenige geflüsterte Gespräche zu hören. Als ob wir schon jetzt flüstern müssten, um unsere Ankunft geheim zu halten.

»Ist dies unser letzter Marsch, mein Freund?« Étienne hatte sich zu mir gesellt.

Ich antwortete mit einer Gegenfrage: »Ihr habt immer noch Zweifel, ob Eure Entscheidung richtig gewesen ist?«

»Nein. Die Entscheidung ist richtig. Aber ob sie uns zum Sieg führt, ist mehr als fraglich. Oder seht Ihr das anders?« Seinem Gesicht war anzusehen, dass er darauf hoffte, ich würde ihm einen sicheren Triumph versprechen.

Doch ich musste ihn enttäuschen. »Nein, es ist genauso, wie Ihr sagt. Aber wenn wir jetzt nicht gewinnen, war der Kampf von vornherein verloren. Also grämt Euch nicht! Ihr habt getan, was in Eurer Macht steht. Wenn wir morgen tot sind, dann war es der unabänderliche Wille des allmächtigen Herrn.«

Ein Hauch von Bewunderung lag in dem Blick, mit dem er meine Augen fixierte. »Ich wünschte, ich hätte Euren Glauben, mein Freund. Aber so soll es sein. Unser Leben liegt in Gottes Hand.«

Ich legte die Finger auf den Knauf des Schwertes an meiner Seite. »Und in meiner.«

Freudig stimmte ich in sein Lachen ein.

Trotz unseres strammen Schrittes erreichten wir das Schloss erst in den frühen Morgenstunden. Vor seinen Toren leuchtete ein Meer von Kerzen und Lagerfeuern, das uns den Weg zu den Aufständischen wies. In Zelten, behelfsmäßigen Unterkünften und kurzerhand besetzten Häusern des nahen Dorfes kampierten sie hier.

An einen Angriff noch in dieser Nacht war nicht zu denken. Der Sonnenaufgang stand kurz bevor. Also zogen wir in das improvisierte Feldlager und schlossen uns dem wilden Haufen an. Unsere sterblichen Begleiter fanden schnell Freunde und Bekannte und verschafften uns eine freundliche Aufnahme. Man war froh über jeden weiteren Bewaffneten.

Wir Nocturni suchten in aller Eile geeignete Unterkünfte, die uns vor dem Sonnenlicht bewahren würden, und verteilten uns auf eine Handvoll Keller besetzter Häuser. Unsere Vertrauten wiesen wir an, die Zufluchten mit ihrem Leben zu verteidigen. Dann fielen wir, die einen in freudiger Erwartung des alles entscheidenden Kampfes, die anderen voller Zweifel, ob sie den nächsten Abend erleben würden, in tiefen Schlaf.

Zu unser aller Erleichterung waren die Ängste der Zweifler unbegründet. Unbehelligt erwachten wir, sobald die Sonne sich hinter den Horizont zurückgezogen hatte. Doch als wir die Keller verließen, mussten wir entsetzt feststellen, dass die Armee, deren Lager in der Nacht zuvor noch den gesamten Ort umschlossen hatte, verschwunden war.

Étiennes Tagwächter Jean-Jacques berichtete uns, dass sie allesamt tagsüber mitsamt Ludwig XVI, großen Teilen des Hofstaates und den königlichen Garderegimentern in Richtung Paris abgezogen waren. Offensichtlich hatten die Sterblichen ihr Ziel erreicht. Der König hatte sich den Belagerern ergeben und war nun in ihrer Hand.

Für uns hingegen stellte sich die Frage, wie mit der unerwarteten Situation umzugehen sei. Jeder schien eine andere Meinung zu vertreten. Die Versammlung auf dem leeren, von den Überresten des Lagers übersäten Feld artete schnell wieder zu einer heftigen Diskussion aus. Nicolas mahnte wie erwartet dazu, ohne den Schutz des Bürgerheeres sofort in die Stadt zurückzukehren. Und er war mit seiner Forderung nicht allein. Der Mut der vergangenen Nacht hatte viele der revolutionären Nocturni verlassen. Nicht einmal Claires wüste Beschimpfungen, sie alle seien nichts als eine Bande von Feiglingen, mochte ihre Verzagtheit mindern.

Unberührt von dem entbrannten Streit gürtete ich meine Waffen, lud meine beiden Pistolen und marschierte von den Versammelten fort in Richtung des Schlosses. Nur Barthélémy folgte mir.

»Leonard!« Étiennes Stimme stach aus dem allgemeinen Gebrüll hervor. »Wo wollt Ihr hin?«

Ich grinste, als die hitzig vorgetragenen Argumente der Debatte nach und nach verstummten. Spürte die Blicke in meinem Rücken. Ohne mich umzudrehen, rief ich: »Ich bin hergekommen, um gegen Laurent zu kämpfen. Ich weiß nicht, wie es um Euch steht, aber ich mache mich ans Werk.«

»Wartet!«

Schweigend befolgte ich die flehende Bitte meines jungen Freundes.

Seine Stimme kam näher. »Allein habt Ihr keine Chance.«

Nun wandte ich mich um und musterte die mich anstarrenden Männer und Frauen. »Wenn das so ist, wäre es nett, wenn mich jemand begleitet.«

Claire reagierte wieder als erste. Mit weit ausholenden Schritten und versteinerter Miene eilte sie zu mir.

»Das ist doch Irrsinn!« Nicolas protestierte am lautesten.

»Wieso?«, rief ich ihm zu. »Besser kann es gar nicht sein. Die Regimenter des Königs sind abgezogen. Der Weg zu Laurent ist frei. Niemand wird uns aufhalten.«

Er wollte zu einer Erwiderung ansetzen, aber Étienne kam ihm zuvor. »Wir alle gehen mit ihm! Dazu sind wir hier. Ende der Diskussion. Sammelt Eure Vertrauten! Wir ziehen in den Kampf!«

Niemand widersprach. Sogar Nicolas fügte sich ohne weiteres Murren. Étienne war ein Anführer nach meinem Geschmack. Er hatte das rechte Gespür, wann die Umstände es erlaubten, alle Meinungen und Perspektiven zu hören und sorgfältig gegeneinander abzuwägen, und wann die Zeit für ein wenig altmodische Diktatur angebrochen war.

»Wie autoritär«, kommentierte ich sarkastisch, als er sich zu mir gesellte. »Und das von einem Freiheitskämpfer.«

»Wir ziehen in den Krieg. Da ist keine Zeit für Debatten.«

Damit war alles gesagt.

Wenige Minuten später waren alle bereit. Ein Haufen von drei Dutzend Nocturni und in etwa die zehnfache Zahl an

Sterblichen, angeführt von den Vertrauten. Ohne Kommando setzte unsere Streitmacht sich in Bewegung, als Étienne voranschritt. Ich hielt mich neben ihm. Als mit Abstand Erfahrenster der Meute war mein Platz zweifellos in der vordersten Reihe.

Wir bogen auf eine der breiten Alleen, die sternförmig durch den Ort liefen und sich alle vor dem Schloss trafen. Die prunkvollen Palais und Villen, die versteckt hinter den Baumreihen die Straße säumten, wirkten verlassen und verrammelt. Ihre Bewohner, sofern sie nach den Ereignissen der letzten beiden Tage noch nicht geflohen waren, vermieden es, auch nur die geringste Aufmerksamkeit auf sich zu ziehen. Neben dem vielstimmigen Stapfen unserer Stiefel und dem Unheil verkündenden Klirren von Metall war kein Laut zu hören. Alle Fenster waren dunkel. Nirgends zeigte sich auch nur die Andeutung heimlicher Beobachter. Und dennoch sagten meine Instinkte mir, dass noch jemand da war. Ich stellte mir vor, wie die verbliebenen Bewohner des Ortes sich in den entlegensten Kellern und Speichern ihrer Häuser eng zusammenkauerten. Wie sie beteten, der waffenstarrende Mob, der zu nächtlicher Stunde die Stadt unsicher machte, möge sie verschonen und sich woanders Opfer suchen. Sie mochten beruhigt sein. Unser Ziel war in der Tat ein anderes.

Verstohlen lugte der Mond hinter einer Wolke hervor. In seinem fahlen Licht erschien vor uns der Vorplatz des Schlosses. Wir marschierten geradewegs zwischen die beiden prunkvollen Gebäudeflügel, die den zentralen Bau flankierten. Die reich verzierten Fensterbögen, Friese und Dachfirste kündeten von der unumschränkten Macht der Könige, die hier bis zum gestrigen Tag über eines der mächtigsten Reiche des Abendlandes geherrscht hatten. Auch hier war hinter keinem der Fenster auch nur das Licht einer einsamen Kerze zu erkennen. Alles schien wie ausgestorben. Doch wir wussten, dass nicht sämtliche Bewohner des ausufernden Palastkomplexes ihr Domizil während des Tages verlassen hatten. Zumindest diejenigen, die das Tageslicht scheuten, verbargen sich noch irgendwo in dem steinernen, von unendlicher Dekadenz strotzenden Ungetüm vor uns.

»Wir wollen sie nicht warten lassen!« Étienne beendete die gespannte Stille, nahm seinen Degen in die Hand und schritt voran, dem nächstgelegenen Eingang entgegen.

»Die Sterblichen lassen wir besser hier«, schlug ich vor. »Sie werden uns dort drinnen nur im Weg stehen.«

»Wir nehmen nur die Vertrauten mit«, entschied Étienne.

Ich nickte und winkte Barthélémy zu mir. Auch wir anderen zogen unsere Waffen. Von nun an mussten wir jederzeit erwarten, unseren Gegnern gegenüberzutreten.

Die Tür war zu meinem Erstaunen nicht abgeschlossen. Vorsichtig traten wir ein. Niemand stellte sich uns in den Weg. Wenn es noch sterbliche Wachen gab, die das verwaiste Schloss vor Plünderern und anderem Gesindel bewahren sollten, hatten sie angesichts unseres Kriegshaufens das Weite gesucht oder sich irgendwo versteckt.

Ich hatte schon so manchen Palast erblickt, doch die Residenz der französischen Monarchen stellte alles in den Schatten, dessen ich jemals ansichtig geworden war. Eine derart verschwenderische Fülle von Marmor an Wänden und Böden, Elfenbeinintarsien in Möbeln und Wandverkleidungen aus edlen Hölzern sowie Blattgold, wohin das Auge schaute, hatte ich in den Jahrhunderten meines Daseins noch nie erblickt. In den Räumen, Korridoren und Sälen, die wir ehrfürchtig durchschritten, herrschte allgemeine Unordnung. Sie zeugte von dem Aufruhr, der hier vor wenigen Stunden geherrscht haben mochte, als der Pöbel seinen Herrscher in Gewahrsam genommen hatte, auf dass er sich dem Willen seiner Untertanen unterwarf. In manchen Räumen war das kostbare Inventar offenbar gierigen Händen zum Opfer gefallen, wo Löcher in den Wänden und Decken von herausgerissenen Kerzenständern und Leuchtern zeugten. In einem der Gänge, durch den Étienne uns vorsichtig, doch zielstrebig tiefer in das prunkvolle Labyrinth führte, fanden wir die Urheber des Vandalismus. Aber wir waren nicht die Ersten, denen die vier Banditen, aus deren am Boden liegenden Säcken und Taschen einige der vermissten Gegenstände herausquollen, begegnet waren.

Die schmerzverzerrten Gesichter zeugten von dem qualvollen Tod, den sie alle erlitten hatten. Das fehlende Blut in ihren Leibern oder auf dem Boden war ein eindeutiges Zeichen, wer die Plünderer für ihr Tun zur Rechenschaft gezogen hatte. Wir waren auf dem richtigen Weg.

Die Leichen waren noch warm. Das Ziel lag unmittelbar vor uns. Étiennes einäugiger Blick bestätigte meine Ansicht, dass die verbliebenen Bewohner unser Eindringen bereits bemerkt hatten.

Dann brach die Hölle über uns herein.

Zu beiden Seiten des Korridors wurden Türen aufgerissen. Brüllend und fauchend stürmten uns zähnefletschende Nocturni entgegen. Ich hatte kaum genug Zeit, mein Schwert zu heben, um die ungestüme Attacke abzuwehren, und wurde zu Boden gerissen. Mit dem Knauf meiner Waffe und der bloßen Hand hielt ich den Angreifer gerade eben so weit auf Distanz, dass seine Fangzähne ins Leere schnappten, statt ins Fleisch meines Gesichts einzudringen. Der Geruch von dick auf der Haut und der überbordenden Perücke aufgetragenem Puder wollte so gar nicht zu der monströs verzerrten Fratze über mir passen. Unsere Feinde hatten sich zu unserem Empfang fein gemacht. Ihr Benehmen war jedoch wenig gastfreundlich. Ich war bereit, mich den hiesigen Sitten anzupassen.

Mit aller Kraft rammte ich den Schwertknauf gegen die Schläfe meines Gegners. Der Griff, mit dem er mich auf dem Boden festhielt, lockerte sich für den Bruchteil einer Sekunde. Mehr als genug Zeit, um einen Faustschlag mit meiner Linken folgen zu lassen und mich endgültig aus der Umklammerung zu befreien. Aus derselben Bewegung heraus sprang ich auf die Beine und brachte die Klinge zwischen mich und den Stutzer in Schnallenschuhen, seidener Strumpfhose und goldbesetzter Jacke. Er war dem Blutrausch vollkommen verfallen. Mit bloßen Händen ging er erneut auf mich los. Mein Schwerthieb spaltete seinen Schädel und schleuderte ihn von mir.

Doch ich kam nicht dazu, ihm nachzusetzen, denn schon sprang der nächste Feind auf mich zu. Es war eine Frau. Die Unmenge an Puder in Perücke und Gesicht bildete einen krassen Kontrast zu ihren blutunterlaufenen Augen und dem tiefroten Schlund ihres weit aufgerissenen Mauls. Das Absurdeste an ihrer Erscheinung war jedoch das Ballkleid mit Korsage und ausladendem Reifrock, mit dem sie in den Kampf ging. Ich hatte keine Mühe, mich ihrer zu erwehren. Doch gerade, als ich meine Klinge durch ihren Leib treiben wollte, traf mich der Stahl eines Degens in den Rücken. Mein Kettenhemd nahm den Großteil der Wucht auf, aber ich kam kurzzeitig aus dem Gleichgewicht. Noch während ich mich meinem neuen Feind zuwandte, kam er zu dem Schluss, dass er seine Waffe besser auf ungepanzerte Körperteile richtete und führte einen Stich gegen meinen Kopf. Er schrammte über meine Stirn und durchschnitt Haut und Fleisch bis zum Schädelknochen. Augenblicklich lief Blut in mein linkes Auge und machte es nahezu blind. Mit dem verbliebenen rechten suchte ich meinen Gegner, nur um einen weiteren Hieb an die Schläfe einzustecken. Zu allem Überfluss hatte auch die Frau im Ballkleid sich wieder berappelt und packte mich mit den Klauen, die aus dem Rüschengewirr ihrer Ärmel hervorragten. Ich bereitete mich darauf vor, weitere schmerzhafte Treffer hinzunehmen. Doch stattdessen hörte ich ein ersticktes Kreischen und war von einem Moment auf den nächsten frei.

Ich wischte mir das Blut aus dem Auge und erblickte Étienne. In einer schnellen Folge von Stößen mit Degen und Linkhand drängte er meinen Gegner von mir ab. Ich orientierte mich kurz. Die Frau hielt sich die Hände auf das Gesicht. Zwischen den Fingern rann Blut hervor. Noch bevor sie die Wunden, die mein Freund ihr beigebracht hatte, heilen konnte, stieß ich mein Schwert in ihre Nasenwurzel und trieb den Stahl quer durch ihr Gehirn. Ihr schrilles Kreischen erstarb, als ich die Klinge um ihre Achse drehte, und wich dem Knirschen splitternder Knochen, begleitet von dem obszönen Schmatzen der weichen Masse darunter. Die augenlosen Höhlen in ihrem Gesicht schienen mich vorwurfsvoll anzustarren, als ihre Hände sich kraftlos senkten. Dann sackte ihr Körper vollkommen in sich zusammen, während ich das Schwert aus ihr herauszog.

Ich ging zwei Schritte zurück, bis mein Rücken den von Étienne berührte, und nahm den Kampf um uns herum in Augenschein. Die Szenerie war unwirklich. Ausnahmslos alle unserer Gegner hatten sich wie zu einem Hofball herausgeputzt. Doch sie fochten wie wilde Tiere. Drangen mit Degen und Floretten oder schlicht mit Zähnen und Klauen auf unseren Haufen ein, der weder Zeit noch Platz hatte, eine Formation einzunehmen. Es war ein wütendes Gemetzel Mann gegen Mann ohne Regeln, ohne Gnade. Blutige Körper und Teile davon lagen auf dem Boden. Schreien, Knurren, Brüllen und das helle Klingen aufeinanderprallenden Stahls mischte sich zu einer ohrenbetäubenden Symphonie des Todes.

Ich wehrte zwei weitere Gegner ab, setzte ihnen jedoch nicht nach, um nicht den Kontakt zu Étienne zu verlieren, der mir den Rücken freihielt, so wie ich ihm.

»Da lang!«, hörte ich seinen Ruf über das allgemeine Chaos hinweg.

Ich sah nicht, wohin er zeigte, doch ich folgte ihm, als er sich den Gang entlang vorarbeitete. Von vorn drangen vier gepanzerte Kämpen mit Hellebarden auf uns ein. Das heftige Schnaufen, das jede ihrer Bewegungen begleitete, wies sie eindeutig als Sterbliche aus. Die schiere Aggressivität ihrer Angriffe und die Kraft ihrer Hiebe standen der der Unsterblichen jedoch kaum nach. Unholde. Sie fochten gut, hielten ihre Formation. Jedes Mal, wenn ich mit dem Schwert eine der Hellebarden zur Seite schlug, streckte ein anderer der vier mir seine Waffe entgegen und verschaffte seinem Gefährten Zeit, einen Schritt zurück zu machen und seine Hellebarde erneut gegen mich zu richten. Die scheinbare Unüberwindlichkeit der Phalanx vor mir nährte den Blutrausch mit Wut und Frustration. Krampfhaft hielt ich mich an der Disziplin fest, die ich bei den Tempelrittern gelernt hatte, um nicht die Kontrolle zu verlieren. Wenn meine Wachsamkeit gegen die koordinierten Stöße der Stangenwaffen nachließ, würden diese kampferprobten Gegner mich zweifelsohne in Stücke hauen. Doch auch so musste ich einen Treffer nach dem anderen einstecken. Die beilförmigen Klingen tanzten vor mir umher und fanden immer wieder Lücken in meiner Abwehr. Étienne neben mir erging es nicht besser. Auch er blutete bereits aus einem halben Dutzend Wunden, die sich nur noch zögerlich schlossen.

Trotz ihrer zahlenmäßigen Überlegenheit zwang die Taktik unserer Gegner sie jedoch dazu, langsam aber sicher zurückzuweichen. Schritt für Schritt kämpften wir uns den Gang entlang, bis wir an der großen zweiflügligen Tür an seinem Ende angekommen waren. Das massive Holz verwehrte den Unholden die Ausfallschritte nach hinten, mit denen sie sich immer wieder unseren Attacken entzogen hatten. Mit zwei kräftigen Hieben stieß ich nacheinander die Hellebarden zur Seite. Endlich waren die Gegner in Reichweite meines Schwerts. Die Stangenwaffen in ihren Händen waren nahezu nutzlos, nun da sie in die Enge getrieben waren. Ich rammte meine Klinge in das ungepanzerte Gesicht des Ersten meiner Kontrahenten, bis sie an seinem Hinterkopf zusammen mit einem Schwall von Blut wieder heraustrat und nagelte seinen Schädel an die Tür. Den zweiten attackierte ich mit bloßen Klauen und Zähnen. Er ließ seine Waffe fallen und versuchte verzweifelt, mich abzuhalten. Doch die Kraft, die ihm das Vampirblut in seinen Adern verlieh, reichte nicht aus, mich zurückzudrängen. Mit eisernem Griff hielt ich seine Handgelenke umklammert, während meine weit aufgerissenen Kiefer nach vorn schnellten und meine Fangzähne sich in sein Gesicht gruben.

Vom Kampf ohnehin schon aufgewühlt, war das warme Blut, das meine Kehle herunter strömte, eine neue Bewährungsprobe für meine Selbstbeherrschung. Mit aller Macht zerrte das Verlangen an mir, mich ganz und gar dem Töten hinzugeben, bis kein Tropfen Blut mehr in den Leibern meiner Gegner war. Nur mit äußerster Willensanstrengung gelang es mir, mich der süßen Verlockung des Blutrausches zu widersetzen. Ich ließ mein Opfer los. Sein Gesicht war nur noch ein rot verschmierter Klumpen aufgerissenen Fleisches, unter dem bleiche Knochen hervorlugten. Ich wandte mich von ihm ab und blickte mich um.

Einer von Étiennes Gegnern lag wild zuckend auf dem Boden und versuchte ebenso verzweifelt wie wirkungslos, mit bloßen Händen das Blut aufzuhalten, das in Strömen aus seiner weit aufgeschnittenen Kehle lief. Von ihm ging keine Gefahr mehr aus.

Dem letzten verbliebenen Unhold war mehr Erfolg beschieden. Er hatte meinen einäugigen Gefährten aufgespießt und drehte die Klinge der Hellebarde in Étiennes Eingeweiden. Aus dem schmerzverzerrten Gesicht meines Feundes war jeder Funken Verstand gewichen. Der Blutrausch hatte ihn fest im Griff, vermochte ihn jedoch nicht aus seiner misslichen Lage zu befreien. Ich umschlang den Kopf des Unholds mit dem Arm, legte die freie Hand um seine Brust und brach ihm mit einem Ruck das Genick. Sein Körper erschlaffte augenblicklich und fiel leblos zu Boden. Ich zog die Hellebarde aus Étiennes Bauch, in dem ein riesiges Loch klaffte. Mit gefletschten Zähnen knurrte mein Freund mich an. Hätte er genug Kraft gehabt, wäre er vom Blutrausch übermannt auf der Stelle über mich hergefallen. Doch er war nur noch in der Lage, mit kraftlos hinterhergezogenen Beinen zu kriechen.

Sein Instinkt trieb ihn zu den Leichen der Unholde. Ich trat zurück und ließ ihn gewähren. Ihr Blut würde seine Wunden heilen und ihm irgendwann auch den Verstand zurückbringen. Doch vorerst würde ich auf seine Hilfe verzichten müssen. Ich drehte mich um und zog mein Schwert aus der Tür, die die vier Unholde mit ihrem Leben verteidigt hatten. Die Leiche des aufgespießten Gegners hinterließ eine breite rote Spur auf dem Eichenholz, als sie zu Boden glitt.

Ich ahnte, was sich hinter der Tür befand.

Das Gemetzel im Korridor war immer noch in vollem Gange. Es war niemand da, um mir beizustehen. War ich bereit für das, was mich erwartete? Egal. Jetzt oder nie!

Mit einem kräftigen Tritt stieß ich die Tür auf und schritt mit erhobenem Schwert hindurch. Jeder Muskel, jede Sehne meines Körpers war zum Zerreißen gespannt. Doch der erwartete Angriff blieb aus.

Zu meiner Rechten blickte ein lebensgroßes Bildnis der Mutter Gottes mit dem Jesuskind im Arm huldvoll auf mich herab. Der strenge Geruch von Weihrauch erfüllte die Luft. Ich betrat eine Kapelle. Die aufgestoßenen Türflügel schwangen zurück und schlossen sich hinter mir. Der Kampfeslärm blieb draußen. Die plötzliche Stille umfasste mich mit eisigen Klauen.

Vorsichtig und jederzeit bereit, auf mich einstürmende Feinde zurückzuschlagen, schritt ich vorwärts, zwischen den Säulen hindurch, die das Hauptschiff vom Eingang hinter mir trennten. Ein einzelner Mann kniete mit dem Rücken zu mir vor dem Altar. Sein Flüstern war abgesehen von meinen leisen Schritten das einzig vernehmbare Geräusch. Ich kannte die Worte, die er sprach. Das Vaterunser.

Ich ließ die Waffe sinken. Lauschte den letzten Zeilen des vertrauten Gebetes und rezitierte sie in Gedanken mit. Unwillkürlich bekreuzigte ich mich nach dem Amen.

Die Anspannung des zurückliegenden Kampfes, die mich noch wenige Augenblicke zuvor fest im Griff gehalten hatte, war vollständig aus meinem Leib gewichen. Die Szenerie vor mir erfüllte mich mit tiefer Friedfertigkeit.

Ich fühlte nicht die geringste Bedrohung, als der Mann sich erhob und langsam zu mir umdrehte. Er war klein von Wuchs, hatte schmale Schultern, über denen ein einfaches weißes Büßergewand hing. Sein Gesicht war fast noch jugendlich, umrahmt von langen dunklen Locken. Er hob den Blick und sah mich an.

Jeder Zweifel, wem ich gegenüberstand, verschwand auf der Stelle. Das Gewicht unermesslichen Alters schlug auf mich ein wie eine Lawine, die mich unter mannsgroßen Felsen verschüttete. Diese Augen blickten zurück auf unzählige Jahrhunderte, hatten Dinge gesehen, die sich meinem Verstand vollständig entzogen. Vor mir stand Laurent. Und lächelte.

»Willkommen, Templer.« Er sprach Latein. Seine Stimme klang freundlich, beinahe herzlich. »Ich bin froh, dass Ihr es seid, der als Erster den Weg zu mir gefunden hat.«

Die samtenen Worte sickerten in mein Bewusstsein. Sie lähmten jeden Drang, das Werk zu vollbringen, dessenthalben ich hergekommen war. Er wirkte so verletzlich, dass ich mich eher schützend vor ihn stellen wollte, als ihm auch nur ein Haar zu krümmen. Das letzte Häuflein Wut, das mir noch geblieben war, schrie meinem Verstand zu, ich sollte nicht zögern, das Monster zu vernichten, das mich mit seinen hinterlistigen Kräften umgarnte. Doch das Rufen verhallte ungehört. Ich blieb einfach nur stehen und lauschte den Worten des Wesens, das ich zu meinen ärgsten Todfeinden zählte.

»Ihr seid verwirrt?« Er trat auf mich zu.

Nur ein kurzer Ausfallschritt hätte genügt, ihn in Reichweite meiner Klinge zu bringen und seinen Kopf von den Schultern zu trennen. Doch ich musste hören, was er zu sagen hatte.

»Mehr verlange ich auch gar nicht.«

Zuerst wusste ich nicht, was diese Erklärung zu bedeuten hatte. Dann erkannte ich, dass er meine Gedanken las, als hätte ich laut gesprochen.

»So ist es. Verzeiht meine Unhöflichkeit. Betrachtet es als Ausgleich dafür, dass Ihr ein Schwert in der Hand haltet und ich nicht.« Er musterte mich eingehend, ehe er weiter sprach. »So treten wir uns also endlich gegenüber. Ich wünschte, wir hätten uns bereits früher getroffen.«

»Dann wäre einer von uns schon früher gestorben«, entgegnete ich.

Wieder lächelte er. »Schön, dass Ihr Euch doch noch dazu entschlossen habt, mit mir zu reden. Aber ich muss Euch widersprechen. Ich halte es für absolut nicht notwendig, dass wir als Feinde hätten auseinandergehen müssen, wären wir uns zu einem anderen Zeitpunkt begegnet.«

Auch wenn ich immer noch nicht dazu bereit war, mein Schwert gegen ihn zu erheben, fand mein Zorn zumindest in meinem Worten Ausdruck: »Ihr habt meinen Orden vernichtet! Ihr habt alles zerstört, das mir etwas bedeutet hat!«

Das Lächeln verschwand aus seinem Gesicht. »Es waren die Sterblichen, die die Tempelritter zerschlagen haben. Der König von Frankreich und der Papst. Ich gebe zu, ich habe nichts unternommen, um es zu verhindern, obwohl ich vermutlich die Mittel dazu gehabt hätte. Genau dies ist auch der Grund, warum ich froh bin, dass Ihr hier seid. Nun kann ich Euch endlich um Verzeihung bitten für das, was ich Euch angetan habe. Auch wenn ich verstehe, wenn Ihr mir Eure Vergebung versagt angesichts der Schwere meiner Untaten.«

Nun war ich vollständig perplex. Konnte es sein, dass er es ernst meinte, mich um Vergebung zu bitten?

»Ja, ich meine es ernst damit. Und falls Ihr Euch dazu entschließen könntet, mir Eure Gnade zukommen zu lassen, würde mir dies viel bedeuten.«

»Wenn Ihr Eure Taten so sehr bereut, warum habt Ihr sie dann überhaupt begangen?«

»Möglicherweise, weil wir uns nicht bereits früher persönlich begegnet sind, Templer. Ich habe immer große Stücke auf Euren Orden gehalten und die Tempelritter lange gefördert. Ich habe die Entscheidungen der Krone unterstützt, ihnen die Privilegien zuteilwerden zu lassen, die ihre Stärke untermauert haben. Wie Ihr Euch sicherlich noch erinnern könnt, habe ich auch versucht, meine eigenen Gefolgsleute im Orden zu platzieren. Doch Euer Einfluss war zu stark und jeder meiner Vasallen wurde von Euren Getreuen enttarnt und ausgeschlossen.«

»Wenn Ihr die Templer so bewundert habt, warum habt Ihr sie dann nicht vor dem Untergang gerettet?«

»Das liegt doch auf der Hand. Es ist mir nicht gelungen, sie Eurem Einfluss zu entziehen. Ihr selbst wart der engste Verbündete meines ärgsten Feindes. Ich war gezwungen, den Orden zu entmachten, wollte ich verhindern, dass Frankreich in die Hand meines Widersachers fiel.«

»Vitus?«

»Natürlich Vitus.« Die abgrundtiefe Verachtung in seiner Stimme, als er den Namen meines Erzeugers aussprach, war unüberhörbar. »Glaubt mir, Templer, ich habe Euch niemals als meinen Feind betrachtet. Ich habe Euch bewundert. Ich weiß, dass Ihr von tiefem Glauben erfüllt seid, oder zumindest damals noch wart. Euer Vorbild hat mir geholfen, meinen eigenen Glauben nicht vollständig zu verlieren angesichts all des Übels, das ich zeit meines Daseins verübt habe.«

Laurent ein gläubiger Christ? Diese Vorstellung konnte ich beim besten Willen nicht damit vereinen, was ich in den vergangenen sechseinhalb Jahrhunderten über die Archaioi gelernt hatte.

»Und dennoch ist es so«, widersprach er meinem unausgesprochenen Zweifel.

Konnte es wahr sein? Seine Beteuerung war unvereinbar mit allem, was ich über die Alten Herrscher wusste. Hatte nicht Vitus selbst gesagt, er und viele der anderen Archaioi stammten aus einer Zeit, bevor das Christentum sich verbreitet hatte?

»Das stimmt«, bestätigte Laurent meine Gedanken. »Als ich auf diese Welt gekommen bin, hatte Christus den Menschen noch nicht mit seinem Opfer den Weg zu ihrer Errettung gewiesen. Aber steht das denn im Widerspruch dazu, seinen Lehren zu folgen?«

Meine Neugier war geweckt. »Wie alt seid Ihr?«

»Es ist vielleicht nicht der günstigste Moment, meine Lebensgeschichte zu erzählen«, entgegnete Laurent. Er sah in Richtung des Eingangs der Kapelle. »Eure Freunde werden bald hier sein. Aber möglicherweise hilft es Euch, mich ein wenig besser zu verstehen. Ich werde versuchen, mich kurzzufassen. Ich wurde geboren, als Marc Anton gegen Octavian, den man später Augustus nannte, um die Herrschaft im Römischen Reich kämpfte. Das war ein paar Jahrzehnte, bevor Christus Gottes Botschaft verkündete. Mein sterbliches Leben ist nicht weiter von Belang, also beginne ich mit meiner Aufnahme in die Reihen der Nocturni. Mein Erzeuger war Gaius Mucius Scaevola. Er entstammte einer ehrwürdigen Blutlinie und war ein angesehener Prinzipal unter den römischen Nocturni.«

Ich hatte bereits eine Ahnung, wie die Antwort auf die Frage lautete, die mir durch den Kopf ging, doch ich stellte sie trotzdem: »Ihr sprecht von ihm in der Vergangenheit. Wie ist er gestorben?«

»Es ist wie Ihr vermutet, Templer. Genau wie die Kriege dieser Zeiten und die Revolte, die derzeit Frankreich heimsucht, haben auch die Nocturni Roms den Bürgerkrieg im Reich genutzt, um in seinem Schatten ihre eigenen Zwiste auszutragen. Damals begehrten einige von ihnen gegen die alte Ordnung der Unsterblichen auf, die sich während der Republik herausgebildet hatte. Einer ihrer Wortführer war Euer Erzeuger, Vitus. Mein Ahnherr hingegen repräsentierte den Status quo. Wie der Streit ausgegangen ist, muss ich wohl nicht erwähnen.« Er neigte den Kopf zur Seite, als er mich musterte. »Ich sehe Euch an, dass Euer Erzeuger Euch diese Geschichte nicht erzählt hat. Wie er mitgewirkt hat, die glorreiche Republik dem Untergang preiszugeben und das Kaiserreich zu begründen. Sowohl unter den Sterblichen wie den Unsterblichen lag die Macht fortan in den Händen einiger weniger. Unter den Menschen ist die Erinnerung an die Republik mit dem Tod derer, die sie noch erlebt hatten, verblasst. Bei den Nocturni war dies anders. Die neuen Herren der Unsterblichen des Reiches machten Jagd auf die Verfechter der alten Ordnung und vernichteten sie einen nach dem anderen. Ich wurde bereits als Jungblütiger ein Waise und ein Ausgestoßener. Ich habe mich vor Vitus und seinen Verbündeten in den Elendsvierteln Roms und den Katakomben verborgen, in denen die Bewohner der Stadt ihre Toten bestatteten. Dort war es, wo ich auf die Christen getroffen bin. Sie waren damals ein geheimer Kult, von den Herrschern geächtet. Sie nutzten die Abgeschiedenheit meines Domizils für ihre Riten. Ich belauschte, wie ihre Prediger von der Unsterblichkeit der Seele und der Vergebung der Sünden erzählten, und war vom ersten Augenblick an fasziniert. Schließlich offenbarte ich mich ihnen und sie nahmen mich auf, obwohl sie ahnten, dass ich anders war als sie.«

Ein dumpfer Schlag unterbrach seine Erzählung, die mich vollkommen in ihren Bann geschlagen hatte. Etwas Schweres schlug gegen die Tür, durch die ich die Kapelle betreten hatte. Der Kampf hatte uns beinahe erreicht.

»Sie werden bald hier eindringen und mit mir dasselbe tun wie Vitus mit meinem Erzeuger.«

Ungeachtet der Kürze der Zeit, die uns noch blieb, musste ich erfahren, wie seine Geschichte weiterging. »Wie seid Ihr nach Frankreich gekommen?«

»Ich bin geflohen. In Vitus' Augen war ich als Nachkomme seines besiegten Feindes und Angehöriger einer als aufrührerisch geltenden Sekte ein gefährlicher Unruhestifter. Ich habe mich in der Provinz verborgen und bin schließlich nach Paris gelangt. Mehr als tausend Jahre lang habe ich alles getan, um mich vor ihm zu schützen. Ich habe eine eigene Brut begründet, mich mit Unholden umgeben und alle getötet, die ich für seine Spione hielt, ohne ihre Schuld zu beweisen. Ich habe großes Unrecht begangen aus schierer Angst, er würde mit mir dasselbe machen wie mit Scaevola. Ihr könnt Euch vorstellen, dass ich aufs Höchste alarmiert war, als er von Konstantinopel hierher kam. Aus dieser Angst heraus nahm ich in Kauf, die edlen Ritter des Templerordens zu opfern, denn unter Eurer und damit seiner Kontrolle waren sie für mich eine Bedrohung.« Er hob seine Hände in einer beinahe beschwörenden Geste. »Ich erzähle Euch all dies, damit Ihr versteht, warum ich das getan habe, was Euch so viel Kummer bereitet hat. Ihr seid beileibe nicht der einzige, dem ich Unrecht zugefügt habe, doch Eure Vergebung kann ich möglicherweise noch erlangen, bevor mein Leben endet.«

Abrupt verschwand der Bann, der meinen Schwertarm gelähmt hatte, als ich ihm gegenübergetreten war. Ich war wieder vollkommen Herr meiner Sinne und meines Körpers. Unbewaffnet und ohne erkennbare Gegenwehr stand er vor mir. Ich hätte ihn mit einem einzigen Hieb töten können. Er hatte sein Leben in meine Hand gelegt. Doch ich vermochte es ihm nicht zu nehmen.

Ich kannte die Listen der Archaioi. Wusste, dass sie alles daran setzten, ihr Dasein zu bewahren. Sie logen und erzählten einem alles, was man hören wollte, nur damit man tat, was sie bezweckten.

Doch ich glaubte Laurent. »Ich werde Euch nicht töten.«

»Ihr habt keine Wahl«, widersprach er. »Sie sind gleich hier.«

Ich verstand nicht. »Flieht! Ich werde ihnen erzählen, Ihr hättet mich überwältigt und wärt entkommen.«

Er breitete die Arme aus. »Wohin soll ich denn fliehen? Ich habe mir in meinem Dasein mindestens so viele Feinde gemacht wie Ihr. Niemand wird mir Zuflucht gewähren. Ich werde nirgends sicher sein. Nein. Es endet hier.«

Ein Archaios bat mich, ihn zu töten? In meinen wildesten Träumen hätte ich mir niemals eine absurdere Situation ausmalen können.

Mit dem Schwert deutete ich auf die Tür, hinter der der Kampfeslärm zunahm. »Verbündet Euch mit den Revolutionären! Mein Wort hat Gewicht unter ihnen. Ich werde es ihnen erklären.«

»Und dann? Ersetze ich meine Getreuen, die dort draußen gerade sterben, durch Eure Freunde? Mache sie zum Werkzeug meines Willens? Denn nichts anderes würde geschehen. Das tut es immer. Glaubt mir! Ich weiß es. Nein, Templer. So wird es nicht funktionieren. Und vor allem nimmt es Euch die Möglichkeit, mir einen letzten Gefallen zu erfüllen.«

»Ein Gefallen?«

»Nichts, was Ihr nicht ohnehin bereits geschworen habt.«

Ich erkannte nicht, worauf er hinaus wollte. »Was verlangt Ihr?«

»Vernichtet Vitus!«

Ich musste lachen. »Das versuche ich schon seit Jahrhunderten. Er ist zu alt, zu stark, zu mächtig. Ich komme nicht an ihn heran.«

»Und genau das können wir nun ändern. Wenn Ihr mich tötet, werdet Ihr endgültig zur Legende. Alle unzufriedenen und von ihren Herren geknechteten Nocturni werden sich Euch anschließen, wenn Ihr bewiesen habt, dass man einen Archaios töten kann. Mit dieser Macht könnt Ihr Euch ihm noch einmal stellen.«

»Ich habe den Kriegen abgeschworen«, wehrte ich ab. »Ich bin nicht bereit, ein weiteres Mal unzählige Leben zu opfern, um …«

Die Tür wurde mit Schwung aufgestoßen. Wilde Rufe hallten durch die Kapelle, gemischt mit dem Trampeln eiliger Schritte und vielstimmigem Waffenklirren. Ich drehte mich zu den Säulen um, hinter denen jeden Augenblick die Eindringlinge in Sicht kommen würden, wandte den immer noch ausgestreckten Schwertarm Laurent zu. Ein Ruck ging durch meine Muskeln. Entsetzt sah ich wieder zu Laurent, in dessen Brust die Klinge zur Hälfte verschwand. Er hatte sich in mein Schwert gestürzt. Unsere Augen trafen sich.

»Bringt es zu Ende!«, flehte er mich an. »Ich werde so oder so sterben. Nach achtzehn Jahrhunderten ist die Zeit dafür gekommen. Erweist mir die Ehre, durch Eure Hand den Tod zu finden, Templer.«

Ich starrte ihn an. Das Büßergewand färbte sich rund um die Klinge rot.

»Dort ist er!«, hörte ich hinter mir rufen. Es war Claires Stimme.

Es lief nicht so, wie ich es geplant hatte. Aber hatte ich eine Wahl? »Ich vergebe Euch«, flüsterte ich Laurent zu.

Ich stieß den Stiefel gegen seine Brust, zog das Schwert heraus und schwang es in weitem Bogen durch die Luft.

Das Letzte, was ich von Laurent sah, war, wie er die Augen schloss. Friede legte sich auf sein Gesicht. Seine Lippen formten letzte Worte: »Vergib mir, Herr, so wie dein Ritter mir vergeben hat.«

Dann traf die Klinge seinen Hals und trennte mit einem sauberen Schnitt den Kopf vom Rumpf.

Sobald sein Schädel auf dem marmornen Boden aufschlug, zerplatzte er in einer Wolke aus Staub. Auch der enthauptete Torso verlor bereits im Fallen jegliche menschliche Form. Hätte ich mich beeilt, wäre es mir vielleicht gelungen, noch ein paar Tropfen seines Blutes zu erhaschen. Von seinen uralten Erinnerungen und Erfahrungen zu kosten. Doch angesichts der zurückliegenden Unterhaltung erschien mir eine solche Tat wie ein Sakrileg. Und bereits einen Wimpernschlag später gab es nichts mehr, wovon ich hätte trinken können.

Ich wandte mich ab. Vor mir erkannte ich Claire und Étienne. Sie sahen aus, als kämen sie aus einem Schlachthaus. Ihre Kleidung war in Fetzen und vollkommen von Blut getränkt. Ihre Rufe waren verstummt. Sie blickten an mir vorbei auf die kläglichen Überreste von Laurent, einst Herrscher über die Unsterblichen Frankreichs. Dann schauten sie mich an. Wortlos marschierte ich auf sie zu, die rot verschmierte Klinge zu Boden gesenkt. Schweigend formten sie eine Gasse und ließen mich durch. Ich beschleunigte meine Schritte. Ich ertrug es nicht länger, an diesem Ort zu sein.

Der Korridor, auf dem der Kampf getobt hatte, war übersät mit leblosen Körpern und Leichenteilen. Viele von ihnen zerfielen bereits zu Staub, wenn auch langsamer als ihr einstiger Herr. Ich sah in die Gesichter aus Asche, bildete mir ein, sie blickten mich an. Erkannte einen der Reisegefährten, mit denen ich nach Paris gekommen war. Seine Hoffnung auf eine sichere Zuflucht hatte sich nicht erfüllt.

Dann erblickte ich Barthélémy. Der rote Strom aus seinen zahlreichen Wunden hatte den Höhepunkt bereits überschritten und drohte zu versiegen. Ich kniete neben ihm nieder. Der letzte Funke des Lebens klammerte sich mit Mühe an den zerschlagenen Körper, doch er würde bald erlöschen. Sanft nahm ich seinen Kopf in den Arm, öffnete den Kragen und biss ihm in den Hals, um die wenigen verbliebenen Blutstropfen aus ihm zu saugen. Dann ritzte ich mit den Zähnen mein Handgelenk auf und träufelte mein Blut in seinen geöffneten Mund. Ich wartete nicht, bis die Verwandlung einsetzte, sondern hob ihn auf und nahm seinen riesigen Körper in meine Arme.

Hinter mir hörte ich Schritte, dann Étiennes Stimme. »Was ist in der Kapelle geschehen?«

Ich zuckte die Schultern, ohne mich zu ihm umzudrehen. »Ihr habt es doch gesehen. Ich habe Laurent getötet.«

»Das war nicht alles. Es gibt keine Spuren eines Kampfes. Nur seinen zerfallenen Leichnam.«

»Wir haben nicht mit Klingen gekämpft. Und nun frag bitte nicht weiter! Er ist tot. Das ist alles, was zählt.«

Seine Antwort kam erst wenige Sekunden später: »Wie Ihr wollt, mein Freund.«

Barthélémys Leib erschauderte in Zuckungen, dass ich Mühe hatte, ihn zu halten. »Und nun lasst mich gehen, Étienne! Ich muss mich um meinen Nachkommen kümmern.«

Er blieb zurück und sagte nichts mehr. Ich bahnte mir den Weg durch das Schlachtfeld, bemüht, auf keines der aschenen Gesichter zu treten, die mich vorwurfsvoll anstarrten.

Draußen angekommen erhoben sich die Sterblichen, die wir zurückgelassen hatten, und sahen mich fragend an.

»Wir haben gesiegt«, war alles, was ich sagte. Dann ging ich an ihnen vorbei in die Nacht hinaus.

Wir hatten gesiegt. Unsere Gegner waren tot. Doch es fühlte sich nicht an wie ein Sieg.

Ich hatte einen Verbündeten verloren, von dem ich bis gerade nicht einmal gewusst hatte, dass er existierte. Ein Seelenverwandter, den ich, seit ich von ihm erfahren hatte, fälschlich für einen Feind gehalten hatte.

Ich hatte einen neuen Grund gefunden, meine Rache an Vitus fortzuführen. Mein Kampf war noch nicht vorbei. Ich würde erneut in den Krieg ziehen.

Das Töten ging weiter.

Montag, 30. Mai 2005, New York City, USA

Veronica ist bereits wach, als ich die Augen öffne. Ihr nackter Körper ist eng an den meinen geschmiegt. Ihre Fingerspitzen gleiten in langsamen Kreisen über meine Brust.

»Guten Abend«, begrüßt sie mich säuselnd. »Gut geschlafen?«

»Bestens.« Ich tätschele ihre Hand, bevor ich sie sanft, aber nachdrücklich zur Seite schiebe.

»Was ist los?« In ihrer Stimme mischen sich Entrüstung und Enttäuschung.

»Du erinnerst dich vielleicht? Wir befinden uns in einem Krieg.«

»Umso dringlicher sollten wir uns ein paar nette Stunden gönnen. Wer weiß, ob wir noch einmal dazu kommen.«

Wie gern würde ich mich ihrem Drängen hingeben, doch jetzt ist nicht die Zeit dafür. Der Kampf mit Marduk steht auf Messers Schneide. Und er ist nicht mein einziger Gegner, wie ich aus Massouds Blut erfahren habe. In der vergangenen Nacht habe ich einen Sieg errungen. Nun muss ich schnell nachsetzen, um die mühsam erlangte Initiative nicht wieder zu verlieren. Ich entwinde mich aus Veronicas Umarmung und setze mich auf.

»Was soll das?«, faucht sie mich an. »Um mit dir zu kämpfen, bin ich gut genug. Aber mehr ist nicht drin?«

Sprungbereit auf Hände und Füße gestützt hockt sie auf der Matratze und bleckt die Zähne. Ihr Gebaren gleicht mehr dem eines kampfbereiten Raubtieres als einem menschlichen Wesen. Beinahe rechne ich damit, dass sie auf mich losgeht. Doch offenbar hat sie sich zumindest so weit unter Kontrolle, dass sie einer körperlichen Auseinandersetzung noch aus dem Weg gehen kann. Noch.

Ihre zunehmende Aggressivität und Reizbarkeit weist darauf hin, dass der Moment naht, an dem sie dazu nicht mehr in der Lage sein wird. Ich muss vorsichtig sein, wenn ich mich in ihrer Nähe aufhalte. Nicht unbedingt die besten Voraussetzungen, um mit ihr an meiner Seite in einen Kampf zu ziehen. Aber erstens ist die Liste meiner Verbündeten begrenzt – und noch zähle ich sie zu meinen wertvollsten Mitstreitern – und zweitens habe ich das unbestimmte Gefühl, es ihr schuldig zu sein, sie mitzunehmen. Sie soll Vergeltung üben an denen, die dafür verantwortlich sind, dass ihr sterbliches Leben geraubt wurde und nun auch ihr Verstand langsam schwindet. Derartige Zwänge widersprechen zwar eigentlich meinem Vorsatz, mich von Gefühlen frei zu machen und ausschließlich von logischen Entscheidungen leiten zu lassen. Doch ich bin altmodisch genug, dem Anspruch auf Rache großen Wert beizumessen. Das gilt auch für anderer Leute Rache. Insbesondere, wenn ihre Feinde und meine identisch sind.

»Beruhige dich!« Ich spinne die einlullenden Fäden des Bösen Blickes in meine Worte ein. »Wir werden noch viele schöne Nächte verbringen. Jetzt ist nur nicht der richtige Zeitpunkt dafür.«

»Doch! Jetzt!« Ihre Augen fixieren mich, wie die Katze die Maus ansieht, kurz bevor sie zuschlägt.

Ich könnte den Bösen Blick verstärken, aber vielleicht ist eine andere Methode effektiver.

»Also gut.« Ich springe ihr entgegen.

Instinktiv versucht sie, meinen plötzlichen Angriff abzuwehren, doch es gelingt mir, ihre Handgelenke zu umfassen und sie rücklings auf die Matratze zu werfen. Ohne zu zögern, öffne ich meine Kiefer und grabe meine Zähne in ihren Hals. Dabei achte ich darauf, ihrem Kopf ausreichend Bewegungsfreiheit zu lassen und meine eigene Kehle weit genug zu entblößen, dass sie für Veronica erreichbar ist.

Ich sauge nur ein paar Tropfen von ihrem Blut, um nicht selbst dem Wahn anheimzufallen, der sie im Griff hält. Dann spüre ich, wie ihre Fänge meine Haut perforieren und mein Blut den Körper verlässt. Sie nimmt sich nicht zurück, sondern saugt gierig, so viel sie kann. Ich gebe ihr nicht allzu viel Zeit. Ich werde das Blut heute selbst benötigen. Nach wenigen Sekunden öffne ich meine Kiefer und reiße mich von ihrem Biss los. Mit meinen Händen drücke ich sie auf das Bett. Aus ihrem Mundwinkel bahnt sich ein rotes Rinnsal seinen Weg, ebenso wie aus den zwei Wunden an ihrem Hals, die sich jedoch schon wieder schließen. Auch aus meiner perforierten Kehle fallen mehrere Tropfen auf Veronicas nackte Haut und hinterlassen dunkle Linien auf ihren Brüsten und dem Bauch.

Eindringlich beobachte ich ihre Augen. Der gehetzte Blick des Raubtiers verschwindet langsam. Die wilde Drohgebärde weicht einem gewinnenden Lächeln. Es funktioniert. Ein weiteres Mal zeigt mein Blut seine Wirkung und hilft ihrem Verstand, die übermächtigen Instinkte in ihre Schranken zu weisen.

»Ein kleiner Vorgeschmack auf das, was wir später noch machen werden«, flüstere ich verheißungsvoll. Ich lasse sie los und stehe auf.

»Aber dann machen wir es uns noch einmal so richtig gemütlich, nicht wahr?« Sie steigt vom Bett, legt ihre Arme um meinen Hals und schlingt ein nacktes Bein um meine Hüfte. Ihre Scham berührt dabei wohl nicht zufällig meinen Schritt. Ich bin ernsthaft versucht, ihrem erneuten Annäherungsversuch auf der Stelle nachzugeben und mich mit ihr zurück aufs Bett fallen zu lassen.

»Ja sicher, später.« Mit sanfter Gewalt löse ich mich aus ihrer Umklammerung.

Sie ist so weit besänftigt, dass sie mich nicht mehr zurückhält. Mal sehen, wie lange es anhält.

Auf mich hat der Blutaustausch die genau entgegengesetzte Wirkung. Es kostet mich einige Mühe, meine durch den Akt des Trinkens geweckten Triebe im Zaum zu halten. Der Anblick von Veronicas unbedecktem Leib tut ein Übriges, meine

Gedanken immer wieder vom Notwendigen abzulenken. Ich zwinge mich, den Blick von ihr abzuwenden und mich auf andere Dinge zu konzentrieren. Eilig suche ich ein paar Kleider zusammen und schlüpfe hinein. Doch ich kann meine Erregung nicht vor Veronica verbergen. Mit offen zur Schau getragener Genugtuung ruhen ihre Augen auf meiner Erektion, bis ich sie endlich mit einer Jeanshose verhülle.

Weitaus langsamer als ich bedeckt sie ebenfalls ihre Blöße, wählt aber bewusst offenherzige Kleidungsstücke. Dabei achtet sie sorgsam darauf, dass mir nicht entgeht, wie sie auf Unterwäsche verzichtet und sowohl ihre Jeans als auch das bauchfreie Top über blanker Haut trägt. Als mein ganz persönlicher Sukkubus jedoch einsieht, dass ihre Provokationen mich kalt lassen, gibt sie endlich auf und beendet die Anzüglichkeiten.

Gut, dass sie keine Gedanken lesen kann. Sonst wüsste sie, dass nicht mehr viel gefehlt hätte, mich doch noch zu einem Aufschub der anstehenden Geschäfte zu überreden.

Von der – nicht im engeren Sinne unangenehmen – Ablenkung befreit, greife ich zum Telefon und wähle Karol Ludovicz' Nummer. Auf das vorsichtige »Hallo?« am anderen Ende der Leitung antworte ich mit »Ich bin's. Können Sie offen reden?«

»Mr. Smith!« Seine Stimme kündet von ehrlicher Freude und tiefer Erleichterung. »Ja, ich bin allein. Schön, endlich wieder von ihnen zu hören.«

Die überschwängliche Begrüßung steht im klaren Gegensatz zu unserem sonstigen förmlichen Umgang. Er hat wohl wirklich unangenehme Zeiten durchgemacht, dass er sich derart hinreißen lässt. Ich bin ebenfalls froh, wieder Kontakt zu meinem wertvollen Vertrauten zu haben, bemühe mich jedoch, dass nicht so offen zur Schau zu stellen.

»Wie ist Ihr Status?«

Meine emotionslose Anfrage veranlasst auch Ludovicz, für seine weiteren Worte einen etwas sachlicheren Tonfall zu wählen. »Nun ja, bis gestern hatte ich hier mit einigen Schwierigkeiten zu kämpfen, genau wie Sie vorausgesagt hatten. Die interne Dienstaufsicht …«

»Ich weiß Bescheid«, unterbreche ich ihn. »Ist die Sache erledigt?«

»Es scheint, als wären die Anschuldigungen gegen mich fallen gelassen worden. Der Ermittler, Lieutenant Jackson, hat mir heute Mittag die Hand geschüttelt, sich für die Unannehmlichkeiten entschuldigt und mich gebeten, weiterhin so vorbildliche Arbeit für die Polizei und das Gemeinwohl zu leisten wie bisher. Darf ich annehmen, dass Sie da ein wenig nachgeholfen haben?«

»Ich hatte eine Unterredung mit Mr. Jackson.« Eine freundliche Umschreibung meiner Drohungen gegen den Polizisten und seine Familie. »Ich erwarte von ihm keine weiteren Schwierigkeiten. Gibt es sonst noch etwas zu bereinigen?«

»Abgesehen von der Sauerei in der Upper East Side?«

Er hat sich der Sache also bereits angenommen. Sehr gut.

»Also …« Er holt hörbar Luft, ehe er fortfährt: »Wo fange ich an? Bei der wilden Schießerei in der Tiefgarage vergangene Nacht? Oder bei der … interessanten Inneneinrichtung im Penthouse? Ich bin ja einiges gewohnt, seit wir uns kennen. Aber das …« Ein anerkennendes Pfeifen ertönt auf der anderen Seite der Leitung.

»War jemand im Penthouse, als Sie dort eingedrungen sind?«

»Nein.«

»Wer hat Sie begleitet?«

»Zwei Kollegen. Absolut vertrauenswürdig und verschwiegen. Insbesondere nach einer kleinen Zuwendung aus dem Spesenkonto.«

Karol Ludovicz hat bereits zahlreiche unserer Probleme mit Bestechung gelöst. Ich denke, er hat genug Angst vor mir, dass er sich nicht persönlich an dem schon vor Jahren für derartige Fälle eingerichteten Konto bedient. Und selbst wenn, hält er sich offenbar so weit zurück, dass es nicht ins Gewicht fällt.

»Sorgen Sie dafür, dass das Penthouse verschlossen bleibt und niemand dort hineingeht! Insbesondere keiner Ihrer pflichtbewussteren Kollegen.«

»Verstanden.«

»Und was die Schießerei in der Tiefgarage angeht … Es wäre mir sehr daran gelegen, wenn alle ungewöhnlichen Ermittlungsergebnisse, die sich diesbezüglich eventuell ergeben, ein wenig heruntergespielt werden könnten. Ich denke, man sollte es als einen Bandenkrieg zwischen der Mafia und den Latinos erscheinen lassen. Kriegen Sie das hin?«

»Ich werde sehen, was ich tun kann. Ist nicht mein Fall. Aber ich kenne den Kollegen, der sich darum kümmert. Mit dem kann man reden. Wird allerdings nicht billig, fürchte ich.«

»Veranlassen Sie alles Notwendige!«

»Alles klar. Ich regele das. Wenn sich unerwartete Schwierigkeiten auftun, gebe ich Ihnen Bescheid.«

»Gut.« Ich will das Gespräch gerade beenden, als mir noch ein Gedanke kommt. »Karol, hatten Sie in letzter Zeit vermehrt seltsame Träume?«

Das Schweigen am anderen Ende der Leitung zeugt davon, dass das nicht die Sorte Fragen ist, die er von mir gewohnt ist.

»Ähm … Schon möglich«, ringt er sich schließlich zu einer Antwort durch. »Da taucht immer so ein Kerl auf …«

»Langer Bart? Blutverschmiert?«

Wieder stutzt er. Sein »Ja …« kommt zögerlich. »Woher …?«

»Hatten Sie diesen Traum auch vergangene Nacht?«

»Ich …« Pause. »Nein, ich glaube, letzte Nacht nicht.«

»Alles klar.« Ich lege auf.

Veronica sieht mich fragend an.

»Letzte Nacht gab's keine Albträume«, berichte ich mit einem breiten Grinsen im Gesicht. »Anscheinend haben wir unseren Gegner aus dem Konzept gebracht.«

»Cool.« Ihre Freude weicht jedoch schnell einem vorwurfsvollen Ausdruck. »Warum bist du eigentlich immer so grob zu Ludovicz? Er tut, was er kann.«

»Ich weiß. Und damit das so bleibt, vermeide ich es, ihn zu verhätscheln.«

Ihr ist anzusehen, dass sie meine Ansicht zu dem Thema nicht teilt, aber sie gibt keinen weiteren Kommentar dazu ab. »Und was nun?«

»Jetzt fahren wir in die Upper East Side.«

Ihre Augen werden groß. »Zu Marduks Penthouse?«

»Genau das. Mal sehen, ob wir dort einen Hinweis finden, wo er sich verkrochen hat.«

»Und wenn er da ist?«

Ich schüttele den Kopf. »Glaube ich nicht. Und wenn doch … Nach vergangener Nacht ist er empfindlich geschwächt. Massoud ist vernichtet. Und viele seiner Unholde ebenfalls. Wenn wir eine Chance haben, gegen ihn anzutreten, dann jetzt. Bevor er neue Verbündete um sich schart.«

»Okay.«

Ich werte ihre wenig enthusiastische Lautäußerung als Zustimmung. Sie zieht ihre Jacke über das bauchfreie Shirt, steckt die Pistole in den Hosenbund und folgt mir nach draußen.

Kaum habe ich die Tür geöffnet, als ein kleiner eiförmiger Gegenstand klimpernd auf das Pflaster der Gasse schlägt.

»Zurück!«, brülle ich Veronica an und schlage die Tür wieder zu.

Dann detoniert die Handgranate. Die Wucht der Explosion reißt die Feuerschutztür aus den Angeln und schleudert sie mir schwungvoll entgegen. Schützend halte ich die Unterarme vor meinen Kopf. Die Knochen knacken vernehmlich, als der Stahl gegen meinen Körper knallt. Der Aufschlag stößt mich in Veronicas Arme. Zusammen landen wir unsanft auf dem Boden des kahlen Ganges vor dem Eingang zu unserer Zuflucht.

Veronica hat sich als Erste befreit und krabbelt unter mir hervor, die Pistole im Anschlag. Schüsse hallen durch den Korridor. Immer noch halb unter der Tür kann ich nicht erkennen, auf wen sie schießt. Ich konzentriere mich darauf, Blut durch meine gebrochenen Arme strömen zu lassen. Knirschend fügen die Knochen sich wieder zusammen.

»Deckung!«

Meine Gefährtin springt zur Seite. In den ausklingenden Knall des letzten Schusses mischt sich der helle Aufschlag einer weiteren Handgranate, diesmal innerhalb des Ganges. Ich ziehe den Kopf ein und schiebe, immer noch liegend, die Stahltür schützend vor mich. Mit aller Kraft stemme ich mich der Druckwelle entgegen. Der Feuersturm der Explosion fegt über mich hinweg. Mein improvisierter Schutzschild hält die zerstörerische Kraft der Granate weitgehend von mir ab. Noch bevor die Detonation vollständig verklungen ist, hieve ich mich hoch und renne den Gang entlang, die verbogenen Reste der Tür vor mich haltend. Eine automatische Waffe erfüllt den Korridor mit hallendem Rattern. Ein Hagel von Projektilen schlägt auf meinen Schild ein, durchdringt ihn jedoch nicht. Kurz vor dem Ausgang schleudere ich die Tür nach vorn und ziehe Schwert und Schrotflinte aus meinem Waffengurt. Die Stahltür knallt gegen die Wand an der anderen Seite der Gasse und zertrümmert mehrere der unverputzten Ziegel. Gleichzeitig bin ich bereits auf der Schwelle angekommen und richte die Schusswaffe in meiner Linken um die Ecke.

Ich hatte erwartet, wieder einen der schwarz gekleideten Unholde zu sehen. Stattdessen trägt der Mann, dem ich die Schrotflinte ins Gesicht halte, gepflegte Zivilkleidung, einen Anzug mit Krawatte und darüber einen langen dunklen Wollmantel. Die Maschinenpistole in seiner Hand lässt jedoch keinen Zweifel daran, dass er für das Chaos verantwortlich ist, das meine Zuflucht heimgesucht hat.

»Waffe runter!«, brülle ich ihn an.

Er gehorcht und senkt die MP.

Hinter ihm entdecke ich eine Bewegung und schwenke die Schrotflinte ein Stück zur Seite. Ich feuere einen der beiden Läufe ab. Die Geschosse verfehlen das Ohr des Mannes vor mir nur um Millimeter. Seinen Mitstreiter hingegen trifft die volle Wucht der Schrotladung. Hals und Gesicht verschwinden in einer blutigen Explosion und er kippt nach hinten um. Die zwei Pistolen, die er gerade auf mich anlegen wollte, fallen ihm aus den Händen. Noch bevor er auf dem Pflaster aufschlägt, richte ich die Flinte wieder zwischen die Augen des vorderen Angreifers.

»Für wen arbeitet ihr?«

Statt meine Frage zu beantworten, sieht er mich schweigend an. Taxiert mich. Wartet auf einen winzigen Augenblick der Unaufmerksamkeit, um wieder die Initiative zu gewinnen. Er ist erstaunlich gefasst. Ein Profi.

Sein Pech.

Angesichts meiner aktuellen Gemütsverfassung ist seine Reaktion nicht geeignet, mein Wohlwollen zu erlangen. Ich senke die Schrotflinte um fünfundvierzig Grad nach unten und drücke ab. Er zuckt zusammen und öffnet den Mund zu einem lautlosen Schrei, als das Schrot in seinen Schritt eindringt und alles zwischen seinen Beinen zu einem blutigen Klumpen zertrümmert. Wimmernd geht er zu Boden.

Ich sehe mich um, entdecke aber keinen weiteren Gegner in unmittelbarer Nähe. Veronica ist ebenfalls in die Gasse hinausgetreten und sichert mit erhobener Pistole die Umgebung. Während der Verwundete vor mir sich unter Schmerzen krümmt, nehme ich zwei Schrotpatronen aus der Manteltasche, lade die Waffe nach und stecke sie zurück in den Waffengurt. Dann packe ich den Mann mit einer Hand am Kragen und ziehe ihn zu mir hoch, bis seine Augen auf einer Höhe mit den meinen sind.

»Sag mir jetzt, für wen ihr arbeitet und wie ihr diesen Ort gefunden habt!«

Er ist kurz davor, das Bewusstsein zu verlieren. Kämpft gegen meinen Befehl an. Aber der Böse Blick und die schmerzhafte Verwundung ringen seine Widerstandskraft nieder. Seine Lippen zittern, als sie unter großer Mühe Worte formen wollen.

Doch stattdessen zerreißt ein scharfer Knall die Luft. Der Kopf meines Gefangenen wird von einer unsichtbaren Faust getroffen und zurückgeschleudert. Blut verteilt sich über die Mauer neben mir. Der Körper des Mannes erschlafft. Ich benötige einen Sekundenbruchteil, um das Loch zu realisieren, das sich in seiner Stirn materialisiert hat. Mein erster Gedanke ist, Veronica hat ihn getötet. Doch der Winkel, in dem das Blut aus der klaffenden Wunde seines Hinterkopfes gegen die Ziegel gespritzt ist, passt nicht. Ich lege meinen Kopf in den Nacken. Der Schuss kam von oben.

In dem metallenen Gewirr der Feuerleitern über mir kann ich den Schützen erkennen. Er legt erneut an. Der Lauf seines Gewehres zeigt direkt auf mich.

Nicht gut!

Mir bleibt keine Zeit, in Deckung zu springen oder auch nur den Kopf zur Seite zu wenden. Ich spüre, wie das Geschoss in meinen Schädel eindringt, noch ehe der Knall des Schusses an meine Ohren dringt.

Die Welt um mich herum verschwimmt. Die Gasse wird unscharf. Ich kann keinen klaren Gedanken fassen, mich auf nichts konzentrieren. Chaos und unzusammenhängende Bilder beherrschen die kümmerlichen Reste meines Bewusstseins.

Die Lücke, die mein benebelter Geist hinterlässt, wird auf der Stelle von den Instinkten gefüllt. Angesichts des nicht unmittelbar in Schlagdistanz befindlichen Angreifers reagieren sie mit Flucht. Ich hechte zur Seite in die Deckung des Eingangs zu unserem Versteck. Dort bin ich vor weiteren Treffern sicher.

Glücklicherweise strömt immer noch Massouds machtvolles Blut durch meine Adern. Es sorgt dafür, dass mein durchlöchertes Gehirn sich schnell wieder zusammenfügt. Ich kann nicht sagen, wie lang es dauert, bis sich meine Gedanken Stück für Stück klären und der Nebel der Geistlosigkeit sich verzieht. Mit dem Verstand ist mir auch das Zeitgefühl abhandengekommen.

Als ich endlich wieder Herr meiner selbst bin und mich daran mache, die aktuelle Situation zu erfassen, bin ich allein. Ich werfe einen vorsichtigen Blick aus dem Eingang. Die Gasse ist leer. Der Blutfleck unter dem Kopf des Erschossenen hat sich nur geringfügig weiter ausgebreitet. Vermutlich bin ich weniger als eine halbe Minute außer Gefecht gewesen. Vielleicht nicht mehr als zehn Sekunden.

Ich schaue nach oben. Stiefel trampeln auf den Gitterrosten der Feuerleitern über mir. Es ist Veronica. Offenbar hat sie sich an die Verfolgung des Schützen gemacht. Ich beschließe, ihr zu helfen.

Ich gehe in die Hocke und springe hinauf. Mit Leichtigkeit überwinde ich die drei Meter bis zum untersten Absatz der Feuerleiter, stoße mich mit den Händen weiter nach oben, sobald ich die nächste Stufe zu fassen bekomme, und lande mit den Füßen auf dem Gitter. Mit jedem Schritt nehme ich einen kompletten Treppenabsatz und bin in kürzester Zeit oben angekommen. In einiger Entfernung heult ein Motor auf und entfernt sich schnell. Bei einem hastigen Rundumblick entdecke ich Veronica am anderen Ende des Flachdaches. Sie schaut über die niedrige Brüstung nach unten. In der Hand hält sie ein großkalibriges Jagdgewehr. Misstrauisch beäuge ich meine Umgebung. Eine Vielzahl von Treppenhäuschen, Unrathaufen oder Mäuerchen bietet reichlich Möglichkeiten für einen weiteren Hinterhalt. Aber niemand springt irgendwo hervor, während ich mich zügig zu meiner Gefährtin geselle.

Sie wirft mir einen flüchtigen Blick zu, dann deutet sie nach unten in eine schmale Gasse, ähnlich der zu unserem Versteck. »Er ist da runtergesprungen und mit einem Motorrad abgehauen. Keine Chance, ihn zu verfolgen.« Sie hebt die Waffe in ihrer Hand. »Das hier hat er fallen lassen. Leider ohne Munition.«

»Wer war das?«

Sie sieht weiter hinab, während sie spricht. »Ich bin mir ziemlich sicher, dass es ein Mann war. Blaue Jeans, Lederjacke. Mehr konnte ich nicht erkennen.«

»Einer von uns?«

»Das auf jeden Fall, so schnell wie er war.«

»Und das Motorrad?«

»Irgendeine Rennmaschine.«

Derartige Gefährte sind recht beliebt unter den Jungblütigen. Dennoch habe ich einen Verdacht, um wen es sich handeln könnte. Einen Verdacht, der neue Fragen aufwirft. Aber die müssen warten.

»Da unten liegen zwei Leichen, um die wir uns kümmern müssen«, sage ich. »Lass uns gehen!«

Veronica zögert, meinem Vorschlag Folge zu leisten. In ihrem gehetzten Blick erkenne ich das Raubtier, das nicht bereit ist, seine Beute entkommen zu lassen. Auch wenn sie selbst erkannt hat, dass die Verfolgung aussichtslos ist. Schließlich kehrt sie dem Abgrund widerwillig den Rücken, leise Flüche vor sich hin murmelnd, und folgt mir zurück zur Feuerleiter.

Wieder in der Gasse angekommen, hebe ich meine Waffen auf, die ich während der instinktiven Flucht habe fallen lassen.

Ein verheißungsvoller Duft erfüllt die Luft. Blut rinnt in breiten Strömen aus den Köpfen der beiden Leichen. Und bei dem, den der unbekannte Schütze getötet hat, zusätzlich aus der Wunde zwischen seinen Beinen. Veronicas Augen hängen voller Sehnsucht an dem roten Fluss, der die sich ausbreitende Pfütze auf dem Asphalt nährt.

»Darf ich …?«, fragt sie wie ein kleines Kind, dessen Nase am Schaufenster des Süßigkeitengeschäftes klebt.

Ich habe keine Lust, mich jetzt auch noch mit ihr zu streiten und nicke nur. Wie ein Hund, dem man einen Knochen vorgeworfen hat, stürzt sie sich auf den Körper und versenkt ihre Fangzähne in dem frischen Kadaver.

Die beiden waren normale Sterbliche, keine Unholde.

Fragen schießen durch meinen Kopf, der sich endgültig von der Schussverletzung erholt hat.

»Gib mir dein Telefon!«, ranze ich Veronica an.

Sie unterbricht ihr Festmahl nur widerwillig, aber sie reicht mir das Gerät. Anschließend macht sie sich sofort wieder über ihr Opfer her.

Mittlerweile habe ich oft genug zugesehen, wie sie das Ding bedient, beziehungsweise selbst schon damit telefoniert. Es sieht vielleicht ein wenig unbeholfen aus, wie ich auf den Tasten herumtippe, aber es funktioniert. Eigentlich gar nicht so schwer. Der Erfolg bestärkt meinen Vorsatz, mir auch ein Mobiltelefon zuzulegen, sobald die Sache hier vorbei ist. Zumindest, falls ich dann noch über diese Welt wandele.

»Ja?«, meldet Karol Ludovicz sich.

»Ich bin's. In Little Italy gab es gerade eine Schießerei und mehrere Detonationen. Halten Sie die Sache klein! Kümmern Sie sich persönlich darum oder schicken Sie ein paar ihrer Leute, die nicht so genau hinsehen oder was auch immer. Ich will weder eine langwierige Ermittlung noch die Angelegenheit morgen in der Zeitung lesen.«

»Ganz schön was los dieser Tage ...«

Er hat zwar recht, aber ich bin gerade nicht in der Gemütsverfassung für ausschweifende Diskussionen über sein Arbeitspensum. »Erledigen Sie das!«

»Verstanden.«

Ich beende das Gespräch mit der roten Taste, wie ich es gelernt habe, und wähle erneut. Diesmal Silvios Nummer.

Eine halbe Minute lang höre ich den Rufton, dann gebe ich auf. Es ist nicht seine Art, einen Anruf nicht anzunehmen. Erst recht nicht in einer Situation wie momentan. Damit ist wohl geklärt, woher die Angreifer von unserem Versteck wissen. Bleibt nur die Frage, wie sie Silvio gefunden haben. Aber letztlich ist dieses Detail nun unwichtig. Mit jeder neuen Erkenntnis sinkt meine Laune weiter.

Veronica hat ihr Mahl beendet und erhebt sich von der leer gesaugten Beute. Blut bedeckt ihren Unterkiefer. Rote Rinnsale haben ein Muster auf ihr Top gezeichnet und laufen über ihren nackten Bauchnabel.

»Geh zurück und zieh dir was Frisches an! Und beeil dich!«

Ein kurzes Funkeln verhaltenen Widerstands blitzt in ihren Augen auf, doch dann beugt sie sich. Meine Anweisung duldet keinen Widerspruch. Sie verschwindet im Inneren des Hauses.

Kaum ist sie außer Sicht, als ich aus dem Augenwinkel eine Bewegung am Ende der Gasse wahrnehme. Innerhalb eines Augenblicks habe ich die Schrotflinte im Anschlag und ziele auf den Mann, der dort steht. Sein Anzug und die Pistole in seiner Hand verleiten mich zu der Annahme, einem Weiteren der Angreifer gegenüberzustehen. Doch kurz bevor ich abdrücke, erkenne ich einen von Silvios Leuten, der letzte Nacht beim

Kampf in der Tiefgarage von Marduks Zuflucht dabei gewesen ist. Auch er sieht, dass er keinem Feind gegenübersteht.

Synchron senken wir die Waffen. Er rennt auf mich zu. Sein beträchtlicher Bauchumfang und das Alter – er zählt schätzungsweise fünfzig Jahre – lassen ihn schnaufen wie ein Walross. Offensichtlich ist er hierher gelaufen.

»Was ist passiert?«, fragt er atemlos.

»Wo kommst du her?«

»Mein Cousin hat eine Pizzeria um die Ecke. Er sagte, er hat Explosionen gehört.« Sein Blick fällt auf die beiden Leichen am Boden.

»Ein Überfall«, antworte ich auf seine erste Frage. »Wir sind aufgeflogen. Hilf mir!«

Ich packe einen der Toten und zerre ihn durch die aufgesprengte Tür in das Mafiaversteck, das mir die letzten zwei Wochen als Zuflucht gedient hat. Der Gangster nimmt sich kommentarlos der zweiten Leiche an.

»Wo ist Silvio?«, frage ich, während wir aufräumen.

»Keine Ahnung.« Mein Helfer schnauft erbärmlich. »Ist seit heute Mittag verschwunden.«

»Schätze, sie haben ihn geschnappt.« Ich werfe den Toten in die Dusche.

Erst als der Mafioso auch seine Last dazugelegt hat und seinen Rücken mit schmerzverzerrtem Gesicht durchdrückt, sieht er Veronica, die uns mit bloßem Oberkörper beobachtet. Sein Blick bleibt an ihren Brüsten hängen. Der spontane Übergang von blutüberströmten Leichen zu halbnackten jungen Frauen bringt ihn offenbar aus dem Konzept. Zumindest hat sie sich gereinigt.

Inzwischen unterziehe ich die beiden Toten einer oberflächlichen Leibesvisitation. Außer den Schusswaffen und einer weiteren Handgranate, die ich in meiner Manteltasche verschwinden lasse, finde ich lediglich Zigaretten sowie ein paar Geldscheine und Münzen. Dazu in der Innentasche einer der Jacken einen Autoschlüssel. Ich stecke alles ein und lasse die Toten in der Dusche zurück.

»Und jetzt raus hier!«, weise ich die beiden anderen Anwesenden an. »Vermutlich hat nicht nur dein Cousin die Explosionen gehört. Die Cops können jeden Augenblick hier sein.«

Veronica zieht ein frisches Top über und legt sich breit grinsend die Jacke um. »Fertig.«

Ich beachte ihre Show nicht weiter, sondern packe die wenigen Habseligkeiten, die wir in unserem Versteck deponiert haben, in die beiden Reisetaschen. Das Gewehr des geheimnisvollen Schützen lasse ich hier. Ohne Munition nützt es mir nichts. Den vom Kampf ramponierten Trenchcoat tausche ich gegen einen neuen. Glücklicherweise hat Silvio beim Einkaufen nicht gespart. Anschließend stemme ich die Gepäckstücke auf meinen Rücken und mache mich auf den Weg nach draußen.

Der Mafioso folgt uns.

Ich habe recht behalten. Vom Ende der Gasse her ist bereits Sirenengeheul zu hören und kommt schnell näher. Irgendwie bin ich in den letzten Tagen ständig auf der Flucht vor der Polizei.

»Hier lang!« Silvios Mann deutet in die andere Richtung der Gasse, weg von der Straße.

Wir laufen ihm hinterher.

Zwei Ecken weiter, hinter Mülltonnen, einem aufgebockten reifenlosen Auto und einem Haufen zerknautschter Pappkartons, nestelt er einen Schlüsselbund aus der Jackentasche. Er schließt eine unscheinbare rostige Metalltür auf, derjenigen zu unserem Versteck zum Verwechseln ähnlich. Zumindest bevor sie zerbeult neben dem Durchgang lag, den sie bis zu dem Überfall verschlossen hat. Mit rasselndem Atem und wild wedelnden Händen winkt unser Führer uns in den Eingang. Wir betreten einen schmalen Gang. Auf der rechten Seite erwartet uns nackter Beton mit über den Putz verlegten Stromleitungen. Zu unserer Linken stapeln sich weitere Pappkartons, diesmal alle fabrikneu und mit dem Logo der Pizzeria versehen, deren

Hinterzimmer wir soeben betreten haben. Vermutlich der Laden seines Cousins.

Der dicke Mafioso schließt die Tür hinter uns ab und lehnt sich schnaufend dagegen. »Hier … sollten wir … erstmal … sicher sein.« Noch einmal holt er tief Luft und deutet mit weit ausholenden Gesten an uns vorbei. »Da vorn durch die Tür rechts.«

Ich begutachte den beschriebenen Weg und gehe durch die Tür. Der fensterlose, an drei Wänden mit Regalen bestückte Raum ist bis unter die Decke mit Mehlsäcken, Weinkisten, Käse in großen Rollen und allerlei anderen Lebensmitteln vollgestopft. Beim Anblick eines langen Zopfes aus Knoblauchknollen bin ich froh, dass nicht alle Geschichten, die die Sterblichen sich über unsereins erzählen, der Wahrheit entsprechen. In der einzigen freien Ecke des Lagerraumes steht ein schmuckloser alter Holztisch, umrundet von vier einfachen Hockern. Runde Flecken von Gläsern und Tellern auf der Tischplatte zeugen von ausgiebiger gastronomischer Nutzung des Hinterzimmers. Ich parke die beiden Reisetaschen an der Wand.

Ich höre, wie auf dem Gang, durch den wir gekommen sind, eine andere Tür geöffnet wird. Es folgt eine angeregte Diskussion auf Italienisch. Ich bekomme gerade so viel vom Inhalt des Gespräches mit, dass der Mann, der Veronica und mich über die Schulter unseres Retters hinweg mustert, nicht sonderlich begeistert über unsere Anwesenheit ist. Anscheinend ist das der Cousin, dem das Etablissement gehört. Er gibt sich den vehement vorgetragenen Argumenten des Mafioso aber schließlich geschlagen und zieht sich leise schimpfend zurück. Der Sieger des verbalen Gefechts gesellt sich zu uns, schließt die verschrammte Holztür hinter sich und lässt sich stöhnend dagegen sinken. Mit dem Ärmel seines Jacketts wischt er den Schweiß von seiner Stirn.

Veronica lehnt sich an die Tischkante.

Ich bleibe aufrecht stehen und wende mich an unseren Gastgeber: »Danke für die Hilfe.«

Der Mafioso winkt ab. »Schon in Ordnung.«

»Wie heißen Sie?«

»Vincence Bassano. Für Silvios Freunde Vinnie.«

Ich nehme das Angebot an. »Also Vinnie. Nennen Sie mich John! Das ist Veronica.«

Nur ein schwaches Zucken ihrer Augenbrauen deutet darauf hin, dass sie seine Anwesenheit zur Kenntnis nimmt. Nicht sonderlich höflich, insbesondere da er gerade einigen Ärger riskiert, um uns zu helfen. Ich beobachte ihre Abweisung mit Sorge. Der stetige Vormarsch der Bestie bringt es häufig mit sich, dass Sterbliche ausschließlich als Nahrungsquelle angesehen und nicht mehr als Personen wahrgenommen werden. Aber im Augenblick habe ich drängendere Probleme.

»Wer zur Hölle war das?« Veronica spricht meine Gedanken aus.

Ich schüttele den Kopf. »Ich weiß es nicht. Vermutlich Marduks Leute. Oder wieder eins von Gianna Linaros Killerkommandos.«

»Das ergibt alles keinen Sinn«, denkt sie laut. »Sie hetzen Sterbliche auf uns – das gerade waren nicht einmal Unholde, oder? Langsam sollten sie doch wissen, dass die mit uns nach Sonnenuntergang nicht fertig werden. Und statt sich selber einzumischen, knallen sie ihre eigenen Leute ab, sobald die versagt haben.«

Mit einem strengen Blick bringe ich sie zum Schweigen. Ihre Schlüsse sind nicht von der Hand zu weisen. Ihr Verstand scheint noch einigermaßen zu funktionieren. Dennoch ist ihr Urteilsvermögen wohl etwas getrübt, sonst würde sie nicht in Anwesenheit von Menschen so offen reden. Sobald sie ruhig ist, beobachte ich die Reaktion des Mafioso auf Veronicas Enthüllungen. Er bemerkt die Aufmerksamkeit, die ich ihm schenke.

»Keine Sorge, John.« Langsam kommt er wieder zu Atem. »Bei mir ist Ihr Geheimnis sicher.«

»Welches Geheimnis?« Ich will wissen, wie viel er bereits ahnt.

Ich kann die Nervosität spüren, die meine Fragen in ihm aufsteigen lassen. Neue Schweißperlen bilden sich auf seiner Stirn. Sie riechen nach Angst.

»Ich …«, beginnt er stotternd. »Ich habe gesehen, was Sie in der Tiefgarage getan haben.«

»Was habe ich in der Tiefgarage getan?«

Auch Veronica schaut ihn nun durchdringend an.

Er schluckt. Er weiß, dass er gerade das Kaninchen ist, das zwei Wölfen gegenübersteht. »Ich will Ihnen helfen!«, sprudelt es aus ihm heraus.

»Das bezweifle ich nicht, Vinnie.« Ich spreche vollkommen ruhig. »Ich möchte trotzdem wissen, was Sie in der Tiefgarage gesehen haben.«

»Nun … Ich habe gesehen, wie Sie gekämpft haben. Wie schnell Sie sich bewegt haben. Sie und die anderen. Und wie Sie das Blut … getrunken haben und ihre Wunden … und die von Silvio …« Er hält inne.

»Und was hältst du davon?« Mein abrupter Wechsel zum ›du‹ verdeutlicht noch einmal eindringlich die Verteilung der Autorität zwischen uns beiden, obwohl daran ohnehin nie Zweifel bestanden haben.

Ich kann zusehen, wie sein Gehirn arbeitet. Ihm ist bewusst, dass von der Antwort sein Leben abhängen könnte.

»Silvio vertraut Ihnen«, erklärt er schließlich. »Das ist für mich ausreichend, es auch zu tun.«

Ich schätze, mein Vertrauter hat seinen Kumpanen ein paar Dinge erklären müssen, nachdem sich unsere Wege vergangene Nacht getrennt haben.

»Du hast also kein Problem damit, was wir sind?«

Abwehrend hebt er die Hände. »Nein, nein, absolut nicht.«

»Wie kommt das? Warum hilfst du uns so bereitwillig?«

»Ich …« Er ist sichtlich verunsichert.

»Immer heraus damit! Früher oder später erfahre ich es sowieso.«

Es fällt ihm offensichtlich schwer, die richtigen Worte zu finden. »Nun, ich habe gestern mit angesehen, wie Sie Silvios Wunde, nun ja, verarztet … also …«

»Ich weiß, was ich getan habe«, erlöse ich ihn aus seinem sprachlichen Dilemma. »Was ist damit?«

»Also, ich möchte nicht respektlos erscheinen, aber … können Sie auf die Weise auch Krankheiten … behandeln?«

Ich ahne, worauf er hinauswill. Da Silvio verschwunden ist, muss ich schlimmstenfalls davon ausgehen, dass er mir in Zukunft nicht mehr zur Verfügung steht. Von daher könnte es von Vorteil sein, alternative Kontakte zur Mafia aufzubauen. Vinnie zu helfen, wäre dafür sicherlich hilfreich.

»Möglicherweise«, antworte ich vorsichtig. »Worum geht es genau?«

»Es ist … Ich habe Krebs. Noch geht es mir recht gut. Aber die Ärzte sagen, wenn ich nicht mit der Chemotherapie anfange, wird es bald schlimmer werden. Ich habe gesehen, was diese Therapie bei meinem Vater angerichtet hat – der hatte auch Krebs – und …«

»Ich verstehe schon.«

Er hält inne und sieht mich verlegen an. Ich überlege, ob ich seiner Bitte entsprechen soll. Die heilenden Kräfte des Blutes der Nocturni stehen außer Frage. Doch ich habe gelernt, es nicht leichtfertig anzubieten. Auf der anderen Seite wäre mir Vinnies Dankbarkeit gewiss. Ein guter Start einer weiterführenden Zusammenarbeit. Üblicherweise suche ich mir jüngere Kandidaten für meine Vertrauten aus. Aber im Augenblick kann ich es mir nicht leisten, wählerisch zu sein. William, mein Tagwächter, ist tot, Silvios Verbleib bestenfalls unklar. Ich beschließe, Vinnies Wunsch zu entsprechen.

»Ich kann keine Garantie übernehmen, dass es funktioniert«, erkläre ich wahrheitsgemäß – immerhin ist Krebs alles andere als eine Lappalie, »aber ich werde versuchen, dir zu helfen. Es könnte allerdings ein paar Nebenwirkungen geben.«

»Was für Nebenwirkungen?«

»Nichts Dramatisches. Es könnte eine erhöhte Reizbarkeit auftreten.« Den Blutdurst der Unholde – und zu einem solchen würde er, wenn er mein Blut trinkt – als erhöhte Reizbarkeit zu bezeichnen, ist zugegebenermaßen eine erhebliche Untertreibung. Aber er muss ja nicht alles auf einmal wissen.

Vinnie nickt vorsichtig. »Das wäre wohl in Ordnung.«

»Also gut.« Ich ritze mit dem Daumennagel eine kleine Wunde ins Handgelenk. Sofort quillt ein schmales rotes Rinnsal hervor. Ich strecke den Arm zu ihm aus. »Trink!«

Sein Blick wandert mehrmals zwischen meinen Augen und dem dargebotenen Blut hin und her. Zögernd nimmt er meinen Arm und führt ihn an seinen Mund. Es fiele ihm sicherlich leichter, hätte ich ein Glas damit gefüllt, aber der intime Akt der direkten Nährung aus der offenen Pulsader knüpft ein außerordentlich inniges Band. Dies kann den langwierigen Prozess, einen Vertrauten zu gewinnen, deutlich beschleunigen. Wenn der Aspirant genug Mut dazu aufbringt, seine Lippen um die Wunde zu schließen.

Vinnie schafft es schließlich, seine Abscheu zu überwinden. Zunächst vorsichtig, aber mit jedem Schluck begieriger, nimmt er das Blut in sich auf. Er spürt die Kraft, die der Flüssigkeit innewohnt.

»Genug!«, beende ich die unheilige Kommunion.

Auf der Stelle lässt er von mir ab. Das Blut färbt seine Lippen in einem kräftigen Rot. Sein Blick ist glasig, sein Gesicht geradezu verzückt, wie nach dem Genuss eines edlen Weins. Dann krümmt er sich von einem Augenblick zum nächsten vor Schmerzen und hält sich den Bauch. Diese Nebenwirkung habe ich ihm verschwiegen.

Doch wie bei Silvio in der Nacht zuvor lassen die Krämpfe schnell wieder nach. Ich habe die Dosis bewusst gering gehalten. Er richtet sich auf und sieht mich fragend an. Ich erwidere seinen Blick, ohne ein Wort zu sagen.

Er hat einen großen Schritt getan in eine Welt, die noch vor einem Tag jenseits seines Vorstellungsvermögens gelegen hat. Er hat von der verbotenen Frucht gekostet. Von nun an wird es immer schwieriger, sich von dem Pfad abzuwenden, den er eingeschlagen hat. Wohin er ihn führt, wird sich zeigen. Ich habe ihn zu nichts gezwungen. Es war seine Wahl.

»Bin ich jetzt geheilt?«, bringt er mühsam hervor, immer noch überwältigt von dem Erlebten.

»Wir sollten das noch ein paar Mal wiederholen.«

Er nickt wie in Zeitlupe.

»Silvio hat dir gesagt, dass uns nicht an unnötiger Publicity gelegen ist?«

»Ja, natürlich«, erklärt er hastig. »Kein Wort zu irgendjemandem. Nicht mal in der Familie.«

»Gut. Lass uns jetzt bitte allein!«

»Natürlich! Sagen Sie Bescheid, wenn ich irgendetwas für Sie tun kann!«

»Das werde ich.«

»Und nochmal danke wegen …« Er wirft uns ein gezwungenes Lächeln zu. Dann beeilt er sich, den Raum zu verlassen, und schließt sorgsam die Tür hinter sich.

»Interessant«, kommentiert Veronica, was sie soeben gesehen hat.

»Sei in Zukunft trotzdem vorsichtiger, was du sagst!«, maßregele ich sie.

»Wieso? Ist doch gut gelaufen.«

»Das war aber noch nicht abzusehen, als du angefangen hast, in seinem Beisein von Vampirangelegenheiten zu reden.«

»Du hast doch angefangen.«

»Aber ich habe nichts von ›Sterblichen‹ und ›Unholden‹ gesagt. Sei zukünftig bitte etwas vorsichtiger in deiner Wortwahl!«

Betreten schaut sie zu Boden. »Sorry.«

Ich lasse mich auf einem der Stühle nieder und sinke gegen die Lehne. »Also gut. Wir sind mal wieder aufgespürt und angegriffen worden. Von Sterblichen. Nachts. Eine Stunde früher und sie hätten uns wehrlos im Schlaf erwischt.«

»Genauso wie im Empire State Building.« Sie zieht den Mund schief, während sie nachdenkt. »Nur, dass sie da zu früh dran waren. Und heute zu spät.«

»Läuft aber aufs Selbe hinaus.« Ruckartig stehe ich wieder auf und beginne, in dem begrenzten Raum hin und her zu tigern. »Vor zwei Wochen das waren Gianna Linaros Leute. Und heute?«

Sie hebt die Achseln.

»Der Kerl mit dem Motorrad … Was genau hast du von ihm gesehen? Du hast was von Jeans und Lederjacke gesagt?«

»Ja, mehr konnte ich nicht erkennen.«

»Hatte er lange Haare?«

Sie überlegt kurz. »Schon möglich …«

»Und Nieten auf der Jacke?«

»Kann sein. Da hat was an seiner Jacke geblitzt, als er an einer Straßenlaterne vorbeigefahren ist.«

Mein anfänglicher Verdacht verdichtet sich. »Jake.«

»Nicht auszuschließen.«

»Das ist nun schon das zweite Mal, dass er sich in die Sache einmischt. Erst in der U-Bahn und jetzt erschießt er einen menschlichen Attentäter, bevor der mir verrät, für wen er arbeitet.«

»Scheint nicht so ganz weit her zu sein mit seiner Neutralität.«

»Allerdings. Ich bin mir nur noch nicht im Klaren darüber, wie er da reinpasst. Er hasst Autoritäten. Ich bin oft genug mit ihm aneinandergeraten, weil er sich von niemandem etwas sagen lässt. Es fällt mir schwer, mir vorzustellen, dass er sich Marduk angeschlossen hat und in seinem Auftrag handelt. Das passt nicht zu ihm.«

»Hat Gianna nicht verkündet, dass Marduk den Vampiren hier mehr Freiheiten zugestehen will, wenn er an der Macht ist?«

»Aber nur, wenn sie sich ihm unterordnen. Damit hat Jake meiner Erfahrung nach mehr Probleme als mit den Ewigen Gesetzen an sich.«

»Vielleicht kennst du ihn doch nicht so gut, wie du denkst.«

Ich schüttele den Kopf. »Jake kämpft nur für sich selbst. All die Jahre, seit er hier aufgetaucht ist, hat er sich geweigert, ernsthaft mit mir zusammenzuarbeiten. Immer nur so weit, dass er mir keinen Grund gibt, ihn endgültig zu beseitigen. Er liebt seine Unabhängigkeit. Dafür ist er bereit, sich mit deutlich Mächtigeren von uns anzulegen. Das wird er nicht für Marduk über den Haufen werfen.«

Erneut zuckt sie die Schultern. »Vielleicht war er's ja gar nicht. Lange Haare und Lederjacken mit Nieten drauf sind ja jetzt nicht sooo unüblich für Motorradfahrer.«

»Aber er war eindeutig einer von uns«, widerspreche ich. »Und kein Neugeborener. Die springen nicht einfach so mir nichts, dir nichts vom Dach eines fünfstöckigen Gebäudes auf die Straße. Das grenzt seine Identität ziemlich stark ein. Und ich kenne keinen der Alteingesessenen von uns in Manhattan, auf den die Beschreibung so gut zutrifft wie auf den Wilden Jake.«

»Vielleicht sollten wir ihn einfach fragen. Weißt du, wo er wohnt?«

»Nein. Irgendwo in der Lower East Side. Wenn ich was von ihm will, hinterlasse ich Nachrichten in einem seiner Stammclubs. Aber falls er wirklich etwas mit dem Angriff zu tun hat, wird er so eine Einladung heute sicher nicht annehmen.«

»Okay …« Abrupt neigt Veronica den Kopf zur Seite, schaut zuerst gedankenverloren an einen unbestimmten Punkt an der Wand, dann zu mir. »Mal unabhängig davon, wer der geheimnisvolle Motorradfahrer war … Nehmen wir mal an, er hat die beiden Sterblichen auf uns gehetzt und sie von dem Dach aus überwacht. Er wollte nicht, dass sie uns wirklich töten, sonst hätte er sie angewiesen, uns tagsüber anzugreifen. Das würde bedeuten, er hat von Anfang an eingeplant, dass sie sterben. Aber als du einen lebend geschnappt hast, musste er eingreifen und ihn erschießen, damit sie ihn nicht verraten.«

Ich muss mir trotz der verfahrenen Situation ein Schmunzeln verkneifen, als die Polizistin wieder in Erscheinung tritt. »Hört sich so weit stimmig an.«

»Echt?« Ein Anflug von Entsetzen huscht über ihr Gesicht. »Du meinst, er würde die beiden wirklich in den sicheren Tod schicken?«

»Wenn es seinen Zielen dienlich ist … In der Wahl der Mittel war unsere Art noch nie zimperlich.«

»Bleibt die Frage, was seine Ziele sind.« Nur Sekunden später hebt sie den Zeigefinger. »Kann es sein, dass er uns eine Botschaft schicken wollte?«

»Das hat er. Die Botschaft lautet: Ich weiß, wo ihr euch versteckt habt. Und wenn ich es wollte, hätte ich euch töten können.«

»Aber genau das wollte er nicht. Also ist er keiner von Marduks Helfern.«

Ich nicke zustimmend. »Der hätte nicht gezögert, uns zu beseitigen.«

»Genau. Das bedeutet dann aber, er will, dass du überlebst. Und da es in dem aktuellen Kampf um New York nur einen Sieger geben kann, will er, dass du das bist.«

Langsam verstehe ich, worauf sie hinauswill. »Er kann aber nicht offen in unseren Krieg eingreifen, weil er nach außen hin neutral erscheinen will.«

»Vielleicht hätte er dich gern als Sieger, ist aber nicht sicher, dass du das schaffst. So kann er im Notfall Marduk gegenüber behaupten, er hätte sich herausgehalten.«

Viele Annahmen. Aber durchaus nachvollziehbar. Das würde sogar zu Jake passen. Bleibt nur eine Frage. »Wer waren die Angreifer und wie hilft uns das Ganze in unserem Kampf gegen Marduk?«

»Vielleicht kommen wir über die Attentäter zu den Hintermännern. Was wissen wir über die beiden?«

»Keine Uniformen … militärische Bewaffnung …« Ich hole den Autoschlüssel aus meiner Manteltasche, den ich einem von ihnen abgenommen habe. »Können wir damit was anfangen?«

Interessiert beäugt Veronica den Gegenstand. »Ist der von denen?«

Ich nicke und reiche ihn ihr.

»Ist'n Funkschlüssel«, stellt sie fest. »Lass uns ein Stück spazieren gehen!«

Ich ahne, was sie vorhat. »Wir müssen aber aufpassen, dass wir uns von dem aufgeflogenen Versteck und der Polizei fernhalten.«

»Geht klar.«

Wir verlassen das Hinterzimmer und wenden uns in die Richtung weg von der Tür zur Gasse, durch die wir das Gebäude betreten haben. An den Toiletten vorbei landen wir schließlich im Gastraum mit der direkt angeschlossenen Küche, wo wir den Gangster im Gespräch mit seinem arbeitenden Cousin antreffen. Der Besitzer der Pizzeria mustert mich unauffällig, während er Teigfladen belegt. Ihm steht ins Gesicht geschrieben, dass er seinem Verwandten nur höchst widerwillig bei seinen Geschäften behilflich ist. Aber welcher rechtschaffene Italiener widersetzt sich schon den Wünschen seiner Verwandtschaft? Insbesondere wenn sie dem organisierten Verbrechen angehört.

»Wir kommen später wieder«, erkläre ich im Vorbeigehen. »Pass auf, dass niemand an unser Gepäck geht!«

»Alles klar.« Das Doppelkinn des Gangsters schlägt Wellen, als er eifrig nickt. »Ich bin hier, wenn Sie mich brauchen.«

Durch den Vorderausgang gelangen wir auf die Straße. Der übliche Lärm des abendlichen New York empfängt uns. Um diese Uhrzeit sind noch zahlreiche Menschen unterwegs. Die frische Luft tut gut. Nur, um sie in meinen toten Lungen zu spüren, nehme ich einen tiefen Atemzug.

Veronica hält den Autoschlüssel in der Hand. »Wir suchen einen Chevrolet. Typ unbekannt.«

Ich folge ihr den Bürgersteig entlang. Jedes Mal, wenn in den Reihen der am Straßenrand geparkten Wagen das gesuchte Fabrikat auftaucht, drückt sie den Knopf zum Öffnen. Ohne Erfolg.

Als wir uns der Gasse mit dem Eingang zu Silvios Versteck nähern, erhellt Blaulicht die Szenerie, allerdings ohne Sirene. Drei Streifenwagen und Absperrband blockieren die Einfahrt. Die Ermittlungen zu den Explosionen sind im vollen Gange.

Wir passieren das Geschehen in gebührendem Abstand und fahren auf der anderen Seite der Gasse fort. Schon beim zweiten Versuch zeugt ein Blinken von Erfolg, wenn auch nicht bei dem metallicroten Caprice direkt neben uns, sondern dem schwarzen Impala zehn Meter weiter. Als gehöre er uns, steigen wir ein. Ohne zu zögern, steckt Veronica den Schlüssel ins Zündschloss, startet den Motor und fährt los.

Ich begebe mich derweil daran, das Gefährt zu durchsuchen. Im Handschuhfach werde ich schnell fündig und angele zwei

Mobiltelefone und eine Mappe mit den Fahrzeugpapieren heraus. Die Telefone sind gesperrt. Also schlage ich die Zulassung auf und beginne zu lesen: »ATL Ltd. Ein Firmenwagen. Sagt dir das was? ATL?«

»Nö.«

Ich wühle durch die Dokumente, finde jedoch nichts, was mich weiterbringt.

Mit einer Hand am Lenkrad beginnt Veronica, auf einem oberhalb der Mittelkonsole befestigten Gerät mit der Aufschrift ›tomtom‹ herumzutippen. »Mal sehen, was das Navi sagt.«

Fasziniert beobachte ich ihr Tun.

»Die letzte Suche ging zu der Adresse, wo wir das Auto gefunden haben«, kommentiert sie ihre Recherche. »Was haben wir denn sonst noch … Da! ATL.«

»Ähm.« Immer noch verwirrt bestaune ich die Liste auf dem Display. »Das heißt?«

»Das heißt, wir wissen, wo die Firma sitzt, der das Auto gehört. Und die Adresse … Moment … Da haben wir's. Müsste irgendwo in Chelsea sein.«

Die moderne Technik begeistert mich immer wieder. »Tja, dann würde ich sagen, wir schauen erst mal da vorbei, bevor wir in die Upper East fahren.«

Ihr Grinsen geht bis zu den Ohren. »Mit dem größten Vergnügen.«

Ich teile ihre Zuversicht nur bedingt. Falls der Überfall wirklich einen Hinweis dargestellt hat, dann folgen wir soeben einer sorgsam ausgelegten Spur. Nicht auszuschließen, dass wir mitten in eine Falle tappen. Auf der anderen Seite … Wollte unser mysteriöser Tippgeber uns tot sehen, hätte er das einfacher haben können. Letztlich ist das hier nicht weniger riskant als der ursprüngliche Plan, Marduks Badewannen-Penthouse aufzusuchen. Und wenn es hart auf hart kommt, muss ich mich eben auf meine kämpferischen Fähigkeiten verlassen. Auch wenn die angesichts meiner momentanen Feinde kein Garant für einen Sieg sind.

An der Adresse aus dem Navigationsgerät angekommen, stehen wir vor einem zehnstöckigen Bürokomplex in mäßig ansehnlicher Ziegeloptik. Vermutlich hat der Architekt versucht, das Gebäude optisch den historischen Lagerhallen anzupassen, die die Gegend früher geprägt haben. Über den Erfolg kann man streiten. Trotz der fortgeschrittenen Uhrzeit leuchtet hinter mehreren Fenstern noch Licht. In der Stadt, die niemals schläft, wird rund um die Uhr gearbeitet.

»Und nun?« Erwartungsvoll schaue ich Veronica an.

Sie kramt in den Ablagefächern neben dem Fahrersitz herum und angelt aus einem davon ein handliches kleines Gerät. Sobald sie den darauf befindlichen Knopf betätigt hat, ertönt von außerhalb des Wagens ein leises Brummen.

»Tada!« Breit grinsend deutet sie auf das Rolltor, das sich vor uns öffnet. Sie benötigt keine Aufforderung, um die Rampe zur Tiefgarage hinunterzufahren.

Während wir massive Betonsäulen und Reihen geparkter Autos passieren, drängen sich Erinnerungen an die vergangene Nacht in mein Bewusstsein. Der Ausgang des Kampfes war zwar erfreulich, aber ich hätte nichts dagegen, heute auf ein vergleichbares Gemetzel zu verzichten. Allein schon, weil wir nur zu zweit sind und keine Verstärkung von weiteren Vampiren, Mafiosi und Gangstern dabei haben.

Veronica lenkt unser Fahrzeug in die erste freie Parkbucht auf unserem Weg. Sie steigt ebenso vorsichtig aus wie ich, schaut sich aufmerksam um. Vermutlich verbindet auch sie Tiefgaragen seit gestern intuitiv mit Gefahr. Doch nur unsere eigenen Schritte und das Summen einer flackernden Leuchtstoffröhre durchbrechen die Stille. Überwachungskameras kann ich keine entdecken. Sich ständig umschauend, hält Veronica auf den Fahrstuhl zu. Die Kabine steht schon bereit.

»Ah ja …« Ihr Gesicht hellt sich auf, als sie das Paneel mit den Knöpfen für die verschiedenen Etagen betrachtet.

Sobald ich es ebenfalls im Blick habe, erkenne ich den Grund dafür. Neben jedem Schalter befindet sich eine Liste mit Firmenbezeichnungen.

»Da! ATL. Achter Stock.« Kurz bevor ihr Finger den Taster berührt, hält sie inne und sieht mich fragend an. »Oder spricht was dagegen?«

Ich deute auf die Tür neben dem Lift. »Lieber die Treppe.«

»Hast du Angst, dass sie wieder mit Flammenwerfern auf dich losgehen?«

»Sagen wir mal, ich bevorzuge es, in fremder Umgebung nicht in einem winzigen Raum eingesperrt zu sein, wenn es sich vermeiden lässt. Und die paar Stockwerke schaffen wir zu Fuß, oder?«

Ohne Widerspruch folgt sie mir.

So leise wie möglich drücke ich die Tür zum Treppenhaus auf und lausche aufmerksam. Weiterhin ist kein Hinweis zu entdecken, dass außer uns noch jemand hier ist. Das bleibt auch so, als wir auf der Zieletage ankommen, in den angrenzenden Korridor spähen und ihn betreten, als er sich als ebenso verwaist herausstellt wie der Rest des Gebäudes. Dem Zustand des Teppichbodens nach zu urteilen, gehören die ansässigen Firmen nicht zur Elite der New Yorker Geschäftswelt. Der geringe Abstand der Türen mit den mehr oder weniger aufwändig gestalteten Firmenschildern lässt ebenfalls darauf schließen, dass die Räumlichkeiten dahinter eher bescheiden sind.

Veronica schließt sich meinem Urteil offenbar an. »Ich habe diesbezüglich noch nicht so viel Erfahrung wie du«, flüstert sie, »aber das hier ist wohl nicht unbedingt die typische Umgebung für einen Vampir, oder?«

»Täusch dich da nicht!« Auch ich dämpfe meine Stimme. »Eine lichtdichte Besenkammer oder ein Sarg können fast jedes Domizil in die Zuflucht eines der Unsrigen verwandeln. Aber für Marduk wäre das hier definitiv ein herber sozialer Abstieg.«

»Geschieht ihm recht.« Gemächlich wandert sie den Flur entlang und liest die Schilder. Vor einer Tür bleibt sie stehen und deutet darauf.

›Atlantic Transportation & Logistics Ltd.‹ lese ich. ATL. Passt. Unter dem Spalt am Boden scheint Licht. Anscheinend ist jemand zu Hause.

Ich lege mein Ohr an das Holz. Nichts zu hören. Aber das garantiert nicht, dass uns keine unangenehme Überraschung erwartet.

Veronica kramt ihren Dietrich hervor und sieht mich fragend an. Ich schüttele den Kopf. Zuerst will ich alle Möglichkeiten ausschöpfen zu erfahren, was sich auf der anderen Seite befindet. Mit stummen Gesten gebe ich Veronica zu verstehen, dass sie mir Ireen Fowlers Handy reichen soll. Zunächst versteht sie nicht und reicht mir ihr eigenes. Auf meine Verneinung hin klappt es aber im zweiten Versuch.

Ich suche das Nummernverzeichnis und bin ein kleines bisschen stolz auf mich, als ich es bereits beim vierten oder fünften Klick finde. Ich wähle die erste Nummer mit einer New Yorker Vorwahl. Der Standardspruch eines Anrufbeantworters begrüßt mich. Auflegen und auf zur zweiten Nummer. Kaum habe ich fertig getippt, als hinter der Tür ein Klingeln ertönt. Veronica hält den Daumen hoch. Angestrengt horchen wir beide.

Erst mal passiert nichts. Dann sind Schritte zu hören.

»Ja?«, erklingt es gleichzeitig nebenan und in dem Gerät an meinem Ohr. »Hallo?«

Ich lege auf.

Auf der anderen Seite flucht jemand kurz, dann wieder Schritte und eine Tür, die unsanft geschlossen wird. Kein Gespräch oder etwas in der Art. Wer auch immer dort anwesend ist, scheint allein zu sein. Und es ist definitiv nicht Marduk.

Mit einer Handbewegung lade ich Veronica ein, sich um die Tür zu kümmern, und mache ihr Platz. Während sie sich dem Schloss widmet, ziehe ich leise das Schwert aus der Scheide.

Anscheinend fügt sich die Qualität des Schließmechanismus in das allgemeine Erscheinungsbild des Gebäudes ein. Nach weniger als einer halben Minute klickt es vernehmlich und meine Gefährtin schenkt mir ein Siegerlächeln.

Kurz wäge ich ab, ob nun Heimlichkeit oder Schnelligkeit angesagt ist. Ich entscheide mich für Ersteres. So geräuschlos wie möglich drücke ich mit der freien Hand die Tür auf, jederzeit bereit zu Angriff oder Flucht, je nachdem, wer sich mir entgegenstellt. Doch niemand hindert mich, die Geschäftsräume der ATL zu betreten. Nur ein leerer Empfangstisch mit einem Computer und einem Telefon darauf sowie geschlossene Schränke begrüßen uns.

Ich will gerade hineingehen, als ich hinter einer der beiden weiterführenden Türen etwas höre. Schritte und gleich danach die Stimme, die wir bereits am Telefon gehört haben: »Harry? Don? Seid ihr das?« Unmittelbar darauf öffnet sich eine der Türen. »Habt ihr die Schlam…?« Der Mann im Türrahmen erstarrt, als er Veronica und mich erblickt. Doch die Schrecksekunde verpufft innerhalb eines Wimpernschlags. Noch ehe ich mein Schwert erhebe, hat er sich umgedreht und flüchtet. Der Geschwindigkeit nach zu urteilen ist er einer von uns.

Ich lasse jegliche Vorsicht fallen und hechte ihm hinterher. Die Verfolgungsjagd führt durch ein Büro. Der einzige weiterführende Weg ist ein Fenster. Der Flüchtende hält sich nicht damit auf, es zu öffnen, sondern springt mitten durch die geschlossene Scheibe. Begleitet von einem Regen aus Glassplittern entschwindet er in die Dunkelheit.

Ich halte kurz inne. Wir befinden uns auf der straßenabgewandten Seite und ich schaue in einen spärlich beleuchteten Innenhof. Acht Stockwerke. Das könnte schmerzhaft werden. Aber dasselbe gilt für meine Beute. Also was soll's! Das Schwert zurück in die Scheide und hinterher!

Mit flatterndem Trenchcoat geht es abwärts. Ich spanne jeden Muskel in meinem Leib an. Lenke den Fall so, dass ich auf allen vieren lande und den Aufprall mit Armen und Beinen gemeinsam abfangen kann. Das Manöver gelingt einigermaßen. Dennoch durchfährt ein stechender Schmerz meine Gliedmaßen, begleitet vom Knacken brechender Knochen. Aber die Verletzungen sind kein Vergleich mit denen, die ich beim Sturz aus Marduks Penthouse davongetragen habe. Schon nach wenigen Sekunden fügen sich sämtliche Körperteile wieder zusammen. Noch ehe alles an seinem Platz ist, stehe ich auf den Beinen, ziehe meine Klinge und sehe mich um.

Mein Kontrahent hat offenbar nicht so viel Geschick an den Tag gelegt. Er liegt auf dem Boden und zieht sich mit den Armen von mir weg. Seine Beine sind an Stellen gekrümmt, die von der Natur nicht dafür vorgesehen waren. Erheblich langsamer als ich heilt er seine Wunden. Ein Jungblütiger. Ohne Vampirblut in den Adern.

Mühelos erreiche ich ihn, stemme meinen Fuß in seinen Rücken, ziehe das Schwert und platziere die Spitze der Klinge in seinem Genick. »Hör auf zu heilen, sonst hacke ich dir die Beine ab!«

Er tut, was ich sage.

»Umdrehen!« Ich verlagere das Gewicht von ihm weg. Lasse ihm gerade genug Freiraum, um meinem Befehl zu folgen. »Schön langsam!«

Während er sich stöhnend auf dem Boden wälzt, nehme ich ihn genauer in Augenschein. Er ist weder besonders groß noch sportlich. Den angegrauten Haaren und der hohen Stirn nach zu urteilen, war er nicht mehr der Jüngste, als er verwandelt wurde.

Doch sobald er mir seine Vorderseite zuwendet, wandert meine Aufmerksamkeit zu seinen Händen. In der einen hält er einen kleinen, eiförmigen Gegenstand. In der anderen einen metallenen Ring.

»Fick dich!«, presst er zwischen ausgefahrenen Fangzähnen hervor.

Zum Wegrennen fehlt mir die Zeit. Jetzt muss alles schnell gehen.

Mit dem Stiefel fixiere ich die Hand, in der er die Granate hält, bücke mich blitzartig, lasse dabei das Schwert achtlos fallen, packe ihn an der Schulter und rolle ihn zurück auf den Bauch. Er wehrt sich nach Leibeskräften, aber gegen meine Kraft ist er in seinem aktuellen Zustand wehrlos. Sobald er auf der Granate liegt, ziehe ich den Fuß weg und knie mich auf ihn, so dass mein volles Gewicht auf seinem Rücken lastet.

»Bastard!« Sein letztes Wort wird abrupt von einem durchdringenden Knall unterbrochen. Fetzen von Kleidung und

Fleisch spritzen seitlich über den Boden. Der Körper unter mir bockt noch einmal, dann hält er still.

Eilig vergewissere ich mich, dass ich nichts von der Explosion abbekommen habe. Tatsächlich finde ich nur unbedeutende Schrammen. Noch mal gutgegangen.

Ich stehe auf und drehe meinen Gegner wieder um. Seine Vorderseite besteht nur noch aus blutigem Matsch. Er zuckt nicht einmal mehr. Na toll! Eigentlich hätte ich eine ganze Reihe Fragen an ihn gehabt. Doch bevor ich auch nur eine Antwort aus ihm herausbekomme, benötigt er Blut. Und zwar eine Menge davon. Ich wäge den Aufwand ab, ihn irgendwie hier wegzuschaffen, ihm Opfer zu besorgen, die er aussaugen kann und ihn anschließend einem intensiven Verhör zu unterziehen. Nach all dem ist mir gerade nicht zumute.

Glücklicherweise stehen mir andere Methoden zur Verfügung, an Informationen zu gelangen.

Ich beuge mich über ihn und versenke meine Fangzähne in dem, was die Handgranate von seinem Hals übriggelassen hat. Nicht sonderlich appetitlich, doch der Zweck heiligt die Mittel. Meine Belohnung ist Vampirblut. Nicht mehr übermäßig viel, aber genug, um einen Teil von dem wieder auszugleichen, was ich gerade eben für die Heilung meiner Arme und Beine verbraucht habe. Das ist allerdings nur ein angenehmer Nebeneffekt dessen, was ich eigentlich erreichen will. Mit aller Kraft sauge ich den letzten Tropfen aus seinem zerfetzten Leib. Gebe mich für einen Augenblick dem Blutrausch hin und recke mein blutverschmiertes Gesicht dem kleinen Ausschnitt des Nachthimmels entgegen, den die ziegelverkleideten Mauern rings um mich freigeben.

Sobald es mir gelingt, die Euphorie abzuschütteln, schließe ich die Augen und konzentriere mich. Halte Ausschau nach Bildern, Erinnerungen und sonstigen Eindrücken. Nehme alles in mich auf, was sein Blut mir bietet. Die Fetzen sind zunächst zusammenhanglos. Aber in dem Kaleidoskop, das sich mir darbietet, erkenne ich auch bekannte Gesichter.

»Alles okay da unten?«

Es dauert eine Weile, bis die Worte mein Bewusstsein erreichen. Bis ich weit über mir eine Person entdecke, die ihren Kopf durch ein zerbrochenes Fenster reckt. In anderen Fenstern zeigen sich ebenfalls die Umrisse neugieriger Beobachter. Immer mehr Lichter gehen an. Wir befinden uns nicht im edelsten Viertel New Yorks, aber Explosionen, Menschen, die aus dem achten Stock springen, und derlei Dinge werden vermutlich in Kürze die Polizei auf den Plan rufen. Mal wieder.

Ich begutachte den leblosen Körper unter mir. Er zeigt bereits die ersten Anzeichen des Verfalls. Bald wird nur noch Staub von ihm übrig sein. Eilig durchwühle ich seine Taschen. Außer einem Mobiltelefon finde ich nichts. Obwohl das Gerät sichtlich beschädigt ist, stecke ich es ein.

»Alles okay«, rufe ich nach oben. »Komm runter!«

Ich erhebe mich, packe mein Schwert ein und suche einen Ausgang von dem Innenhof. Ich wähle diejenige der rostigen Stahltüren, die zum Trakt mit dem ATL-Büro führt. Sie ist verschlossen, hält aber einem beherzten Tritt nicht stand. Der Korridor dahinter mündet nach wenigen Metern in das mir bereits bekannte Treppenhaus. Von oben nähern sich schnelle Schritte. Ich muss nicht lang warten, bis Veronica neben mir steht.

Sie sieht mich erwartungsvoll an. »Ist er hinüber?«

Meine Antwort beschränkt sich auf ein Nicken. »Weg hier, bevor die Polizei aufkreuzt!«

Gemeinsam eilen wir zur Tiefgarage und steigen in ›unseren‹ Chevrolet Impala. Mit durchdrehenden Reifen lenkt Veronica den Wagen zur Ausfahrt. Über uns erklingt ein kurzes Schrappen, als sie das noch nicht vollständig geöffnete Rolltor passiert. Dieses Mal verlassen wir den Tatort, bevor Sirenen erklingen.

Sobald Veronica sich zwei Blocks weiter in den überschaubaren nächtlichen Straßenverkehr einsortiert hat, beginnt sie zu erzählen: »Ich hab mich oben noch kurz umgesehen. Das Büro gehörte diesem Richard O'Hara, den du mal erwähnt hattest.«

»Ich weiß.«

»Hast du ihn verhört?«

»Dafür war keine Zeit.«

Fragend schaut sie mich an. »Woher weißt du dann …?« Schließlich begreift sie. »Du hast sein Blut getrunken?«

»Bis zum letzten Tropfen.«

»Was hast du gesehen?«

Ich ordne die Eindrücke, die durch meinen Kopf sausen. »Es ist alles ziemlich undeutlich. Anscheinend hatte er hauptsächlich mit Sterblichen zu tun. An bekannten Gesichtern sehe ich fast nur Massoud. Und Gianna Linaro. Mindestens einmal hat er mit ihr geredet. Irgendwas Geschäftliches. Immobilien oder so. Ich erkenne eine alte Kirche. Und Grabsteine. Hochhäuser darum herum.«

»Trinity Church?«

Ich nicke. »Da hat er sie getroffen.« Zusammen mit dem Umstand, wie einfach ich ihn überwältigt habe, ergibt sich eine Hypothese. »Ich denke, er war eine Art Verwalter. Derjenige, der sich um die Geschäfte kümmert. Kein Kämpfer.«

Veronica hebt die Augenbrauen. »Immerhin hatte er eine Handgranate dabei.«

»Aber besonders gut umgehen konnte er damit nicht. Sonst würden jetzt meine Überreste zu Staub zerfallen, und nicht seine.«

Mit einer wiegenden Kopfbewegung stimmt sie mir zu. »Und Marduk? Hast du ihn auch gesehen?«

»Ja. Aber nur kurz. Dafür ist die Erinnerung an ihn noch ganz frisch. Könnte gestern gewesen sein.«

»Und? Wo ist er?«

»Irgendein Fabrikgebäude. Was Altes. Aus Ziegeln. Ich kann es nur undeutlich erkennen. War wohl ziemlich hektisch. Alles geht total durcheinander.«

»Das könnte zu gestern passen.«

Erneut nicke ich. »Leider fehlt mir eine Adresse. Oder ein anderer klarer Hinweis.« Ich schließe wieder die Augen. Konzentriere mich. Doch alles ist flüchtig, verschwommen. Das Blut eines Vampirs ist eine unzuverlässige Informationsquelle und kein Archiv, aus dem man beliebige Episoden seines Daseins abrufen kann. »Das Gebäude ist irgendwie merkwürdig. Im Inneren ist eine Halle mit großen Toren auf mehreren Ebenen übereinander, die durch Rampen verbunden sind.«

»Tore auf mehreren Ebenen?« Veronica zieht die Stirn kraus. »Das hört sich wirklich seltsam an.«

Momentan kann ich mir darauf auch keinen Reim machen. Aber vielleicht finden wir noch einen weiteren Hinweis, der das Rätsel löst und uns verrät, wo Marduk nach dem Verlust seines Thronsaals untergeschlüpft ist.

»Hast du mitbekommen, woher er von Silvios Versteck wusste?«, fragt sie weiter.

Ich gehe noch einmal in mich. Schließe die Augen. Erkenne Buchstaben. »Eine anonyme Nachricht.« Ich hole das Mobiltelefon hervor, dass ich Richard O'Haras Leiche entwendet habe. »Hierüber.«

»Lass sehen!«

Ich halte es ihr hin. »Kannst du damit noch was anfangen? Hat leider was von der Handgranate abbekommen.«

An einer Bushaltestelle fährt sie rechts ran und untersucht das Telefon. Das Display ist zerbrochen, leuchtet aber auf. »Tut's noch.« Ein Grinsen breitet sich auf ihrem Gesicht aus. »Und es ist nicht gesperrt. Dann wollen wir doch mal sehen ...«

Fasziniert beobachte ich, wie ihre Finger über die Tasten fliegen. Ein weiteres Mal bin ich froh, sie bei mir zu haben.

»Da ist sie ja«, stellt sie gut gelaunt fest. »Die SMS ist heute Abend angekommen. Der Uhrzeit zufolge unmittelbar nach Sonnenuntergang. Da steht: ›Haben das Ziel ausfindig gemacht. Treffen am Petrosino Square. Folgt dem roten Motorrad. V.‹ Kommt von einer Mobilnummer.« Sie schaut mich an. »Wer ist V?«

Ich erwidere ihren Blick. »V wie Veronica?«

Ihre Antwort in Form der herausgestreckten Zunge ist gerechtfertigt. »Nee, im Ernst. Hast du eine Idee?«

Ich schließe die Augen. Konzentriere mich auf den Buchstaben und suche nach Assoziationen aus O'Haras Erinnerungen. An wen dachte er bei einem V? Zu meiner Enttäuschung tauchen keinerlei Gesichter auf. Nur ein zweiter Buchstabe kommt noch hinzu. Ein S. Nein, zwei Buchstaben, zweimal derselbe. VSS.

Schlagartig reiße ich die Augen auf. »Vindicator Security Services. Gianna Linaros Sicherheitsfirma.«

»Wow!« Veronica ist sichtlich beeindruckt. »Die alte Hexe hält es also doch nicht so genau mit der Neutralität.«

So weit keine Überraschung. Aber eine Frage bleibt. »Nur … Für wen ergreift sie Partei?«

Sie deutet auf das Handydisplay. »Das ist doch wohl eindeutig.«

»Vergiss nicht unsere Überlegungen von vorhin! Dass uns mit dem dilettantischen Überfall jemand möglicherweise eine verborgene Botschaft schicken wollte. Und die hat uns immerhin zur ATL und Richard O'Hara geführt.«

»Und Gianna macht gemeinsame Sache mit dem Wilden Jake?«

Das ist in der Tat ein wunder Punkt in meinen Überlegungen. »Die beiden sind so unterschiedlich, wie man es sich nur vorstellen kann. Wäre mir nicht bekannt, dass die irgendwas miteinander zu tun hätten. Außer bei dem Treffen im Cauchemar habe ich die auch noch nie zusammen am selben Ort gesehen.« Ich deute auf das Telefon. »Ist sonst noch etwas da drin? Weitere Hinweise?«

Mehrere Minuten vergehen, ehe sie aufgibt. »Das Nummernverzeichnis ist wieder codiert. Keine Klarnamen. So wie bei dem anderen auch.«

»Ist ein V dabei?«

»Ja. Aber die Nummer ist eine andere.«

»Kannst du herausfinden, worüber sie sich unterhalten haben?«

Ihr Kopfschütteln macht meine Hoffnung zunichte. »Leider nein.« Sie überlegt einen Moment. »Wir könnten die Nummern einfach mal ausprobieren und sehen, wer drangeht.«

Ich winke ab. »Falls es wirklich Gianna ist, erkennt sie uns sofort an der Stimme. Dann weiß sie, dass wir O'Haras Telefon haben. Und dass wir ihn erledigt haben. Diesen Trumpf möchte ich nicht leichtfertig aus der Hand geben. Nicht, wenn wir damit vielleicht noch etwas anderes erreichen können.«

»Was willst du denn erreichen?«

»Ich will Gianna auf den Zahn fühlen. Ich will wissen, was sie mit O'Hara zu schaffen hat. Und was sie für Ziele verfolgt.«

»Wir könnten ihr eine Textnachricht zukommen lassen. Da sieht sie nur den Absender und hört nicht, dass wir es sind, sondern glaubt, das kommt von O'Hara.« Sie schaut mich erwartungsvoll an. »Soll ich sie was fragen?«

Keine schlechte Idee. Mir gehen verschiedene Optionen durch den Kopf. Eine davon gefällt mir besonders gut. »Sag ihr, wir wollen sie treffen … Also, O'Hara will sie treffen. Trinity Church. Jetzt sofort.«

Das Grinsen in ihrem Gesicht erreicht ungeahnte Ausmaße. »Wird erledigt. Welche Nummer soll ich probieren? Die, von der heute die Nachricht gekommen ist? Oder die V aus dem Adressverzeichnis?«

»Versuch erst die von heute.«

Ein weiteres Mal tippt sie wie wild. »… und senden. Erledigt. Und jetzt?«

»Jetzt warten wir, ob jemand antwortet.«

Eine geschlagene halbe Stunde sitzen wir in dem Wagen und starren immer wieder auf das Display. Doch das Gerät bleibt stumm.

»Versuch's mit V!«, beende ich schließlich das fruchtlose Warten.

»Okay.«

Dieses Mal wird unsere Geduld auf keine harte Probe gestellt. Schon nach wenigen Sekunden beginnt das Gerät zu piepsen.

»Mist!« Veronica scheint nicht glücklich zu sein. »V ruft an.«

»Das bedeutet, sie oder er will uns … also ihn sprechen?«

»Ja.«

Das ist in der Tat ungünstig. Stimmenimitation gehört nicht zu meinen Stärken.

»Ich schreibe einfach, ich kann gerade nicht reden.« Noch während sie spricht, tippt sie schon wieder.

Das Klingeln verstummt. Stattdessen ertönt eine knappe Minute später ein anderer Ton.

»V hat geantwortet«, verkündet Veronica und beginnt vorzulesen: »Heute ungünstig. Morgen?«

»So viel Zeit haben wir nicht«, stelle ich fest. »Wir müssen Marduk diese Nacht ausfindig machen. Noch leckt er seine Wunden. Außerdem will ich nicht, dass sie sich zu intensiv auf das Treffen vorbereitet.« Ich denke nach. »Schreib V, entweder sie trifft sich jetzt mit O'Hara oder Marduk kommt zu ihm.«

»Gute Idee.«

Tippen. Warten. Piepsen.

»Ja!« Veronica ballt die Faust im Triumph. »Sie hat zugesagt. In einer halben Stunde.«

»Dann schauen wir uns mal an, ob wir recht behalten, wer diese V ist!« Sie fährt mit so viel Schwung an, dass die Reifen beinahe durchdrehen und ich mich festhalten muss.

Dank geringem Verkehr zu nachtschlafender Stunde erreichen wir unser Ziel in rund zwanzig Minuten.

Trinity Church und der benachbarte Friedhof bilden eine Insel in Downtown Manhattan. Einstmals war der Turm das höchste Gebäude der Stadt, lang bevor St. Patrick's Cathedral erbaut wurde. Nun überragen die Banken- und Bürotürme des New Yorker Finanzzentrums das altehrwürdige Gotteshaus in allen Richtungen. Früher bin ich gern hergekommen. Habe mich nachts auf den verwaisten Bänken im Inneren der Kirche niedergelassen oder bin außen zwischen den Grabsteinen spazieren gegangen, die teils bereits im 17. Jahrhundert errichtet wurden. Doch mit jedem Wolkenkratzer, der das neugotische Bauwerk an Höhe übertrumpfte, ist mir der Ort fremder geworden. Außerdem gehört er mittlerweile zu Gianna Linaros Revier. Der fragile Frieden, den wir über viele Jahrzehnte bewahrt haben, ließ es ratsam erscheinen, dass ich mich ohne offiziellen Anlass von hier fernhielt. Aber heute ist die Wahrung des Friedens nicht meine höchste Priorität.

Wir parken vor dem Hauptportal, das direkt zur Wall Street weist. Ich hoffe, es kommt kein Polizist vorbei, der uns auf das Halteverbot aufmerksam macht.

»Und jetzt?« Durch die Autofenster späht Veronica in sämtliche Richtungen.

»Wir bleiben, wo wir sind. Vielleicht kennt sie den Wagen sogar. Das könnte ihr Misstrauen mindern.«

Meine Begleiterin erhebt keinen Einspruch, auch wenn sie sich sichtlich unwohl fühlt.

Mir ist das Risiko ebenfalls bewusst. Normalerweise würde ich mir keine allzu großen Sorgen machen. Aber in den letzten Wochen wurde ich mit großkalibrigen Scharfschützengewehren, Flammenwerfern und Handgranaten angegriffen. Jede Sekunde erwarte ich, dass irgendwo eine Bazooka losgeht und das Auto mitsamt mir und Veronica in einem Feuerball explodiert. Doch nichts dergleichen geschieht. Lediglich einzelne Passanten und die Leute von der Straßenreinigung nehmen Notiz von uns, wenn sie uns mit finsteren Blicken oder abfälligen Gesten kundtun, dass wir hier eigentlich nicht stehen dürfen.

Beinahe eine halbe Stunde vergeht, ohne dass etwas passiert. Fast befürchte ich schon, unser Treffen ist geplatzt, als Veronica plötzlich unruhig wird.

»Da drüben parkt gerade ein Auto ein.«

Ich schaue in die gewiesene Richtung und entdecke eine schwarze Limousine.

»Da! Noch eins. Und da drüben auch.«

Auf allen Straßen, die zu unserem Standpunkt führen, postieren sich dunkle Fahrzeuge mit getönten Scheiben.

»VSS«, murmele ich. »Giannas Leute.«

»Unholde?«

»Ich hoffe, nicht. Aber selbst wenn es gewöhnliche Menschen sind, sollten wir sie nicht unterschätzen.«

Eine Minute lang beobachten wir das Geschehen. Ich bin jederzeit bereit, aus dem Auto zu springen und vor Panzerfäusten oder anderen Waffen über den Zaun auf den benachbarten Friedhof zu flüchten. Aber alles bleibt ruhig.

Veronica fixiert den rechten Außenspiegel. »Ist sie das?«

Ich wende mich um und schaue durchs Rückfenster. Dem Gang und selbstbewussten Auftreten nach zu urteilen, könnte es sich bei der Frau im langen Mantel tatsächlich um Gianna Linaro handeln. Dass sie schnurstracks auf uns zuhält, bestätigt meine Vermutung. Die Limousinen sind demnach nur als Leibwache aufgefahren und nicht als neuerliches Killerkommando. Eine Entwicklung, die ich sehr begrüße. Mit Giannas persönlichem Erscheinen ist dann wohl auch endgültig geklärt, wer die V aus O'Haras Adressbuch ist. Bleibt zu klären, ob sie der Absender der Nachricht ist, die uns vorhin die verhinderten Attentäter auf den Hals gehetzt hat.

So lang wie möglich bleiben wir sitzen und lassen sie näherkommen, ehe wir uns zu erkennen geben. Erst als sie in etwa zehn Metern Entfernung anhält, öffne ich die Wagentür und steige aus. Veronica tut es mir gleich. Ich bereite mich darauf vor, dass Gianna abrupt das Weite sucht, doch sie bleibt ungerührt stehen.

»Sieh einer an!« Die Stimme vertreibt die letzten Zweifel an ihrer Identität. »Der Templer und sein neues Schoßhündchen.«

Meine Begleiterin bleckt die Zähne. Mit einer Geste halte ich sie davon ab, auf die Provokation einzugehen, ohne die Augen von unserem Gegenüber zu nehmen. Erleichtert stelle ich fest, dass sie bleibt, wo sie ist.

»Gianna.« Ich öffne den Trenchcoat so weit, dass das Schwert darunter sichtbar ist, halte die Hand jedoch davon fern. Sie soll nur sehen, dass auch ich kampfbereit bin, falls sie ihre Gorillas von der Kette lässt. »Oder soll ich Euch lieber ›V‹ nennen?«

Ihr Pokerface ist makellos. »Wie kommt Ihr auf ›V‹?«

»Unter dieser Bezeichnung ist Eure Nummer in O'Haras Telefon abgespeichert.«

Sie gibt sich weiterhin unbeeindruckt. »Das ist seine Entscheidung. Darauf habe ich keinen Einfluss. Darf ich davon ausgehen, dass der gute Mr. O'Hara nicht mehr unter uns weilt?«

»Das dürft Ihr.«

Lässig zuckt sie die Achseln. »Kein nennenswerter Verlust, würde ich meinen. Hattet Ihr das Vergnügen, ihn näher kennenzulernen? Vermutlich nicht. Ihr habt nichts verpasst. Eine ziemlich arrogante Kanaille. Insbesondere für einen Jungblütigen. Hat sich furchtbar was auf seine Abstammung von Marduk eingebildet.«

»Unsere Begegnung war eher kurz«, bestätige ich ihre Andeutung. »Aber Ihr seid ihm bereits früher begegnet?«

»Leider. Rein geschäftlich. Die Immobiliendeals sind über ihn gelaufen.«

»Und Waffen? Zum Beispiel Flammenwerfer?«

Sie seufzt theatralisch. »Die auch.«

Ich gehe einen Schritt auf sie zu. »Ihr scheint ziemlich unbekümmert über unsere Begegnung. Wäre interessant zu sehen, ob Eure Leibwache schnell genug reagiert, falls ich Euch etwas antun wollte.«

Sie sieht mich unverwandt an. »Gilt der Waffenstillstand denn nicht mehr, den wir im Etablissement Eurer Blutstochter geschlossen haben?«

»Sagt Ihr es mir! Ihr trefft Euch mit meinen Feinden.«

»Das war vor meiner Neutralitätserklärung.«

»Und warum kommt Ihr dann angekrochen, sobald er Euch ruft?«

»Das hier?« Mit entrüsteter Miene deutet sie auf mich und sich selbst. »Ihr habt mir angedroht, dass Marduk persönlich vorbeikommt. Das wäre wohl wirklich ein Bruch des Waffenstillstands gewesen. Ich bin nur hergekommen, um O'Hara ein für alle Mal klarzumachen, dass ich in Eurem Kampf neutral bin. So wie ich es versprochen habe.«

Manchmal wünsche ich mir, ich könnte so gut Gedanken lesen wie sie. Falls sie lügt, dann äußerst überzeugend. Aber dass sie das beherrscht wie kaum jemand anderes, ist nicht neu.

»Ihr habt also auch nichts damit zu tun, dass heute Abend kurz nach Sonnenuntergang mal wieder ein Killerkommando meine Zuflucht angegriffen hat? Und das offenbar aufgrund einer Nachricht an Mr. O'Hara, die mit ›V‹ signiert war? Demselben Buchstaben, unter dem Ihr in seinem Adressverzeichnis gespeichert seid?«

»Ich weiß von keiner Nachricht. Und auch nicht, was das mit dem ›V‹ soll.« Ihre Lippen formen den Anflug eines Lächelns. »Außerdem habe ich Euch bereits im Cauchemar gesagt, wenn ich ein Killerkommando in Eure Zuflucht schicken würde, dann vor Sonnenuntergang. Nicht danach. Aber ich hege keine derartigen Pläne. Von daher: Nein, damit habe ich nichts zu tun.« Sie fixiert mich. »Aber ich habe gehört, Euch wäre vergangene Nacht ein großer Coup bei Marduks Zuflucht gelungen. Angeblich ist auch Massoud Geschichte. Stimmt das?«

»Die Gerüchteküche funktioniert also weiterhin hervorragend. Wer hat Euch das zugetragen?«

»Für jeden, der auch nur mit einem Ohr verfolgt, was aktuell in dieser Stadt geschieht, war der Aufruhr gestern kaum zu überhören. Und ich kenne die Adresse. Wie Ihr Euch vielleicht erinnert, hat eine meiner Firmen den Verkauf des Penthouses abgewickelt. Von daher war es nicht schwer, eins und eins zusammenzuzählen, wer da wen angegriffen hat. Und das mit Massoud … Nun ja, ich habe so meine Quellen.«

»Was habt Ihr eigentlich sonst noch für Immobiliendeals mit Marduk und seinen Leuten abgewickelt?«

Sie stemmt die Hände in die Hüften. »Verstößt es nicht gegen meine erklärte Neutralität, wenn ich Euch das erzähle?«

Ich führe die Finger ein winziges Stück näher ans Heft meines Schwerts. Nicht genug, um eine unmittelbare Bedrohung darzustellen, aber als Zeichen sollte es ausreichen. »Ich denke, das wäre eine angemessene Wiedergutmachung dafür, dass Ihr mit meinen Feinden Geschäfte gemacht habt. Und wer soll Euch belangen? Massoud ist vernichtet. O'Hara ist vernichtet. Die Reihen meiner Gegner lichten sich. Also überlegt Euch gut, auf welcher Seite Ihr am Ende stehen wollt!«

»Euer Feldzug ist in der Tat beeindruckend, Templer. Marduk die Blutfehde zu erklären, war ein unerwarteter, aber effektiver Schachzug. Ein wenig archaisch vielleicht, aber das

Ergebnis zählt. Doch solange er selbst noch nicht besiegt ist …« Sie schüttelt den Kopf. »Er ist zu mächtig. Sogar für Euch.«

»Das wird sich zeigen.« Ich schaue mich demonstrativ um. »Aber momentan kann ich ihn nicht sehen. Nur Euch, mich, Eure sterblichen Vasallen und mein Schwert. Also … Wir können auch das hier etwas archaischer gestalten, wenn Ihr es darauf anlegt. Ich bin immer noch der Richter der Stadt. Die Ewigen Gesetze geben mir jedes Recht, Euer Dasein auf der Stelle zu beenden.«

Ihr Zeigefinger deutet auf mich. »Ihr habt mich hierher eingeladen, wenn auch unter falschem Namen und einem Vorwand. Ich bin gekommen. Von daher ist dies eine offizielle Zusammenkunft der Unsrigen. Und gemäß den Ewigen Gesetzen soll hier kein Blut vergossen werden.«

»Zumindest nicht das Blut derjenigen, die der Richter in seiner Domäne duldet«, halte ich dagegen. »Und angesichts Eurer Begleiter scheint Ihr selbst nicht wirklich überzeugt zu sein, dass die Traditionen gewahrt bleiben.«

»Ich bin davon ausgegangen, O'Hara zu begegnen. Oder im schlimmsten Fall sogar Marduk persönlich. Der ist zwar auf seine Weise auch traditionsbewusst, aber was die Einhaltung der Ewigen Gesetze betrifft, bin ich mir bei ihm nicht so sicher wie bei Euch.«

»Was meint Ihr mit ›traditionsbewusst‹?«

»Habt Ihr das noch nicht mitbekommen? Seine Fixierung auf Astrologie? Mondphasen und wie die Sterne gerade stehen und all so Zeug?«

»Am Rande.«

Sie verdreht die Augen. »Jedes Geschäft mit ihm und seinen Leuten muss immer von irgendwelchem Brimborium begleitet werden. Unendliche Formalitäten und Ehrerbietungen und was weiß ich noch alles. Dagegen ist der Umgang mit Euch geradezu ungezwungen, Templer.«

»Da seht Ihr, was Ihr an mir habt.«

»Ich habe niemals bezweifelt, dass Ihr Euer Amt effizient ausübt und die Ordnung in der Stadt bewahrt. Ich glaube nur nicht, dass Ihr Euch gegen ihn behaupten könnt. Und – auch wenn das keine Entschuldigung ist – als Marduks Leute an mich herangetreten sind, haben sie mir deutlich zu verstehen gegeben, was ich zu erwarten hätte, falls ich ihm die Unterstützung verweigere. Ich hatte gar keine andere Wahl, als mit ihm Geschäfte zu machen.«

»Was mich wieder zum ursprünglichen Punkt zurückbringt: Was habt Ihr noch für Geschäfte mit ihm gemacht? Über welche weiteren Immobilien verfügen Marduk und seine Getreuen hier in der Stadt?«

»Da waren so einige …«

»Bitte bemüht Euer Gedächtnis!«

»Nun … Da war eine Lagerhalle in Brooklyn, direkt am East River. Und ein ehemaliger Schlachthof in Chelsea, an der High Line. Die hat beide O'Hara gekauft. Für seine Firma.«

Die High Line! Natürlich! Diese Information grenzt unsere Suche nach Marduks Unterschlupf erheblich ein.

Ich bemühe mich, mir den innerlichen Jubel nicht anmerken zu lassen. »Sonst nichts?«

»Ansonsten nur noch das Penthouse. Aber das kennt Ihr ja.«

»Das hat sich nach vergangener Nacht wohl erledigt.«

»Anscheinend.« Sie hebt die Arme. »Kann ich sonst noch etwas für Euch tun, ehrwürdiger Richter?«

Wo wir gerade dabei sind … »Wisst Ihr, wie der Wilde Jake sich bezüglich meiner Fehde mit Marduk positioniert hat?«

»Jake? Den habe ich seit unserem letzten Treffen im Cauchemar nicht mehr gesehen. Da hat er seine Neutralität bekundet, wenn ich mich recht entsinne. Etwas Gegenteiliges ist mir nicht zu Ohren gekommen. Aber mit ihm und seinesgleichen habe ich üblicherweise nichts zu schaffen.«

Auch ohne ihre Gedanken lesen zu können, sagt mein Bauchgefühl mir, dass sie lügt. Leider kann ich den Verdacht nicht konkretisieren. Also belasse ich es dabei. »War nett, mit Euch zu plaudern, Gianna.«

Sie rümpft die Nase. »Das nächste Mal kontaktiert mich ruhig unter Eurer wahren Identität, Templer!«

»Wärt Ihr dann so spontan erschienen?«

»Wenn unser geschätzter Richter ruft, lasse ich selbstverständlich alles andere auf der Stelle stehen und liegen.« Jedes ihrer Worte trieft vor Sarkasmus.

»Das möchte ich Euch auch raten. Sobald die Angelegenheit mit Marduk endgültig erledigt ist, haben wir beide ohnehin ein paar Dinge zu klären.«

»Ich freue mich darauf.« Das war definitiv eine Lüge. »Und ich wünsche Euch viel Erfolg gegen Marduk. Selbst wenn ich nicht erkenne, wie Ihr gegen seine Kräfte bestehen wollt.«

»Lasst das meine Sorge sein!«

»Also dann …« Nach einem knappen Nicken in meine Richtung und einem verächtlichen Seitenblick zu Veronica wendet sie sich um. Sie schreitet so zügig davon, wie es gerade noch möglich ist, ohne dass ihr Abgang nach einer Flucht aussieht.

Sobald sie außer Sicht ist und auch die drei schwarzen Limousinen nahezu gleichzeitig ihre Positionen verlassen haben, ergreift Veronica das Wort: »Schade, dass sie Verstärkung dabei hatte. Ich hätte zu gern erfahren, was sie mit deinem Schwert an der Kehle erzählt hätte. Oder was du aus ihrem Blut herausgefunden hättest.«

»Es war auch so recht aufschlussreich.«

Sie sieht mich fragend an. »Glaubst du ein einziges Wort von dem, was sie von sich gegeben hat?«

»Es ging weniger um die Worte als den Ton, in dem sie ausgesprochen wurden. Ich fand, sie war äußerst entgegenkommend … fast schon freundlich. Ich werte das als ein Friedensangebot, für den Fall, dass ich doch gewinnen sollte. Und das beinhaltet, dass sie einen Sieg meinerseits nicht so kategorisch ausschließt, wie sie behauptet hat.«

Veronica zieht eine Grimasse. »Eure Vampirdiplomatie werde ich wohl niemals begreifen.«

»Falls du irgendwann so alt wirst wie Gianna oder gar ich, dann kriegst du das schon hin.«

»Na, dann fehlen ja nur noch ein paar läppische Jahrhunderte.« Sie wird wieder ernst. »Also gut. Und was bedeutet das für uns, wenn sie nicht ganz so treu zu Marduk steht, wie sie sagt?«

»Das bedeutet, wir stehen ihrer wahren Ansicht nach nicht gar so sehr auf verlorenem Posten, wie sie es offiziell darstellt. Damit hätte sie einen Grund, mich insgeheim hier und da ein klein wenig zu unterstützen. Und sei es nur, um am Ende behaupten zu können, sie wäre doch in Wahrheit die ganze Zeit auf meiner Seite gewesen. Sie bereitet sich auf alle möglichen Szenarien vor, um sich dann dem Sieger anzubiedern. Und ich halte es für denkbar, dass Jake ebenso handelt. Deswegen die versteckten Hinweise und dilettantischen Attentate.«

»Wäre es dann nicht besser, die sagen dir offen, dass sie eigentlich dich unterstützten? Wenn du draufgehst, würde Marduk schließlich nichts davon erfahren.«

»Außer, er trinkt mein Blut.«

Verstehen breitet sich über ihr Gesicht aus. »Stimmt. Da war was.«

»Und genau deswegen ist Vampirdiplomatie so eine diffizile Angelegenheit. Aber nun lass uns verschwinden!« Ich öffne die Autotür und steige ein.

Veronica tut es mir gleich. »Und jetzt?«

Ich deute auf das Navigationsgerät. »Kannst du nachsehen, ob eine der Adressen da drin an der High Line liegt?«

»Du glaubst, das ist es?«

»Würde zu den Toren passen, die ich gesehen habe. Die unteren führen auf die Straße. Die weiter oben zu den Gleisen.«

»Das könnte sein …« Sie tippt auf dem Gerät herum, geht die Liste der eingetragenen Adressen durch. »Was ist mit der da?« Sie deutet auf die Bezeichnung ›Schlachthof‹.

Ich lese ebenfalls. »Das ist es! Der Name passt. Und die Adresse auch. Außerdem liegt es nicht weit weg von dem Bürogebäude, in dem wir O'Hara gefunden haben.«

»Du meinst …«

»Dort ist Marduk. Zumindest, wenn wir schnell sind.«

»Du willst aber nicht jetzt da hinfahren?«

Vehement winke ich ab. »Nicht allein.«

»Wen willst du mitnehmen?«

»Alle, die zu uns stehen.«

Das Lächeln auf ihren Lippen hat etwas Diabolisches. Die Aussicht auf den bevorstehenden Kampf weckt ihren Blutdurst. »Das heißt, jetzt geht's ums Ganze.«

»Ja. Wir ziehen in die Entscheidungsschlacht.«

Auch mich ergreift ein Anflug von Erregung. Doch das aufmunternde Lächeln, mit dem ich ihres erwidere, ist nur aufgesetzt.

Im Gegensatz zu ihr weiß ich, was uns schlimmstenfalls erwartet. Es ist nicht das erste Mal, dass ich eine Armee der Nocturni in die Schlacht führe. Und was geschehen ist, als ich es das letzte Mal getan habe, ist mir nur allzu gut im Gedächtnis geblieben.

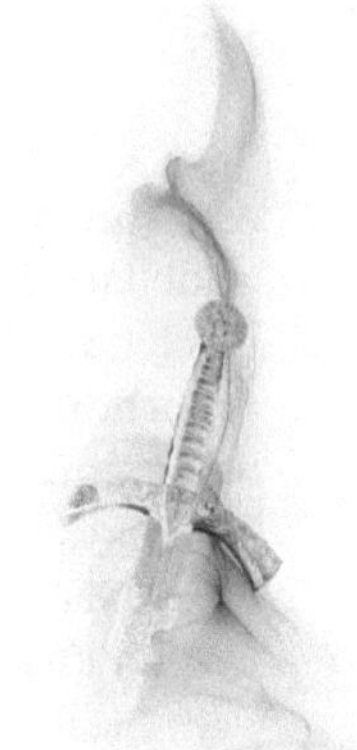

Frühjahr 1809, Wien, Kaisertum Österreich

Wien. Ich war zurück in der Donaumetropole.

Einst hatte ich die Stadt gegen die Türken verteidigt. Nun stand ich auf der anderen Seite ihrer Mauern zwischen den Zelten der Belagerer.

Im Gefolge der französischen Armee hatte ich meine eigene Streitmacht an die Donau geführt. Sie war im Gegensatz zu den vielen tausend sterblichen Soldaten nur ein paar Dutzend Mann stark. Doch es war der größte Kriegshaufen der Nocturni, den es jemals gegeben hatte.

Unmengen von Blut waren notwendig, um den Hunger derartig zahlreicher Vampire zu stillen. Es war kaum möglich, unsere Anwesenheit vor den Menschen zu verbergen. Unzählige von ihnen mussten nur deswegen sterben, weil sie Dinge gesehen hatten, die nicht für ihre Augen bestimmt waren. Doch das war nicht das einzige Problem, wenn zu viele der Unsterblichen auf engem Raum zusammengedrängt waren. Die andauernden Rivalitäten um Einfluss, Domänen und Status forderten beinahe täglich Opfer. Eine Armee von Sterblichen konnte man durch Drill und strikte Disziplin zusammenhalten. Bei einem Rudel einzelgängerischer Raubtiere mit einem derartig ausgeprägten Territorialinstinkt wie den Nocturni erwies sich dies als nahezu unmöglich. Nur ein einziger Grund bewahrte die wilde Meute davor, sich endgültig selbst zu zerfleischen. Sie fühlten sich einem der ihren verpflichtet. Mir.

Sie verehrten mich. Sie fürchteten mich. Sie legten all ihre Hoffnung in mich. Ich sollte sie zum Sieg über die Archaioi führen. Ich war der Einzige, dem es je gelungen war, einen der Alten zu vernichten, ohne selbst einer von ihnen zu sein. So glaubten sie. Doch es war alles nur eine Lüge.

Ich hatte Laurent nicht getötet. Er hat sein langes Leben eigenhändig beendet. Ich war lediglich das Werkzeug seines Selbstmordes gewesen. Und gleichzeitig der Vollstrecker seines Testaments. Er hatte mir aufgetragen, einen der Unsrigen zu töten. Meinen verhassten Erzeuger. Seinen gefürchteten Todfeind. Vitus.

Er befand sich irgendwo hinter diesen Mauern, so hoffte ich, und wartete auf mich.

Nach Laurents Tod hatte ich lange gehadert, ob ich mich noch einmal darauf einlassen sollte, mich gegen meinen Blutsvater zu stellen. Das Ende des französischen Archaios und seine letzten Worte hatten mich tief bewegt. Aber war es wirklich so selbstlos, sein Leben zu opfern, nur um mir zu ermöglichen, sein Vermächtnis zu erfüllen? Ich erinnerte mich an die zu Asche zerfallenden Gesichter seiner Getreuen, die zu ihm nach Versailles gezogen waren. An seiner Seite hatten sie Schutz gesucht vor der Revolution. Er hatte sie verraten, sie alle geopfert, nur um sein eigenes Ziel zu erreichen: Vitus' Tod. War das ehrenvoll? Entsprach das den christlichen Idealen, denen er sich nach seinen eigenen Worten verpflichtet fühlte? Oder war alles wieder einmal nur eine Lüge, um mein Urteilsvermögen zu beeinträchtigen, so wie auch Vitus mich stets belogen hatte?

Ich war hin und hergerissen zwischen Bewunderung und Verachtung für den Archaios, der durch meine Klinge diese Welt verlassen hatte. Nach der Tat schloss ich Étienne und meine anderen Verbündeten aus meinem Leben aus, verbarrikadierte mich im Tempel von Paris, blieb ihnen die Antworten schuldig, die sie von mir verlangten. Der einzige Nocturnus, den ich an mich heranließ, war Barthélémy, mein neugeborener Blutsohn, den ich lehrte, sein neues Dasein als bluttrinkendes Monster zu meistern.

Es dauerte mehr als ein Jahr, bis ich zu einem Entschluss gekommen war.

Ich würde Laurents Vermächtnis erfüllen. Ich würde Vitus erneut herausfordern.

Es war nicht von Belang, ob Laurents Motive ehrenvoll gewesen waren oder selbstsüchtig. Mit seinem Tod hatte er mir eine Chance eröffnet, die ich nicht ungenutzt verstreichen lassen konnte. Ich war nach Paris gekommen und hatte mich der Revolution angeschlossen, um entweder meinen Kampf zum Erfolg zu führen oder mein eigenes Ende zu finden. Ich hatte weder das eine noch das andere erreicht. Die Entscheidung war nur aufgeschoben.

Laurents Prophezeiung war indes bereits ohne mein Zutun darin begriffen, sich zu erfüllen. Aus ganz Europa strömten Nocturni nach Frankreich, die aus der Knechtschaft der Archaioi geflüchtet waren. Unter meiner Führung wollten sie gegen ihre einstigen Herren aufbegehren.

Ich verdankte es Étienne, dass all die Neuankömmlinge meine Heimstatt, den Tempel, nicht erstürmten, nur um mich zu sehen. Er hielt sie im Zaum, bis ich meine Entscheidung getroffen hatte. An dem Tag, da ich mein Exil beendete und sie mit Barthélémy an meiner Seite in meinem Domizil empfing, wurde ich von einer Woge der Hoffnung und Begeisterung getragen, wie ich es noch nie zuvor erlebt hatte. Mein Name war in aller Munde.

»Templer!«, riefen sie mir zu. »Templer!«

War Laurent ähnlich von seinen Getreuen gefeiert worden, bevor er sie zur Schlachtbank geführt hatte?

Ich verschwieg die Wahrheit über seinen Tod. Nicht einmal Étienne weihte ich in das Geheimnis um die letzten Augenblicke seines Erzeugers ein. Irgendwann hörte er auf zu fragen.

Mein beharrliches Schweigen über die Ereignisse in der Kapelle von Versailles führte zur Bildung wildester Gerüchte, wie ich den Archaios besiegt hätte. Keines kam den tatsächlichen Geschehnissen auch nur nahe. Dass einer der Alten den Tod aus eigenem Antrieb gesucht hatte, war für alle anderen Nocturni ebenso undenkbar wie für mich bis zu jener Nacht. Stattdessen bildeten sich Heldenmythen von teils lächerlichen

Ausmaßen. Ich kommentierte die Phantasien meiner Verehrer nicht, was sie fälschlich als Bescheidenheit interpretierten. Nur Claire wagte es gelegentlich, kritischere Ansichten zu äußern. Doch auch ihre Spekulationen waren weit von der Wahrheit entfernt. Und da sie, alleine unter glühenden Anhängern der Legende des Templers, weithin auf Ablehnung stieß, verstummte schließlich auch die letzte Skeptikerin.

Den Berichten der Nocturni zufolge, die aus allen Teilen Europas zu uns kamen, war die Welt der Unsterblichen in Aufruhr. Die Nachricht von der Vernichtung eines Archaios durch einen jüngeren Vampir hatte bis dahin unumstößliche Gewissheiten in Frage gestellt. Die unumschränkte Autorität der Alten war Geschichte. Sie konnten bezwungen werden. Der einzige, der daran immer noch Zweifel hatte, war ich selbst. Doch die behielt ich für mich.

Die Reaktionen der Archaioi auf die veränderten Verhältnisse waren höchst unterschiedlich. Während die einen ihre Bruten und Untertanen noch stärker knechteten, um jeden Gedanken an ein Aufbegehren im Keim zu ersticken, waren andere bereit zu Zugeständnissen. Aus Furcht vor dem entfesselten Zorn der Jüngeren teilten sie kleine Bröckchen ihrer Macht mit denen, die sie noch kurz zuvor als Pöbel bezeichnet hatten.

Was sie aber alle fürchteten, war ich. Und das in einem Maß, das weit über die Sorgen hinausging, die ich ihnen während des Dreißigjährigen Krieges bereitet hatte. Nun hatten sie tatsächlich Angst um ihr Leben.

Ich beschloss, diese Angst zu nähren.

Als einziger, der ahnte, dass die Gefahr, die ich für die Archaioi darstellte, nicht so groß war, wie alle glaubten, zögerte ich zur Enttäuschung meiner Getreuen mit einem direkten Angriff gegen die Hochburgen und Zufluchten der unsterblichen Herrscher Europas. Stattdessen sorgte ich mit Hilfe meiner französischen Verbündeten, allen voran Étienne, dafür, dass die Nationalversammlung anderen europäischen Mächten den Krieg erklärte. Ich ließ Gerüchte streuen, ich selbst zöge im Gefolge der Revolutionsarmee in fremde Länder, um die dortigen Archaioi anzugreifen.

Aus den inneren Wirren Frankreichs und insbesondere dem Geschehen in Paris hingegen hielt ich mich weitestgehend heraus. Ich überließ es Étienne, sich den Herausforderungen zu stellen, die die zunehmende Radikalisierung der Revolutionäre mit sich brachte. Doch trotz der zahlreichen Vertrauten, die er und die anderen Nocturni der Stadt in der Nationalversammlung, der Garde und den politischen Clubs hatten, entglitt ihnen die Kontrolle über die Ereignisse mehr und mehr. Die Politik der Sterblichen entwickelte eine unüberblickbare Eigendynamik mit ständig wechselnden Bündnissen und Kräfteverhältnissen. Die Lenkung von Entscheidungen der menschlichen Herrscher wie einst mit der Beeinflussung von Königen und Fürsten war den Nocturni nicht mehr möglich. Viele von uns, die die Revolution zunächst unterstützt hatten, sahen in dieser Entwicklung gar eine Gefahr für das Fortbestehen unserer Art. Ohne direkten Einfluss auf die Sterblichen schien es unmöglich, ihre Aufmerksamkeit von den Jägern in ihrer Mitte abzulenken. Die Befürchtungen gingen sogar so weit, dass manch einer die Wiedereinsetzung des Königs und des Adels forderte. Doch diese Option wurde hinfällig, als der Nationalkonvent im Januar des Jahres 1793 die Hinrichtung Ludwigs XVI beschloss und das Urteil vollstrecken ließ, noch ehe die streitenden Nocturni Einigkeit darüber erlangt hatten, ob sie dies gutheißen wollten oder nicht.

Das endgültige Ende des Ancien Régime war ein unübersehbares Zeichen für den freien Willen der Sterblichen und eine Warnung an die Unsrigen, dass die Wege der Vergangenheit nicht länger gangbar waren.

In den nächtelangen Diskussionen, wie wir weiterhin vorgehen wollten, wurde sogar angedacht, den Menschen unsere Existenz zu offenbaren. Aber letztlich mochte sich niemand der Gnade eines Volkes ausliefern, das soeben seinen eigenen König getötet hatte. Was der ohnehin aufgeputschte Mob mit Raubtieren in seiner Mitte machen würde, die sich von menschlichem Blut nährten, wollte sich keiner von uns ausmalen.

So blieb nur die letzte Möglichkeit, und das war die Verschärfung der Geheimhaltung unserer Existenz, so wie die Ewigen Gesetze es seit jeher forderten. Natürlich hatte dies unweigerlich zur Folge, dass unser verbliebenes bisschen Einfluss auf die Politik der Sterblichen noch weiter geschmälert wurde.

Ohne den Schutz durch menschliche Vertraute in einflussreichen Positionen unter ihresgleichen war allerdings nicht daran zu denken, unseren aufrührerischen Parolen gegen die Archaioi auch Taten folgen zu lassen. Nur eine große Zahl willfähriger Diener vermochte unsereins vor den Gefahren langer Reisen durch feindliches Territorium zu bewahren, allen voran vor der Sonne.

Statt also wie geplant in den Krieg zu ziehen, waren wir weitestgehend zur Rolle des Zuschauers verdammt und vollauf damit beschäftigt, die unablässig wachsende Zahl bluttrinkender Zuwanderer vor den Augen der unkontrollierbaren Sterblichen zu verbergen.

Wir waren allerdings nicht die Einzigen, denen die Kontrolle entglitt. Unter den menschlichen Revolutionären herrschten ebenfalls Chaos und Uneinigkeit. Mit stetig wachsender Brutalität wandten die neuen Herren Frankreichs sich gegen ihr eigenes Volk und gegeneinander. Zum grausigen Symbol des Terrors wurde die Guillotine. Kaum ein Nocturnus, den ich kannte, hatte jemals so viel Blut an seinen Händen wie die Sterblichen, die im Namen des Volkes und der Revolution abertausende tatsächliche und vermeintliche Feinde aufs Schafott führen ließen. Wieder einmal wurde offenbar, dass wir nicht das Monopol auf unmenschliche Grausamkeit besaßen.

Erst im Sommer 1794 endete der Terror mit der Hinrichtung seines schärfsten Befürworters Maximilien de Robespierre. Und aus den vorangegangenen Wirren stieg ein Mann zur Macht auf, der noch einmal alles verändern sollte. Mir offenbarte er die Gelegenheit, Laurents Vermächtnis vielleicht doch noch zu erfüllen und seinem Tod einen Sinn zu geben.

Napoleon Bonaparte war ein General der Revolutionsarmee. Er hatte wesentlich dazu beigetragen, die äußeren und inneren

Feinde der Republik zurückzuschlagen. Mit wohl überlegten politischen wie militärischen Schachzügen vereinte er Stück für Stück immer weitere Macht auf seine Person. Schließlich wurde er zu dem, was die Revolution eigentlich ein für alle Mal hatte abschaffen wollen: ein absolutistischer Herrscher. Doch das Volk liebte ihn. Ebenso die Nocturni.

Er beendete das politische Chaos, das uns jeglicher Einflussnahme beraubt hatte, und stellte eine neue Ordnung her. Sie entsprach unseren Bedürfnissen wesentlich besser als die Republik mit ihren ständigen Wechseln der Machthaber. Die damit verbundene Unbeständigkeit lief dem langsamen Prozess des Gewinnens von Vertrauten durch stetige Einflüsterungen und langjährige Anwendung des Bösen Blicks vollkommen zuwider. Doch dies war nun Vergangenheit. Stabilität und Verlässlichkeit kehrten in die Politik zurück. Étienne untersagte zwar jegliche direkte Beeinflussung des neuen Monarchen. Er wollte verhindern, dass wir zu viel Aufmerksamkeit auf uns zogen. Und wohl ebenso, dass nicht ein neuer Laurent aus unseren Reihen die alleinige Macht an sich zog. Doch im Umfeld Bonapartes konnten er und seine Verbündeten zahlreiche Vertraute gewinnen und uns wieder eine Stimme in der Politik der Menschen verschaffen.

Wir zögerten nicht, diese Stimme zu nutzen.

Im Anschluss an Napoleons Krönung zum Kaiser Ende des Jahres 1804 bereiteten wir endgültig das vor, was wir bislang nur als Gerücht verbreitet hatten. Wir zogen gegen die Archaioi in den Krieg.

Im folgenden Frühjahr sammelten wir uns im Gefolge der Armee, die Napoleon nach Osten führte. Doch nun rächte es sich, dass wir es versäumt hatten, ihn selbst unter unsere Kontrolle zu bringen. Den Gewaltmärschen, mit denen er seine Truppen tagsüber durch das Land jagte, konnten wir in den kürzer werdenden Nächten des Sommers nicht folgen. Dennoch verursachte das Erscheinen seines Heeres nicht nur unter den Sterblichen, sondern ebenso unter unseren unsterblichen Feinden stets größte Unruhe, hatten wir doch aus unserer Beteiligung an dem Feldzug kein Geheimnis gemacht. Die Angst, die Napoleon auch unter den Nocturni schürte, trieb immer mehr von ihnen in unsere Reihen. So konnten wir unsere unvermeidbaren Verluste an die zahlreichen Scharmützel, das Tageslicht, den Wahnsinn und die anderen Fährnisse langer Reisen durch feindliches Territorium stets ausgleichen. Da ich selbst von unserer Unbesiegbarkeit weit weniger überzeugt war als meine Getreuen, vermied ich große Schlachten, wie die Sterblichen sie schlugen, und direkte Angriffe auf die Archaioi. Stattdessen trieben wir sie tief in ihre Verstecke hinein und bluteten ihre Bruten aus.

Mit der strikten Anordnung, keine Unholde zu erschaffen, gelang es mir, ausufernde Gräueltaten wie jene während des Dreißigjährigen Krieges zu verhindern. Ich hatte aus den Fehlern der Vergangenheit gelernt. Nie war ich meinem Ziel näher als in diesen Monaten.

Aber Napoleons Kriegsführung der schnellen Märsche versagte uns den erhofften Erfolg. Im Herbst nahm er Wien ein, die Heimatstadt des Mannes, dem all mein Streben galt, Vitus dem Römer.

Als wir dort eintrafen, war der Kaiser bereits weitergezogen, um bei Austerlitz einen seiner glänzendsten Siege zu erlangen. Uns blieb nur der Blick auf die von den Dienern unserer Feinde wohl bewachten Mauern der Stadt, ehe wir unverrichteter Dinge wieder abziehen mussten.

Napoleon eilte von Erfolg zu Erfolg und erlangte unter den Menschen eben jenen Mythos der Unbesiegbarkeit, dem ich mich unter meinesgleichen noch verweigerte. Währenddessen zogen wir in seinem Kielwasser durch die eroberten Lande und verschärften unsere Suche. Die Zahl der Nocturni in meinem Gefolge wuchs weiter und überstieg schließlich ein halbes Hundert. Auch einige alte Bekannte schlossen sich uns an. Am freudigsten war für mich das Wiedersehen mit meinem Nachkommen Sebastian, der schon im Dreißigjährigen Krieg an meiner Seite gefochten hatte. Im Gegensatz zu den meisten anderen meiner einstigen Mitstreiter hatte er sich den Rachefeldzügen unserer damaligen Feinde erfolgreich entzogen. Nun war er bereit, den Kampf wieder aufzunehmen.

Mit dieser Streitmacht, so entschied ich, sollte es nun endlich möglich sein, die Archaioi herauszufordern, so wie Laurent gesagt hatte. Also ging ich endgültig zum Angriff über. Ich führte die wilde Horde direkt in die Domänen der Alten, nach Berlin, wo Albrecht der Sachse sich nach dem Niedergang Magdeburgs niedergelassen hatte. Nach Polen und Ungarn, wo die gefürchtete Blutlinie der Strigoi ihr Unwesen trieb. Und auf die iberische Halbinsel, die seit vielen Jahrhunderten von drei Archaioi beherrscht wurde, die angeblich vom selben Erzeuger abstammten und alle Territorien streng untereinander aufgeteilt hatten.

Doch nirgends trafen wir auf einen Gegner, der sich uns zum Kampf stellte. Die Domänen schienen verwaist. Die Zufluchten, in die wir eindrangen, waren verlassen. Unsere Feinde wichen uns aus. Sie scheuten das direkte Aufeinandertreffen. Sie hatten wahrhaft Angst vor uns.

Schließlich standen Napoleons Truppen ein weiteres Mal vor Wien, dreieinhalb Jahre nach der verlorenen Chance, in die Stadt eindringen zu können. Dieses Mal gelang es mir, eine große Zahl meiner blutsaugenden Mitstreiter rechtzeitig in sein Feldlager zu führen. Die Belagerung hielt noch an. Tagsüber ließen die Franzosen die Kanonen sprechen und schossen die Mauern sturmreif. Nachts betrachteten wir das Werk der Zerstörung. Geduldig warteten wir auf den rechten Moment, die Unsterblichen der Stadt herauszufordern. Selbst wenn wir gar nicht sicher waren, dass unsere Feinde sich tatsächlich in Wien befanden.

War auch Vitus geflohen, so wie die anderen Archaioi?

Wenn es so war, dann wollte ich zumindest seine Zuflucht aufspüren, sie plündern, brandschatzen und für alle Zeiten unbenutzbar machen. Ich wollte ihm irgendeinen Schaden zufügen, und sei er nur symbolisch.

Schließlich kam der Tag des Angriffs auf die Stadt. Napoleon ließ zum Sturm blasen.

Die Verteidiger hielten gegen die Übermacht der Franzosen nicht lang stand. Zum Sonnenuntergang standen die Tore weit offen. Wir erhoben uns aus den lichtgeschützten Kisten und Kutschen, in denen wir bewacht von unseren Vertrauten durch das Land reisten. Wie schon so viele Male zuvor in anderen eingenommenen Städten formierten wir uns und hielten Einzug in Wien. Die Hoffnung, endlich einen der Alten aufzuspüren war nach den Erfahrungen der vergangenen Jahre gering. Dennoch waren wir auf der Hut und schritten vorsichtig durch die dunklen Straßen und Gassen. Die Wachen, die die französischen Eroberer überall postiert hatten, gehorchten unseren Vertrauten und ließen uns gewähren.

Seit ich das letzte Mal in Wien residiert hatte, war die Stadt um ein Vielfaches gewachsen. Ein Ring von Vorstädten rahmte das alte Zentrum ein. Dort stand das Stadthaus, das ich einst mit meinem Erzeuger und meiner Blutschwester bewohnt hatte. Dorthin führte ich den Trupp unsterblicher Krieger.

Étienne war nicht bei mir. Er war im Anschluss an unseren ergebnislosen Feldzug durch Spanien nach Paris zurückgekehrt, um nach dem Rechten zu sehen. Seinen Platz an meiner Seite hatte einer seiner Nachkommen eingenommen, ein ehemaliger Soldat namens Olivier, der über seine Vertrauten großen Einfluss auf die Armee der Sterblichen ausübte. Zu meiner Linken marschierte mein treuer Sohn Barthélémy, das altertümliche Zweihandschwert wie üblich über der Schulter. Der erfahrene Veteran Sebastian führte seinen eigenen Trupp an und schützte unsere Flanke. So schritten wir über das breite Glacis, das die Vorstädte von den hoch aufragenden Bastionen der Altstadt trennte, direkt auf das Kärntner Tor zu.

Ich hob die Hand und wies meine Kampfgefährten an stehenzubleiben, als eine einzelne Gestalt in dem Torbogen vor uns erschien. Es war eine Frau und sie schien unbewaffnet. Ihr festliches Kleid mit dem ausladenden Reifrock wirkte im Vergleich zu unserem eigenen martialischen Auftreten vollkommen fehl am Platz. Ich erkannte sie auf den ersten Blick.

Constantia.

»Wer ist das?«, wollte Olivier wissen.

Statt zu antworten, bedeutete ich ihm und den anderen mit einer Geste zurückzubleiben. Allein ging ich auf meine Schwester zu, bis wir in geeigneter Entfernung für ein Gespräch waren.

»Willkommen in Wien, Leonard.« Die Eiseskälte in ihrer Stimme strafte die freundlichen Worte Lügen.

»Was machst Du hier?«, entgegnete ich, von ihrem plötzlichen Erscheinen vollkommen überrascht.

»Ich gebe Dir eine letzte Warnung.«

»Wovor willst Du mich warnen? Vor Vitus?«

»Vor ihm und den anderen, die hinter diesen Mauern auf euch warten.«

Ich war alarmiert. Mein Tonfall wurde forscher. »Wer wartet dort? Sprich nicht in Rätseln!«

»Die, die ihr sucht.«

»Dann geh aus dem Weg, Schwester!«

»Du begehst einen Fehler, Leonard.«

Von hinten war Olivier an mich herangetreten. »Wer ist sie? Warum gehen wir nicht weiter?«

Constantia fauchte ihn an. »Verschwindet! Jetzt! Sonst werdet ihr alle sterben.«

Der Franzose erhob seine Waffe. »Das werden wir ja sehen.«

»Nein!«, schrie ich ihn an.

Doch sein Säbel fuhr bereits auf den ungeschützten Kopf meiner einstigen Geliebten nieder. Sie versuchte auszuweichen, aber sie war zu langsam. Weniger als eine Handbreit von ihren dunklen Locken entfernt wurde Oliviers Klinge zur Seite geschlagen. Das Schwert, das seinen Hieb stoppte, war meins.

Feindselig sah er mich an. »Auf wessen Seite steht Ihr, Templer?«

Mein strafender Blick brachte ihn zum Schweigen. Dann wandte ich mich wieder Constantia zu. »Ist Vitus in der Stadt?«

Statt einer Antwort drehte sie den Kopf und sah auf die Krone der Mauer über dem Tor. Ich folgte ihren Augen und entdeckte rechts über mir einen Mann, der auf uns herabsah. Es war nicht der, den ich erwartet hatte, doch ich kannte das Gesicht des Jünglings.

Albrecht der Sachse.

Eine weitere Gestalt erschien auf der Mauer, zu meiner Linken. Eine Frau. Ich kannte sie nicht, aber der Blick ihrer Augen, als sähe sie aus weiter Ferne, oder vielmehr, aus einer anderen Zeit zu mir herab, war mir von meinem eigenen Erzeuger nur allzu vertraut. Auch sie war eine Archaia, möglicherweise eine Strigoi aus dem Osten.

Zwischen den beiden, direkt über dem Tor, trat eine dritte Person an die Brüstung. Dieses Gesicht hatte sich unauslöschlich in meine Erinnerungen eingebrannt.

Vitus.

Instinktiv ging Olivier einen Schritt zurück. Alle Augen richteten sich auf unsere Gegner. Ich spürte die Unruhe der Männer hinter mir. Keiner von ihnen wusste, wer es war, der sich uns so drohend entgegenstellte. Doch sie merkten, dass etwas absolut nicht so verlief wie geplant.

Wir standen nicht einem Archaios gegenüber.

Es waren drei.

Constantia wandte sich wieder mir zu. Sie sagte nur ein einziges Wort: »Lauf!«

Hinter ihr, auf der anderen Seite des Torbogens, sammelten sich Bewaffnete und marschierten auf uns zu. Ich sah mich um und entdeckte weitere Trupps von beiden Seiten über das in Dunkelheit gehüllte Glacis anrücken. Es war eine Falle.

Etwas zerbrach tief in mir.

Alle Hoffnung, meinen Eid zu erfüllen, schwand in diesem Augenblick endgültig und unwiederbringlich. Ich hatte Vitus unterschätzt. Ihn und die anderen der Alten. Niemals hätte ich ihnen zugetraut, dass sie ihre uralten Fehden beiseitelegen und ihre Kräfte vereinen könnten. Vermutlich hatten Constantias diplomatische Fähigkeiten einen gehörigen Anteil an diesem

Bündnis. Doch letztlich war unerheblich, wie es dazu gekommen war. Gegen einen der Alten mitsamt seinem Gefolge hätten wir vielleicht bestehen können. Gegen drei von ihnen war alles Hoffen vergebens. Wir hatten verloren, ehe der Kampf begonnen hatte.

Im Gegensatz zu den Schlachten der Sterblichen begann das Sterben vor dem Kärntner Tor nicht mit dem Donnern von Musketen und Kanonen. Unsere Feinde führten ebenso wie die meisten von uns hauptsächlich Säbel, Schwerter und Äxte. Das Klingen von Stahl begleitete die einsetzende Choreographie des Todes.

Ich hörte gebrüllte Kommandos, Formationen zu bilden und Schlachtreihen einzunehmen. Doch die Horden menschengestaltiger Raubtiere, die hier aufeinandertrafen, waren nicht für geordnete Feldschlachten geschaffen. Einer nach dem anderen wurde vom Blutrausch ergriffen. Schnell wichen die stählernen Waffen denen, die uns die grausame Natur gegeben hatte. Mit Klauen und Zähnen drangen die Kontrahenten aufeinander ein und tränkten den Boden des Glacis mit dem Blut, das sie in den Nächten zuvor unschuldigen Sterblichen geraubt hatten.

Ich selbst blieb unbewegt stehen und nahm das Geschehen um mich herum wie durch einen Schleier wahr. Alle Geräusche drangen nur gedämpft an meine Ohren. Die Bilder des gegenseitigen Abschlachtens schienen nur bedingt etwas mit mir zu tun zu haben. Der tiefe Hass und die unbändige Wut, die sich in meiner unmittelbaren Nähe entluden, ließen mich vollkommen unberührt.

Das einzige, was ich verspürte, war der stechende Schmerz des vollständigen Versagens. Die absolute Gleichgültigkeit, die Geist und Körper lähmte, wenn die Erkenntnis in das Bewusstsein eindrang, dass alles zu Ende war. Dass jedwede Anstrengung, noch irgendetwas ändern zu wollen, vergebens war.

Die Kämpfer, die durch das Tor auf mich zu kamen, schritten an Constantia vorbei. In ihren Händen hielten sie Hellebarden und nagelbewehrte Keulen. Meine Blutschwester machte Anstalten, sie zurückzuhalten, doch dann erschlaffte sie, noch bevor ein Laut ihre geöffneten Lippen verließ. Ich hob den Kopf und blickte in Vitus' unbewegtes, unnachgiebiges, unbarmherziges Gesicht. Ich ahnte, dass ihr Schweigen sein Werk war. Er nutzte die Macht, die er über sie hatte, um sie verstummen zu lassen. Verhinderte, dass sie mich rettete. Ein letztes Mal fanden meine Augen die ihren. Dann verschwand sie zwischen den vorrückenden Reihen der Kämpfer.

Da ich immer noch keinen klaren Gedanken fassen konnte, lag es einzig und allein in der Hand meiner Jahrhunderte lang in unzähligen Schlachten trainierten Instinkte und Reflexe, mich der Übermacht der auf mich eindringenden Gegner zu erwehren. Wie in Trance hob ich mein Schwert, parierte, trat zur Seite, um einem weiteren Schlag auszuweichen, führte einen Gegenangriff und trieb meine Klinge in den Leib eines Feindes, den mein Bewusstsein nicht einmal wahrnahm. Meine Gedanken kreisten ausschließlich um die Erkenntnis, verloren zu haben.

Den Kampf verloren.

Den Krieg verloren.

Den einzigen verbliebenen Sinn meiner Existenz verloren.

Aus dem Augenwinkel sah ich, wie Olivier unter den Hieben dreier Gegner zu Boden ging und in Stücke gehackt wurde. Ich erhaschte einen Blick auf Sebastian, der sich ebenso tapfer wie aussichtslos gegen ein halbes Dutzend Feinde gleichzeitig zur Wehr setzte. Die Übermacht war erdrückend. Wir hatten keine Chance.

Eine grobschlächtige Hand packte meinen Arm und zog mich zurück. Ich wehrte mich nicht. Ich weiß nicht mehr, wie ich vom Schlachtfeld auf dem Wiener Glacis entkam. Alles, woran ich mich anschließend erinnern konnte, war der Anblick meiner sterbenden Gefährten und ihre Schreie. Manche schrill und gezeichnet von Schmerz, andere drohend und voller Wut. Irgendwie gelang es Barthélémy, mich aus dem Chaos des Gefechtes heraus zu bugsieren. Der Lärm des Sterbens blieb hinter uns zurück, während wir in die Dunkelheit flüchteten, weg von dem Gemetzel, hinein in die Gassen der Vorstädte.

Im Lager der Franzosen vor den Toren der Stadt hievte er mich auf ein Pferd und wir ritten fort von Wien, unsere Gefährten im Stich lassend, sie der Rache unserer Feinde ausliefernd. Erst kurz vor Sonnenaufgang kam ich wieder einigermaßen zu Sinnen. Mein Nachkomme hatte mich in den Keller eines Hofs geführt, dessen Bewohner uns in der Nacht zuvor als Nahrung gedient hatten. Ohne ein Wort zu sagen, tat ich das Einzige, was noch zu tun blieb. Ich stand auf und erklomm die Treppe hinaus aus dem Versteck.

»Was machst du da?«, herrschte Barthélémy mich an.

Ich beachtete ihn nicht und ging weiter.

Er lief hinter mir her, packte mich mit seinen kräftigen Pranken, drehte mich um und drückte meinen Rücken gegen die Kellerwand. »Was soll das?«

»Es ist vorbei«, antwortete ich kraftlos. »Ich mache ein Ende.«

»Das darfst du nicht!« Die zornige Leidenschaft seiner Stimme stand im krassen Gegensatz zur emotionalen Leere meiner eigenen Worte.

»Warum?«, wollte ich wissen. »Habe ich es nicht verdient, endlich Ruhe zu finden?«

»Es geht nicht nur um dich. Mal abgesehen davon, dass ich dein Selbstmitleid nicht gutheiße, geht es noch um mehr. Was glaubst du, was nun geschehen wird, nach dem Sieg der Alten?«

Ich überlegte kurz. »Sie werden alle, die sich gegen sie gestellt haben, zur Verantwortung ziehen. Sie werden uns jagen. Uns und alle, die mit uns gekämpft haben.«

»Ja«, bestätigte Barthélémy. »Und es gibt nur eines, was der Jagd, die sie entfesseln werden, Einhalt gebieten kann.«

»Was soll das sein? Nichts kann sie jetzt noch aufhalten.«

»Doch. Ihre eigene Angst.« Durchdringend sah er mich an.

Ich starrte durch ihn hindurch, den Blick in die Unendlichkeit gerichtet.

»Sie brauchen etwas, vor dem sie Angst haben können«, fuhr er fort, »und das bist du.«

Ich glotzte ihn verständnislos an. »Und wenn ich keine Lust mehr habe, irgendjemandem Angst zu machen?«

Ich erkannte den Vorwurf in seinen Augen. »Dann verrätst du endgültig alle, die dir ihr Vertrauen geschenkt haben. Wenn du schon nicht mehr weiter kämpfen willst, dann erweise deinen Gefährten einen letzten Dienst und bleib am Leben!«

Am Leben bleiben? Genau das wollte ich nicht.

Barthélémy erkannte meinen Widerwillen. »Du hast mir von den Tempelrittern erzählt. Wie sie sich geopfert haben für ihren Glauben und ihre Überzeugungen. Und für ihre Mitstreiter. Sie sind in den Tod gegangen, wenn es notwendig war. Du hingegen musst weiterleben. Das ist das Opfer, das du bringen musst, um deine Gefährten vor ihren Feinden zu beschützen.«

Der Mistkerl hatte meinen wunden Punkt entdeckt. Er appellierte an mein Ehrgefühl. Und es schien, als hätte er damit Erfolg. Ich spürte, wie seine Mahnungen Wirkung zeigten und tief in mir etwas erwachte. Ein schwaches Glimmen nur, doch es erfüllte die Leere, die sich in mir ausgebreitet hatte.

»Du bist der Templer.« Die Worte meines Blutsohnes kamen einem Flehen gleich. »Du kannst nicht einfach sterben. Nicht auf diese Weise.«

Er hatte gewonnen. Ich würde weiterleben.

Auch wenn ich mir absolut nicht vorstellen mochte, wie dieses Leben aussehen könnte.

Dienstag, 31. Mai 2005, New York City, USA

Ich schreite durch die Straßen von New York. Mein Blick wandert über die links und rechts neben mir aufragenden Fassaden. Hier im Stadtteil Chelsea sind die Gebäude bei weitem nicht so hoch wie im Financial District oder an der Fifth Avenue. Statt Glas und Marmor dominieren Ziegel und nackter oder unter Klinkern versteckter Beton das Straßenbild. Dennoch haftet den Straßen auch hier der typische New Yorker Stallgeruch an, den man in der Wall Street und den prunkvollen Einkaufsmeilen von Midtown genauso spürt wie in Little Italy, Chinatown oder den verrottenden Slums der South Bronx. All diese höchst unterschiedlichen Viertel sind unverkennbar ein Teil meiner Wahlheimat, egal wie sehr sie sich voneinander unterscheiden oder im Laufe der Jahrhunderte verändert haben.

Verglichen mit der Stadt, in der ich vor fast zweihundert Jahren angekommen bin, als ich dem Segelschiff aus Europa entstieg, sind selbst die schmutzigen Gassen von Chelsea ein Ort herausragender Pracht. Nicht, dass Paris, Wien oder die anderen Metropolen der Alten Welt damals keinen Anteil an Armut und Elend gehabt hätten. Die Kriege infolge der Französischen Revolution und Napoleons Feldzüge haben ganz im Gegenteil die Masse der Heimatlosen und Verzweifelten um viele neue Mitglieder bereichert. Aber was ich bei meinen ersten Streifzügen durch das erblickt hatte, was später einmal die Stadt, die niemals schläft, werden sollte, hat mich doch arg zweifeln lassen, ob es wirklich eine so gute Idee gewesen war, hierher zu kommen.

Aber ich hatte keine Wahl.

Nach dem gescheiterten Angriff auf Vitus in Wien war ich endgültig vom Jäger zum Gejagten geworden. Einige Jahre lang hatte ich noch versucht, mich vor den Häschern der Archaioi zu verbergen. Doch früher oder später spürten sie mich überall auf, so dass ich erneut in wilder Flucht das Weite suchen musste. Die Schar meiner Verbündeten schmolz gleichzeitig dahin wie Eis in der Julisonne. Einer nach dem anderen unterwarf sich der Herrschaft der Alten oder wurde vernichtet. Barthélémy tat sein Bestes, mir zur Seite zu stehen und meine Moral zumindest so weit aufrecht zu halten, dass ich mich nicht dem Sonnenaufgang hingab. Doch nach und nach wurde meine Situation unhaltbar. Der Plan, in die Neue Welt auszuwandern, kam von meinem treuen Nachkommen. Nach Napoleons endgültiger Niederlage bei Waterloo war die Aussicht, in absehbarer Zeit ein neues Heer sterblicher oder unsterblicher Verbündeter aufzustellen, gleich null. Barthélémy bestand trotzdem starrköpfig darauf, dass ich als Zeichen der Hoffnung für die von den Archaioi geknechteten Nocturni weiterleben müsse. Also setzte er mich in ein Schiff nach Amerika, wo ich vor den Nachstellungen meiner Todfeinde sicher sein sollte. Er selbst blieb in Europa, um meine Spur zu verwischen und, wie er es nannte, die Fahne hochzuhalten, bis ich zurückkehrte.

Ich sah ihn nie wieder.

Doch trotz aller gescheiterten Pläne hatte er in einem recht behalten: Die Archaioi zeigten an der Neuen Welt keinerlei Interesse.

Allerdings war ich nicht der erste Unsterbliche, der den Atlantik überquert hatte, wenn es zu dieser Zeit auch noch nicht viele von uns in die Neue Welt gezogen hatte. Amerika galt in jenen Tagen als unzivilisiert und seine Städte waren schmutzige Kuhdörfer verglichen mit den Metropolen Europas. Mein erster Eindruck von New York bestätigte diese Vorurteile nur allzu gut. In den Gassen der Stadt hauste nicht einmal ein halbes Dutzend der Unsrigen. Sie alle waren Nachkommen eines unsterblichen Auswanderers namens Johann. Angeblich hatte er schon in der Stadt gewohnt, als sie noch eine holländische

Kolonie gewesen war und Neu Amsterdam geheißen hatte. Unsere erste Begegnung war alles andere als herzlich. Er spürte mich in meiner notdürftigen Zuflucht auf – einer dreckigen Holzbaracke, in der ich mich tagsüber unter einem Stapel verlauster Wolldecken verkriechen musste, da die Bretterwände nicht lichtdicht waren. Ich war ziemlich tief gesunken vom weithin verherrlichten Anführer der Revolution gegen die Archaioi zum schmutzverkrusteten Flüchtling in einem gottverlassenen Nest am Ende der damals bekannten Welt. Angesichts meines erbärmlichen Zustandes war es nicht weiter verwunderlich, dass Johann mich für einen neugeborenen Streuner hielt, den es loszuwerden galt, bevor er Ärger machte. So griff er mich mitsamt seinen versammelten Nachkommen, ohne zu zögern, an. Erst als der zweite seiner Abkömmlinge von meinem Schwert in zwei Hälften geteilt zu Boden sank, erkannte er seinen Irrtum. Er selbst entging diesem Schicksal nur, indem er noch das letzte seiner Kinder gegen mich schickte, um seinen Rückzug zu decken.

Ich konnte ihm nicht einmal einen Vorwurf machen. Vermutlich hätte ich an seiner Stelle ebenso gehandelt. Doch die unglücklichen Umstände unseres ersten Zusammentreffens hatten eine friedliche Koexistenz so gut wie unmöglich gemacht. Er musste den Tod seiner Zöglinge rächen, wollte er nicht jegliches Ansehen unter den Unsrigen aufs Spiel setzen. Außerdem war klar, dass ich der Stärkere von uns beiden war und er sich unterwerfen müsste. Aber dazu war er nicht bereit.

Er spielte seinen letzten Trumpf aus und hetzte seine sterblichen Diener und Verbündeten auf mich. Ohne eigene Vertraute war ich den Angriffen während des Tages so gut wie schutzlos ausgeliefert. Mehrmals entkam ich nur um Haaresbreite dem Feuertod durch das Licht der Sonne. Sobald jedoch die Nacht hereingebrochen war, änderten sich die Vorzeichen unseres Krieges und er wurde zum Gejagten. Aber er kannte seine Domäne sowie die Verstecke darin nur zu gut und entrann meinen Versuchen, ihn aufzuspüren, ebenso wie ich den seinen.

Das Katz-und-Maus-Spiel erstreckte sich mit wechselnder Intensität über mehr als ein Jahr. Die Zeit spielte dabei gegen ihn. Mit jedem Monat wurde der Heimvorteil meines Widersachers geringer. Stück für Stück lernte auch ich die Geheimnisse der Stadt kennen und gewann sterbliche Verbündete.

Irgendwann war offensichtlich, dass seine Position als Herr über die Unsterblichen von New York nur noch Fassade war. Ein letztes Mal bot ich ihm an, sich mir zu unterwerfen. Er lehnte ab. Damit gab es nur noch einen Weg, die Angelegenheit ein für alle Mal zu klären.

Ich hätte Johann gern in einem Zweikampf von Angesicht zu Angesicht besiegt. Doch er starb unrühmlich durch ein Feuer, das eine Gang von Sterblichen an seine Zuflucht gelegt hatte. Damit war der Krieg entschieden. Die restlichen seiner Getreuen flehten um Gnade oder zerstreuten sich in alle Winde. Ich war der Herr über New York.

In den folgenden Jahrzehnten begann die Stadt ihren kometenhaften Aufstieg zur größten Metropole der Welt. Nahezu täglich entluden die Schiffe aus Europa ihre menschliche Fracht von Auswanderern an den Docks und versorgten mich und meine Brut mit leichter Beute im Überfluss. Die ungepflasterten Gassen der wuchernden Slums verschluckten die Massen der Einwanderer wie eine hungrige Bestie und entließen nur die wenigsten von ihnen jemals wieder lebend aus ihrem schmutzigen Schlund. Um einzelne ausgeblutete Leiber, die den Hudson River hinab ins Meer trieben, kümmerte sich niemand.

Mit den Horden von Menschen, die ab der Mitte des 19. Jahrhunderts aus Europa über die Stadt hereinbrachen, kamen auch weitere Nocturni. Keiner von ihnen stellte eine Gefahr für mich oder meine Herrschaft dar. Meine Blutlinie war die Mächtigste der gesamten Region und kein Unsterblicher kam auch nur annähernd an mein Alter und meine Kampfeskraft heran.

An meiner Seite standen mein treuer Sohn Zachary, einer der wenigen meiner Nachkommen, die die Kämpfe gegen Johann und seine Brut überlebt hatten, und Samantha, der ich aus abgöttischer, aber unerwiderter Liebe die Unsterblichkeit geschenkt hatte. Samantha ist das Jüngste meiner Kinder. Nicht, dass ich nicht versucht hätte, weitere Nachkommen zu erschaffen. Doch mit zunehmendem Alter schwand meine Fähigkeit, durch die Weitergabe meines Blutes Kinder zu zeugen. So wie ich es einst bei Vitus erlebt hatte, ertrugen immer weniger Sterbliche die schiere Macht, die meiner Lebensessenz innewohnte. Entweder starben sie einen qualvollen Tod oder sie fielen innerhalb kürzester Zeit dem Irrsinn anheim. Als einer von ihnen im Wahn einen Priester tötete und gegen seinen Willen zu einem der Unsrigen machte, beschloss ich endgültig, keinen Menschen mehr zu verwandeln. Meine Blutlinie wuchs dennoch weiter, denn meine bereits existierenden Kinder zeugten ihrerseits eigene Nachkommen und mehrten die Schar meiner Abkömmlinge.

Ich war wieder jemand. Ich herrschte über die größte Blutlinie der Ostküste und die größte Stadt der Neuen Welt. Der Templer war zurück.

Meine Ambitionen, den Kampf gegen die Archaioi erneut aufzunehmen, waren jedoch endgültig verschwunden. Erstens hatte ich sämtliche Verbindungen nach Europa gekappt und daher keinerlei Einfluss, den ich auf dem Territorium meiner einstigen Feinde hätte geltend machen können. Und zweitens hatte ich nun etwas zu verlieren. Ich war Herr über eine bedeutende Domäne. Ich war der Richter von New York und nicht bereit, dies wieder aufzugeben und erneut in die Gosse zurückzukehren. Meine Behausungen und mein Lebensstil zu jener Zeit waren zwar alles andere als luxuriös. Doch immerhin musste ich nicht mehr darum fürchten, zum Sonnenaufgang keine sichere Zuflucht vor dem verzehrenden Tageslicht zu finden.

Mein Weg zu finanziellem Wohlstand begann erst um die Wende zum 20. Jahrhundert. Eine der Unsterblichen, denen ich Obdach in meiner Stadt gewährt hatte, mischte sich intensiv in die Geschäfte der Sterblichen ein und erwarb damit ungeahnte Reichtümer. Gianna Linaro war keine Jungblütige mehr, als sie in Amerika ankam und hatte die hohe Kunst des Bankwesens und der Finanzspekulationen bereits in ihrer Heimat Italien erlernt. Warum sie ausgewandert war, habe ich bis heute nicht im Detail herausgefunden. Es gab Gerüchte, sie hätte die falschen Personen um eine Menge Geld gebracht. Ich hatte in jedem Fall nicht vor, mich ebenfalls von ihr abzocken zu lassen, und stellte sie vor die Wahl, entweder ihre Geschäfte einzustellen oder New York zu verlassen. Sie tat nichts von beidem.

Stattdessen schlug sie vor, mir einen Teil ihrer Einkünfte zu überlassen als Gegenleistung für die Gastfreundschaft, die ich ihr in meiner Domäne gewährte. Ich willigte ein.

Der Reichtum, den ich durch Gianna erwarb, überstieg alles, was ich jemals besessen hatte. Ich lebte luxuriöser als in den glorreichen Tagen, als Vitus, Constantia und ich vom Geld und Blut der Fürstenhäuser des mittelalterlichen Europas gezehrt hatten.

Als in Manhattan die höchsten Gebäude der Welt errichtet wurden und eines von ihnen alle anderen noch um Längen übertraf, konnte ich der Versuchung nicht widerstehen, mein Domizil hunderte von Metern über den lärmenden Straßen zu beziehen, und mietete mich im Empire State Building ein.

Mehr als eineinhalb Jahrhunderte währte meine unangefochtene Herrschaft. Niemand wagte es, den Templer herauszufordern.

Natürlich gab es keinen immerwährenden Frieden unter den Nocturni New Yorks. Keine Stadt, die so viele von uns beherbergt wie meine Wahlheimat, ist frei von Konflikten. Doch die meisten meiner Gegner hatten entweder keine Ahnung, mit wem sie sich angelegt hatten, oder waren sich nicht bewusst, meinen Zorn auf sich gezogen zu haben. Keiner von ihnen lebte lang. Jene Vampire, denen mein Alter und meine Fähigkeiten im Kampf bekannt waren, bemühten sich nach Kräften, sich vom falschen Ende meines Schwertes fernzuhalten. Wie ich bei meinem Besuch bei Vitus erfahren habe, fürchteten sogar die Alten Herrscher Europas meine Macht in der Neuen Welt und ließen mich in Ruhe. Alle bis auf einen.

Er ist mein Ziel in dieser Nacht. Und nicht nur meines.

Nachdem wir in der Pizzeria von Vinnies Cousin Schutz gefunden haben, waren Veronica und ich den Rest der vergangenen Nacht damit beschäftigt, unsere potentiellen Verbündeten zusammenzutrommeln. Keiner von ihnen hat es gewagt, sich meiner direkten Aufforderung zu widersetzen. Heute wird sich zeigen, wie viele der Zusagen lediglich Lippenbekenntnisse waren, ausgesprochen in der Hoffnung, dass ich bald nicht mehr in der Lage sein würde, Verräter zur Rechenschaft zu ziehen.

An meiner rechten Seite schreitet meine zuverlässigste Gefährtin der vergangenen Wochen. Veronica ist nur eine Neugeborene und hat zweifellos ernsthafte Probleme damit, die Instinkte des Raubtieres, die das Blut des Reißwolfs in ihr geweckt hat, zu zügeln. Doch all ihre Worte und Taten während der kurzen Zeit unserer Zusammenarbeit haben mein Vertrauen in ihre unbedingte Loyalität gestärkt. Und für das, was uns heute Nacht erwartet, wird sie voraussichtlich keine allzu raffinierte Diplomatie benötigen. Ich bin froh darüber, ihr bei unserer Begegnung eine Chance gegeben zu haben, statt sie auf der Stelle zu töten, wie ich es eigentlich vorgehabt hatte.

Zu meiner Linken werde ich von meinem jüngsten Verbündeten flankiert. Vinnie ist nur ein Sterblicher, oder um genau zu sein, ein Unhold, seit er von meinem Blut getrunken hat. Seit Jahrhunderten der erste in meinen Diensten. Aber wenn meine Feinde sich nicht an das Verbot halten, Unholde in die Welt zu setzen, sehe ich mich auch nicht daran gebunden. Und wie Vitus gesagt hatte: Als Archaios mache ich die Regeln. Für den Fall, dass meine Vermutung sich bewahrheitet und Silvio nicht mehr unter uns weilt, habe ich Vinnie zu meinem neuen Vertrauten bei der Mafia erkoren – zumindest sofern wir beide diese Nacht überstehen.

Die Straßen um uns herum sind wie ausgestorben. Wir sind weit weg von den kulturellen und kommerziellen Zentren der Stadt. Auch Wohngebäude sind hier rar. Stattdessen dominieren Lagerhallen und alte Fabrikgebäude das Viertel. Um diese nachtschlafende Zeit stehen die Gebäude leer und auch Passanten sind wir schon seit mehreren Minuten nicht mehr begegnet.

Wir biegen um eine Ecke. Die Türen der dort geparkten metallic-weinroten Limousine öffnen sich, sobald die Insassen uns erblicken. Vier Personen steigen aus dem Wagen. Samantha, Carl und Lucius kenne ich. Der vierte ist ein junger Kerl mit reichlich ramponierter Straßenkleidung – eine speckige Lederjacke, Jeans, schwere Schuhe – und zerzaustem Haar. Vermutlich Kyle, Sams Vertrauter fürs Grobe. Ich bin ihm noch nicht begegnet, aber meine Tochter hat ihn gelegentlich erwähnt. Dass er hier ist, zeigt, dass sie sich der Aufgaben, die sie heute erwarten, bewusst ist.

Auch die Wahl ihres Outfits hat sie der anstehenden Auseinandersetzung angepasst. Sie trägt wieder die hautenge Lederhose, die sie bei unserem Treffen anhatte, das von Massoud und seinen Dienern so unsanft unterbrochen wurde. Doch statt der hochhackigen Schuhe stecken ihre Füße in fast militärisch wirkenden hohen Schnürstiefeln und die pelzkragenbesetzte Jacke hat sie gegen eine ärmellose Lederweste ausgetauscht, die die Konturen ihres kurvenreichen Oberkörpers eindrucksvoll nachzeichnet. Mir entgeht nicht, wie Vinnie neben mir kurz die Luft anhält, als sein Blick auf sie fällt. Im Kampf gegen männliche Gegner mit intakter Libido könnten ihr derartige Reaktionen einen nicht vernachlässigbaren Vorteil verschaffen, auch wenn ich vermute, dass ihr Modebewusstsein mehr Einfluss auf die Wahl ihrer Garderobe gehabt hat als strategische Überlegungen. Die Haare hat sie zu einem langen Zopf geflochten, der ihre amazonenhafte Erscheinung vervollständigt. Insgesamt steht der feuchte Traum jedes Liebhabers sexistischer Actionfilme vor mir. Wüsste ich nicht aus bitterer Erfahrung um die Aussichtslosigkeit jeglichen Versuchs, Samanthas Herz zu gewinnen, hätte ich mich auf der Stelle wieder in sie verliebt.

»Hi, Sam.« Ich bleibe vor ihr stehen.

»Leon, Veronica.« Sie sieht uns an. Meinen sterblichen Begleiter würdigt sie keines Blickes.

Bei der Erwähnung von Veronicas Namen bemerke ich im Gegensatz zu früheren Begegnungen der beiden keinerlei Schärfe oder Verachtung mehr in ihrer Stimme. Es scheint, als würde sie die Jungblütige langsam akzeptieren. Die Kürze ihrer Anrede ist allerdings ein sicheres Zeichen von Samanthas Anspannung. Trotz der Erfahrungen der letzten Tage ist der Kampf immer noch nicht ihr vertrautes Metier.

Auch Carl wirkt nervös, was nicht verwunderlich ist angesichts seiner bisherigen Begegnungen mit unseren Gegnern. Dass er trotzdem gekommen ist, rechne ich ihm hoch an. Die Ausbuchtungen unter seinem Ledermantel deuten an, dass er nicht unvorbereitet erschienen ist. Wir beschränken die Begrüßung auf ein gegenseitiges Nicken.

Lucius hat seinen massigen Leib in einen schwarzen Anzug gezwängt. Er ist gerade damit beschäftigt, eine abgesägte Schrotflinte und ein schweres Fleischerbeil unter seinem Wollmantel zu verstauen. Sieht so aus, als würde auch er uns begleiten. Ich habe den beleibten Türsteher noch nicht in einem offenen Kampf erlebt. Doch die Professionalität seiner Bewegungen im Umgang mit den Waffen weist darauf hin, dass er mit ihnen umzugehen weiß.

»Gehen wir zum Treffpunkt!«, beschließe ich. Alle übrigen unserer Mitstreiter habe ich zu einem anderen Ort, nicht weit von hier, bestellt. Mit den hier Anwesenden habe ich mich vorab verabredet, um meine treuesten Verbündeten schon einmal um mich zu haben, bevor wir uns ins ganz große Getümmel stürzen.

»Warte noch!«, widerspricht Samantha. Auf meinen fragenden Blick hin fährt sie fort: »Ich habe mit ein paar Leuten gesprochen. Da ich nicht wusste, wo der Rest zu uns stößt, habe ich ihnen gesagt, sie sollen hierher kommen. Müssten jeden Augenblick da sein.«

Ehe ich fragen kann, von wem sie spricht, biegt am Ende des Blocks ein Sportwagen mit quietschenden Reifen um die Ecke. Das mit Flammenmustern verzierte Gefährt beschleunigt mit voller Kraft auf uns zu. Einen Moment lang befürchte ich, wir würden bereits angegriffen, ehe wir uns auch nur zu kompletter Stärke formiert haben. Doch Samantha bleibt vollkommen ruhig, so dass ich annehme, der rasante Fahrer gehört zu ihren Bekannten. Das sportliche Bremsmanöver, bei dem der Wagen sich mehrfach querzustellen droht, bestätigt meine Vermutung. Der von den Reifen aufsteigende Rauch hat sich noch nicht gelegt, als die Flügeltüren aufschwingen und zwei Personen ins Freie entlassen.

Ich kenne beide.

Francis' Auftauchen überrascht mich. Der wie üblich altmodisch, aber hoch elegant in Gehrock, Gamaschenschuhe und ein Rüschenhemd mit kunstvoll gebundenem Halstuch gekleidete Schwarze hatte bei der Zusammenkunft im Cauchemar vor meiner Reise nach Europa eindringlich seine Neutralität beschworen. Meiner Erfahrung nach steht er üblicherweise zu seinem Wort. Ich würde mich allerdings nicht beschweren, wenn er ausgerechnet jetzt damit beginnt, seine Verlässlichkeit zu meinen Gunsten zu überdenken.

Der zweite im Bunde ist ebenfalls ein Schwarzer und sein Erscheinen noch unerwarteter. Eigentlich hätte ich Lobo, den verrückten Herren der Unsterblichen von Brooklyn, bereits an seinem anarchistischen Fahrstil erkennen müssen. Spätestens das extravagante Outfit lässt aber nicht mehr den geringsten Zweifel an seiner Identität aufkommen, wobei ich an ihm schon abstrusere Kleider gesehen habe als den hautengen roten Lederkombi und die gleichfarbigen Cowboystiefel.

Ich werte die linkische Geste, mit der er mir seinen rechten Arm entgegenstreckt und das damit verknüpfte »Yo, Templer!« als Begrüßung. Dennoch bin ich mir nicht sicher, ob ich die Ankunft des Vampirs gutheißen soll, der allgemein als eines der verrücktesten Mitglieder unserer elitären Gemeinschaft gilt, und zögere mit einer Antwort.

Schließlich überspielt Samantha die gespannte Pause: »Danke, dass Ihr gekommen seid, Lobo.« Die formale Grußadresse wirkt angesichts des unkonventionellen Auftretens ihres Gegenübers vollkommen fehl am Platz. »Auch der Templer ist sehr erfreut darüber, dass Ihr Euch unserem Kampf anschließen wollt.«

»Yo, Mann, alle sind erfreut, wenn ich aufkreuze.« Der rot gekleidete Punk baut sich breitbeinig vor mir auf und starrt mir direkt in die Augen.

Ich erwidere seinen Blick, immer noch schweigend. Das gegenseitige Anstarren ist eine fast schon traditionelle Form des Duells zweier Nocturni, wenn Blutvergießen vermieden werden soll. Meine Meisterschaft des Bösen Blickes verschafft mir hierbei einen erheblichen Vorteil. Doch Lobo widersteht meinen Bemühungen, ihn kraft meines Willens dazu zu bewegen, die Augen zu senken. Er zwinkert nicht einmal. Samantha setzt an, etwas zu sagen, hält sich jedoch zurück. Jede Störung von außen könnte das stille Kräftemessen zwischen Lobo und mir spontan eskalieren lassen.

Nachdem er es geschafft hat, meinem Blick rund zehn Sekunden lang standzuhalten – wozu wenige von uns in der Lage sind –, beende ich das Schweigen: »Ihr seid bereit, Euch uneingeschränkt unserem Kampf anzuschließen?«

Er fixiert mich weiterhin. »Hab keinen Bock, einem noch älteren Sack in den Arsch zu kriechen. Das wär voll uncool.«

Das glaube ich ihm sogar. Aber so leicht lasse ich ihn nicht vom Haken. Dafür ist in der Vergangenheit zu viel zwischen uns vorgefallen. »Kann ich mich darauf verlassen, dass Ihr meinen Befehlen gehorcht? Dass Ihr mir nicht mitten im Gefecht in den Rücken fallt?«

Beschwichtigend hebt er die Arme. »Wir waren nicht immer dicke Amigos, Templer. Und – nichts für ungut, Mann – aber das wird wohl auch nichts mehr mit uns beiden. Aber was ich von diesem Marduk-Wichser gehört habe … Dann prügele ich mich lieber weiter mit dir als mit dem. Also ja. Du sagst. Ich mache. Zumindest heute Nacht. Schwör ich dir, Alter.«

Ebenfalls glaubwürdig. Auch wenn ich mir den Treueeid in anderer Wortwahl gewünscht hätte. Aber man wird ja bescheiden. »Gut.« Ich nicke zustimmend. »Dann kämpfen wir heute Nacht also ausnahmsweise einmal mit- statt gegeneinander.«

Ein breites Grinsen teilt sein zuvor versteinertes Gesicht. »Yo Mann! Lobo und der Templer treten heute allen in den Arsch! Ist das krass, Alter!«

Seine Worte lassen mich sofort wieder bereuen, mich mit ihm eingelassen zu haben. Aber was soll's. Dass er kämpfen kann, hat er in der Vergangenheit ausgiebig unter Beweis gestellt, also wird er vermutlich von Nutzen sein. Er gehört allerdings eindeutig zu denjenigen meiner Mitstreiter, deren Heldentod ich nicht beweinen würde.

Ich wende mich an den zweiten Schwarzen: »Auch Ihr seid herzlich willkommen, Francis. Ich bin hoch erfreut, dass Ihr Euch dazu entschlossen habt, doch noch in den Kampf zu ziehen.«

Er verbeugt sich formell. »Zu Euren Diensten, Templer.«

Francis' Etikette ist im krassen Gegensatz zu seinem Begleiter vollendet. Er ist der ältere der beiden, unterwirft sich aber klaglos Lobos Herrschaft. Seit dem Tod meines Sohnes Zachary hat Francis zahlreiche Herren über Brooklyn kommen und gehen sehen. Ich vermute, er möchte nicht wie die meisten von ihnen öffentlich von Konkurrenten niedergemacht werden oder spurlos verschwinden und hält sich deshalb lieber in der zweiten Reihe auf. Man sagt allerdings, er hätte als Berater der jeweiligen Herrscher einen nicht unerheblichen Einfluss auf die Geschicke des bevölkerungsreichsten der fünf Stadtbezirke von New York. Wer von den beiden wirklich die Fäden in der Hand hält, vermag ich nicht zu beurteilen. Im Augenblick ist das ohnehin nicht wichtig.

Francis beendet seinen demutsvollen Gruß und hebt den Kopf wieder. »Samantha hat mich in ihrer unwiderstehlichen Art davon überzeugt, dass es unser aller Pflicht ist, dem Richter gegen die Feinde der Stadt beizustehen. Wie könnte ich mich also verweigern?«

Seine ironisch gestelzte Formulierung und das angedeutete Lächeln lassen mich erahnen, wie das Gespräch mit meiner Tochter abgelaufen ist. Ich weiß nur zu gut, dass sie eine Meisterin darin ist, das zu bekommen, was sie will.

Aber jetzt habe ich das Kommando.

»Also dann!« Ich schaue in die Runde. »Es werden noch weitere Mitstreiter erwartet. Gehen wir zum Treffpunkt!«

Wir warten, bis Lobo seinen Wagen halbwegs ordnungsgemäß am Straßenrand geparkt hat. Als er aus dem Kofferraum zuerst eine Feueraxt und anschließend einen Umhängebeutel angelt, aus dem die mit Tüchern zugestopften Hälse zweier Flaschen ragen, kann ich mich nur mühsam eines Kommentars enthalten. Die Gesichter aller Umstehenden legen Zeugnis davon ab, dass der Geruch nach Benzin aus den beiden Molotow-Cocktails nicht nur mich nervös macht. In der vagen Hoffnung, dass der verrückte Schwarze weiß, wie er mit den Brandbomben umzugehen hat, nehme ich seine Bewaffnung schweigend zur Kenntnis und tue so, als sei alles in bester Ordnung. Während der Tross sich mit mir an der Spitze in Bewegung setzt, bemerke ich jedoch, dass ich nicht der Einzige bin, der respektvollen Abstand zu Lobo hält.

So marschieren wir durch die Straßen der ruhenden Stadt. Ich schreite vorneweg. Niemand sagt ein Wort.

Ich führe den Trupp zu einem kleinen Parkplatz im Schatten der stählernen Stützen der High Line. Die alte Hochbahnlinie hat bis in die 70er Jahre die Fabriken und Märkte entlang des Hudson River mit Waren versorgt. Mit dem Niedergang des verarbeitenden Gewerbes wurde der schienengebundene Güterverkehr schrittweise eingestellt. Die Versorgung der verbliebenen Betriebe haben Lastwagen übernommen. Seit Jahrzehnten ist kein Zug mehr über die Gleise gefahren.

Auch dieser Parkplatz hat schon bessere Zeiten gesehen. Der Asphalt ist rissig und vielerorts von Gras und Löwenzahn gesprengt. Mehrere tiefe Schlaglöcher sind halbherzig mit Schotter aufgefüllt und an dem umgebenden Maschendrahtzaun hangeln sich dornige Ranken empor. Tagsüber wird der Platz vermutlich von den Autos der Arbeiter in den umliegenden Schrottplätzen und billigen Autowerkstätten genutzt. Nachts lässt in dieser Gegend niemand ein auch nur halbwegs funktionierendes Fahrzeug stehen. Die paar Karossen, die in einer Ecke neben einem der stählernen Pfeiler der Bahntrasse parken, sind kaum mehr als ausgeweidete Hüllen, auf Ziegelsteinen aufgebockt und jedes auch nur halbwegs wertvollen Bauteils beraubt.

Wenn in den Betrieben der Umgebung das Tagwerk beendet ist und die Eingänge und Zufahrten mit schweren rostigen Eisengittern verrammelt werden, verlässt jeder ehrliche Arbeiter dieses Viertel so schnell wie möglich. Der Parkplatz wird dann höchstens noch als Treffpunkt von Drogendealern und anderen finsteren Gestalten genutzt. Die heutige Versammlung ist besonders erlesen.

Der zweite Blick auf die abgestellten Autos offenbart, dass eines von ihnen auf seinen Reifen steht. Ich kenne den alten Pick-up, dessen Rostflecken eine ausgezeichnete Tarnung darstellen. Wir werden bereits erwartet.

Als Fragger uns sieht, tritt er aus dem Schatten eines der Schrottautos hervor. Er ist vollständig in Flecktarn gekleidet. Nur an den bloßen Armen und natürlich dem Schädel stellt er seine Tätowierungen zur Schau.

Hinter ihm bauen sich zwei seiner Homies auf. Sie legen großen Wert darauf, die Sammlung von Messern und Pistolen in ihren Gürteln gebührend zu präsentieren.

»Na, das ist ja ein lustiger Haufen«, kommentiert ihr Anführer, als er meine Gefährten mustert.

»Hoffen wir, dass unser Gegner keinen Spaß mit ihnen hat«, entgegne ich. »Gut, dass du wieder dabei bist, Fragger.« Meine Freude ist ehrlich. Nachdem Hacha und zwei seiner Vertrauten vorletzte Nacht in der Tiefgarage ums Leben gekommen sind, war ich nicht sicher, ob er sich uns erneut anschließen würde. Doch er hat Veronicas telefonischer Anfrage zugestimmt, ohne auch nur eine Sekunde zu zögern. Vielleicht sinnt er eher auf Rache, als dass er seine unbedingte Loyalität mir gegenüber beweisen möchte. Aber so lang er an meiner Seite kämpft, sind mir seine Beweggründe gleichgültig.

»Für die Familie tue ich doch fast alles.« Der Tätowierte deutet mit dem Kinn in Lobos Richtung. »Was will der denn hier?«

Der aggressive Unterton in seiner Stimme entgeht mir nicht.

»Er gehört zu mir!« Die Bestimmtheit meiner Worte lässt keinen Zweifel, dass ich keinerlei Streitereien innerhalb unseres Trupps dulde. Auch Lobo versteht die Botschaft und die beiden begnügen sich damit, sich gegenseitig finstere Blicke zuzuwerfen.

Überraschend tritt Samantha neben mich und flüstert: »Hier ist noch jemand.«

»Wo?«, frage ich.

»Weiß nicht. Aber ich spüre Angst. Irgendwo hier auf dem Gelände.«

Demonstrativ schaue ich mich um. Meine Gefährten bemerken sofort, dass etwas nicht stimmt, und lassen ebenfalls die Blicke schweifen. Klingen und Schusswaffen werden gezogen.

»Da!«

Alle Augen drehen sich in die Richtung, in die Francis mit ausgestrecktem Arm deutet.

Ich benötige einen Augenblick, um die zierliche Gestalt zu sehen, die sich in der entferntesten Ecke des Parkplatzes hinter ein paar Büschen an den Maschendrahtzaun drückt. Zuerst halte ich sie für einen Junkie oder Penner, der von uns geweckt wurde, doch sie riecht nicht nach Mensch. Dann erkenne ich sie.

»Alles in Ordnung«, weise ich die Versammelten an.

Vorsichtig gehe ich auf die Gestalt zu und drücke dabei die schussbereit vorgehaltenen Pistolen und Schrotflinten nach unten. Die übrigen Waffen werden von ihren Trägern eigenständig gesenkt, als alle akzeptieren, dass sie keiner Bedrohung gegenüberstehen.

»Komm raus, Cynthia!« Ich reiche ihr den Arm.

Filigrane weiße Finger schließen sich um meine Hand. Die Person, die schließlich in das schwache Licht der entfernten

Straßenbeleuchtung tritt, ist fast einen Kopf kleiner als ich – und ich bin schon kein Riese. Unter der tief über die Stirn gezogenen Kapuze des himmelblauen Anoraks lugt ein schmales alabasternes Gesicht hervor. Cynthias schreckgeweitete Augen springen von einem der Versammelten zum Nächsten.

Ihre Blicke werden von ungläubigem Staunen erwidert. Es ist kein wirkliches Geheimnis, dass im New York-Presbyterian Hospital eine der Unsrigen ihr Domizil bezogen hat. Doch kaum jemand hat Cynthia jemals gesehen. Meines Wissens ist nur einer der Anwesenden der Tochter meines Nachkommen Zachary bislang begegnet. Fragger – ebenfalls ein direkter Abkömmling von Zachary – kennt sie und empfängt sie mit einem freundlichen »Hi, Kleines.«

»Danke, dass du gekommen bist«, spreche ich sie so sanft wie möglich an.

Ihr ist anzusehen, dass sie es bitter bereut, meiner Aufforderung gefolgt zu sein. Bereits bei dem Telefonat letzte Nacht war die Krankenschwester um keine Ausrede verlegen, warum sie nicht an meinem Feldzug teilnehmen könne. Angesichts ihres beinahe schon in Panik umschlagenden Unbehagens in Gesellschaft derart vieler Vampire tut es mir fast leid, sie doch noch überredet zu haben. Aber als Angehörige meiner Blutlinie musste ich sie dazu verpflichten, mir beizustehen. Ich zähle dabei nicht auf ihre Kampfeskraft, obwohl sie sich als eine der Unsterblichen trotz ihres zarten Äußeren sicherlich ihrer Haut zu wehren weiß, sondern auf andere wertvolle Dienste.

»Hast du mitgebracht, worum ich dich gebeten habe?«

Als Antwort auf meine Frage nickt sie und hebt einen großen Trekkingrucksack hoch, der den Anschein erweckt, mindestens genau so viel zu wiegen wie sie selbst.

»Was ist da drin?« Neugierig versucht Carl, einen Blick in das Gepäckstück zu erhaschen.

Ohne ein Wort zu sagen, greift Cynthia in den Rucksack und holt einen kleinen Beutel aus durchsichtigem Plastik hervor. Das knallige Rot der Flüssigkeit darin hat auf Vampiraugen denselben Effekt wie ein Leuchtfeuer für die Sinne der Sterblichen und veranlasst die Versammelten zu einem vielstimmigen Raunen.

»Ich gehe davon aus, dass wir heftige Gegenwehr einstecken werden«, verkünde ich. »Cynthia wird dafür Sorge tragen, unsere Verluste zu minimieren.«

Eilig packt sie die Blutkonserve wieder zurück in den Rucksack.

Ich winke Samantha herbei. »Sam, du hast ein Auge auf Cynthia. Ich werde mich vermutlich nicht um sie kümmern können.«

»Ich kann schon auf mich aufpassen«, widerspricht meine Enkelin trotzig.

Aufmunternd lächele ich ihr zu. »Halte dich bitte trotzdem in Samanthas Nähe, okay?«

Sie nickt schüchtern.

Samantha nimmt sie zur Seite. »Schön, dich endlich mal kennenzulernen.«

Sieht so aus, als würden die Damen sich verstehen.

»Sind wir nun vollzählig?« Fraggers Stimme strotzt vor Tatendrang.

»Noch nicht ganz.« Die Antwort kommt nicht von mir, sondern ertönt über uns. Alle Köpfe wenden sich nach oben, der stillgelegten Eisenbahntrasse entgegen.

Auf einem der rostigen Stahlträger steht breitbeinig ein Mann. Sein Gesicht ist unter einer Kapuze verborgen, doch ich erkenne ihn allein an seiner Haltung und dezenten Gestik, nicht, dass die klangvolle Reibeisenstimme irgendwelche Zweifel an seiner Identität gelassen hätte.

»Hallo Mike«, begrüße ich meinen alten Freund. »Schön, dass du dich zu uns gesellst.«

»Ist mir eine Ehre und Freude.« Er lässt seinen Blick über die Versammlung schweifen. »In so einer erlauchten Gesellschaft dürfen wir doch nicht fehlen.«

»Wir?« Samantha spricht die Frage aus, die mehreren der Zuhörer ins Gesicht geschrieben steht.

Als Antwort treten zu beiden Seiten des ehemaligen Priesters weitere schemenhafte Gestalten an den Rand der Bahntrasse. Lange, vor Schmutz und getrockneten Fäkalien starrende Mäntel zeichnen sich gegen den Himmel ab. Ausgefranste Bandagen hängen an dürren, von nässenden Beulen übersäten Gliedmaßen. Blutunterlaufene, tief in missgestalteten Schädeln sitzende Augen mustern argwöhnisch mich und meine Gefährten auf dem Parkplatz. Die Paria sind gekommen.

Ich zähle drei der Unberührbaren über mir, doch es ist gut möglich, dass sich weitere von ihnen jenseits meines Blickfelds befinden.

»Ach du Scheiße!«, entfleucht es Samantha wenig diplomatisch.

Allgemeines Erstaunen breitet sich aus. Die Bewohner des Untergrundes meiden den Umgang mit den oberirdisch lebenden Nocturni sonst um jeden Preis. Und Letztere sind über diesen Umstand üblicherweise nicht böse. Die selbsternannte feine Gesellschaft der Untoten sieht gern darüber hinweg, dass wir tief in uns drin nichts als triebgesteuerte Tiere sind, die nur unter größter Mühe die Fassade der Zivilisation aufrecht erhalten. Doch wenn einem die Monstrosität, die allen Nocturni zu eigen ist, so unverblümt vor Augen geführt wird wie im entstellten Antlitz eines Paria, löst sich die Scharade auf wie ein Nebelfetzen im warmen Wind. Heute Nacht werde ich auf die Eitelkeiten der untoten Nobilität allerdings keine Rücksicht nehmen.

»Kommt ihr runter?«, rufe ich nach oben.

Samantha dreht mir ruckartig den Kopf zu. Blankes Entsetzen steht ihr ins Gesicht geschrieben ob meiner Aufforderung, die Unberührbaren mögen sich zu uns gesellen.

»Geht nur los!«, fordert Mike uns auf. »Wir kommen nach.«

Die tiefe Erleichterung meiner Blutstochter, dass ihr der unmittelbare Kontakt mit den unappetitlichen Neuankömmlingen vorerst erspart bleibt, ist beinahe körperlich spürbar. Doch ein gewisses Unbehagen angesichts der letzten Verbündeten, die zu uns gestoßen sind, ist nicht nur ihr anzumerken. Das leise Tuscheln innerhalb unserer Reihen ist ein untrügliches Zeichen, dass die Wahl meiner Mitstreiter umstritten ist. Aber niemand wagt es, seine Bedenken offen auszusprechen.

Gut so.

»Also dann!« Meine Worte beenden die internen Diskussionen und veranlassen den Trupp, sich in Bewegung zu setzen. Ein gutes Dutzend Vampire und Vertraute, dazu noch unsere zahlenmäßig nicht genau bekannte Verstärkung auf der Hochbahnlinie. Nicht unbedingt die größte Armee der Unsterblichen, die die Welt je gesehen hat, aber wohl seit langem der beeindruckendste Haufen der Unsrigen in New York.

Wir folgen dem Verlauf der Bahntrasse. Sie führt direkt zu der Adresse, die Veronica und ich in dem Navigationsgerät des ATL-Autos gefunden haben, dem ehemaligen Schlachthof, den Gianna an Richard O'Hara verkauft hat und den ich in den Erinnerungen des Letzteren gesehen habe.

Alles spricht dafür, dass Marduk sich dort aufhält. Möglicherweise haben sie eine Falle für mich bereitet. Ich bin gewillt, in diese Falle hineinzutappen und herauszufinden, für wie viele von uns sie ausgelegt ist. Die Wahrscheinlichkeit ist groß, dass heute Nacht Blut fließt. Viel Blut.

In der Tiefgarage in der Upper East Side habe ich den Hinterhalt gelegt. Ich werte den Ausgang des Kampfes als Sieg, doch der Preis war hoch. Wenn wir wieder auf Marduk treffen, wird es mit einiger Wahrscheinlichkeit weitere Opfer in unseren Reihen geben. Vermutlich mehr als in den zurückliegenden Auseinandersetzungen.

Alle, die mit mir marschieren, wissen das ebenso gut wie ich. Keiner von ihnen will sich die Angst anmerken lassen. Nicht allen gelingt es, die Coolness zu bewahren.

Fragger und Lobo geben sich natürlich vollkommen abgebrüht. Die beiden waren schon als Sterbliche erprobte Kämpfer im Krieg oder auf der Straße und haben gelernt, ihre Gefühle zu verbergen.

Samantha hingegen ist anzusehen, dass sie sich nicht in ihrem Element befindet. Ihre zusammengepressten Kiefer und der unstete Blick verraten sie. Carl geht es kaum besser. Er hat bereits bei der letzten Begegnung mit unseren Feinden viel einstecken müssen, wurde gekidnappt und beinahe getötet. Die Aussicht darauf, das zu wiederholen, behagt ihm verständlicherweise nicht.

Cynthia ist ohnehin immer unsicher, wenn sie sich mit ihresgleichen abgeben muss. Sie vermeidet jeglichen Augenkontakt und hält sich möglichst weit am Rand des Haufens.

Veronica hingegen stellt eine grimmig entschlossene Miene zur Schau. Und das, obwohl sie die Jüngste in meinem Tross ist.

Mike und seine Gefährten entziehen sich meinem Blick. Aber ich nehme an, dass sie ebenfalls Zweifel hegen. Ihr gesamtes Dasein wird normalerweise davon bestimmt, sich zu verbergen, sowohl vor ihresgleichen als auch den Augen der Menschen. In ein offenes Gefecht zu ziehen, ist nicht ihr übliches Metier.

Am geringsten sind wohl die Überlebenschancen unserer sterblichen Mitstreiter. Vinnie, Lucius, Kyle und Fraggers Homies. Die Schlachtfelder der Unsterblichen waren noch nie ein sicherer Ort für Menschen. Und allen von ihnen steht ins Gesicht geschrieben, dass sie sich dessen bewusst sind.

Dennoch folgen sie mir in den möglichen Tod. Ihre Gründe dafür sind unterschiedlich. Loyalität. Rache. Pflichtgefühl.

Aber sie alle vertrauen mir. Glauben daran, dass ich sie zum Sieg über unsere Feinde führe.

Unsere Feinde? Oder doch nur meine? Wären sie unter Marduks Herrschaft wirklich so viel schlechter dran als unter meiner?

Eigentlich ist es mein Krieg. Ich habe sie alle mit hineingezogen, nicht immer auf die netteste Art. Ich habe sie dazu gezwungen, an meiner Fehde teilzuhaben. Ihr Leben für mich aufs Spiel zu setzen. So haben es die Archaioi seit jeher getan.

Falls Vitus recht hat, bin ich einer von ihnen. Also ist es nur logisch, wie einer der Alten zu handeln. Wohin es mich gebracht hat, den Kampf allein aufzunehmen, hat die Vertreibung aus meiner langjährigen Zuflucht im Empire State Building gezeigt.

Nein, Vitus hat recht. Nur, wenn ich mich der Methoden der Archaioi bediene, besteht Aussicht auf Erfolg. Nur wenn ich bereit bin, andere für meine Ziele zu opfern, kann ich den Sieg erringen. Also tue ich das Notwendige. Auch wenn es sich falsch anfühlt.

Ich bin es gewohnt, Konflikte mit meinen eigenen Händen zu lösen. Seit den Kriegen im Gefolge von Napoleons Grande Armée und gegen Johann, meinen Vorgänger als Herr über New York, habe ich alle Gegner mit meinem Schwert und meiner Kampfeskraft bezwingen können. Das geht nun nicht mehr. Ich werde mich daran gewöhnen müssen, über das Schicksal anderer zu bestimmen. So tun es die Archaioi. Auf ihr Geheiß fließt Blut.

So wird es auch heute Nacht sein.

Ich hoffe inständig, dass Karol Ludovicz' Bemühungen, die Polizei so weit wie möglich von dem Viertel fernzuhalten, von Erfolg gekrönt sind. Ein Dutzend kämpfender Nocturni, gefangen im Blutrausch, ist kein geeigneter Anblick für sterbliche Augen. Aber auch bevor der schmutzige Teil der Nacht beginnt, könnten lästige Störungen hinderlich sein. Ich verspüre gerade keine Lust, einem übereifrigen Streifencop zu erklären, was unser bunt zusammen gewürfelter Haufen heute noch vor hat.

Aber allzu lang sind wir nicht unterwegs. Mike und ich haben den Treffpunkt so gewählt, dass wir in weniger als zehn Minuten unser Ziel erreichen.

Ich sehe das Gebäude zum ersten Mal mit eigenen Augen, doch ich erkenne es sofort. Es entspricht eindeutig demjenigen aus O'Haras Erinnerungen. Der zweigeschossige Ziegelbau ist für New Yorker Verhältnisse ein Altbau, dem Stil nach vor mindestens einem dreiviertel Jahrhundert errichtet. Nur wenige Fenster im ersten Stock durchbrechen die rostroten Wände. Ein paar unregelmäßige, vor Schmutz und Graffiti starrende hellere Flecken weisen darauf hin, dass die Backsteine einst mit Putz bedeckt waren. Unmittelbar unter dem flachen Dachgiebel kann man die Schatten lange vergilbter mannshoher Buchstaben erahnen. Ein F und ein R sind gerade noch zu entziffern. Von den neuen Besitzern, der ›Atlantic Transportation & Logistics Ltd.‹, zeugt keinerlei Inschrift. Die Firma legt offenbar keinen übermäßigen Wert auf Public Relations.

Das Tor zur Straße ist groß genug, um einen Lastwagen durchzulassen. Es scheint nur aus Rost und abblätternden Überresten verschiedener Farbschichten zu bestehen. In einen der beiden Torflügel ist eine kleinere Mannpforte integriert. Wenn ich O'Haras Erinnerungen richtig interpretiere, gibt es noch eine weitere Tür. Sie führt zu einem Innenhof, der von unserer Position aus nicht einsehbar ist. Doch neben den ebenerdigen Zugängen existieren andere Möglichkeiten, ins Innere zu gelangen. Mein Blick wandert nach oben.

Die High Line führt unmittelbar am ersten Stock vorbei. Eine Rampe verbindet die Halle mit der Bahntrasse. Drei große doppelflüglige Tore ermöglichten einst, Waren direkt von den Zügen in das Gebäude zu verladen. Die Führungsschienen des Hallenkranes ragen unter der Decke hervor und reichen bis zu den Gleisen.

Ich halte Ausschau nach unseren unansehnlichen Begleitern, kann aber keinen der Paria auf der Hochbahn entdecken. Doch ich weiß, sie sind da.

»Das ist es?«, fragt Francis.

Ich nicke, ohne den Blick von dem Gebäude zu nehmen. »Samantha.« Ich winke meine Tochter zu mir. »Kannst du etwas da drin spüren?«

Sie sieht mich unverwandt an, dann fixiert sie das Ziel meiner Frage. Schließt die Augen. Neigt den Kopf zur Seite.

»Nein«, sagt sie schließlich.

»Und das heißt?«, mischt sich Fragger ein.

Samantha funkelt ihn herausfordernd an. »Das heißt gar nichts! Ich hab kein eingebautes Radar für babylonische Arschlöcher, verdammt noch mal!«

»Ruhig«, beschwöre ich meine Mitstreiter. Alle Nerven sind zum Zerreißen gespannt. Insbesondere bei denjenigen, die wie

Samantha das Kämpfen nicht gewohnt sind. Das Letzte, was wir jetzt brauchen, ist ein Streit unter uns. »Danke, Sam. Hätte ja sein können.«

Sie wirft auch mir einen vorwurfsvollen Blick zu, sagt aber nichts mehr.

»Gibt es einen Plan?«, will Fragger wissen.

Die korrekte Antwort wäre, wir marschieren rein und sehen, was passiert. Doch das lässt sich positiver formulieren.

Ich wende mich meinen Mitstreitern zu. »Wir haben keine aktuellen Informationen, was uns da drin erwartet. Von daher ist der Plan denkbar einfach. Wir gehen alle gleichzeitig von verschiedenen Seiten rein und machen sämtliche Gegner nieder, die wir finden. Ich gehe davon aus, dass sie einen Angriff erwarten. Aber ich glaube nicht, dass sie damit rechnen, dass wir so viele sind. Vermutlich sind unter unseren Feinden hauptsächlich Sterbliche und Unholde. Marduk hat nur wenige Nachkommen erschaffen und drei von ihnen sind bereits vernichtet. Marduk selbst ist allerdings mächtiger als jeder von uns, auch mächtiger als ich. Gegen ihn kommen wir nur an, wenn wir ihn zahlenmäßig überwältigen. Er ist nicht unverwundbar. Vorletzte Nacht haben Fragger, Veronica und ich ihn beinahe getötet. Er konnte nur knapp entkommen. Lasst uns dieses Werk heute vollenden! Zeigen wir ihm, dass wir keinen fremden Herrscher über New York dulden! Schicken wir ihn zurück in die Hölle, aus der er gekrochen ist!«

Kein Jubel brandet mir entgegen, als ich meine Kampfansprache beende, doch das allgemeine Fäuste ballen und zustimmende Nicken reicht mir völlig. Die Unsterblichen benötigen keine unbeugsame Kampfmoral. Sobald das Gemetzel begonnen hat, übernimmt der Blutrausch die Aufgabe, meine Mitstreiter weiter voranzutreiben. Ausgefeilte Pläne und Taktiken sind spätestens dann hinfällig. Also fügen wir uns dem Unvermeidlichen und stürzen uns in das blutige Schlachten, das jedes Mal folgt, wenn die Unsterblichen gegeneinander Krieg führen.

»Also dann«, fahre ich fort. »Lobo und Francis, Ihr klettert auf die High Line und geht zusammen mit Mikes Leuten über den ersten Stock rein. Fragger, du nimmst mit deinen Homies den Eingang über den Innenhof. Alle anderen folgen mir. Wir nehmen die Vordertür. Ihr werdet hören, wenn ich das Tor öffne. Das ist das Zeichen zum Angriff. Noch Fragen?«

Alles bleibt still. Die einfachsten Pläne sind die besten. Für einen Haufen einzelgängerischer, blutrünstiger Monster stimmt das umso mehr.

»Dann los!« Auf mein Kommando machen sich alle auf den Weg. Die beiden ungleichen Schwarzen aus Brooklyn überwinden mühelos das Maschendrahttor zu einem Aufgang aus Gitterroststufen, die zur Hochbahn führen. Fragger und seine Vertrauten schleichen im Schatten der Häuser zum Innenhof, den ich ihnen gezeigt habe, und klettern gekonnt über das Tor.

Sie haben zwei Minuten Zeit, um ihre Positionen zu erreichen, dann gebe ich das Signal zum Abmarsch. »Gehen wir!«

Ich ziehe das Schwert aus der Scheide und nehme die abgesägte Schrotflinte in die linke Hand. Auch meine Begleiter greifen zu den Waffen.

Offen überquere ich die Straße und marschiere direkt auf das große Haupttor zu. All meine Sinne sind auf das Gebäude und die nähere Umgebung gerichtet. Ich halte Ausschau nach winzigsten Bewegungen verborgener Gegner, horche auf leiseste Geräusche, die einen Hinterhalt anzeigen.

Nichts. Die einzige erkennbare Störung des nächtlichen Friedens der Straße geht von mir und meinen Gefährten aus. Unbehelligt kommen wir vor dem Tor an.

Ohne meinen Schritt zu verlangsamen, hebe ich den Fuß und trete mit aller Kraft gegen den rostigen Stahl. Der Riegel auf der Innenseite bricht mit einem ohrenbetäubenden Knall in zwei Teile, die meterweit ins Innere der Halle fliegen, bevor sie scheppernd auf dem Boden zur Ruhe kommen. Die Torflügel schwingen weit auf und geben den Weg frei. Ich gehe hinein. Innerhalb einer Sekunde haben sich meine Augen an die Dunkelheit gewöhnt.

Das erwartete Kreuzfeuer bleibt aus. Keine Armee empfängt uns. Das Gebäude ist leer, zumindest im Untergeschoss.

Über unseren Köpfen erstreckt sich eine breite Galerie aus Stahlgitterrost. Ich erkenne die Tore zur Hochbahn. Eines davon wird gerade mit roher Gewalt aufgebrochen. Das rote Leder von Lobos Kombi kommt zum Vorschein und wirkt in den Augen der versammelten Blutsauger wie ein Signalfeuer in der ansonsten finsteren Halle.

Auch der letzte Angriffstrupp erscheint, als Fraggers tätowierter Schädel am anderen Ende des Raumes auftaucht.

Vorsichtig schreite ich weiter ins Innere des Gebäudes. Achte auf jede Bewegung und jedes noch so kleine Geräusch. Hinter mir folgen meine Gefährten. Wir verteilen uns über den Innenraum. Warten darauf, dass die erwartete Falle zuschnappt. Doch nichts passiert.

Veronica neben mir lässt die vorgehaltene Pistole sinken. Auch Samantha entspannt sich ein wenig. Sie setzt gerade zu einem Kommentar an, als über uns Schritte erklingen. Für einen Menschen kaum hörbar, aber für unsere geschärften Sinne wohl zu erkennen. Das leise Tappen nackter Füße auf Stahl. Ein Schatten schält sich aus der Dunkelheit unter der Decke der Halle. Eine menschliche Gestalt. Doch es ist kein Mensch.

Es ist Marduk.

Er trägt ein weites Gewand, mit glänzenden Stickereien verziert. Sein geflochtener Bart verdeckt die Brust. Die offenen Haare fallen locker über seine Schultern. Seine Arme sind ausgebreitet, die Handflächen uns zugewandt. Er führt keine Waffen. Sein Auftreten erinnert mich an klassische Darstellungen Jesu Christi. Als ob er uns zeigen wollte, dass der Heilsbringer gekommen ist. Doch ich sehe nur ein Monster.

Seid willkommen, meine Brüder und Schwestern im Blute!

Seine Lippen bewegen sich nicht. Meine Ohren nehmen kein Geräusch wahr. Die Worte erklingen direkt in meinem Bewusstsein. An den Gesichtern meiner Gefährten erkenne ich, dass auch sie ihn hören.

Nicht gut.

»Auf ihn!«, will ich rufen, doch kaum ein Krächzen verlässt meine Kehle. Ich bin wie gelähmt.

Den anderen geht es nicht besser. Niemand folgt meinem kläglichen Befehl auch nur ansatzweise. Die Falle ist zugeschnappt. Wir sitzen mitten darin. Ich habe meinen Feind unterschätzt.

Ihr seid gekommen, um mich herauszufordern, fährt der Babylonier fort. *Eure Bemühungen sind zum Scheitern verurteilt. Ihr könnt diesen Kampf nicht gewinnen. Eure Anführer haben Euch dem Untergang geweiht. Doch ich bin willens, Euch Euren Frevel zu verzeihen. Unterwerft Euch!*

Die stummen Worte dulden keinen Widerspruch.

Kniet nieder als Zeichen Eurer Reue!

Rund um mich sinken meine Gefährten zu Boden und fallen auf die Knie. Auch ich verspüre den Drang, mich im Staub zu wälzen. Doch vor langer Zeit hat mein Freund Ibrahim mich gelehrt, den Rufen der Archaioi zu widerstehen. Damals habe ich gegen Vitus' Einflüsterungen gekämpft. Heute ringe ich gegen Marduk. Und trage den Sieg davon. Es kostet mich allerdings alle Anstrengung, die ich aufbringen kann. An einen Gegenangriff ist nicht zu denken. Und so weit ich es erkenne, bin ich der Einzige, der noch steht. Nicht gut.

Mein Gegner badet in seinem Triumph. *Und nun nehmt Euren ersten Befehl entgegen.* Er streckt die rechte Hand aus und zeigt auf mich. *Tötet den Templer!*

Die Nocturni, die mit mir hergekommen sind, erheben sich einer nach dem anderen. Sie wenden sich mir zu. Heben ihre Waffen. In den Augen einiger meiner einstigen Verbündeten sehe ich Spuren des Widerstandes. Doch die meisten von ihnen haben den Kampf gegen Marduks übermächtigen Willen bereits verloren. Mit nackter Mordlust starren sie mich an. Fallen der Reihe nach dem Blutrausch anheim. Das Ziel ihres Verlangens bin ich. Der Vorteil der zahlenmäßigen Überlegenheit hat sich ins vollkommene Gegenteil verkehrt. Marduk musste keine Armee aufstellen, um mich zu besiegen.

Ich habe ihm eine mitgebracht.

So wie es aussieht, waren Gianna Linaros Bedenken bezüglich meiner Siegeschancen durchaus gerechtfertigt. Vielleicht hätte ich doch auf sie hören sollen. Oder ist das alles Teil ihres Plans? Hat sie die Brotkrumen, die mich hergeführt haben, gezielt ausgelegt? Mich hierher gelockt, damit ich an diesem Ort mein Ende finde? Aber warum dann immer wieder die verborgene Hilfestellung? Hätte sie mich wirklich beseitigen wollen, warum dann nicht bereits bei dem Überfall im Empire State Building? Wenn Marduks Sieg von vornherein feststand, warum hat sie dann zugelassen, dass ich Massoud, O'Hara und die anderen seiner Diener töte? Oder war es von Beginn an genau darum gegangen? Wollte sie zusehen, wie Marduk und ich uns gegenseitig zerfleischen? Womöglich, um anschließend selbst über die Stadt zu herrschen? Ein interessanter Gedanke. Leider kommt er ein wenig spät. Wer auch immer diese Grube gegraben hat, ich befinde mich mittendrin. Und ich habe gerade erheblich konkretere Sorgen als die Analyse von Giannas Intrigen.

Der Knall eines Schusses durchbricht die Stille. Instinktiv weiche ich aus und verhindere den beabsichtigten Kopftreffer. Das Projektil aus Veronicas Pistole, abgefeuert aus minimaler Entfernung, trifft nur meine Schulter und bleibt im Kevlar meiner Rüstung stecken. Es ist nicht weiter verwunderlich, dass ausgerechnet meine Gefährtin Marduks Befehl als Erste ausführt. Sein Blut fließt in ihren Adern, was sie für den Bösen Blick anfälliger macht.

Doch sie bleibt nicht die Einzige. Ihr Angriff ist das Startsignal für weitere Attacken. Carl zieht unter seinem Mantel einen mit langen Nägeln gespickten Baseballschläger hervor und stürzt mit erhobener Waffe auf mich zu. Samantha fletscht unmittelbar neben mir die Zähne und faucht mich kampfeslustig an. Lucius zielt mit seiner Schrotflinte auf mich. Fraggers Gesicht verwandelt sich in eine hasserfüllte Grimasse, als er mit gezückter Machete auf mich zustürmt.

Ich habe ein Problem. Beziehungsweise eine ganze Horde Probleme.

Auf der Habenseite ist zu verbuchen, dass ich mich wieder frei bewegen kann. Anscheinend ist Marduk vollauf damit beschäftigt, meine Mitstreiter gegen mich aufzubringen, und kann mich nicht auch noch unter seiner Kontrolle halten. Oder er hat mich absichtlich freigegeben und will einfach nur eine gute Show genießen. Wie auch immer, ich habe nicht vor, mich meinem Schicksal kampflos zu ergeben.

Ehe sie reagieren kann, dresche ich Samantha den Lauf meiner Schrotflinte gegen den Schädel. Die Wucht des unerwarteten Aufpralls schleudert sie mehrere Meter weit durch die Halle. Aus der Drehung heraus ducke ich mich unter einem weiteren Schuss aus Veronicas Pistole hindurch, überwinde mit einem seitlichen Ausfallschritt die Distanz zu ihr und lasse das Schwert auf ihren Waffenarm sausen. Die Klinge durchtrennt den Arm nicht vollständig, dringt jedoch tief ins Fleisch ein und zertrümmert den Knochen in einem Regen weißroter Splitter. Die Pistole fällt nutzlos zu Boden. Ein weiterer, noch lauterer Knall dröhnt aus Lucius' Schrotflinte. Ich ziehe Kopf und Arme ein, um möglichst viele ungeschützte Körperteile aus der Schussbahn zu nehmen. Die meisten Schrotkörner prasseln gegen das Kettenhemd, ohne ernsthaften Schaden anzurichten. Ganz im Gegensatz zu dem wuchtigen Hieb, der aus einer anderen Richtung meine Schulter trifft. Die Nägel von Carls improvisierter Keule durchstoßen meine Panzerung nur minimal, doch die reine Wucht des Aufpralls lässt mich stolpern. Nur knapp kann ich einen Sturz vermeiden. Carl setzt sofort nach. Aus dem Augenwinkel erkenne ich, dass der machetenschwingende und laut brüllende Fragger beinahe bei mir angekommen ist.

Es sieht nicht gut aus für mich. Zu viele Gegner. Keine Fluchtmöglichkeit. Ist dies mein unrühmliches Ende?

Ein rotes Leuchtfeuer blitzt neben mir auf. Der Geruch nach Blut durchdringt die Schichten purer Konzentration auf Schlag und Abwehr. Auch meine unfreiwilligen Kontrahenten bemerken die verheißungsvolle Ablenkung. Ich widerstehe dem Drang nachzusehen, was dort am Rande meiner Wahrnehmung vor sich geht. Sie nicht.

Für den Bruchteil einer Sekunde bleiben die Attacken aus. Genug Zeit, um die Reihen der Angreifer zu durchbrechen und aus der tödlichen Umkreisung zu entkommen. Mit einem gezielten Tritt schleudere ich Carl aus dem Weg, springe über Fraggers halbherzigen Hieb hinweg und lande neben Vinnie. Vollkommen überrascht über mein unerwartetes Erscheinen, kann der Mafioso seine Uzi nicht einmal auf mich ausrichten, bevor ich sie ihm mit dem Schwert aus der Hand schlage.

Aus der unmittelbaren Gefahrenzone entwischt, erlaube ich mir nun endlich, selbst nachzusehen, welcher schicksalhaften Fügung ich meine Rettung zu verdanken habe. Doch weder das Schicksal noch eine göttliche Intervention sind für mein Entkommen verantwortlich. Kleine Beutel fliegen im hohen Bogen durch die Halle. Sie hinterlassen Spuren roter Tropfen, die auf die wild gewordene Meute meiner Widersacher herabregnen und ihren Blutrausch zu einem unkontrollierten Toben steigern.

Von jedem Funken Verstand befreit hechten Samantha, Fragger und all die anderen den fliegenden Beuteln hinterher und versuchen, möglichst viele von ihnen zu fangen und in ihre geifernden Mäuler zu stopfen. Inmitten des zügellosen Getümmels erkenne ich Cynthias winzige Gestalt, die gerade einen weiteren Blutbeutel aus ihrem Rucksack angelt, eilig aufbeißt und in die Menge schleudert.

Aus irgendeinem Grund scheint sie nicht von Marduks Bösem Blick betroffen zu sein und verschafft mir eine kurze Atempause. Möglicherweise hat ihre enorme Willenskraft und Resistenz gegen den Blutrausch sie davor bewahrt, das Schicksal unserer übrigen Mitstreiter zu erleiden. In jedem Fall erweist es sich gerade als eine sehr gute Idee, sie mitgebracht zu haben. Die Verschnaufpause, die ich ihrem kühlen Kopf verdanke, nähert sich jedoch bereits wieder dem Ende. Soeben reißt Fragger seiner Blutschwester den Rucksack aus der Hand, fegt sie mit einem beiläufigen Hieb zur Seite und versenkt seinen Kopf in den blutigen Inhalt ihres Gepäckstückes.

Ich warte nicht, bis die eigentlich als Notration vorgesehenen Blutkonserven ihre Faszination verloren haben und die wild gewordene Horde sich wieder auf mich stürzt. Unsanft schiebe ich Vinnies korpulenten Leib zur Seite und sprinte los. Einen Moment lang bin ich selbst überrascht von der Richtung, in die ich instinktiv laufe. Mein Ziel ist die Treppe zu der Gitterrostgalerie, auf der mein eigentlicher Feind steht.

Sollte ich die Gelegenheit nicht besser dazu nutzen, endgültig die Flucht zu ergreifen und die Halle auf dem schnellsten Weg zu verlassen? Besteht überhaupt noch eine Chance, den Sieg zu erringen? Oder ist diese Auseinandersetzung mit dem unfreiwilligen Überlaufen meiner Verbündeten zu Marduk schon längst entschieden?

Es scheint, als hätten meine Beine die Entscheidung getroffen. Was wäre die Alternative? Es wird mir kaum gelingen, eine neue Streitmacht aufzustellen. Und selbst wenn, warum sollte es ihr besser ergehen als dem Trupp, den ich soeben hierher geführt habe? Alle weiteren Verbündeten würden genauso Marduks Bösem Blick zum Opfer fallen wie der wild gewordene Haufen, der im Augenblick um mich herum Amok läuft.

Nein. Die Entscheidung fällt heute Nacht. Und der Weg zu dieser Entscheidung führt die Treppe hinauf zur Galerie, auf der Marduk steht.

Aber auch diesen Weg muss ich mir erst freikämpfen. Zwei missgestaltete Monster springen von der Galerie herab und landen direkt vor mir. Außer der Zahl ihrer Arme und Beine weist nur wenig darauf hin, dass die beiden einst Menschen gewesen sind. Gelbschwarze gefletschte Zähne drohen mir aus weit aufgerissenen Mäulern inmitten tierhaft verzerrter Gesichter. Blutunterlaufene Augen starren mich feindselig an, das eine Paar so tief in den Höhlen liegend, dass man sie kaum erkennen kann, das andere froschartig hervortretend, als ob die Augäpfel jeden Moment aus dem schiefen Schädel herausfallen wollten. Das hässliche Duo ist offenbar gut eingespielt. Ohne sichtbares Zeichen stürzen sich beide gleichzeitig mit krallenstarrenden Klauen von verschiedenen Seiten auf mich. Eine Drehung nach rechts bringt mich aus der Reichweite des einen, während ich den anderen mit einem Schwerthieb empfange. Er weicht dem Stahl knapp aus, doch ich habe den koordinierten

Angriff des Duos aus dem Takt gebracht. Mit mehreren weit ausholenden Schlägen halte ich mir die Unberührbaren vom Hals und versuche, mich weiter in Richtung der Treppe voran zu arbeiten. Aber von dort kommen mir neue Gegner entgegen, an den weitgehend haarlosen Schädeln und der fleckigen Haut unschwer als weitere der Unterweltbewohner erkennbar. Einer von ihnen ist Mike.

Ursprünglich hatte ich vor, mir die beiden Schrotladungen in meiner Schusswaffe für Marduk aufzubewahren. Doch so, wie es aussieht, werde ich gar nicht erst zu ihm gelangen, wenn ich weiter versuche, sparsam zu sein. Ich hebe die doppelläufige Flinte vor das Gesicht eines der Angreifer und drücke ab. Eine Fontäne roter Tropfen und Hautfetzen hinterlassend schleudern die Geschosse ihn von mir weg und geben mir Platz, mit der Klinge auszuholen. Der Stahl trifft einen meiner Gegner an der Schläfe und bringt ihn zu Fall. Ein Tritt mit dem Stiefel hält ihn davon ab, unmittelbar wieder aufzustehen. Ein Lufthauch in meinem Rücken alarmiert mich, doch ich kann nicht mehr rechtzeitig ausweichen. Mit voller Wucht rammt mich etwas am Hinterkopf und raubt mir für einen Augenblick das Bewusstsein. Auf der Stelle übernehmen meine Instinkte die Kontrolle, suchen die einzige Lücke in der Reihe meiner Kontrahenten und steuern meinen Körper zuverlässig dort hin.

Blut rinnt mir in den Nacken, doch es ist nur eine Platzwunde, die sich bereits wieder schließt. Ich stemme den Fuß gegen die Wand, an der ich gelandet bin, und drücke mich mit aller Kraft ab. Mit Schwung stürze ich meinen Gegnern entgegen. Mit einem derart raschen Konter haben sie offenbar nicht gerechnet. Meine im weiten Bogen geführte Klinge schneidet einem von ihnen sauber durch den Hals, durchtrennt das Rückgrat und lässt den Schädel kreisend durch die Luft fliegen. Die zweite Schrotladung entlasse ich in Mikes Gesicht, das sich augenblicklich in eine blutige Masse verwandelt. Der spontane Verlust beider Augen nimmt ihm die Orientierung, so dass ich an ihm vorbeikomme.

Ein letzter Widersacher versperrt mir den Weg zur Treppe. Die reptilienartige schwarze Haut weckt vage Erinnerungen. Ich habe sie nach meiner Rückkehr aus Europa bei Mikes Gottesdienst gesehen. Veronica hat erzählt, dass sie ganz umgänglich sei, sofern man über ihr wahrlich abstoßendes Äußeres hinwegsehen kann. Sie hatte auch ihren Namen erwähnt – Linda, wenn ich mich recht erinnere. Doch jetzt sehe ich nur ein Hindernis, das es zu beseitigen gilt. Ohne zu zögern, springe ich auf sie zu, das Schwert stoßbereit erhoben. Aus dem Augenwinkel erahne ich ein sich schnell von der Seite näherndes Objekt. Linda hat es ebenfalls bemerkt und schwenkt ihren Kopf, um zu schauen, was da auf uns zukommt. In der Entfernung erkenne ich Lobos breit grinsendes Gesicht. Weitaus näher sehe ich ein kleines Feuer durch die Luft fliegen und spüre auf meiner kalten Haut die Wärme, die es ausstrahlt. Dann prallt das Geschoss unmittelbar vor mir auf den Boden. Das Glas des Molotow-Cocktails zerspringt auf dem Beton und gibt eine Fontäne flammenden Todes frei. Linda und ich stehen auf der Stelle in Flammen. Ein unmenschlich hohes Kreischen ausstoßend, reißt die Paria die Arme hoch und springt panisch davon. Auch in mir keimt nackte Furcht auf. Das Feuer tastet sich an meiner Hose empor und greift mit heißen Tentakeln nach dem Rest meines Leibes.

Meine Instinkte schlagen Alarm. Sie wollen hier weg, so schnell es geht, verlangen von mir, mich auf dem Boden zu wälzen und alles Notwendige zu tun, die Flammen auf der Stelle zu löschen. Doch durch die um mich herum vor Hitze wabernde Luft erkenne ich Veronica, Fragger und mehrere andere meiner einstigen Mitstreiter, die sich vorsichtig nähern, in ihren Gesichtern immer noch unverkennbar den Wahn des Blutrausches. Jede Verzögerung würde mich ihrem erneuten Angriff schutzlos ausliefern. Nur die Flammen, die mich einhüllen, halten sie von einer unmittelbaren Attacke ab. Sollte ich es tatsächlich schaffen, sie zu löschen, werden sie mich in Stücke reißen.

Es gibt nur eine Möglichkeit, das Kampfesglück vielleicht doch noch zu wenden. Ich sammle sämtliche Willenskraft, die mir verblieben ist. Stemme mich gegen die Instinkte, die mich mit aller Macht zur Flucht drängen. Verbanne die mit jeder Sekunde stärker werdenden Schmerzen der Brandwunden aus meinem Bewusstsein. Festige den Griff um das Heft meines Schwertes. Spanne meine Muskeln an. Springe auf die Treppe und hechte sie so schnell hinauf, wie ich kann. Nehme fünf oder sechs Stufen mit einem Schritt.

Am oberen Ende des Aufgangs stellt sich mir ein weiterer Gegner in den Weg. Francis hebt furchterfüllt seine Arme, als ich vor ihn trete. Der Widerschein des Feuers flackert auf seiner schwarzen Haut. Ich muss nur mit dem Schwert ausholen, um ihn zu verjagen.

Die Orientierung fällt mir schwer. Meine Augen versagen nach und nach den Dienst. Mittlerweile stehe ich von Kopf bis Fuß in Flammen. Ich spüre, wie meine Haut sich über dem Fleisch zusammenzieht und Blasen wirft, zwinge mein Blut in das versengte Gewebe, um dort seine heilende Wirkung zu entfalten. Doch die zerstörerische Kraft des Feuers ist schneller als die Regeneration. Ich kann den Zerfall meines Körpers nur verlangsamen. Nicht einmal die letzten Reste von Massouds machtvollem Lebenssaft vermögen das vernichtende Werk der Flammen aufzuhalten.

Unsägliche Pein durchströmt jede Zelle meines todgeweihten Leibes. Ich konzentriere mich vollends auf die eine Aufgabe, die noch zu erledigen ist. Schiebe den Schmerz beiseite. Erkenne mein Ziel. Und laufe darauf zu.

Marduks Augen weiten sich vor Schreck. Seine Lippen bewegen sich. »Geh weg!«

Der Böse Blick, den er auf mich wirkt, zerrt an meiner Willenskraft. Ich bin versucht, seinem Befehl zu gehorchen, stehenzubleiben und umzukehren. Doch so schnell, wie der erzwungene Drang über mich gekommen ist, verblasst er wieder. Marduks Einflüsterungen gleiten von meinem Geist ab. Mein unbedingter Wille, ihn zu vernichten, hat bereits die Agonie des lodernden Brandes, der meinen Leib heimsucht, überwunden. Nun können auch seine psychischen Tricks mich nicht mehr aufhalten.

Doch andere sind nicht immun gegen seine Kräfte.

Sein Blick wendet sich zur Seite. »Halte ihn auf!«, höre ich durch das Tosen der mich einhüllenden Flammen.

Der Befehl gilt dem letzten meiner Mitstreiter, der sich noch auf der Galerie befindet. Lobo eilt herbei und stellt sich zwischen mich und mein Ziel. In seiner Hand hält er eine gefüllte Flasche mit einem Tuch im Hals. Der zweite Molotow-Cocktail.

Er braucht das Brandgeschoss nicht einmal mehr anzuzünden. Feuer bringe ich in mehr als ausreichender Menge mit. Ich bereite mich darauf vor, dem Geschoss auszuweichen, aber Lobo wirft die Flasche nicht. Er rennt mir entgegen, holt aus und drischt damit auf mich ein. Ich kann dem Schlag nicht entgehen, also wehre ich ihn zumindest mit dem Schwert in meiner Hand ab. Doch die Wirkung ist nahezu dieselbe, als hätte der Hieb mich direkt getroffen. Das Glas zerbirst an der Klinge in tausend Splitter. Vom Schwung des Hiebes getragen, ergießt sich der Inhalt der Flasche in einem breiten Schwall über mich. Eine Stichflamme erhebt sich tosend von meinem Leib.

Die Schmerzen sind unbeschreiblich.

Panik überkommt mich. Ich will nur noch hier weg. Dem Irrsinn entkommen, der meinen Körper in sengende Glut einhüllt. Der letzte Rest meines Verstandes sagt mir, dass es nun ohnehin kein Entrinnen mehr gibt, doch die Instinkte lassen sich davon nicht beeindrucken.

Lobo indes hört offenbar auf seine Eingebungen. Er hechtet von den auflodernden Flammen weg. Macht den Weg wieder frei. Lässt den ersterbenden Blick meiner kochenden Augen auf die Gestalt mit dem langen Bart und dem wallenden Gewand fallen.

Marduk. Mein Feind.

Sein Anblick sammelt die wabernden Gedanken in meinem Kopf. Richtet sie aus. Weckt noch einmal die Konzentration auf das letzte Ziel, das ich habe.

Ich bewege mich auf ihn zu. Laufe los.

Sein Böser Blick hat bereits zuvor versagt. Niemand ist mehr da, um vor ihn zu treten.

Ich beschleunige.

Seine ausgebreiteten Arme wenden sich mir zu, versuchen, mich abzuwehren.

Ich springe. Packe im Flug das mit brennendem Benzin übergossene Schwert mit beiden Händen. Hole in weitem Bogen aus und nehme seinen Hals ins Visier.

Seine Arme heben sich.

Ich weiß um seine Kraft, mit der er meinen Schlag mühelos abwehren kann. Blitzschnell beende ich die Finte. Ziele tiefer.

Marduk erkennt meine List und senkt die Arme. Zu langsam. Knapp unter seinen Händen hindurch stößt die Spitze der flammenden Klinge in seine Brust. Durchschneidet Stoff, Haut und Fleisch. Schiebt Rippen zur Seite. Durchbohrt sein Herz.

Jeder Vampir, den ich kenne, wäre durch die Pfählung auf der Stelle bewegungsunfähig, nicht einmal dazu in der Lage, seine missliche Situation zu kommentieren. Nicht so Marduk. Für ihn haben die Gewissheiten, die unser aller unsterbliches Dasein bestimmen, keine Geltung.

Er schreit.

Meine versengten Ohren vernehmen das markerschütternde Gebrüll nur noch gedämpft, doch die Wahrnehmung der unmenschlichen Schreie beschränkt sich nicht auf das Gehör. Mein ganzer Leib vibriert unter dem unbeschreiblichen Getöse, das aus seinem weit aufgerissenen Mund dringt und die gesamte Halle erzittern lässt. Aber selbst Marduk ist nicht vollständig gegen die Pfählung gefeit. Seine Gegenwehr erstirbt. Er stürzt.

Ich lande auf ihm. Umklammere ihn mit brennenden Armen.

Das letzte Bild, das meine Augen mir übermitteln, bevor sie endgültig den Dienst versagen, ist das Feuer, das sich von mir auf Marduks Gewand und seinen Leib ausbreitet und schließlich uns beide einhüllt. Gemeinsam taumeln wir an das Geländer. Ich kämpfe gegen den Drang an, den drohenden Sturz zu verhindern. Konzentriere mich einzig und allein darauf, meinen Widersacher in tödlicher Liebkosung festzuhalten.

Wir fallen.

Der Aufprall ist nur mehr eine Fußnote in der Kakophonie der Schmerzen, die mein Dasein bestimmen. Ich spanne weiter alle Muskeln an, die mir noch gehorchen, und halte die Umklammerung aufrecht. Nach und nach verebbt die Agonie. Mit dem Absterben der Nervenbahnen entschwindet das Gefühl für meinen Körper. Ich verliere mich in einer Welt aus Dunkelheit.

Stille umgibt mich. Die Realität ist weit entrückt. Nur meine Gedanken sind noch bei mir.

Ich verliere jedes Maß für die Zeit um mich herum. Kann nicht mehr abschätzen, ob Sekunden oder Minuten vergehen. Die Erregung des zurückliegenden Kampfes schwindet. Meines letzten Kampfes.

Das Blut der Nocturni heilt viele Wunden. Doch selbst die Regenerationsfähigkeit der Unsterblichen hat ihre Grenzen. Grenzen, die ich heute überschritten habe.

Ich stelle mir vor, wie meine Mitstreiter nach Marduks Fall wieder zu Sinnen kommen und den Brand löschen. Wie sie um die kläglichen Überreste unserer beiden Leiber herumstehen und überlegen, was nun zu tun sei.

Ich habe andere meiner Art gesehen, die einem derartigen Feuer mit knapper Not entkommen sind. Wenn das letzte Blut verkocht und alle Haut, alles Fleisch zu einem unförmigen schwarzen Klumpen verschmort ist, gibt es keine Öffnung mehr, durch die man dem Verwundeten frisches Leben einflößen könnte, selbst wenn eine wohlmeinende Seele zur Stelle ist. Und ohne Blut – in diesem Fall Unmengen von Blut – ist eine Heilung nicht möglich.

So lang noch ein Funken Leben in dem geschändeten Leib enthalten ist, wird die Lage im Gegensatz zu Sterblichen, bei denen eines nach dem anderen die Organe versagen, zwar nicht schlimmer, aber auch eine Besserung ist so gut wie ausgeschlossen. Ohne die Fähigkeit, neues Blut aufzunehmen, zehrt der Körper nach und nach seine letzten Reserven auf und setzt seinen unsterblichen Inhaber schließlich in einem Gefängnis aus verdorrtem Fleisch gefangen. In diesem Kerker dämmert er bar jeder Verbindung zum Rest der Welt vor sich hin, bis entweder der Wahnsinn seinen Geist von den Qualen der vollkommenen Einsamkeit erlöst oder ein mildtätiger Freund dem unendlichen Siechtum ein Ende bereitet. Wie auch immer, meine glorreiche Zeit ist endgültig vorbei.

Der Templer ist Geschichte.

Meine einzige Hoffnung ist, dass es Marduk genau so ergangen ist.

Ich bin erstaunt, wie unaufgeregt ich über das Ende meines neun Jahrhunderte langen Daseins nachzudenken imstande bin. Sollte ich nicht eigentlich Trauer oder Panik verspüren? Stattdessen bin ich von tiefer Gelassenheit beseelt.

Habe ich mein Schicksal doch noch erfüllt? Waren all die Wendungen und Rückschläge meines langen Lebens nur dazu bestimmt, mich zu diesem Tag in New York zu führen, um die Machtergreifung eines uralten babylonischen Monsters zu verhindern?

Der Gedanke gefällt mir. Ich halte mich an ihm fest. Hätte ich noch Lippen, würde ich zufrieden lächeln. Ich fühle mich befreit. Befreit von der Mühsal eines nicht enden wollenden widernatürlichen Lebens. Befreit von all der Schuld, die ich Jahrhunderte lang angehäuft habe. Befreit von dem Schicksal, dieses Dasein in alle Ewigkeit fortzusetzen. Befreit von der Aussicht, irgendwann genau so ein Monster zu werden wie jene, die ich so lange gehasst und gejagt habe.

Vitus hat mir gesagt, ich sei bereits einer von ihnen. Einer der Archaioi. Er hat sich geirrt.

Die Alten tun alles, um ihre Herrschaft weiterzuführen. Sie schicken lieber andere in den sicheren Tod, als selber das Risiko einzugehen, ihr kostbares Leben zu verlieren. Keiner von ihnen hätte sich dem direkten Kampf mit einem überlegenen Gegner gestellt und dabei sein eigenes Leben geopfert.

Ich bin kein Archaios.

Ich bin der Templer.

Ich erledige meine Arbeit selbst. So habe ich es immer getan.

Etwas dringt in meinen Geist ein, vertreibt die vollkommene Einsamkeit, in der ich schwebe. Zuerst scheint es, als würden meine erloschenen Sinne sich noch einmal zu Wort melden. Doch es sind weder Gefühle noch Geräusche oder gar Bilder, die ich wahrnehme. Es ist die Anwesenheit eines anderen Bewusstseins, einer Person.

Meine übernatürliche Empfindungsfähigkeit war im Vergleich mit anderen meiner Art nie besonders hoch entwickelt. Meine Stärken lagen eher in der übermenschlichen Kraft und Schnelligkeit sowie natürlich der Kunst des Bösen Blickes. Doch vielleicht habe ich mich bisher einfach nie genug auf meine emotionale Wahrnehmung konzentriert, um zu erkennen, wozu ich fähig bin. Nun, da alle körperlichen Reize vollständig ausgeschaltet sind, habe ich endlich die Muße, diesen intuitiven Eingebungen zu lauschen. Besser spät als nie.

Ich konzentriere mich auf die fremde Präsenz. Es ist beinahe so, als würde ich eine Stimme hören, die zu mir spricht, wenn auch aus weiter Ferne.

Leonard.

Sie ruft meinen Namen. Ich erkenne die Stimme. Nicht an ihrem Klang, sondern am Rhythmus der Silben.

Leonard, kannst du mich hören?

Es ist Veronica. Sie hat das Chaos also überstanden. Das ist gut.

Ich höre dich, antworte ich in Gedanken. Wobei ›hören‹ vermutlich nicht ganz korrekt ist, aber ich bin in der telepathischen Terminologie nicht sonderlich versiert.

Wie können wir dich retten?

Verzweiflung schwingt unterschwellig in Veronicas Frage mit und nimmt noch zu, als ich antworte: Ihr könnt mich nicht retten. Es ist vorbei.

Es muss doch einen Weg geben!

Sie will nicht so einfach kapitulieren. Nicht einmal vor dem unvermeidlichen Ende. Ich bemühe mich, die Gelassenheit zu vermitteln, die mich – zu meinem eigenen Erstaunen – ergriffen hat: Mein Weg endet hier. Und das ist gut so. Ich bin mehr als neunhundert Jahre in dieser Welt gewesen. Es ist genug. Ich denke, ich habe es mir redlich verdient, sie nun endlich zu verlassen und den Weg zu gehen, der mir so lange versagt war.

Ich will aber nicht, dass du gehst.

Eine Woge tiefer Zuneigung begleitet Veronicas Trauer. Ich genieße die Gefühle, mit denen sie mich überschüttet. Es ist schön, jemandem so viel zu bedeuten. Ich gebe mir Mühe, ihr meine ehrlich empfundene Erwiderung ihrer Liebe zukommen zu lassen. Ich möchte, dass sie erfährt, wie gut mir die vergangenen Wochen mit ihr getan haben. Sie hat meinen alten Kadaver noch ein letztes Mal mit Leidenschaft erfüllt. Wer weiß, ob ich ohne ihren Zuspruch den Kampf gegen Marduk überhaupt aufgenommen hätte?

Das bringt mich zu einer Frage: Ist Marduk tot?

Er ist verbrannt so wie du. Und in seinem Herz steckt dein Schwert.

Gut so.

Lasst das Schwert, wo es ist, und verbrennt seine Überreste endgültig, rate ich ihr. Wie geht es den anderen?

Zwei von Mikes Freunden sind tot. Alle übrigen haben es mehr oder weniger gut überstanden.

Richte ihnen meinen Dank aus.

Das werde ich tun.

Zeit für das Finale.

Erweise mir einen letzten Dienst, Veronica.

Alles, was du verlangst.

Öffne meine Brust und trinke den letzten Tropfen Blut, der darin verblieben ist.

Nein! Nicht das!

Es muss sein. Es ist die einzige Möglichkeit, diesen toten Körper endgültig hinter mir zu lassen. Bitte hilf mir. Nimm den letzten Funken meines Lebens in dich auf. Dann wird ein Teil von mir immer bei dir sein.

Nein!

Bitte!

Zaghaft schmilzt ihr Widerstand. Sie wird es tun.

Ich erinnere mich an die Legende, dass die Erinnerungen, die ein Vampir mit dem Blut seiner Opfer aufnimmt, besonders intensiv sein sollen, wenn man den letzten Blutstropfen aufsaugt. Ich habe viele meiner Art auf diese Weise getötet, aber nie eine Bestätigung für diese Geschichte gefunden. Doch vielleicht, so kommt mir nun in den Sinn, vielleicht funktioniert es, wenn das Opfer sein Wissen aus freien Stücken weitergeben will.

Ich konzentriere mich. Suche die Erinnerungen aus neun Jahrhunderten. Sammle so viel davon in meinem Bewusstsein, wie ich kann.

Erinnerungen an den unbedarften jungen Knappen, der vor unendlich langer Zeit zum Kreuzzug aufgebrochen ist. Meine erste Begegnung mit Vitus. Konstantinopel. Jerusalem. Wien. New York. All die Orte, an die meine Reisen mich geführt haben. All die Schrecken, die ich dort gesehen oder gar selber angerichtet habe. Sie alle gehören zu meinem Leben, ob ich es gutheiße oder nicht.

Leb wohl, Leonard.

Ich spüre nicht, wie sie meine verkohlte Haut aufreißt, die Rippen auseinanderzieht und ihre Zähne in den verdorrten Muskel versenkt, der einst mein Herz gewesen ist. Zumindest nicht in Form von Schmerzen oder anderen körperlichen Sinneswahrnehmungen. Doch ich fühle, wie das letzte bisschen Leben mich verlässt. Die Gedanken, die Erinnerungen verschwimmen. Die undurchdringliche Dunkelheit, die meine Augen schon längst umfasst hat, greift nun auch nach meinem Geist.

Ich lasse los.

Finsternis umgibt mich. Ruhe. Frieden. Ich bade im Nichts.

Dann, wie in weiter Ferne, glimmt ein zartes Licht auf. Ist es der so oft prophezeite Eingang ins Paradies? Habe ich tatsächlich genug Gutes vollbracht, um die ewige Glückseligkeit zu erfahren? Hat das Opfer, das ich gebracht habe, um Marduk zu bezwingen, meine unzähligen Sünden ausgelöscht?

Oder ist das Licht doch der Widerschein der sengenden Flammen des Fegefeuers oder gar der Hölle selbst? Muss ich nun endlich büßen für all die Verfehlungen, die ich begangen habe?

Was auch immer mich erwartet, ich habe es wohl verdient. Ich gehe auf das Licht zu.

Und trete hinein.

Epilog:

Das Erbe des Templers

Mittwoch, 01. Juni 2005, Wien, Österreich

Der schwere Mercedes rast mit einer Geschwindigkeit durch den Wald, für die die schmale, kurvige Landstraße nicht angelegt worden ist. Die Lichtkegel der Scheinwerfer durchbohren die pechschwarze Nacht wie glühende Finger, die hastig von einem Baumstamm zum nächsten tasten. Mit halsbrecherischen Manövern und quietschenden Reifen bahnt sich die Limousine den Weg durch den dichten Forst des Wienerwalds. Die Frau mit den zu einem strengen Knoten gebundenen dunklen Haaren im Fond des Wagens schaut gedankenverloren durch das Fenster. Ihre Augen sind durchaus in der Lage, die Finsternis jenseits der Scheibe des Seitenfensters zu durchdringen. Doch sie nimmt die schlafende Natur um sie herum nicht wahr. Ihre Gedanken sind bereits am Ziel der nächtlichen Fahrt, der letzten Etappe ihrer Reise, die vergangene Nacht so überhastet begonnen hat, nachdem der dringende Ruf ihres Meisters sie erreichte.

Am liebsten hätte sie den Fahrer zu noch größerer Eile angestachelt. Doch der Mann tut bereits das Äußerste, was in seiner Macht steht, um sie so schnell wie möglich zu ihrem Bestimmungsort zu bringen.

Sie kennt jede Kurve der Straße, so oft ist sie hier entlanggefahren. Anfangs in Kutschen, danach in Automobilen. Der einstige Trampelpfad hat sich zuerst zu einem Schotterweg und noch später zu einer geteerten Landstraße gewandelt. Die Streckenführung hat sich indes kaum verändert.

Instinktiv erkennt sie die letzten Kurven und bereitet sich auf die Ankunft vor, noch bevor die dicht gedrängten Bäume der Lichtung mit dem Jagdschloss weichen, in dem ihr Meister sein Quartier bezogen hat.

Der Chauffeur fährt bis zur finalen Biegung Vollgas und bremst den Mercedes erst auf der Auffahrt vor der Freitreppe ruckartig ab. Die schwarzen Streifen abgeriebenen Gummis würde das Personal tagsüber unaufgefordert entfernen. Alle Diener auf dem Anwesen wissen, dass sie solche Schönheitsfehler nicht toleriert. Niemand wagt es, ihren Zorn zu erregen. Niemand außer der matronenhaften Haushofmeisterin, die soeben die Tür öffnet und sie mit strengem Blick im Eingang erwartet. Elsbeth besitzt einen Sonderstatus und füllt eine ganz spezielle Rolle im Leben ihrer Herrin aus. Doch auch sie weiß, wo ihre Grenzen sind und dass sie sich heute Nacht besser mit Kommentaren aller Art zurückhält.

»Guten Abend«, begrüßt die Dienerin ihre Gebieterin freundlich, aber nicht unterwürfig, sobald sie den Wagen verlassen hat.

Sie wartet nicht wie üblich darauf, dass der Fahrer ihr die Tür aufhält.

»Er erwartet Euch bereits.«

Constantia beschränkt die Erwiderung der Begrüßung auf ein knappes Nicken und eilt an Elsbeth vorbei ins Haus. Auf dem Weg nach oben nimmt sie mehrere Stufen der repräsentativen Treppe in der Eingangshalle mit einem Satz und hastet mit weit ausholenden Schritten den Gang zum Gemach ihres Meisters entlang.

Wolfgang steht vor der mit Einlegearbeiten verzierten Eichentür Wache, macht jedoch kommentarlos Platz, als sie an ihm vorbei schreitet. Mit beiden Händen greift sie nach den Türgriffen, öffnet schwungvoll die Flügel und tritt ins Allerheiligste des verborgenen kleinen Schlösschens ein.

Von einem Augenblick zum nächsten verlangsamt sie ihre Bewegungen, schließt die Tür sorgfältig hinter sich und geht vorsichtig zwei Schritte in den Raum hinein. Übermäßige Hast wäre in unmittelbarer Nähe zu ihrem Meister respektlos, selbst wenn er sie herbestellt hat.

Geduldig wartet sie, bis Vitus sich ihr zuwendet. Wie üblich sitzt er mit dem Rücken zur Tür an dem großen Tisch, der den Raum beherrscht. In vollkommener Missachtung der Eile, um die er sie gebeten hat, lässt er sie fast eine Minute unbeachtet stehen, bevor der lederne Sessel sich langsam um seine Achse dreht und der Blick seiner uralten Augen auf sie fällt.

Sie verbeugt sich tief gemäß dem überlieferten Protokoll der Nocturni. Er erwidert die Geste nicht einmal mit einem Wimpernzucken.

»Ihr habt gerufen«, begrüßt sie ihn, ohne dass ihrer Stimme auch nur der leiseste Anflug von Ärger über die herablassende Behandlung anzumerken wäre.

Vitus ist der Herr. Er ist das Zentrum dieses kleinen, vom Rest der Welt abgeschotteten Universums inmitten des Wienerwaldes. Sein Wort ist Gesetz. Jegliche Kritik an seinen Handlungen ist absolut undenkbar.

Eine beiläufige Geste seiner Hand kündigt eine knappe Erklärung an. »Leonard ist tot.«

Die Worte treffen sie vollkommen unvorbereitet. Es fällt ihr schwer, die Fassung zu bewahren. Doch im Angesicht ihres Erzeugers gehört es sich nicht, ungebührliche Gefühle zu offenbaren. Also nimmt sie all ihre Selbstbeherrschung zusammen und bewahrt das Pokerface des vollendeten Diplomaten. »Darf ich fragen, woher diese Information stammt, Herr?«

Vitus lässt sich mit der Antwort Zeit. »Ich spüre es. Ich habe ihm von meinem Blut gegeben. Sein Blut war ein Teil von mir. Dieser Teil ist gestern verblasst.«

Sie ist versucht nachzuhaken, ob er diesbezüglich sicher sei. Doch jeder Zweifel an seinen Fähigkeiten wäre zum einen ein Affront und zum anderen hatte sie bisher noch nie Anlass, Vitus' Gespür in Angelegenheiten des Blutes infrage zu stellen.

»Hat Marduk ihn bezwungen?«, erkundigt sie sich stattdessen, ihren Schock mit beiläufigem Interesse überspielend.

»Ich glaube nicht, aber in dieser Frage benötigen wir möglichst schnell absolute Sicherheit. Schick jemanden dorthin! Einen zuverlässigen Mann. Er soll in Erfahrung bringen, was geschehen ist. Falls, wie ich vermute, beide tot sind, sollten wir umgehend unser Terrain abstecken, bevor die anderen Blutlinien nach Amerika expandieren. Auch wenn wir nicht immer an einem Strang gezogen haben, war Leonard dennoch mein Nachkomme. Es ist vollkommen legitim, wenn wir sein Erbe beanspruchen.«

»Ich werde alles Notwendige veranlassen, Herr.«

Die Hand, deren Bewegungen Vitus' Worte begleitet haben, erstarrt wieder zur Reglosigkeit. Er hat alles gesagt, was es mitzuteilen gab. Die Audienz ist beendet.

Zum Abschied verbeugt Constantia sich tief und geht rückwärts zur Tür. Vitus hat sich bereits von ihr abgewendet, als sie den Raum verlässt.

Sie würdigt Wolfgang nur eines flüchtigen Seitenblickes, bevor sie wortlos an ihm vorbeigeht. Nur ihrer über die Jahrhunderte perfektionierten Selbstbeherrschung ist es zu verdanken, dass sie gemäßigten Schrittes den Flur entlang marschiert. Am liebsten würde sie laufen, rennen so schnell ihre Beine sie tragen. Nur weg hier.

Der Weg zu ihrem persönlichen Gemach kam ihr noch nie so lang vor. Doch irgendwann hat sie es geschafft, die unendlich scheinende Distanz zu überwinden. In dem Augenblick, in dem sie die Tür hinter sich schließt und allein ist, fällt die Maske der Gefasstheit von ihr ab. Ihr Rücken gleitet am kunstvoll geschnitzten Holz der Tür herab, bis sie auf dem Boden sitzt. Wie ein kleines Kind umfasst sie die angezogenen Knie mit den Armen. Kein Seufzen oder Schluchzen entrinnt ihrer Kehle. Keine Träne kullert über ihre Wangen. Sie hockt einfach nur da und verdrängt, so gut sie es vermag, die Welt jenseits ihrer Gedanken aus ihrem Bewusstsein.

Leonard ist tot.

Am liebsten hätte sie Vitus ins Gesicht geschrien, dass es nicht wahr ist. Dass es nicht wahr sein darf. Doch es gibt keinen Anlass, an seinen Worten zu zweifeln. In solchen Dingen irrt er sich nie. Was geschieht mit ihr? Wieso kommen nun all die längst begraben geglaubten Gefühle wieder in ihr hoch? Seit

Jahrhunderten hat sie ihren einstigen Ziehvater und Geliebten aus ihrem Leben, ihren Gedanken und ihrem toten Herz verbannt. Bis sie vor knapp zwei Wochen plötzlich seine Stimme am Telefon gehört und ihm zwei Nächte später gar von Angesicht zu Angesicht gegenüber gestanden hat.

Als er Krieg gegen ihren Herrn geführt hat, lernte sie, ihn zu hassen, ihn zu verachten für den Verrat, den er an seinem eigenen Blut beging. Die Liebe, die sie einst mit ihm verbunden hatte, begrub sie unter Gebirgen von Zorn und Abscheu.

Es klappte gut. So lang er weit weg war. Doch allein sein Anblick hat die mühsam errichteten Berge in Sekunden erodiert. Und nun ist er für immer fort.

Tot.

Wie sehr wünscht sie, sie hätte ihm bei ihrem kurzen Wiedersehen offenbart, was sie wirklich für ihn empfindet. Trotz all der Kriege und Fehden, die sie so lange Zeit gegeneinander geführt haben. Doch statt ihm einfach nur zu sagen, dass sie ihn liebt, hat sie den uralten Kampf fortgeführt, wer von ihnen beiden der Stärkere sei.

Niemals würde sie nachholen können, was sie versäumt hat. Er ist tot.

Ihr Blick klärt sich, fokussiert wieder auf ihre unmittelbare Umgebung. Mit einer einzigen fließenden Bewegung erhebt sie sich in den Stand. Setzt die Maske wieder auf. Verwandelt sich innerhalb einer Sekunde von einem bemitleidenswerten Bündel aus Sehnsucht und Trauer wieder zu Lady Constantia, der unerbittlichen Vollstreckerin des Willens von Vitus, dem Römer, Herr über eine der mächtigsten Blutlinien Europas. Und wenn es nach seinen Plänen geht, bald auch der Neuen Welt. Sie gebietet über Heerscharen sterblicher wie unsterblicher Diener. Auf ihren Befehl hin setzen sich Armeen in Marsch. Sie ist stark. Ihr Meister hat ihr eine Aufgabe übertragen. Sie wird ihn nicht enttäuschen. Das hat sie noch nie. Im Gegensatz zu ihrem Bruder.

Er hat die tiefe Liebe zu ihrer beider Erzeuger fortgewischt. Er hat Vitus aus seinem Dasein verstoßen. Sich dem Willen seines Herrn widersetzt. Sie würde das niemals tun. Sie könnte es gar nicht, selbst wenn sie es wollte. Ist sie vielleicht doch nicht so stark, wie sie glaubte? Hat Leonard den Kampf, den sie und er geführt haben, allein schon dadurch gewonnen, dass er es geschafft hat, sich der Umarmung durch Vitus' unbändige Willenskraft zu entziehen?

Sie schiebt den ungebührlichen Gedanken beiseite. Konzentriert sich auf die Aufgabe, die ihr übertragen wurde. Sie wird ihren Meister nicht enttäuschen.

Niemals.

Mittwoch, 01. Juni 2005, New York City, USA

Viele tausend Kilometer vom Wienerwald entfernt kreisen die Gedanken einer weiteren Unsterblichen um die Hinterlassenschaften des Vampirs, den man den Templer genannt hat.

Sie steht unmittelbar an der Glasscheibe, die vom Boden ihres Büros bis unter die Decke reicht. Wäre sie ein Mensch, würde ihr Atem die Scheibe beschlagen lassen. Doch ihre Lungen pumpen ausschließlich zum Zweck des Sprechens Luft an ihren Stimmbändern vorbei. Und selbst dann ist ihr Atem beim Verlassen des Mundes nicht wärmer als vor dem Eintritt in ihren Körper.

Absolut unbewegt verharrt sie an Ort und Stelle. Nur ihre Augen zucken von Zeit zu Zeit ein wenig nach links oder rechts, während sie die Szenerie auf der anderen Seite des Fensters betrachtet.

Die letzte Andeutung des zurückliegenden Sonnenunterganges ist hinter dem Horizont verschwunden. Dunkelheit hat sich über den gesamten Himmel ausgebreitet. Tiefe samtene Schwärze umhüllt die Welt.

Die Stadt unter ihr weigert sich jedoch, die Herrschaft der Nacht anzuerkennen. Mit einer Armee aus Glühbirnen, Neonröhren und flackernden Bildschirmen kämpfen die Menschen gegen den unbeirrbaren Rhythmus von Helligkeit und Dunkelheit an, der seit Anbeginn der Zeit die Nacht vom Tag trennt. Die früher so scharfe Grenze zwischen den Tageszeiten ist verwischt. Die Menschen haben die Nacht für sich erobert. So glauben sie.

In Wahrheit beherbergt die Dunkelheit schon seit jeher eine andere Spezies, die nicht bereit ist, ihre Herrschaft über die Finsternis aufzugeben. Statt jedoch die Sterblichen aus ihrem angestammten Reich zu vertreiben, haben die Nächtlichen ihnen bereitwillig Einlass gewährt.

Wie mühsam war es früher, einsame Wanderer aufzuspüren, die nach Sonnenuntergang unterwegs waren, sei es, weil sie von der Nacht überrascht worden waren, oder aufgrund wichtiger Geschäfte, die keinen Aufschub bis zum Anbruch des nächsten Tages duldeten. Wie oft war sie gezwungen, in die verriegelten und verrammelten Häuser einzudringen, in denen sich die Menschen gegen die Gefahren der Nacht verschanzten.

Indem die Sterblichen das Licht aus den Stuben hinaustrugen in die Straßen, glaubten sie, die Schrecken vertreiben zu können. Sicher zu sein vor den Raubtieren, die nach ihrem Blut trachten.

Sie irrten sich.

Alles, was sie zuerst mit Gas- und Petroleumlampen und später mit elektrischem Licht erreicht haben, ist, den Monstern, die immer noch in der Dunkelheit lauern, den Weg zu ihrer Beute zu weisen. Die künstlichen Lampen schrecken die Ungeheuer nicht ab. Dies vermögen nur die Strahlen der Sonne.

Nie war die Jagd für die Nocturni so einfach wie heute. Insbesondere in dieser Stadt. Der Stadt, die niemals schläft. Ihrer Stadt. Der Gedanke erregt sie. Der Anflug eines Lächelns schleicht sich auf Gianna Linaros Lippen. Endlich ist ihre Zeit gekommen. Viel zu lang hat sie im Schatten des Templers gestanden. Sich seinem autoritären Diktat gebeugt.

Vor mehr als hundert Jahren ist sie nach Amerika ausgewandert, um sich dem totalitären Regime der Archaioi und ihrer Lakaien zu entziehen. Sie hat die Freiheit gesucht. Darin unterschied sie sich nicht von den Abertausenden sterblichen Einwanderern, die der Enge der europäischen Gesellschaften entfliehen wollten.

In New York hat sie gefunden, was sie erstrebt hatte. Doch andere waren vor ihr gekommen. Allen voran Leonard von

Montesaro. Ein unbezwingbarer Gegner. Sie hätte weiterziehen können in eine andere Stadt, aber Manhattan ließ sie nicht mehr los. Sie war nicht bereit, bei der Wahl ihrer neuen Heimat Kompromisse einzugehen. Es musste New York sein. Also hat sie sich mit dem Herrscher der Metropole arrangiert. Sich der Autorität des Templers unterworfen und sich sein Wohlwollen mit barer Münze erkauft. Man konnte es hochtrabend als Tribut bezeichnen oder einfach nur als Schutzgelderpressung. Doch derartige Praktiken waren ihr aus ihrer italienischen Heimat wohl vertraut. Und die Reichtümer, die sie dank ihres wirtschaftlichen Geschickes und ihrer außerordentlichen Fähigkeiten erwarb, haben die notwendigen Investitionen mehr als wettgemacht.

Wie einfach war es doch, Geschäfte mit den Sterblichen zu machen, wenn ihre Gedanken sich vor ihr ausbreiteten, als würden sie laut ausgesprochen. Unter dem Vorwand, die Transaktionen am besten beim gemütlichen Beisammensein eines geschäftlichen Essens abzuwickeln, lockte sie ihre Verhandlungspartner in die Nacht. Dass sie dabei nichts aß, fiel den meisten ihrer Gegenüber gar nicht auf. Giannas gezielter Einsatz ihrer körperlichen Reize machte ihre nur rudimentären Kenntnisse des Bösen Blickes mehr als wett. Und wenn man durch das Lesen der Gedanken genau weiß, wie weit ein Geschäftspartner bei einer Verhandlung zu gehen bereit ist, steht der Maximierung des Profits nichts mehr im Weg. Innerhalb kürzester Zeit nach ihrer Ankunft in New York hatte Gianna Linaro ein beträchtliches Vermögen erworben. Und sie mehrte es von Nacht zu Nacht. Sie gründete Banken und Firmen, vernichtete ihre Konkurrenten oder kaufte sie auf. Wurde zur heimlichen Patronin der Wall Street.

Lange Zeit war sie damit zufrieden. Doch es nagte beständig an ihr, trotz ihrer immensen Erfolge auf ewig dazu verdammt zu sein, die Nummer zwei hinter dem Templer zu bleiben. Als einer ihrer Vertrauten, der Geschäfte im eroberten Irak machte, ihr berichtete, dass dort einer der Alten erwacht war und angesichts der offensichtlichen Überlegenheit der US-

Truppen anstrebte, seine Heimstatt in Amerika zu errichten, konnte sie die Gelegenheit nicht verstreichen lassen. Es war ein riskantes Spiel, den uralten Babylonier und den alteingesessenen Richter der Stadt gegeneinander aufzuhetzen. Mehrmals musste sie eingreifen, um das Gleichgewicht der Kräfte nicht vorzeitig zu gefährden. Als Marduk herausfand, dass sie in den Gedanken dieser nervigen Neugeborenen, die der Templer aufgelesen hatte, seine Zuflucht im Empire State Building gesehen hat, verlangte er von ihr, ihn dort anzugreifen. Nur mit Mühe konnte sie verhindern, dass der Templer zu früh vernichtet wurde. Und das Schlimmste war, dass trotz allen Leugnens ihre Beteiligung an der Auseinandersetzung offenbart war. Sie glaubte schon, alles sei verloren. Nur durch Jakes Neutralitätserklärung bei der Zusammenkunft im Cauchemar wurde die beinahe aussichtslose Situation gerettet. Auch danach musste sie höchst vorsichtig lavieren und mehrmals einschreiten, um zu verhindern, dass der Kampf vorzeitig entscheiden wurde. Als der Templer ihr an der Trinity Church noch einmal persönlich gegenübertrat, hing der gesamte Plan am seidenen Faden. Und nicht nur der Plan, sondern darüber hinaus auch ihr Leben. Aber letztlich ist alles in vollkommener Perfektion aufgegangen.

Sie hat eigentlich damit gerechnet, den geschwächten Sieger noch aus dem Weg räumen zu müssen. Doch das war gar nicht mehr notwendig. Die beiden Streithähne haben sich gegenseitig getötet. Besser hätte die Sache gar nicht enden können.

Nun ist der Weg frei. Ihr Weg zur Herrschaft über Manhattan.

Es ist noch nicht zur Gänze geschafft. Ein paar Hindernisse müssen noch überwunden werden. Sie muss die Gunst einiger wichtiger Persönlichkeiten gewinnen. Und einige andere beseitigen. Doch dies sind Kleinigkeiten im Vergleich zu dem, was bereits vollbracht ist. Außerdem ist sie nicht allein. Der Templer hat ihr untersagt, eigene Nachkommen zu erschaffen. Aber Verbote gelten nur für diejenigen, die sich erwischen lassen. Mit ihren heimlichen Helfern wird sie die letzten Schritte vollenden. Einer von ihnen nähert sich gerade ihrem Büro. Sie kann die ersten Ausläufer des Stromes seiner Gedanken bereits erfassen, noch ehe er den Raum betritt.

Geht aus dem Weg, ihr dämlichen Lackaffen, bevor ich euch eigenhändig zur Seite räume.

Die wenig schmeichelhafte Anrede ist glücklicherweise nicht ausgesprochen. Die beiden Wachen, denen sie gilt, wissen zwar, dass sie gegen den Besucher keine Chance haben, aber die zukünftige Zusammenarbeit würde dadurch nicht eben einfacher werden. Allerdings sind auch die Meinungen der Gardisten nicht unbedingt freundlich. Begriffe wie *Gossenpunk* und *Abschaum* dringen an Giannas Bewusstsein. Insgesamt eine vollkommen ausgeglichene und auf ehrlicher Gegenseitigkeit beruhende Antipathie.

Vermutlich wären beide Seiten etwas zurückhaltender mit ihren Gedanken, wenn sie wüssten, dass sie eine heimliche Zuhörerin haben. Giannas Fähigkeit, in die Köpfe ihrer Gesprächspartner hineinschauen zu können, ist zwar weitgehend bekannt - zumindest unter ihresgleichen - aber es wird allgemein davon ausgegangen, dass sie ihrem Gegenüber dafür ins Gesicht sehen müsste. Bei den meisten Leuten, Sterblichen wie Unsterblichen, entspricht dies sogar der Wahrheit. Doch bei ihren Vertrauten und ihren eigenen Nachkommen ist lediglich räumliche Nähe erforderlich, was sie den Betroffenen allerdings tunlichst verschweigt. Eine hervorragende Methode, die Loyalität ihrer engsten Gefolgsleute zu kontrollieren.

So zwingt ihr Nachkomme sich erst dann zur mentalen Disziplin, sobald er ihr von Angesicht zu Angesicht gegenübersteht.

Sie wendet sich vom Fenster ab und dreht sich zum Eingang, kurz bevor die Türflügel unsanft aufgestoßen werden. Das Outfit des Eintretenden veranlasst sie zu einem inneren Seufzer. Sie kann die Ansicht der Wächter gut nachvollziehen. Auch sie ist nur mäßig begeistert von der nietenbesetzten Lederjacke, den ungekämmten Haaren und der am Gürtel baumelnden Schlägerkette. Aber so lang er tut, was sie verlangt, ist sie bereit, diesbezüglich Nachsicht zu üben. Außerdem ist der Gegensatz zwischen ihrem perfekten Styling und dem Gammel-Look ihres Nachkommen eine hervorragende Tarnung ihrer verwandtschaftlichen Beziehung. Wohl niemand in der Stadt kann sich vorstellen, dass ihr Blut in seinen Adern fließt.

»Hallo Jake«, begrüßt sie ihn freundlich.

Er bemüht sich, seinen Mangel an Begeisterung darüber, dass sie ihn herbestellt hat, für sich zu behalten. Sein Erfolg ist eher mäßig. »Hi.«

Schon vor langer Zeit hat sie aufgegeben, ihn für den fehlenden Respekt zurechtzuweisen, den er mit seiner jovialen Anrede demonstriert. Sie ist bereits zufrieden, wenn er sie nicht mit ›Hi Mom‹ begrüßt, wie er es in der Vergangenheit gelegentlich getan hat. Zum Glück weiß er sich wenigstens zu benehmen, wenn Dritte anwesend sind. Jake ist an der Wahrung des Geheimnisses über ihre verwandtschaftliche Beziehung ebenso interessiert wie sie. Sobald in seinem Bekanntenkreis offenbar würde, dass er von ihr abstammt und insgeheim – wenn auch nicht immer freiwillig – mit ihr zusammenarbeitet, würden sich wohl mehrere seiner Freunde von ihm distanzieren. In den Kreisen, in denen Jake üblicherweise verkehrt, hält man nicht viel von der High Society der Unsterblichen, der sie zweifellos angehört.

»Wie ist es dir ergangen?«, beginnt sie das Gespräch. »Alles scheint hervorragend geklappt zu haben.«

Jake grinst sie an. »Ich musste gar nichts mehr tun. Sie haben sich gegenseitig zerlegt. Muss 'ne geile Show gewesen sein. Hätt ich gern aus der Nähe gesehen.«

»Ich bin froh, dass du nicht eingreifen musstest. Du hast dich in den letzten Tagen schon mehr als genug aus der Deckung gewagt.«

»Allerdings«, bestätigt er. »Die Sache bei dem Geheimversteck von den Itakern wär beinahe in die Hose gegangen. Hätt nicht viel gefehlt, und der alte Bastard hätte mich erwischt.«

Auch das war eine überaus riskante Aktion. Aber es hat sich gelohnt.

»Was ist eigentlich aus seinem Vertrauten geworden? Diesem Silvio?«, hakt sie nach.

»Der Mafioso? Den hab ich entsorgt, nachdem er mir das Versteck verraten hat. Den findet keiner mehr.«

Was das betrifft, vertraut sie ihrem Zögling. In solchen Dingen ist auf ihn bislang immer Verlass gewesen.

»Und ansonsten?« Sie beschließt, das Gespräch mit ein wenig Smalltalk aufzulockern. »Ich hoffe, die jüngsten Ereignisse beeinträchtigen deine Geschäfte nicht allzu sehr.«

Jake zuckt mit den Schultern. »Die sterblichen Drogendealer kümmern sich einen Scheißdreck um den Verbleib unseres lieben Richters. Ich vermisse ihn auch nicht. Von daher alles im grünen Bereich.«

Gianna spürt, dass Jakes zur Schau gestellte Gelassenheit nur aufgesetzt ist. Aber sie beschließt, nicht weiter darauf einzugehen.

»Und wie beurteilt der Rest von New York sein Ableben?«, erkundigt sie sich. »Ich nehme an, es hat sich bereits herumgesprochen.«

»Jo, klar. Ist überall Gesprächsthema Nummer eins. Ein paar Leute machen sich schon so ihre Sorgen. Aber ich hab noch keinen weinen gesehen.«

»Davon gehe ich aus. Sonderlich beliebt war er nicht.« Was ein wenig untertrieben ist. Egal wo er auftauchte, waren alle immer froh, sobald er wieder verschwunden war. Am besten, ohne jemanden enthauptet zu haben.

»Die Sorgen sind natürlich nicht ganz unberechtigt«, räumt sie ein. »Man kann dem Templer vieles nachsagen, aber er hat für Ordnung gesorgt. Es ist nun unsere Aufgabe, allen zu demonstrieren, dass sich auch weiterhin jemand um die Einhaltung der Ewigen Gesetze und die Bewahrung des Status quo kümmert. Deswegen habe ich dich gerufen.«

Um das überdeutliche ›dachte ich's mir doch‹ in Jakes Gesicht zu lesen, muss man nicht über die Künste der Unsterblichen verfügen.

Aber er folgt weiter der Etikette. »Was kann ich tun?«

Gemächlichen Schrittes umrundet Gianna den mächtigen Schreibtisch in der Mitte des Raumes. Sie legt den Kopf ein wenig zur Seite, als sie unmittelbar vor ihrem Abkömmling steht. Sie weiß, dass er es hasst, doch er zuckt nicht einmal ansatzweise, als sie die Hand hebt und mit ihren Fingern zärtlich über seine Wange streicht. Jakes Selbstbeherrschung wird auf eine harte Probe gestellt, aber er lässt ihre zarte Liebkosung vollkommen reglos über sich ergehen. Gianna seufzt innerlich. Die Zeit, in der er ihre Avancen erwidert hat, ist lange vorbei. Ihre einstigen Liebesspiele sind zu einem Machtkampf pervertiert. Wer gewinnt, zeigt sich darin, ob er die Andeutung einer Emotion erkennen lässt oder nicht.

Die heutige Runde geht an ihn.

Sie lässt von ihrem Sohn ab, geht einen Schritt zurück und lehnt sich an die Kante des Schreibtisches. »Geh zu Samantha! Sie ist der letzte direkte Nachkomme des Templers. Finde heraus, ob sie Ambitionen hat, seine Nachfolge anzutreten und wie ihre Stammgäste und die anderen Speichellecker, die sie um sich schart, dazu stehen.«

»Und wenn es so ist?«

»Dann werden wir unsere nächsten Schritte darauf abstimmen.« Und überlegen, wie wir sie am besten loswerden, fügt sie still hinzu. Jake muss keine Gedanken lesen können, um ihre Absichten zu durchschauen. Er kennt sie gut genug. Es spricht für ihn, dass er sich eines Kommentars enthält.

»Okay. Ich sag Bescheid, wenn ich was rausgefunden habe. Sonst noch was?«

Die Kälte in seinen letzten Worten weist unmissverständlich darauf hin, dass er jede weitere Sekunde in ihrer Gegenwart als Zumutung empfindet. Das kleine Duell hat ihn trotz seines Sieges ziemlich beansprucht. Sie nimmt sich Zeit mit ihrer Antwort. Lässt ihn einen Moment am Haken zappeln. Sozusagen als Wiedergutmachung für die Schmach der gerade erlittenen Niederlage.

»Nein. Ich denke, das war's«, verkündet sie schließlich. »Du kannst gehen.«

Jakes Abtritt ist bedeutend zu eilig, um ihn nicht als Flucht zu interpretieren. Er bemüht sich, ihr nicht ins Gesicht zu sehen, als er sich noch einmal kurz umdreht, um die Tür hinter sich zuzuziehen.

Sie schließt die Augen. Konzentriert sich auf ihren Sohn.

Dem Blick seiner Erzeugerin entkommen, lässt er die mühsam aufrecht erhaltene Barriere in seinem Bewusstsein fallen und gibt seine Gedanken frei, fälschlicherweise in dem Glauben, nun sei er vor ihr sicher.

Verdammt noch mal. Fast hätte sie mich rumgekriegt. Das war knapp.

Sie lächelt.

Er hat sich bei Weitem nicht so sehr von ihr emanzipiert, wie er vorgibt. Deswegen ist er ihr auch weiterhin zu Diensten. Die in seiner Erscheinung und dem aufmüpfigen Verhalten zur Schau getragene Rebellion ist reine Attitüde. In Wirklichkeit hängt er immer noch an ihrem Rockzipfel.

In Gedanken versunken geht Gianna zurück zu dem Panoramafenster und sieht hinaus auf die Lichter der Stadt. Bald wird es ihre Stadt sein. Nur noch ein paar Schachzüge und alles ist für ihren Triumph bereitet.

Sie ist gespannt auf Jakes Bericht. Samantha könnte ein Problem darstellen. Die Clubchefin ist zwar keine herausragende Kämpferin, aber recht beliebt unter den Unsterblichen der Stadt. Und eine geschickte Diplomatin. Immerhin hat sie es geschafft, dem Templer die Unterstützung von Lobo und Francis zu sichern. Selbst wenn sie derzeit keine Ambitionen haben sollte, ihrem Erzeuger im Amt nachzufolgen, bleibt sie gefährlich.

Früher oder später wird sie in jedem Fall verschwinden müssen. Dann steht niemand mehr Gianna Linaros Aufstieg im Weg. Dann wird sie Herrin über Manhattan. Richter von New York.

Sie ist am Ziel. Niemand kann sie jetzt noch aufhalten.

Das Erbe des Templers wartet auf sie.

Mittwoch, 01. Juni 2005, New York City, USA

Tief unten in den Gassen von Manhattan flackert eine regennasse Neonröhre über dem Seiteneingang eines rund hundert Jahre alten, dringend renovierungsbedürftigen Gebäudes. Sie leistet ihren bescheidenen Beitrag zu dem Lichtermeer, das Gianna Linaro von ihrem Büro aus betrachtet. Eine wohlgenährte Ratte huscht zwischen den Pfützen über den rissigen Asphalt durch das stroboskopartige an- und wieder ausgehende Licht. So schnell wie möglich zieht das Tier sich in den Schatten eines Stapels modernder Holzpaletten zurück, die nachlässig übereinandergeschichtet an der Ziegelwand stehen. Es flüchtet vor dem Jäger, der sich weiter hinten in der Gasse an seiner Beute labt. Die Ratte hat eigentlich nichts zu befürchten, aber sicher ist sicher.

Der Jäger war bereits erfolgreich. Er krümmt sich über sein auf dem Boden liegendes Opfer. Sein Gesicht liegt tief verborgen im Dunkel seiner Kapuze. Mit einem saftigen Schmatzen zieht er seine Fangzähne aus dem Hals des Obdachlosen, dessen Nachtruhe er so unsanft unterbrochen hat. Mit gefletschten Zähnen sieht er auf den regungslosen Menschen hinab. Der Brustkorb des Penners hebt und senkt sich in raschem Rhythmus. Der Biss hat seinen Adrenalinpegel in unermessliche Höhen getrieben. Nur die Schockstarre hindert ihn daran, wild um sich zu schlagen oder wegzurennen, so schnell seine alten Beine ihn tragen. Der Blutverlust hat ihn merklich geschwächt. Aber er lebt noch.

Zufrieden betrachtet der Jäger seine Beute. Er hebt seine Hand in den Schatten der Kapuze und beißt sich in den Zeigefinger. Ein roter Tropfen quillt aus der kleinen Wunde. Sorgsam betupft er mit dem blutigen Finger die Verletzungen am Hals des Penners. Instinktiv zuckt der Mann zurück, doch nach der ersten Berührung sinkt er kraftlos in sich zusammen und lässt seinen Peiniger gewähren. Der beobachtet fasziniert, wie die beiden Löcher in der bartstoppelübersäten Haut sich schließen, verwischt die roten Spuren, bis sie nicht mehr zu erkennen sind, und tritt zurück. Eine letzte Begutachtung bestätigt, dass das Opfer die unfreiwillige Blutspende überstehen wird.

Der Jäger nimmt den an der Mauer abgestellten Rucksack zur Hand, holt eine Papiertüte heraus und stellt sie vor dem Penner auf den Boden. Der glasige Blick des Mannes wird magisch von dem großen Mac Donalds-Logo angezogen. Wie in Trance beugt er sich mühsam nach vorn und greift in die Öffnung. Mit einem glückseligen Grinsen zieht er die dampfende Hamburgerschachtel hervor, öffnet sie und macht sich genüsslich über das unverhoffte Menü her. Bevor er in den Burger beißt, hält er inne. Sieht auf. Schaut in beide Richtungen die Gasse entlang. Nichts. Er hebt die Achseln und beginnt zu essen.

Die Mahlzeit wird ihm helfen, den Blutverlust zu überwinden.

Vorsichtig lugt der Jäger noch einmal um die Ecke zu dem mampfenden Obdachlosen. Dann legt er den Rucksack an, verlässt die menschenleere Gasse und marschiert geradewegs zur Hauptstraße. Auf dem Broadway tummeln sich trotz der vorgerückten Stunde und des Nieselregens zahlreiche Menschen.

Er zieht die Kapuze zurück. Schüttelt die schulterlangen blonden Haare aus. Das Gesicht einer jungen Frau kommt zum Vorschein. Sie hebt es in Richtung Himmel. Winzige Regentropfen benetzen die makellose Haut. Nach der blutigen Mahlzeit hat sich ein Hauch von Röte über das fahle Weiß gelegt. Mit ihr sind die toten Nerven wieder zu einem Anschein von Leben erwacht. Die Frau hat auch zuvor die Tropfen gespürt, doch es war eine rein mechanische Wahrnehmung. Nun, da frisches warmes Blut durch ihre Adern fließt, fühlt sie sich ein wenig so wie vor einem Monat, als sie noch ein Mensch war, so wie die ahnungslosen Nachtschwärmer um sie herum. Alles ist ein bisschen weniger entrückt.

Sie hat nicht mehr so sehr den Eindruck, einen Film anzusehen. Ist wieder ein Teil der Welt geworden. Hat einen Hauch von Leben im Leib. Einen vergänglichen Hauch.

Das Blut, das sie ihrer Beute entnommen hat, wird nicht lang anhalten. Spätestens nächste oder übernächste Nacht wird sie erneut auf die Jagd gehen müssen. Aber das ist es allemal wert. Ihr Opfer wird weiterleben. Nur das zählt. Sie kann sich ernähren, ohne Leben zu nehmen. Endlich.

Noch vor wenigen Tagen war sie dazu nicht in der Lage. War jedes Mal, wenn das süße Aroma menschlichen Blutes ihre Lippen berührt hat, unweigerlich in den Blutrausch verfallen und hat ihre Opfer bis auf den letzten Tropfen ausgesaugt. Doch seitdem hat sich vieles verändert. Alles hat sich verändert.

Sie zieht sich in die Nische eines Hauseinganges zurück. Lehnt sich an die verschlossene Tür. Vor ihr ziehen die Menschen vorbei. Versteckt unter Regenschirmen oder hinter hochgestellten Kragen. Scheinbar ziellos streifen sie durch die regnerische Nacht. Die Zeit, da sie selbst einer von ihnen war, scheint unendlich weit weg. Sie kann nur schwerlich glauben, dass es kaum mehr als drei Wochen her ist, dass sie noch ein Mensch gewesen ist.

Bilder erscheinen vor ihrem geistigen Auge. Vermischen sich mit dem Ausblick auf das hastige Treiben des New Yorker Nachtlebens. Bilder von fremdartigen Orten. Jerusalem. Konstantinopel. Wien. Eine Burg auf einem Hügel im mittelalterlichen Burgund. Montesaro.

Das Gefühl der Vertrautheit mit all diesen Orten aus fernen Ländern und lang vergangenen Zeiten steht im krassen Widerspruch dazu, dass sie niemals leibhaftig dort gewesen ist. Diesen Zustand verwirrend zu nennen, wäre eine maßlose Untertreibung. Nur das Wissen, woher all die Erinnerungen stammen, bewahrt sie davor, dem Wahnsinn anheimzufallen.

Schon nach seiner Rückkehr aus Europa hat sie mehrmals vom Blut des Templers getrunken. Es hat ihr geholfen, dem

Drängen ihrer Instinkte und dem Blutrausch zu widerstehen. Bereits bei diesen Gelegenheiten hat sie neben seiner Willenskraft auch Fetzen aus seinen neun Jahrhunderte umfassenden Erinnerungen in sich aufgenommen. Doch das war nichts im Vergleich zu dem, was zusammen mit den wenigen Tropfen Blutes auf sie eingedrungen ist, die sie ihm im Augenblick seines Todes ausgesaugt hat. Es ist, als wäre sein gesamtes Bewusstsein, sein ganzes unendlich langes Leben auf sie übergegangen.

Sie erinnert sich an alles.

Den Abschied von seinem Vater, seiner Schwester auf dem Weg in den Kreuzzug. Die Begegnung mit Vitus, dem Römer. Die blutige Eroberung Jerusalems. Den Kampf gegen die Bestie, die ihn zurück zu Vitus getrieben und in die Unsterblichkeit geführt hat. Die Knechtschaft im Dienste seines verhassten Erzeugers. Die tiefe Liebe zu seiner Blutschwester Constantia. Seine Befreiung und die anschließende Rebellion gegen die Archaioi. Seine Flucht in die Neue Welt. Seinen Weg zur Herrschaft über New York. Seine Jagd auf den Reißwolf. Seine erste Begegnung mit einer jungen Polizistin, die zur falschen Zeit am falschen Ort gewesen und durch einen unglücklichen Zufall zum Vampir geworden ist.

Die Polizistin, die sie einst war. In einem anderen, weit entfernten Leben.

Schon vor dem Tod des Templers hat sie den Bezug zu ihrem sterblichen Dasein rapide verloren. Sie weiß nicht, ob dies der Hektik der Ereignisse geschuldet ist, die sie seitdem unentwegt in Atem gehalten haben, oder ob es in der Natur der Nocturni liegt, sich so schnell wie möglich von ihrem früheren Leben zu entfremden. Doch seit sie dem zu Asche verkohlten Leib des Templers den letzten Tropfen Flüssigkeit entrissen hat, scheint sich dieser Prozess um ein Vielfaches beschleunigt zu haben.

Es bereitet ihr bereits Mühe, sich auch nur an das Gesicht von Jason, ihrem Verlobten, zu erinnern. Ihr Verstand sagt ihr, dass sie ihn über alles geliebt hat. Aber das Gefühl selbst ist weg. Verloren im Strudel der Erinnerungen aus neun Jahrhunderten.

Vielleicht ist es besser so.

Sie kann nicht zurückkehren in ihr früheres Leben. Sie wird nie wieder das Sonnenlicht sehen. Nie wieder das regelmäßige Schlagen des Herzens in ihrer Brust spüren. Sie ist kein Mensch mehr. Leonard hat zeit seines Daseins mit dem Zustand gehadert, den Vitus ihm aufgedrängt hat. Beinahe scheint es, als würde er ihr zuflüstern.

Finde dich damit ab, kein Sterblicher mehr zu sein. Akzeptiere es. Mach nicht denselben Fehler wie ich. Es hilft nichts und macht dir nur das Leben schwerer, als es ohnehin schon ist. Aber vergiss niemals, dass du einst ein Mensch warst. Nicht das Raubtier, das du jetzt bist. Ein Teil davon ist immer noch in dir. Gib ihn nicht vollends auf, sonst wirst du ein Monster.

Sie war bereits kurz davor, dieses Schicksal zu erleiden. Dem endlosen Blutrausch zum Opfer zu fallen. Sie hat es gespürt. Die Verlockung, den Schmerz über den Verlust ihrer Menschlichkeit endgültig hinter sich zu lassen. Sich den Instinkten hinzugeben. Aufzuhören, sich fortwährend Gedanken zu machen über ihr Leben und ihr Handeln.

Zusammen mit den Erinnerungen des Templers scheint sie auch seine Willenskraft, seine Selbstbeherrschung aufgenommen zu haben. Von einem Tag zum anderen fiel es ihr ganz leicht, nach wenigen Schlucken von ihren Opfern abzulassen. So wie gerade eben bei dem Obdachlosen. Der Templer hat ihr gezeigt, wie sie leben kann, ohne zu töten. Sie hat wieder Hoffnung, ihr neues Dasein meistern zu können. Es zu akzeptieren. Dafür wird sie ihm ewig dankbar sein.

Sie drückt sich von der Tür ab. Tritt in den Regen. Genießt die kalten Tropfen auf der Haut. Reiht sich ein in den Strom der Passanten.

Ihr Ziel ist ein versteckter Nachtclub in Greenwich Village. Dort hofft sie, Verbündete zu finden für den Kampf, der vor ihr liegt. Denn es gibt noch etwas, das sie mit dem Blut des Templers auf sich genommen hat.

Den Wunsch nach Rache. Marduk ist tot. Nachdem sie ihn enthauptet hat, ist sein verbrannter Leib genauso zu Staub zerfallen wie der seines Bezwingers.

Aber der uralte Babylonier war nicht die einzige Gefahr für New York. Es lauern noch andere machtgierige Ungeheuer in den Straßen und Wolkenkratzern der Stadt. Sie sind wesentlich jünger als der Archaios, doch kein bisschen weniger durchtrieben. Der Templer hat ihre Machenschaften durchschaut. Er hatte keine Gelegenheit mehr, die Übeltäter zur Rechenschaft zu ziehen. Er hat sich geopfert, um Marduk zu vernichten. Die Fortsetzung seines Feldzugs obliegt nun anderen.

Sie ist einer von ihnen.

Sie ist nur eine Jungblütige, doch in ihr schlummern das Wissen und die Erfahrung aus neun Jahrhunderten. Sie trägt das Erbe des Templers in sich.

Sie wird es antreten.

Anhang

Wie geht es weiter?

Tja, bei Teil 1 und 2 der »Archaios«-Reihe gab's an dieser Stelle einen Ausblick auf den jeweiligen Folgeband. Da Leonards Geschichte mit Buch Nummer drei aber beendet ist – und das ziemlich endgültig, wie jeder feststellen konnte, der sich bis hierher vorgearbeitet hat –, ist nun erst einmal Schluss.

Wobei die Betonung auf ›erst einmal‹ liegt. Denn, wie der geneigte Leser sicherlich ebenfalls bemerkt haben wird, lässt der Epilog weitgehend offen, wie die Zukunft der New Yorker Unsterblichen aussieht. Und auch wenn zum Zeitpunkt der Veröffentlichung noch kein fertiges Manuskript zu weiteren Vampirgeschichten in meiner Schublade wartet, so habe ich doch zumindest schon einige Ideen, wie es weitergehen könnte. Ob und in welcher Form diese Ideen allerdings umgesetzt werden, hängt von mehreren Faktoren ab. Der wichtigste davon ist zweifellos, wie gut das Buch bei den Lesern ankommt, gemessen in Rezensionen und anderen Rückmeldungen sowie natürlich den Verkaufszahlen. Die Veröffentlichung dieses alten Manuskriptes ist, wie ich im Vorwort von Band 1 dargestellt habe, ein Experiment. Das kann schiefgehen. Falls das geschieht, ist es eher unwahrscheinlich, dass ich noch einmal ein Werk vom Umfang wie »Archaios« dranhänge. Sollte es jedoch gut laufen, ist das durchaus möglich. Ich bin selbst gespannt.

Aber auch wenn »Archaios« der kommerzielle Erfolg versagt bleibt, will ich nicht ausschließen, mich wieder den Vampiren zu widmen. In dem Fall würden das allerdings mit großer Wahrscheinlichkeit kürzere Geschichten werden, maximal Romänchen. Mal sehen.

Und sollte selbst das ausbleiben … nun, dann sucht euch einfach diejenige der drei Episoden aus dem Epilog aus, die euch am besten gefallen hat, und denkt sie weiter. Dann ist das eure ganz persönliche Zukunft für das Szenario. Ist gar nicht so schwer. Versucht's mal! Macht Spaß. Versprochen.

Danke

Neben dem dicken Dankeschön an die üblichen Verdächtigen, also die Personen, die zum Entstehen und Gelingen dieses Buches beigetragen haben, namentlich Jörg, Julia, Oliver und Steiff, sowie die Leser, die es gekauft haben, möchte ich die Gelegenheit nutzen, einen ganz speziellen Dank loszuwerden.

Dafür, dass ich mich vor vielen Jahren überhaupt daran gewagt habe, das Schreiben eines Romans anzugehen, woraus dann schließlich »Archaios« entstanden ist, trägt eine bestimmte Person die (Mit-)Verantwortung.

Wir haben nur wenige Monate miteinander verbracht und nachdem wir uns im gegenseitigen Einvernehmen voneinander getrennt haben, ist auch die Freundschaft, die wir noch eine Weile gepflegt haben, nach ein paar weiteren Treffen und einer Handvoll Telefonate eingeschlafen. Die Begegnung mit ihr war dennoch in vielerlei Hinsicht beeindruckend. Einer dieser nachhaltigen Eindrücke war, dass sie einen Roman geschrieben hatte. Er war nicht übermäßig lang und ist, soweit ich weiß, kein großer Erfolg geworden. Aber er hat mir gezeigt, dass auch ganz normale Leute wie du und ich so ein Werk vollenden können. Diese Erkenntnis hat mir den Mut gegeben, mich selbst an die Tastatur zu setzen und eine der unzähligen Geschichten, die durch meinen Kopf geschwirrt sind, zu Worten, Sätzen und Kapiteln zu formen.

Ich will nicht ausschließen, dass ich auch ohne diese Begegnung irgendwann mit dem Schreiben angefangen hätte. Aber damals war das die Initialzündung. Und selbst wenn von da an bis zu meiner ersten Romanveröffentlichung noch viele Jahre ins Land gegangen sind, hat es doch an dieser Stelle begonnen.

Dafür, liebe Ulli, auch wenn die Wahrscheinlichkeit, dass du das hier jemals liest, äußerst gering ist, dafür vielen, vielen Dank.

Zum Autor

So. Nachdem ich bei der Danksagung ein wenig sentimental geworden bin, hier in aller Kürze die Wiederholung aus Teil 1:

Ich

* Kind der 70er (geboren)
* Kind der 80er (gefühlt)
* Physiker (Dipl.)
* Ingenieur (Dr.)
* Rollenspieler (pen & paper)
* Motorradfahrer (Suzuki LS 650)
* American Football-Fan (Go Steelers!)
* Sterngucker (70 mm Dobson)
* AFOL (Technik)
* Autor (Science Fiction und Fantasy)

Mehr gibt es unter https://www.century23.de/index.php/autor. Und wer Neuigkeiten über meine Bücher erfahren oder den einen oder anderen kleinen Einblick bekommen möchte, was ich sonst noch so anstelle, kann auf Facebook (https://de-de.facebook.com/people/Ralph-Edenhofer/100016233399082) oder Instagram (https://www.instagram.com/ralph_edenhofer/) nachsehen oder meinen Newsletter abonnieren (http://eepurl.com/hKnuUH).

Personenverzeichnis

New York

Bruce Randall
Ehemaliger Geschäftsmann und Familienvater, wird nach seiner Verwandlung zum Vampir zum ›Reißwolf‹

Candy
Vertraute von Samantha. Betreut die Bar im Cauchemar

Carl
Vampir in New York, seit weniger als zehn Jahren Nachkomme von Samantha, häufig Gast im Cauchemar

Cynthia
Vampir in New York, Kind des Zachary. Lebt zurückgezogen von den anderen Unsterblichen und arbeitet als Krankenschwester in der Nachtschicht des NewYork-Presbyterian Hospitals

Don
Mitarbeiter der ATL

Edgar J. Jackson
Polizist in New York im Rang eines Lieutenant

Fragger
Vampirherr der Domäne Bronx

Francis
Ältester schwarzer Vampir in New York, lebt in Brooklyn

Gianna Linaro
Nach Leonard zweitälteste Vampirin in New York, agiert als Geschäftsfrau im Immobilien- und Finanzmarkt

Hacha
Nachkommin des Fragger

Harry
Mitarbeiter der ATL

Howard
Vampirherr der Domäne Staten Island

Jake
Auch ›Wilder Jake‹ genannt, Vivant aus der Lower East Side

Jason Wickham
Verlobter von Veronica Masters

Jessica
Vampirherrin der Domäne Queens

Johann
Ehemaliger Vampirherr von New York

John Smith
Deckidentität des Templers

Karol Ludovicz
Inspector des NYPD, Vertrauter des Templers

Kyle
Vertrauter von Samantha

Leonard von Montesaro
Der Templer, Vampirherr von Manhattan und Richter von ganz New York

Linda
Paria, lebt im Untergrund von Manhattan

Lobo
Vampirherr der Domäne Brooklyn

Lucius
Türsteher des Vampirclubs ›Cauchemar‹ in Greenwich Village, Vertrauter von Samantha

Maggie, früher ›Hellcat Maggie‹
Vampirherrin der Domäne Jersey City

Marduk
Archaios aus dem alten Babylon. 2003 nach langem Schlaf wieder erwacht

Massoud
Nachkomme des Marduk

Mike
Paria aus New York. Haust in einer verlassenen U-Bahn-Station unter Manhattan

Nasir
Unhold und Vertrauter von Otto Krüger

Nicholas
Sohn von Edgar J. Jackson

Richard O'Hara
Nachkomme des Massoud. Geschäftsmann

Silvio
Mafioso, Vertrauter des Templers in New York

Samantha
Chefin des Vampirclubs Cauchemar in Greenwich Village, Nachkommin von Leonard

Veronica Masters
Polizistin im NYPD, wird vom Reißwolf zum Vampir gemacht

Vincence ›Vinnie‹ Bassano
Mafioso unter Silvios Kommando

William
Sicherheitsmann im Empire State Building, Vertrauter von Leonard

Zachary
Ehemaliger Nachkomme von Leonard

Zoë
Vampirin in New York, häufig Gast im Cauchemar

Irak

Greg Hartman
Nachkomme des Massoud

Paris und Revolutionskriege

Barthélémy de Saint Augusti
Ritter des Malteserordens, Vertrauter Leonards während der Französischen Revolution

Claire
Indirekte Nachkommin Maximiliéns

Étienne d'Aumale
Herr der Vampire von Paris

Jean-Jacques
Ehemaliger Tagwächter von Étienne d'Aumale

Laurent
Archaios, Herr über die Unsterblichen von Paris

Maximilien
Nachkomme des Laurent

Nicolas
Vampir in Paris

Olivier
Nachkomme Étienne d'Aumales

Wien

Constantia
Nachkommin des Vitus

Elsbeth
Vertraute der Constantia, Hüterin von Vitus' Zuflucht

Ibrahim ibn Khalid
Sarazenischer Vampir während des dritten Kreuzzugs

Otto Krüger
Todesbote, Nachkomme der Constantia

Vitus
Alter römischer Vampir. Erzeuger Leonards

Wolfgang
Nachkomme der Constantia. Sicherheitschef von Vitus' Zuflucht

Washington D.C.

Dexter Guthrow
Richter von Washington D.C.

Ireen Fowler
Indirekte Nachkommin des Marduk, ehemals Grabräuberin

Judy
Vertraute der Ireen

Pete
Vertrauter der Ireen

Dreißigjähriger Krieg

Albrecht der Sachse
Archaios, seine Domäne war Magdeburg

Marika
Vertraute Leonards

Sebastian
Nachkomme des Leonard

Ulrich
Nachkomme des Leonard

Impressum

Archaios Teil 3: Blutfehde

Feuertanz-Verlag ist ein neues Label im VA-Verlag
www.feuertanz-verlag.de • kontakt@ feuertanz-verlag.de
www.va-verlag.de • info@va-verlag.de
Veronika Aretz, Vennstraße 30, 52134 Herzogenrath • Germany

Website: www.century23.de, Email: r.edenhofer@century23.de
Facebook: https://www.facebook.com/100016233399082
Instagram: https://www.instagram.com/ralph_edenhofer/
Anmeldung zum Newsletter: http://eepurl.com/hKnuUH

Coverbild: Calum Andrews; www.calum5.com
Weitere Fotos: iStock.com: Urheber © SergeyKlopotov
Druck und Distribution im Auftrag von Veronika Aretz:
tredition GmbH, Halenreie 40-44, 22359 Hamburg, Deutschland

ISBN: 978-3-944824-96-3

www.ingramcontent.com/pod-product-compliance
Lightning Source LLC
LaVergne TN
LVHW101936220826
846093LV00006B/35

* 9 7 8 3 9 4 4 8 2 4 9 6 3 *